中国社会科学院 学者文选

杨希枚集

中国社会科学院科研局组织编选

中国社会科学出版社

图书在版编目(CIP)数据

杨希枚集／中国社会科学院科研局组织编选．—北京：中国社会科学出版社，2006.10（2018.8 重印）

（中国社会科学院学者文选）

ISBN 978-7-5004-5827-2

Ⅰ.①杨… Ⅱ.①中… Ⅲ.①杨希枚—文集②中国—古代史—研究—先秦时代—文集 Ⅳ.①K220.7-53

中国版本图书馆 CIP 数据核字（2006）第 112257 号

出 版 人	赵剑英
责任编辑	冯广裕
责任校对	张报婕
责任印制	郝美娜

出　　版	中国社会科学出版社
社　　址	北京鼓楼西大街甲 158 号
邮　　编	100720
网　　址	http://www.csspw.cn
发 行 部	010-84083685
门 市 部	010-84029450
经　　销	新华书店及其他书店

印刷装订	北京市十月印刷有限公司
版　　次	2006 年 10 月第 1 版
印　　次	2018 年 8 月第 2 次印刷
开　　本	880×1230　1/32
印　　张	15.125
字　　数	362 千字
定　　价	89.00 元

凡购买中国社会科学出版社图书，如有质量问题请与本社营销中心联系调换

电话：010-84083683

版权所有　侵权必究

出版说明

一、《中国社会科学院学者文选》是根据李铁映院长的倡议和院务会议的决定，由科研局组织编选的大型学术性丛书。它的出版，旨在积累本院学者的重要学术成果，展示他们具有代表性的学术成就。

二、《文选》的作者都是中国社会科学院具有正高级专业技术职称的资深专家、学者。他们在长期的学术生涯中，对于人文社会科学的发展做出了贡献。

三、《文选》中所收学术论文，以作者在社科院工作期间的作品为主，同时也兼顾了作者在院外工作期间的代表作；对少数在建国前成名的学者，文章选收的时间范围更宽。

中国社会科学院
科研局
1999 年 11 月 14 日

目 录

前言 …………………………………… 杨升南（1）

姓字古义析证 …………………………………………（1）
论晋语黄帝传说与秦晋联姻的故事 ……………………（47）
论先秦姓族和氏族 ………………………………………（62）

《左传》"因生以赐姓"解与"无骇卒"
　故事的分析 …………………………………………（77）

汉族姓氏与"孙以王父字为氏"制度 ………………（110）
论久被忽略的《左传》诸侯以字为谥之制
　——兼论生称谥问题 ……………………………（125）

河南安阳殷墟墓葬中人体骨骼的整理和研究
　（附：整理殷墟人体骨骼之经过） ……………（142）
卅年来关于殷墟头骨及殷代民族种系的研究 ………（192）
古饕餮民族考 …………………………………………（218）

论汉简及其他汉文献所载的黑色人
　　《居延汉简中所见汉代人的身型与肤色》读后 ……（251）

《论语·子罕》章句问题评断 ………………………………（271）
从七出谈到三归
　　——有关古代婚姻和经济制度的一些史料的讨论 ……（284）
再论尧舜禅让传说 …………………………………………（316）

中国古代的神秘数字论稿 …………………………………（388）
略论中西民族的神秘数字 …………………………………（427）

当代语言哲学与人类文化史的研究 ………………………（440）

作者主要论译著目 …………………………………………（454）
作者生平年表 ………………………………………………（463）
后记 …………………………………………………………（465）

前　言

　　杨希枚字铮曙,回族,1916年2月10日生于北平(今北京市)牛街。中学毕业后,于1935—1938年先后在北平辅仁大学和中法大学生物系就读,1942年在武汉大学生物系毕业,获理学学士学位。1943年进入中央研究院历史语言研究所工作,并于1949年随中央研究院迁往台湾,先后任助理研究员、副研究员、研究员,1952—1969年兼任台湾大学教授。1981年经美国回到大陆定居,在中国社会科学院历史研究所工作,任研究员、学术委员,兼任河南大学历史系教授,先秦史学会理事、副会长,中国民族学会理事、顾问,中国殷商文化学会顾问。1993年3月8日病逝于北京协和医院,享年77岁。

　　杨希枚先生是享誉海内外的著名学者,1965年被列入第五版《国际人类学家人名录》,1973年被列入《台湾年鉴名人录》,1968—1979年为美国现代人类学会会员,1987年被列入《中华文化名人辞典》,从1984年起连续担任第六届、第七届全国政协委员。

　　希枚先生从大学毕业后,一直从事研究工作,时间长达半个世纪之久。他研究的主要领域是先秦时期文化史、历史学、人类学、考古学、民族学等。在研究过程中，他熟练地运用古文献并注意地下新出土的甲骨文、金文资料。他从文字训诂入手，正确释读经义，破解疑难，创立新说。他还对昆明、安阳殷墟等地考古出土的人体骨骼进行测量；深入台湾地区少数民族中作实地调查；为推进我国人类学的研究，他译介了国外著名人类学家的论著，并在台湾大学从事多年的体质人类学教学，培养新生力量。希枚先生一生勤奋，治学严谨，发表了专题学术论文50多篇，译文10余篇，约100万字。还有未及刊出的稿件4篇约5万字，译稿4部（篇）约120万字。他还计划从事对中国古代史、中国古代文化史、中国古代社会结构和中西艺术纹饰的比较研究几个专题的研究，并作了资料长编的准备工作。"中西艺术纹饰的比较研究"课题，在1991年申请了"国家社会科学基金"并批准立项。为了培养年轻人，他作为课题主持人，申明在研究过程中，只作原则性指导，具体研究工作交由两位年轻学人去做，并把多年搜集的资料全部提供出来。

希枚先生在学术上的成就是多方面的，而主要在以下几个方面：

一 先秦姓氏制度研究

在《姓字古义析证》、《论先秦所谓姓及其相关问题》、《先秦的姓族和氏族》、《先秦赐姓制度的理论商榷》等论文中，指出先秦所谓的姓和氏，非汉代以来姓氏学家所谓的姓和氏。他对姓、氏二字古义进行精细的辨析，指出先秦所谓的姓有三义：子、族、民。"子"即子嗣、子孙，有较近的血缘，可称为"子姓"；"族"指同出一祖而具血缘世系关系的亲族集团组织，可称为"族姓"或"姓族"，先秦所谓姜姓、姬姓之类的姓即指此；"民"指封君、国王的属民，可称为"民姓"，他们与封君、国王间多没有血缘关系。何处使用这些名称，视其与父母、亲族或封君关系而分别称之。先秦所谓的"氏"也有三义：一个称个别的人，如称某人为"某氏"；二称族属集团，如称殷民六族的徐氏、条氏之类的某氏，或如少典氏、有侨氏之类；三称邦国、王朝为"某氏"，如夏后氏、殷商氏、有周氏之类。除指个人以外，先秦所谓"氏"主要是指政治区域性的邦国、采邑集团。这样的政治区域性集团与血缘性的族姓集团的性质和组织是全然不同的，氏族与姓族的这样区别，才是先秦姓、氏之别的本义。当今一般史学论著所称的"氏族"，应即"姓族"的误译。

在《论晋语黄帝传说与秦晋联姻故事》、《〈国语〉黄帝二十五子得姓传说的分析》（上、下）等论文中，指出黄帝父子或同姓或异姓，其与父黄帝异姓，乃是缘于母系姓族，是子从母姓的结果，是我国早期姓氏的重要来源。黄帝之子有随母姓的传说，是我国历史上曾有母系社存在的佳证。

二　先秦赐姓制度研究

在《〈左传〉"因生以赐姓"解与"无骇卒"故事的分析》、《先秦赐姓制度的理论商榷》等文中指出，在先秦分封制度下"赐姓"的"姓"，应指"民姓"，即分赐功臣以属民即异族俘虏。赐姓与胙土（裂土）、命氏（封国）为分封制度的三要素，这与汉唐以后最高统治者只把自己的姓号赐给异姓功臣或亲侍而使其改成与皇帝姓号相同，是两种不同的制度。先秦时期没有国君的子弟或功臣因分封"赐姓"而改姓的史实，如鲁、晋、郑、卫的国君乃周王的子弟，他们受封后仍是姬姓而不是分别改姓鲁、晋、郑、卫。齐国君本姜姓，秦国君本嬴姓，受封后仍为姜姓、嬴姓而不是改姓齐或秦。鲁、晋、郑、卫、齐、秦是"氏"名称，即"命氏"。以血亲为基础的姓号具永续性，以分封而产生的"氏"则因天子建国，诸侯立家而不断增加，也因国亡家灭而不断消失。到战国、秦汉时期，社会巨变，先秦时期的那种分封制度已不存在，氏变成姓，于是姓、氏不分。

三　联名制研究

在《联名制与姓氏制度研究》、《汉族的姓氏与"孙以王父字为氏"的制度》、《从名制与亲子联名制的演变关系》、《联名制与卜辞商王庙号问题》、《台湾赛夏族的个人命名制》等论文中，依据民族学的联名制，说明先秦时期所谓"孙以王父字为氏"的制度应即联名制。这种"联名制"是过渡的姓氏制度，是秦汉时期姓氏来源的重要因素之一。

四　殷墟头骨的测量与人种的研究

在《河南安阳殷墟墓葬中人体骨骼的整理和研究》、《卅年来关于殷墟头骨及殷代民族种系的研究》、《古饕餮民族考》、《论北海、儋耳地望和月氏、匈奴、晋人剺面之俗——有关古饕餮民族考的一些补证》、《论汉简及其他汉文献所载的黑色人问题》等论文中，指出构成中华民族的人种不是单一的蒙古人种而是多种系的。他用六年长的时间对1928—1937年出土于安阳殷墟墓葬里的近400具头骨进行了仔细的测量，根据测量数据分析，这些头骨应属于不同种系的民族，其中大多数属古典蒙古人种，其次为海洋类黑人种，其他还有爱斯基摩印第安人种、波里尼西亚人种和欧洲的高加索人种。他指出《吕氏春秋》和《山海经》两书中记载的饕餮民族，可能是分布于中亚吉尔吉斯草原且与塞族同一种系的突厥族；汉简记载的黑色人种是如同黑色的乌孙人一样都是来自西域的非汉族的异种系民族。此项研究说明，早在公元前一千几百年之际的商王朝治下（或其周边），就包括有若干不同种系的民族，这些民族与商王朝及其后世王朝，有过战争，甚或其他生活方面的接触、交往，从而在经济文化上的发展曾有其影响。塞种、月氏、匈奴和春秋时期晋人都有劙面以致哀之俗，这种文化习俗的同类现象应多少与种族或族群的混融有关。

五　古代史事的考证

在《〈论语·子罕〉章句问题评断》、《从七出谈到三归》、《〈孟子·滕文公〉篇三年丧故事的分析》、《春秋隐公射鱼于棠说驳议》、《论尧舜禅让传说》等论文中指出，若干史学问题，因考证欠精，偏于主观臆测，而多误解史实，以致异说纷纭。先秦史学应以诠释考订史料为基础，不应断章取义。如《论语》里的"子罕言利与命与仁"句，为两千多年来《论语》章句解释和研究孔子思想的一大悬案。孔子罕言利是事实，而仁和命，特别是仁，却是经常挂在他嘴边的，何"罕言"之有？宋儒史绳祖始提出"与命与仁"是另一句，句中的两"与"字为动词"许与"的"与"。但史氏之说一直不为人所采信，希枚先生先后撰写三篇论文推荐及补充史氏之说，使这一学术上的千古悬案冰释。孔子批评管仲"有三归"之家，是不俭（《论语·八佾》）。"三归"何意，或云是贮财之台，或云是娶三姓之女，或云是采邑名，或云是市租的三成等等说，也是一桩众说纷纭的千古疑案。希枚先生考证"归"与"出"是同义语，在婚姻上使用都是休妻。"三归"就是三嫁三休的女子。据《管子·小匡》"女三嫁，入于春谷"，意指没入公家为奴妾，而任春谷的劳役。本是"公家"的奴妾，而管仲家却也拥有，因此管仲的家应是一个拥有广大的土地和奴属的侈富之家。显然，这一解释是合于史实的。对尧舜禅让的传说，20世纪初疑古派起而被否定，或认为是墨家的伪托，或云是儒家的理想。希枚先生遍检先秦诸子著作，认为禅让传说普遍见于《论语》及战国以来儒、墨、道、法各学派的论著中，绝非出于某一学派的伪托：五帝传说，见于先秦典籍《左传》、《国语》、《管子》、《礼记》诸书，自周穆王时代以来，即为王室及诸侯卿大夫或史官所引述，甚且是与祖先世系有关的传说，与尧舜传说应同为古老传说，应有史实背景，或竟是史实，而非后世虚构。

六　神秘数字研究

在《略论中国古代神秘数字——中国古代神秘数字研究序》、《中国古代的神秘数字论稿》、《论神秘数字七十二》、《再论中国古代某些神秘数字和古籍编撰的神秘性》、《古籍神秘性编撰型式补证》、《略论中西民族的神秘数字》等论文中指出，神秘数字为宗教象征主义研究的一部分，某些数字每每表示宗教信仰的符类，故可借此研究宗教信仰。中国古代的奇偶数字象征阴阳、天地，而真正象征天地交泰、万物欣欣向荣的数字则为3×4，即其成倍的数字［即$N(3\times4)$］。8、9两个数为十个自然数中的最大奇偶数，其乘积（72）因而为最象征天地交感神秘性的神秘数字，从而为常见的神秘数字。神秘数字与社会中的种种事物结合，因而象征整个人类社会呈天地交感状，从而表现为大小宇宙和天人合一思想。此种宗教思想见于《周易》、《左传》、《礼记》诸书，其渊源甚早。《周易》八卦应是从数字演化出来的，八封符号就是把原来计数的奇偶数变成的占卜符号。

神秘数字同见于其他民族，西方学者在有关宗教方面的著作中，对神秘数字颇有讨论，而中国学者却未见有系统的研究，希枚先生是中国学者对我国古代神秘数字作系统研究的第一人。

研究工作要获得成功，必须掌握科学的研究方法。希枚先生对研究方法很重视，他认为国人对若干史学问题误解史实，导致异说纷纭，甚至主观臆测，如近代学者对尧舜禅让及五帝传说解释的失实，是未能详考史料，尤其是治学方法有欠正确之故。因此撰写了《语言学、考古学、人类学、史学与人类及其他文化史的研究》、《当代语言哲学与人类文化史的研究》、《文化演化及其研究方法》、《西洋近代的东方学及其有关中国古史的研究》等论文，指出我国史学，尤其是古史研究，除解读文字记载史料外，还要重视语言学、考古学和人类学领域的知识。研究者要扩大知识面，因为现代人文科学研究，显然有挣脱旧的、主观空泛的、臆测的蛹壳而变为准实验性的、自然科学的趋向。

希枚先生学术上的成就，在海内外都产生了深远的影响，受到中外学者的重视和好评。如苏联学者刘克甫在1966年发表的《姓和氏》论文中，赞同先秦姓、氏有别之说，并多次征引《姓字古义析证》及《先秦赐姓制度理论商榷》文中的论点，而批评郑樵、顾炎武、童书业诸氏，"明知先秦姓、氏有别而不知其别"。著名日本学者伊藤道治1959年在《读杨希枚的〈先秦赐姓制度理论的商榷〉》文中，除介绍先秦姓、氏古义外，还据大盂鼎、大克鼎及宜侯夨簋铭文，补充先秦封建制度为赐姓、胙土、命氏（建侯）的三原则，并指出，它"是西周以来施行的封建制度的原则，这是正确无误的"。原中国社会科学院历史研究所所长李学勤研究员读了《论先秦所谓姓及其相关问题》后，致信说:"'氏族'译文不妥,确如所示,多落疑窦,正如'封建'之译相同,得先生条分缕析,不惟译文之弊得以澄清,古代'姓'、'氏'之别亦能明朗,其有裨学界,实非浅鲜。"殷墟头骨的测量、研究论文发表后,美国哈佛大学华裔学者杨联陞教授在1965年3月9日给杨希枚的信中说:"(李)济之先生在此……他对我兄之量头骨工作甚为称许,毛子(引者按:指西方学者)学人阅之亦甚鼓舞。"李济在后来所著的《安阳》一书里,多次征引测量的数据及研究的论点。我国人民在很早以前就曾与西方民族有交往的见解,已为近年来考古发现所不断印证。《论语·子罕》章句辨析文发表后,学界好评如云,稿投致《民主评论》月刊时,主编徐佛观读后即致信说:"'与'字为动词,得先生之精详考证,当成定论。"文章发表后香港牟润孙教授致函称许为"极精辟透彻",中央研究院王叔岷教授在其所撰的《论语斠理》文中,赞誉其考证是"决千古之疑"。有位学者读了《从七出谈到三归》文后,十分高兴地给希枚先生信云:"顷读大作《从七出谈到三归》,茅塞顿开,快乐之至。三归之说无疑以兄说为最好。"杨联陞在读了《中国古代的神秘数字论稿》后,致函说:"我兄论神秘数字,以3、4、8、9为基本,已得要领,正中红心。"希枚先生在1972年发表的《中国古代的神秘数字论稿》论文中提出,周易八卦的卦画符号是由"数字的奇偶数变成的占卜符号"的见解,1980年张政烺先生解读开了刻在商周时期甲骨、青铜器和陶石器上"奇文"为成串的数字,并揭示出这些成串数字就是我国最早的易卦后,而得到证实。不可轻易否定五帝和尧舜禅让传说的主张,对我们现在正进行着的国家起源研究和"文明探源"工程,都是很有参考价值的。"文明探源"工程学者多次召开"考古与历史整合"的学术会议,他们所说的"历史",就是指古籍记载的五帝及尧舜禅让传说的

"历史"。已有学者把传说中的五帝作为一个历史时代研究，称之为"五帝时代"。这同希枚先生的主张是一致的，由此可见希枚先生在古史研究上的真知灼识。

希枚先生是回族人，他是回族人民，也更是我国人民的优秀儿子。他不仅是一位著名的学者，更是一位赤诚的爱国者，1981年经美国回大陆前夕，在美国给他的儿女们写了一封感人至深的信，在这封家信里体现出了他那颗拳拳赤子的爱国之心：

> 勿忘我们是中国人，中国是一个文化和历史悠久的国家，现在仍是世界上举足轻重的国家，我们应以做一个中国人为荣。
>
> 勿忘中国大陆有我们杨家的亲人，有我们的骨肉同胞。那里有我们的根源。无论迟早，我们都该回到祖国的怀抱。我就要回到那里并在那里等待你们，直到去世，人而无根，将永远飘萍，将永远遗憾。
>
> 勿忘祖先陵墓在大陆、在北京、在兰州……
>
> 勿忘兄友弟恭，永远互相扶持。
>
> 勿忘以爱心诚实待人；谦虚总胜于骄纵。
>
> 临别，书此以告诸儿，希终身谨记，并告诫你们的子孙。

希枚先生在学术上的贡献，他那一颗热爱祖国的拳拳赤子之心，是我们应该永远记住和怀念的。

杨升南
2005 年 12 月

姓字古义析证

一 序言

"姓"和中国古代社会的礼俗制度有广泛而密切的关系[1]。故就古代社会礼俗的研究而论，姓字的含义，特别是其古义，便显然是先应求其了解的一个基本问题。据作者所知，在前儒和近人的论著上，姓字古义却有不少不同的解释：

"姓，人所生也。古之神圣人，母感天而生子，故称天子，因生以为姓。从女从生，生亦声。"（小徐本《说文》。大徐本作："姓，人所生也。古之神圣，母感天而生子，故称天子。《春秋传》曰：天子因生以赐姓。"）

"子姓谓众子孙也。姓之言生也。"（《礼记·丧大记》："卿大夫父兄子姓立于东方。"《郑注》）

"姓，命，孥，子也。"（《小尔雅·广言》）

---

[1] 如赐姓胙土命氏的封建制；娶妻避同姓的外婚制；诸侯娶妻，同姓相媵的媵女制；诸侯同姓称父，异姓称舅的称谓制；诸侯之丧，同姓临于宗庙，异姓临于外的丧祭制；歃盟或朝聘时，同姓为先，异姓为后的班序制；同姓天揖，异姓时揖，庶姓土揖的社交制等，无不与"姓"相关。

"縠，婉，儿，姓，子也。"（《广雅·释亲》）

"古者谓子孙曰姓，或曰子姓，字通作生。"（王引之《经义述闻》卷五《振振公姓》条）

"姓为古之神圣，感天而生。"原注："《说文》，天之所生。"（夏曾佑《中国古代史》第18页；注见第541页，1933）

"案，《说文》女部，'姓，人所生也。（下略）'则姓亦人所自出。故姓实即原始社会之图腾，而古字实只作生。"（李玄伯《中国古代社会新研究初稿》第37页，1948）

"《禹贡》所谓'中邦锡土姓'，就是说古代人所谓'锡'原是送人以图腾，等于后来的'锡姓'。……姓字从女从生，古籍中都用'百生'代'百姓'的。"（刘节《中国古代宗族移殖论》第111页，1948）

显然的，不只是姓字古义没有一定的解释，甚至连《说文》姓字的含义也都异说纷纭。那么在古史有关姓字问题的研究上，孰去孰从，真可说是取证为难了。

实际上，据作者下文析证的结果，古文献上所谓"姓"，似乎却仅括下列三义：

（1）训"子"或"子嗣"

（2）训"族"或"族属"

（3）训"民"或"属民"

在上引诸家的解释上，以王引之的说法略得其实，但是姓字古义却不如王氏所见仅具"子姓"一义，而且王氏的考证似以《郑注》为基础[①]，但结论却又与《郑注》貌合神离。实际上，

---

① 在王氏所举十九条例证中，最先五条全属郑玄经注。

《郑注》所云，毫无定解（说详下文）。至如《说文》的姓字，在古文献上既没有神圣或图腾之义的客观证据，而且由于《说文》版本的不同，许慎所谓"姓"究指什么意思，也原是不容断言的一个问题。作者将由另文讨论，兹故不赘。

总之，中国古代社会的礼俗制度虽与"姓"密切关联，但姓字本身的含义却有待于澄清。作者最近涉猎古史，深感于此，故于本文提出讨论，疏略之处自所难免，幸希读者不吝指正为感。

二 姓字古义训"子"或"子嗣"

（一）单言"姓"，或言"某姓"，或言"庶姓"，或言"别姓"

（例一）《左传》昭公四年云：

> （鲁叔孙穆子）既立，所宿庚宗之妇人献以雉。问其姓，对曰："余子长矣，能奉雉而从我矣。"

姓子二字对言，可证姓字显然训"子"。故《释文》云：

> 女生曰姓，姓谓子也。

换句话说，姓字在这儿是绝没有今人所谓"姓氏"或"家族称名"之义的。

（例二）《左传》昭公十一年云：

> 葬齐归，公不戚。……（晋史赵）曰："归姓也，不思亲，祖不归也。"

案，齐归系昭公之母。所谓"归姓也"，义即齐归之子。史赵的意思是说："昭公不是齐归的儿子吗？母死而无孝思，则必不为祖所归佑了。"姓字于此，正同上例，也显然训"子"。但《杜注》云：

> 姓，生也。言不思亲，则不为祖考所归佑也。

是杜氏认为"归姓"即"归生",也就是"齐归所生"的"子"。这显然是一种舍近求远的迂阔解释,因为就上例所知,姓字原是指人所生的"子"。实际上,姓字既从女从生,且不能证明它是生字之误,则自应有其独立的含义而不得直视之为一个生字。甚至进一步说,古文献上的生字有时却反而是古文姓字,义仍训"子"而不训"生"(说详下文)。

(例三)《礼记·大传》云:

> 其庶姓别于上,而戚单于下,婚姻可以通乎?

王引之《经义述闻》云:

> 姓,谓子也。"庶姓别于上"即下文之"别子为祖"。

(《振振公姓》条原注)

但"庶姓"何以即"别子"?王氏未予详论。兹据所见以足王说。案,《大传》及《丧服小记》(下简称《小记》)云:

> 别子为祖,继别为宗。(并见《大传》和《小记》)
> 宗其继别子之所自出者,百世不迁者也。《大传》

这就是说,"别子"继其所自出之宗,而自为其宗之祖。又《大传》云:

> 君有合族之道,族人不得以其戚戚君位。

意谓君虽有合族之道,但"别子"既祖迁宗易,便不得以其与君父有戚属关系而亲君位。实际上,"别子"非仅不得亲君位,而且不继祖与祢,甚至不祭祖或为长子服丧。故《大传》继"族人不得以其戚戚君位"云:

> 庶子不祭,明其宗也,庶子不得为长子三年,不继祖也。

而《小记》也云:

> 是故,祖迁于上,宗易于下,……庶子不祭祖者,明其宗也。庶子不为长子斩,不继祖与祢也。

此所谓"庶子"显指祖迁宗易的"别子"而言。别子或庶子既然不继祖祢，不得参与祖祢之祭，不得戚君位，故虽与君父有合族的戚属关系，但较之"四世而缌"，"五世袒免"，甚至"六世而亲属竭矣"的同姓之亲，则益形疏远；是既《大传》所谓"其庶姓别于上，而戚单于下"的"庶姓"了。

"别子"、"庶子"、"庶姓"三词在《大传》、《小记》上互为引用，故足证庶姓之姓字，义即庶子别子之子。读者可自行参考《礼记》原文，作者于此不更详论。

（例四）《礼记·檀弓》云：

> 唯天子之丧，有别姓哭之。

此所谓"别姓"显系"别子"的异称。照上例《大传》、《小记》的说法，别子不得参与祖祢之祭，但天子之丧或不同于诸侯邦君，故"有别姓哭之"。

（二）合言"子姓"

（例一）《列子·说符》及《淮南子·道应》篇并云：

> 秦穆公谓伯乐曰："子之年长矣，子姓有可使焉者乎？"对曰："……臣之子皆下材也，可告以良马，而不可告以天下之马。"

案，《淮南》许慎《注》云：

> 子姓，谓伯乐子。

（例二）《吕氏春秋·疑似》篇云：

> 梁北……有奇鬼焉，善效人之子姓昆弟之状①。邑丈人有之市而醉归者，……鬼效其子之状，……丈人归，酒醒而诮其子曰："吾为汝父也。"

---

① 《四部丛刊》明宋邦乂等刊本作"喜效人之子侄昆弟之状"，古典子侄之称，今从王引之《经义述闻》改。

（例三）《史记·外戚世家》云：

> 妃匹之爱……既欢合矣，或不能成子姓；能成子姓，或不能要其终。……汉兴，吕娥姁为高祖正后，男为太子，……而戚夫人有宠；其子如意几代太子者数矣。……敖女为孝惠皇后，吕太后以重亲故，欲其生子，万方终无子。

案，《史记》所谓"成子姓"或"不成子姓"即生子或不生子之义；"子姓"一词，正如（一）（二）两例，其义显系训子，故下文言"生子"及"无子"。但前儒注解却有不同。例如：

> 《索隐》云：案，郑玄《礼记注》云："姓者生也，子姓者众子孙也。"

> 《正义》云：言无子孙。

> 中井积德《史记左传雕题》云：子姓谓众子孙也，姓生也，谓子所生。礼文为然。

案，据下文所证，子姓一词非不能泛解为子孙后裔之称，但就《史记》本例而言，则"成子姓"似不得解为"生子孙"；因为生子就是生子，生子既未必育孙，不生子则尤无育孙可言。故泷川《史记会注考证》于引述中井之说后，却云：

> 但此泛用，似单称子。

是证中井认为，"礼文为然"者，泷川正不以其为然。惟"子姓"训子既是单称，则非泛用，称子孙始为泛用。泷川之说也未尽然。

实际上，"姓者生也，子姓者众子孙也"之说，全为郑玄的望文傅会。因为姓字训生，则"成子生"既不可解，而"子生"也并无众子孙之意，尤其不能解为"子所生"的子孙。换句话说，姓字既不训生，而《郑注》本身就有矛盾，说详下文。

（例四）《韩非子·八经》篇云：

> 乱之所生者六也：主母，后姬，子姓……。任吏责臣，

主母不放；礼施异等，后姬不疑；分势不贰，适庶不争；权籍不失，兄弟不侵，下不一门，大臣不拥；禁赏必行，显贤不乱。

案，《史记·外戚世家》立论如非以《韩非子·八经》为本，则至少可说完全偶合，读者可自参阅两文，作者于此恕不繁引。故《八经》篇所谓子姓，自即《外戚世家》"成子姓"之子姓，并指后妃之子而言。

（例五）《礼记·丧大记》云：

> 大夫之丧，主人室老子姓皆食粥。众士疏食水饮。妻妾疏食水饮。士亦如之。

案，上文云：

> 君之丧，子大夫公子众士皆三日不食；子大夫公子众士食粥纳财。

据此，则大夫或士之丧，其食粥之子姓也应即大夫或士之子。故郑玄注"士亦如之"云：

> 如其子食粥，妻妾疏食水饮。

孙希旦《礼记集解》也云：

> 愚谓子姓众子也。

（例六）《丧大记》又云：

> 士之丧，主人父兄子姓皆坐于东方，……（君之丧）既正尸，子坐于东方，卿大夫父兄子姓立于东方。

据上例，君大夫士之丧，其食粥之子姓既是君大夫士之子，则此坐或立于东方之大夫士的子姓也自即大夫士之子。然郑玄于此却注云：

> 子姓，谓众子孙也。姓之言生也。

据此，则同为大夫士之子姓，却仅以子姓食粥或坐立的不同行为，而《郑注》遂有子或子孙的不同解释，这显然是说不通的。

实际上，退一步言之，姑认子姓一词可以单指子或泛指子孙，但"姓之言生也"一语又究与子或子孙之义何干？这一点如单据郑玄本注便难了解。兹更就郑氏它注以求其说。案，《仪礼·特牲馈食礼》云：

> 子姓兄弟如主人之服。

《郑注》云：

> 所祭者之子孙。言子姓者，子之所生。

至是始知郑玄所谓"子姓，谓众子孙也"者，原指"子之所生"的子孙而言。但是"子生"何以会意为"子孙"之义既不可解，而且《丧大记》及《特牲馈食礼》所谓子姓也并非指子所生的子孙，甚至《郑注》也明言是"所祭者之子孙"。换句话说，《郑注》的解释，训子姓为子或子孙，既前后不一致，而且这些解释在本身和经文上就存在着双重矛盾。然而郑氏的矛盾仍不止于此。案，《玉藻》"缟冠玄武，子姓之冠也"《郑注》云：

> 谓父有丧服，子为之不纯吉也。

这证明《郑注》于此解子姓一词为父之子，而非如它注所谓"子之所生"的子孙，从而子姓的"子"义便显然不是从"子生"而来。换句话说，姓字于此已经不能再训"生也"了。姓字既不训"生"，则究指什么意思？而子姓又究指父抑子所生的子或子孙？这在《郑注》上便都矛盾而不可通解。

实际上，就前节所证，姓字原即训子而不训生，且子姓一词也只是由两个同义的单词所组成的一个连语或连词（compound word）而已。连词"子姓"不但可以说明其所由成之单词的相关含义，而且每个单词的含义也正说明了连词的含义。换句话说，"子姓"之义就是"子"或"姓"。此外，连词的词类也可说明其所由成之单词的词类，换句话说，"子姓"是一个名词，因此,"子"和"姓"也就同是两个名词;姓字绝不是动词的生字。例如,儿子,婴儿,人民,观察,指示,巨大,微小,这一类的连词在中国单音语上是屡见不鲜的,而且都表现上述连词的性质。尤其"儿子"一词,可说就是"子姓"的今称。古人分言子或姓,合言为子姓;今人分言儿或子,合言则为儿子。无论在语词的类别性质和含义上。两者都是恰堪比拟的。

总之,作者认为郑玄由于不明姓字古义训子,而误解为生字,因此在他的注解上便矛盾重重,甚至矛盾的连"姓之言生也"的意思也不存在。假如我们借用傅孟真先生批评郑玄《诗》注的话,而来批评郑玄对于子姓一词的注解,则正所谓"此真求其说不得而敷衍其词"了[①]。

《郑注》虽不可解,但如前文所见,却每为后儒所祖述而动辄言"姓者生也",甚至竟为之妄加疏证而益增曲解。例如胡犟培《仪礼正义》云:

> 注云"所祭者之子孙,言子姓者,子之所生"者,案《白虎通》云:"姓,生也;人禀天气,所以生者也。"故郑注《礼记》亦云:"姓之言生也"。

殊不知《白虎通》作者所谓"姓",实指姓氏或家族称名而言,无关姓字的本义,而且所谓"生也",也只是下文"所以生者也"的省文。换句话说,《白虎通》作者所论系属家族称名或姓氏的起源问题,而认为古人的姓氏系最初源于人所出生的种种不同原因。至如郑玄所论,则只是从女从生的姓字的训诂问题。两者虽同言姓,同言生,但实际上却属风马牛不相及的两件事。胡氏《正义》既于郑注无所阐释,且于姓字与姓氏族名二者的分别也辨识不清了。又如孙希旦《礼记集解》释《玉藻》"子姓之

---

① 见《历史语言研究所集刊》第二本第一分,第101页,《大东小东说》。

冠也"云：

> 姓，生也。孙为子之所生。冠此冠者，自父言之，则为子；自父所为服者言之，则为孙。故曰子姓之冠。

实际上，孙氏如了解子姓只是姓子二字的连语，其义正指人所生之子，则必自知其所谓"自父言之"或"自父所为服者言之"的解释，不但是曲解，而且也是多余的了。凡此，证明前儒对于姓或子姓一词的解释均属望文生义，甚至因袭相传而不知其误。

不过，作者虽认为《郑注》不足为据，但是却非认为姓或子姓一词不可泛解为子孙后裔，而是说要如此解释时，必须以客观史事为依据。事实上，就下一例证之，姓或子姓一词确可单指子或泛指子嗣，固无需加以任何曲解。虽然，就上举诸例证之，姓或子姓却只单指子而言。

（例七）《史记·赵世家》云：

> 简子曰："帝赐我二笥，皆有副，何也？"当道者曰："主君之子，将克二国于翟；皆子姓也。"

《正义》于"将克二国于翟"下注云：

> 谓代及智氏也。

据此，则"主君之子"应指简子之子，即襄子毋恤。从而子姓一词于此也自指主君之子，当无疑义。但如进一步分析，则知《正义》所注既误，而子姓或主君之子究单指子抑泛指子孙后嗣，也都难于断言。

首先就代智二氏之地望而论，既分界赵之南北而非同属翟之二国，则《史记》所谓"克二国于翟"者，自非《正义》所云的代智二氏，从而"主君之子"或"子姓"也自非指灭代智二氏的襄子。

其次，《史记》下文云：

> 及主君之后嗣，且有革政而胡服，并二国于翟。

此所谓"并二国于翟"显然即上文"将克二国于翟"之义，而上文"主君之子"也应指此所谓"主君之后嗣"。换句话说，主君之子或子姓应指简子之孙，也即改革胡服的武灵王。故《正义》于此又云：

> 武灵王略中山地至宁葭，西略楼烦榆中是也。

但《史记》此文叙述襄子幼时神异之事既详，且下文仍有影射襄子之处。如：

> 翟犬者，代之先也。主君之子，且必有代。

是所谓"主君之子"当泛指主君之子和孙，故下文言"皆子姓也"；换句话说，史迁所谓子孙泛指人的子嗣，从而子姓一词也有可泛指子孙。实际上，除《史记》本例外，子字在古文献上泛训子嗣者殊不乏其例，兹更举数例以示其义。如：

> 《郑语》云"文之祚尽，武其嗣乎？武王之子，应韩不在，其在晋乎？"《韦注》云"武王之子孙当继之而兴，言不在应韩，当在晋。"

> 《荀子·正论》云"古者天子千官，诸侯百官。……以是百官也，令行于境内，国虽不安，不至于废易遂亡，谓之君，圣王之子也。"杨倞注云："子，子孙也。"

> 《礼记·哀公问》云"子也者，亲之后也。"

案，子孙皆为亲之后，故可泛称子孙后嗣为子。

因此，除上举各例从上下文字可以推知其确指一辈卑亲之子的子姓例证以外，下列各例虽不能确知其指子抑子孙，但却可泛解为子嗣了。如：

> 《越语》："凡我父兄昆弟及国子姓。"

> 《楚语》："帅其子姓，从其时享。"

> 《墨子·非儒》："子姓皆从，得厌饮食。"

> 《尸子·发蒙》："家人子姓和，臣妾力，则家富，丈人

虽厚衣食，无伤也。"①

《汉书·窦婴传》："（田蚡）侍酒婴所，跪起如子姓。"颜注："言同子礼若己所生。"

（三）泛言"百姓"

百姓一词，据下文分析所知，在古文献上虽以人民或族属之义为最显明，但也闻有训子嗣之例，兹据下列二例比证之。

> 纳女于天子，曰备百姓。（《礼记·曲礼》）

> 一介嫡女执箕帚，以咳姓于王宫。（《吴语》）

案，《广雅》云："咳，备也"（《释诂》二），"备，成也"（《释诂》三），"咳，包也"（《释言》）。是证咳备成包四字之义互通。案，成字训生育茂长之义。而包字，据《说文》云："象人裹妊；'巳'在中，象子未成形也"，又《禹贡》"草木渐包"《孔传》云："包，丛生"。可证咳备成包四字实同具含蕴蓄生之义。然则《曲礼》所谓"备百姓"，《吴语》所谓"咳姓"，与《史记·外戚世家》所谓"成子姓"，显系同指生子或宜子的意思。故《曲礼》郑注云：

> 天子皇后以下百二十人，广子姓也。

换句话说，"备百姓"之百姓，实即姓或子姓；所谓百者，只是泛表众多的一个虚数而已。

（四）古文姓字作"生"或"俇"的例证

古文姓字作"生"或"俇"，兹再举数例以足上文所证。

（例一）《论衡·奇怪》篇云：

> 光武皇帝产于济阳宫，凤凰集于地，嘉禾生于屋。圣人之生，奇鸟吉物之为瑞应，必以奇吉之物见，而子生谓之物之子，是则光武皇帝嘉木之精，凤凰之气欤？……帝王之

---

① 《群书治要》引，今本姓字作任，兹从王引之《经义述闻》改。

生,必有怪奇,不见于物,则效于梦矣。

案,《奇怪》篇主旨在斥论古帝感生得姓的传统妄说,而认为人子"皆因父气,不更禀取",也即应为人子而不得"谓之物之子"。因举光武之生以驳斥传统说之非。所谓"子生"即子姓。

(例二)《史记·陈涉世家》云:

　　秦令少府章邯免骊山徒人奴产子生。

案,今本《史记》,如乾隆校刊本及光绪重刊五氏翻宋本,"奴产子生"均作"奴产子"。但《校刊记札记》云:

　　《索隐》本出此五字(指"人奴产子生")。案,人字当属上骊山徒人为一类,奴产子为一类。生字则小司马所据本衍也,今本皆无生字。

然作者本文系据泷川《会注考证》本《史记》,其文正作"奴产子生",且《索隐》有"案,《汉书》无生字"一语,并为今本所无。是证《索隐》本生字实非衍误,而泷川之改从《索隐》本为有识。

至于"奴产子生"一语,显然即奴产子姓,也即奴产子之义。故《汉书》云:

　　秦令少府章邯免骊山徒人奴产子。

此语正为《史记》下一注解。今本《史记》所以无生字,似由于后人不明"子生"即子姓之义,因据《汉书》而误删的结果。

(例三)《史记》及《汉书·卫青传》并云:

　　有一钳徒相青曰:"贵人也,官至封侯。"青笑曰:"人奴之生,得无答骂即足矣,安得封侯事乎?"

此所谓"人奴之生"即"人奴之姓",也即"奴产子姓"或"奴产子"。案,卫青母为平阳侯主家之僮妾奴属[①];母为人奴,

[①] 《史记》谓为"妾",《汉书》言"僮妾",《论衡》云"家僮",泷川《史记会注考证》云"妾,婢妾也"。

故青为人奴之子。

或谓人奴之生的生字，无烦解为姓字，因人奴之生即人奴所生，也即人奴之子。但作者认为这种说法正如前例杜预解"归姓"为归生一样的迂远。实际上，古文姓字既就是生字，而姓字又具子字的含义，则人奴之生也唯解作人奴之姓，才可以恰如其义，否则如直视人奴之生的古文姓字为生育之生字，则上例"奴产子生"既不可解，而且本例也由于这个原因而引起句读上的误解。如宋费衮论西汉句读云：

> 西汉极有好语，患在读者乱其句读。如《卫青传》……"人奴之"为一句，"生得无笞骂"为一句，……则语有意味，而句法雄健。今人以"人奴为生"为一句，只移一字在上，句便凡近矣。（《梁溪漫志》卷五）

实际上，"人奴之，生得无笞骂"的句法既雄健的毫无义理，王先谦《汉书补注》即明斥其非，而且乱句读者，也唯费氏自乱，迄今虚受堂加圈本《汉书补注》及《史记会注考证》也并以"人奴之生"为句。此外，《论衡·骨相》篇作"人奴之道"，虽非史迁原义，但足证西汉好语确以"人奴之生"为句，而幸未为读者所乱。凡此足证明费氏以不识姓字的古形古义，致所论适足自责。反之，释"人奴之生"为"人奴之姓"，则这种误解便自然无形化除了。

（例四）《善鼎铭》云：

> 余其用各我宗子，雩百生。（《三代吉金文存》卷四，第34页）

傅孟真先生云：

> 百生连宗子里君（里君，指另条铭文言）为文，即典籍中所谓"百姓"也。（《性命古训辨证》上卷第4页，《历史语言研究所单刊乙种》之五）

案，据《曲礼》"备百姓"一例言之，此所谓"百生"应即宗族中之众子群子。宗子为继体守君，百生或百姓则为从属之诸子，故宗子百生连言。百生之生字，即子姓之姓字，其义仍指子嗣而言。

（例五）《鬻镈铭》云：

> 用旂寿老毋死，保虡兄弟……保虡子偯。（《三代吉金文存》卷一，第67页）

孟真先生云：

> "子偯"即典籍中所谓"子姓"，子孙男女之共名也，故加人旁。（《性命古训辨证》上卷第3页，《历史语言研究所单刊乙种》之五）

又杨树达氏云：

> "子偯"，方浚益谓偯即姓，是也。古书多言子姓……据《列子》《淮南》之文，……似子姓即指子言，故郑注《玉藻》……释经文之子姓为子，与《列子》《淮南》义同。（《齐子仲姜镈之□叔即鲍叔说》，载《辅仁学志》十四卷，第一、二合期，第189页）

此说可证子偯即子姓，而子姓之义，依显明之例证言之，则似应单指子。惟杨氏下文于引述《特牲馈食礼》及《丧大记》《郑注》后又云：

> 释子姓为子孙为义较广。铭文或指广义之子孙言之乎？实际上，子姓虽可泛解为子孙，但就本文所分析诸例言之，却每单指子；而且《郑注》显然不足为据。故此所谓子偯究指子或子孙，便难确言。杨氏言"或指广义之子孙"，盖审慎之词也。

（例六）殷代卜辞上具"子"义的生字或姓字：

> 贞王孔生。（《殷虚书契后编》下一一二，《殷虚粹编》

一一三一)

贞菜王生,宰于妣庚妣丙。(《殷契遗珠》三〇)

辛巳,贞其菜生于妣庚妣丙,牡牝白豕。(《铁云藏龟拾遗》一,一〇)

癸未,贞其菜生于高妣丙。

案,上引各例及释文并见胡厚宣氏《殷代婚姻家族宗法生育制度考》一文①。而胡文第三节《论求生与产神》云:

所以知殷人多妻为重子嗣者,卜辞中每见求之贞。

据此,知胡氏所谓"求生之贞,实即"求子之贞";生字于此应训子姓之姓,而非畏死而求生的生字。故胡氏于释"乩生"及"菜生"之义时,云:

"乩",祭名。……"王乩生"者,殷王武丁行乩祭,以求子之得生也。

"菜",亦祭名。《说文》馃拜并从菜,馃又作馈,是菜即贲之本字。菜在卜辞金文中皆与求义相通。……"菜王生"当为王菜生之倒语,言武丁以宰于妣庚妣丙求生子之事也。

胡氏虽谓为"求子之得生"或"求生子",实际上应即"求子"或"求姓"。否则,可令人误会因子病行祭而求子之得生。故胡氏下文径云:

夫殷人求子,有劳王之亲祭,则其重视之程度可知矣。

总之,作者认为上引四条卜辞中所谓"生",至少在解释上应视为古文姓字,如此方不致引起误解,而文义也愈趋显明。

以上关于姓字第一种古义的分析,至此可以告一结束,而且

---

① 见胡著《甲骨学商史论丛》初集第一册,第二篇论文,第 16—17 页。下引各段文字同见该页。

从各节所举的例证上至少可以获得下列的概念：

1. 古文献上所谓"姓"，每指子或子孙后嗣而言；姓子二字可说是两种同义的亲属称谓。古文通作"生"或"性"。
2. 姓字训子，故古文献上可分言子或姓（或生）；而合言子姓（或子生，或子性）。

故《广雅·释亲》及《小尔雅·广言》并云："姓，子也。"王引之《经义述闻》也云："古者谓子孙曰，姓，或曰子姓，字通作生。"而以王说为最确。但王说系以郑玄经注为本，且反与《郑注》不合，因郑氏训姓为生，而王氏则训姓为子孙。换句话说，王氏在引证上有瑕瑜不分之弊，是以王郑二氏虽同训子姓为子孙，但实质上却貌合神离。

惟古文献上所谓"姓"，固不如王氏所云仅具子嗣一义，而实另具族属和人民之义，兹据所见以足王氏说。

三 姓字古义训"族"或"族属"

（一）姓、族二字的字义

姓、族二字在古文献上，其含义互通，故姓族二字可分互引用。案，《左传》昭三年云：

　　姜族弱矣，而妫将始昌。

此其云姜族。但庄公二十三年《传》云：

　　若在异国，必姜姓也。

则又云姜姓。这证明所谓"族"，虽非必仅指"姓"之族而言，但是所谓"姓"却至少是一种"族"，因此互言姜姓或姜族。换句话说，姓字至少含有"族"的意思，是毫无疑问的。

据此，则典籍中所谓"同姓"或"异姓"，自指同族或异族而言；所谓"某姓"，如《左传》上所见之风姓、妘姓、姬姓之类，也自指某族而言。至如"妫将始昌"一语，自即妫姓、妫族始昌的省文。凡此，在古文献上其例甚多，而其事理显然，故无需繁证。

姓字既训族，故古文献上或合言"族姓"，正如子姓一词一样，也是由两个同义的单词合成的一个连语。例如：

> 《左传》襄三十一年云，"公孙挥能知四国之为，而辨于其大夫之族姓。"

> 《左传》昭三十年云，"我盍姑亿吾鬼神，而宁吾族姓。"

> 《尚书·吕刑》云："敬之哉！官伯族姓！"

此所谓族姓，即族或姓，其义均指族属子姓而言。某始祖之族的族属，也即某始祖子姓。从而某族因有某姓之称，从而其族属子姓也就有族姓之称。故文献上遂有子、姓、族三词并举之例。如，《诗·麟之趾》云：

> 麟之趾，振振公子……麟之定，振振公姓……麟之角，振振公族……

《毛传》云：

> 公姓，公同姓。公族，公同祖也。

朱氏《集传》云：

> 公姓，公孙也，姓之为言生也。公族，公同高祖；祖庙未毁，有服之亲。

案，毛朱二氏因不明姓字古义，故其说果非袭郑玄误解，便言之而不能尽其义。实际上，据作者上文分析，姓字既训子嗣，则自即子孙族属之义。故诗文所谓公子即公姓，而所谓公姓也即公族。用语虽因谐韵而异，但皆诗人所以歌颂公之族属后裔之词。故《诗序》云：

《麟之趾》,《关雎》之应也。……虽衰世之公子,皆信厚如麟趾之时也。

即径以公子概言公姓、公族。故王引之《经义述闻》云:

公子、公姓、公族,皆指后嗣而言。……《序》曰,"虽衰世之公子。皆信厚如麟趾之时",举公子以统下二章,盖得其旨矣。

总之,本节所举之例证虽远不如前节的详尽,但是族既指族属及其集团,而姓字复指子嗣及其集团,则足可证明:古之所谓子族姓,其义互通,故合言子姓或族姓。

(二) 姓族的组织

姓族二字的字义既互通,则就姓和族的组织而言,二者也应有其类似性。然则古之所谓族或姓究属何种组织而这种组织又相当于近代原始民族的何种组织?这显然是值得讨论的问题,兹试就所见,分别论之如下。

案,《白虎通·宗族》篇释族字云:

族者,凑也,聚也;谓恩爱相流凑也。上凑高族,下至玄孙,一家有吉,百家聚之,合而为亲,生相亲爱,死相哀痛,有会聚之道,故谓之族。

这就是说,据汉儒的观点,所谓"族"系指包括祖孙血属的一种亲属集团 (relationship grouping) 或包括若干家族的一种大家族组织 (extended family)。换句话说,族的组织在中国古代是以血缘世系为基础而结合的一种社会集团。

然而以血缘世系相结合的亲属集团,似不仅限于"上凑高祖,下至玄孙"的"族"。因为据《白虎通》论"宗"之义云:

宗者何谓也?宗者尊也,为先祖主者,宗人之所尊也。……所以长和睦也;大宗能率小宗,小宗能率群弟……所以纪理族人也。宗其为始祖后者为大宗,此百世之宗也。

宗其为高祖后者，五世而迁者也。

根据这段话，我们显然可以得到下列几种概念：

1. 宗是继承先祖的族长或宗主，因此宗主所纪理的宗人或族人也即其宗族。

2. 宗族由于宗主或族长的继始祖或高祖的不同，而有大宗和小宗，也即主族和各小分族的不同。

因此《白虎通》原所谓"族"，虽仅指大宗族中其高祖之后的小宗族，但照"大宗率小宗"与"纪理族人"的宗法而论，则显然应指同出于一个始祖的大小宗族或宗族集团而言。换句话说，综合《白虎通·宗族》篇所论，我们可以说：古之所谓族似指同一始祖之后，以血缘世系关系而相凑聚的一种亲属集团，或宗族集团，且其中有大宗小宗之别。《白虎通》此文显然以《礼记·大传》和《丧服小记》为本，因此上述的解释便多少可以代表先秦社会的宗族组织。

古之所谓姓既是族，则"姓"也应指以血缘世系相结合的亲属集团。实际据前节所证："姓"既系人之子姓后裔，则始祖以来之后裔，如以血缘关系而凑聚，自即成为一个宗族或亲属集团，而此宗族集团之宗人或族人因均属该宗族的子姓，因此宗族集团也就称之为姓族集团。换句话说，就集团组织而论，宗即族或姓，故宗族也即姓族；就集团族属而言，宗人即族人或子姓，故宗属也即族姓。更进一步，假如始祖之宗族共同具有一个族名，如姜妫姬姒之类的称名，则这种宗族集团便成为古之所谓"姜姓"或"姜族"一类的姓或族——作者因拟称之为"姓族"，以别于古代与姓族同时存在的"氏族"（如少典高阳氏之类）。

又宗族中既包括若干小宗族，故姓族也同括有若干宗族。如《左传》定公四年云：

> 分唐叔以大路……怀姓九宗，职官五正。

换句话说，怀姓或怀族至少是包括九个小宗、小族的一个大宗族集团。又据《左传》定公四年文云：

> 分鲁公以大路大旂……殷民六族——条氏徐氏萧氏索氏长勺氏尾勺氏，使帅其宗氏，辑其分族……分康叔以大路……殷民七族——陶氏施氏繁氏锜氏饥氏终葵氏。

案，殷民系子姓，则殷民六族也即子姓六宗。而此条氏之类的六宗，显然即子姓宗族集团中的小宗族。换句话说，《左传》此文不仅足资证明《白虎通》所谓族应指大宗族集团，而且也证明大宗族集团应是姓族而不是氏族。因为就殷民子姓的各氏族而论，氏族正是姓族或宗族中的小宗或分族，故《传》云，"帅其宗氏，辑其分族"。实际上，古代的姓族与氏族组织的起源既不同，后者源于政治上分封的结果，而两者之社会功能也异。氏族组织非本节讨论对象，可略而不论，下文让作者继续分析姓族组织的功能。

姓族的社会功能（social function），就序言附注所示，颇为广泛，于此不容详论。兹所欲论者，即姓族组织于婚姻上的限制。案《礼记·大传》云：

> 系之以姓而弗别，缀之饮食而弗殊，虽百世而昏姻不通者，周道然也。

这就是说，同姓族属只要在族系及饮食生活上有着联系，则彼此之间便永远不得互婚的，至少周民族的礼制是如此的。这段话的可靠性究达到何种程度虽未敢确言，但至少可以表示古代姓族是一种外婚的社会集团（exogamous grouping）。现代中国社会所见的同姓宗亲会的组织，不但正是古代姓族组织的遗绪，而且同姓宗亲不得互婚的外婚制也仍存而不废。

姓族何以要施行外婚制？这是现代人类学上迄在争论而未决

的一个问题，作者于此不拟引述。但据中国古代史料而论，外婚制的起源，除基于"同姓为婚，其生不蕃"的观念外，主要似与集团内部之安定有关。例如，《晋语》云：

> 同姓则同德，同德则同心，同心则同志，同志虽远，男女不相及，畏黩敬也。黩则生怨，怨乱毓灾，灾毓灭姓。是故娶妻避其同姓，畏乱灾也。

这就是说，古人认为同族间互婚容易引起黩敬或怨恨，以致同室操戈而酿成亡族绝嗣的恶果，因此便禁止族内婚而实行外婚制。换句话说，中国古代姓族外婚制的起源，其主要因素系基于族属集团内部的安定，而非仅由于"同姓为婚，其生不蕃"的心理，除非所谓"其生不蕃"，即指其姓不蕃或"灭姓"，也即亡族灭嗣而言。

此外，从《晋语》此文，我们不仅找到同姓即同族之证，而且也找到族姓子姓之证，那就是"灭姓"的姓字。假如把这个姓字解为后代姓氏或族名之义，则族名而言灭，便难于了解了。

总之，据上述的分析，作者认为中国古代的姓族应是一个同出一祖的血族集团，而且是外婚的集团。集团中有小的集团组织，即分族或小宗族或氏族。同一姓族共具一个族名，而氏族则可分具不同的族名。

然则中国古代的姓族组织，就人类学观点而论，究相当于一般原始民族的何种社会集团组织？这个问题，无论就人类学或中国古代社会史的研究上，似乎都有说明的必要。

案，近代原始民族社会中，除有家族和部族组织的存在以外，更有所谓"gens"或"clan"[①]之组织的存在。而"gens"

---

① 又称"Sib"或"sept"。参阅 W. H. Rivers' *Social Organization* p. 20, R. H. Lowie's *Primitive Society*, p. 105, *Notes and Queries on Anthropology*, p. 55.

之定义，据美人类学家莫尔干氏（L. H. morgan）《古代社会》一书云：

> 拉丁语"gens"，希腊语"gens"，梵语"ganas"三个语词均具族属或亲嗣（kin）之义。同时这三个语词又分别含有"gigno"，"gignomai"和"ganamai"的语素，也即"生"（to be get）之义，因此这三个语词也就同寓有："gens"的族属系同出于一个世系的意义。于是所谓"gens"者，便系指同出一祖，以血缘相会聚，且以族名相区别的一种社会集团。①

显然的，莫氏所说的"gens"，其组织恰相当于中国古代的姓族。尤其就中文"姓"字和西文"gens"一词含义的演变而论，可说完全一致，两者都是由"生"之义衍为子嗣族属，更由子嗣族属之义而衍为社会集团的统称。这一事实足可有助于说明：人类之种族和文化，纵然在型态上互有不同，但在基本心理的想法上却可以有着意外的巧合。因此，"gens"或"clan"在国人论著上虽素译为"氏族"，但作者却改译为"姓族"。事实上，中国古代不但原有姓族、氏族的分别，素来"氏族"的译名在分析古代社会史时容易陷于混淆不辨，而且无论就中国史实和"gens"之定义而论，姓族或"gens"也绝非氏族。氏族只是姓族中的分族，而且由于封建赐民的结果，氏族也非必皆属同一姓族的族属。例如春秋时代之晋、鲁、郑、蔡、吴，实即氏族分封以后而形成的邦国，而邦国人民却非同一族属，因为鲁卫二国兼括殷民，而晋国之中实有怀姓。同样，少典氏于古也为氏族，而且据傅孟真先生《姜原》一文

---

① Ancient Society. Part Ⅱ, Chap. Ⅱ, p. 62.

的说法①，却是包括姜、姬二姓的一个大氏族。这就是说，氏族只是一种政治集团，却不一定关系着族属的血缘世系。故《白虎通·姓名》篇云：

> 所以有氏者何？所以贵功德，贱伎力。或氏其官，或氏其事，闻其氏，即可知其德，所以勉人为善也。

这就是说，氏族组织系源于德能勋业。组织不同，则功能也异，故郑樵《氏族略序》云：

> 古之诸侯，多曰坠命亡氏，踣其国家，以明亡氏则与夺爵失国同。……氏不可呼为姓，姓所以别婚姻……氏同姓不同者，婚姻可通；姓同氏不同者，婚姻不可通。

这证明中国古代的姓族和氏族，无论在组织和社会功能（social function）上都是绝然有别的，姓族是血属集团，而氏族却是政治组织，故"氏不可呼为姓"。氏族既不可呼为姓族，则"gens"或"clan"便显然不能译为"氏族"：因为"gens"实相当于中国古代的姓或宗族。故作者改译"gens"或"clan"为"姓族"，而以氏族一词仍表称古代的氏族，以复中国古制之旧。

中国古代的姓族既相当于原始民族的"gens"组织，但后者由于族属世系推计制度的不同而有父系和母系之别，甚至莫尔干氏认为姓族原来均属母系，继经演化始成为父系的姓族。所以莫氏在《古代社会》一书②内又云：

> 姓族的世系，如果是从母方推计（古初大抵如此），则姓族便是由一个假想的女性始祖，其子女，以及永远从母方世系推计的后裔，所组成的一个集团。但财产积聚的现象存

---

① 《历史语言研究所集刊》第二本第一分，第181页。
② Ancient Society, Part II, Chap. II, p. 62.

在以后，姓族从母系便改为父系。……现代家庭的族名就是古代姓族之名（gentile name）[①] 的残余，家庭的男性世系也系姓族世系的遗绪。故现代家族，正如家族的含义一样，只是一种解体的姓族，其族属间的维系已经破裂，因此凡家族称名存在之地，也就有其零落而居的族属。

又莫氏认为姓族系基于下列三个因素而形成的：

族属的维系（the bond of kin），单纯的母方世系（a pure Lineage through descent in the female Line），以及同姓不婚（non-intermarriage in the gens）。[②]

莫氏姓族原来均属母系之说，在现代人类学上虽不承认它的普遍性[③]，但就中国典籍所载的史料而论，则中国古代的姓族却颇多母系的迹象。

首先中国古籍上便有太古生民知其母而不知其父的记载。如：

《吕氏春秋·恃君》篇：昔太古尝无君矣，其民聚生群处，知母，不知父。

《商君书·开塞》篇：天地设而民生之，当此之时也，民知其母而不知其父，其道亲亲而爱私。

《白虎通·号》篇：古之时，未有三纲六纪。民人但知其母，不知其父。

甚至所谓太古，也不一定是"天地设而民生之"的太古，因为

[①] 中国现代家族的称名（Surname）则系古代姓族及氏族称名的残余，故又或称之为姓氏。

[②] Ancient Society, Part Ⅱ, Chap. Ⅱ, p. 68.

[③] 参阅 Mclennan, J. F: *The Patriarchal Theory*, 1885, Bachoffen, J. J.: Das Mutterrecht, 1861, Starcke, C. N.: *The Primitive Family*, 1889, Tozzer, A. M.: Social, Origins and Social Continuities. p. 133—146, 1925.

《白虎通·宗族》篇云：

> 周承二弊之后，民人皆厚于末，故兴礼母族妻之党，而废礼母族父之族。（卢文弨云："语不甚了，大约谓……二代之季，民有厚于母族而薄于父族者。"）

这证明在周代似乎还存在着"厚于母族而薄于父族"的习俗，而这种习俗却可能就是过去不久以前知母不知父的遗风。换句话说，知母不知父的古俗未必是出诸后儒的杜撰或想象，而可能是基于过去未久的时代背景而产生的说法。

古代生民既但知其母而不知其父，周承二弊复有兴礼母族而废礼父族之风。故从《史记·五帝本纪》上不但找到古帝每因母感天而生的神话，而且从《诗经·生民》上也找到周民族"厥初生民，时维姜嫄"的始祖传说。感天而生的神话固属乌有之事，但却反映着一种意义，就是：古代至少有一些姓族，如夏禹商契周弃之族，可能是如周民族一样，原是以假想或真实的女性始祖为族祖的母系姓族。换句话说，《诗·生民》的传说以及古帝感天而生的神话，就是"知母不知父"之俗的异词，尤其《诗》、《史记》关于姜嫄、周弃的记载，与《白虎通》所言周民之俗，是非常吻合的。

其次，就姓字之子嗣及族属之义而论，似乎姓族也可能原是母系的社会组织。例如鲁昭公照父系社会而论，既是周公之后，依理应是姬姓或姬族的子孙，然而他却是归姓，也即归族的族属子姓，而其所以为归姓者，实由于昭公之母齐归系归姓之女。换句话说，某族之女所生的子嗣，就是某族的族姓，故称某姓——子嗣的世系是从母方推计；如果族属的世系永远是如此推计，则所谓某姓的亲属集团便恰是一种母系的姓族了。或谓《左传》谓鲁昭公为"归姓"者，只是表明一种母子的生育关系，而不必表示着族属的世系关系。但是作者却认为母系社会决定族属世系的重要因素,正是母子的生育关系,这与父系社会以父子的生育关系来决定世系,也正是相同的一种制度。因此,根据《左传》和《国语》的记载,我们又知道晋文公之所以为姬姓者,也可能是由于他是姬姓之女狐姬所生的原因。

实际上,直到汉代早年,似乎也还存在着以"同母者为宗亲"的宗族组织,而且确有明文的记载。如,《史记·五宗世家》云:

孝景皇帝子凡十三人为王,而母五人,同母者为宗亲。
依照父系宗法社会而论,宗族的宗亲自应以父方世系为准,孝景之子纵不同属孝景一宗,也只能就诸子本人而各为其宗。但是同属一父之子,却分为五宗,而且是以"同母者为宗亲";这种宗族分衍的制度显然不是父系社会所应有的正常现象。那么宗亲既是同母者,则宗族自指同祖母的社会集团。换句话说,古代的同姓宗族或姓族,似显然指从母方世系推计族属关系的母系宗族或姓族了。事实上,根据《史记》、《汉书》的记载,汉之皇室子孙确有改从母姓的,而卫太子史皇孙正即其例。

固然,如果仅凭少数的例证来推论某一时代或某一姓族的社会为母系组织,这是非常勉强而危险的说法,但是如果我们认为周代以降迄于汉初,其社会上还存在着母系社会的色彩,而这种色彩却可能是古代过去母系姓族社会的遗迹,则这种推论便绝不是不可能了,换句话说,作者认为中国古代的姓族或宗族组织,可能是初为母系而后衍为父系的社会集团。虽然,姓族组织关乎中国古代社会史者至为重要,本文因其涉及姓字古义,故略加以讨论。

总之,从本节上述分析的结果,不仅说明古之所谓姓,其义与子族二字互通,而且说明古之所谓姓,也就是宗族或姓族的集团,一种以血缘相结合而彼此不得互婚的亲属集团,其组织相当于近代原始民族的"gens"或"clan"。

四　姓字古义训"民"或"属民"

（一）泛言"百姓"、"群姓"或"万姓"

姓字于古文献上除指子嗣族属而言以外，且兼指人民而言。尤以百姓一词，每与人民互举或连言，其义最为显然。例如：

1. 夫义，所以生利也；祥，所以事神也；仁，所以保民也；……古之明王，不失此三德，故能光有天下而宁和百姓。（《周语》上）
2. 昔者之伐也，兴百姓以为百姓也，是以民能欣之。（《晋语》一）
3. 无夺民时，则百姓富。（《齐语》）
4. 商契能和五教，以保于百姓者也，……周弃能播殖百穀蔬，以衣食人民者也。（《郑语》）
5. 祀，所以昭孝，息民，抚国家，定百姓也。（《楚语》下）
6. 今吴王淫于乐，而忘其百姓，乱民力，逆天时。（《越语》）

案，民字含有一种被统治者的意思，也就是说，所谓民者，应即诸侯国君所统治的属民。故《左传》闵公元年云：

> 天子曰兆民，诸侯曰万民。

实际上，所谓兆或万，以及百姓之百字，均系泛表众多的虚数，在意义上并没有多大差别。故百姓一词便每与兆民连言或互言。例如：

1. 一人刑善，百姓休和。可不务乎？书曰"一人有庆，兆民赖之"，宁惟永其是之谓乎？（《左传》襄公十三年）

2. 昔我先王之有天下也，……以备百姓兆民之用。(《周语》)

3. 尊贵明显……然则民莫不审固其心力以役上令……百姓兆民夫人奉利而归诸上。(《周语》)

又如《左传》成公二年云：

  君子曰，"《泰誓》所谓：商兆民离。"

而商民叛离的原因，实由于商王受的虐政。故《牧誓》云：

4. 今商王受惟妇言是用，……是以为大夫卿士俾暴虐于百姓。

伪《泰誓》也云：

  今商王受弗敬，上天降灾下民……以残害于尔万姓……受有臣亿万，惟亿万心。……戎商必克，受有亿兆夷人，离心离德。

于此不仅证明兆民、亿万之臣、亿兆夷人，均指商国之民，而且证明商民也即商之百姓或万姓。

百姓之百字既系泛表众多之虚数，故文献上或言群姓。例如《礼记·祭法》云：

  王为群姓立社曰大社，王自为立社曰王社。诸侯为百姓立社曰国社，诸侯自为立社曰侯社。

王社、侯社既是王侯自立之社，则大社、国社自指王侯为其人民所立之社。故所谓百姓或群姓，自指王侯之万亿兆民。

又百姓或称万姓，除上举《泰誓》一例外，兹再举数例以示其义。如：

1. 帝钦罚之，乃伻我有夏，式商受命，奄甸万姓。亦越文王武王，克知三有宅心，灼见三有俊心，以敬事上帝，立民长伯。(《尚书·立政》)

2. 俾万姓咸曰："大哉，王言"，又曰："一哉，王心。克

绥先王之禄，永底蒸民之生。"（《尚书·咸有一德》）

3. 万姓仇予，予将畴依？（《尚书·五子之歌》）

4. 发钜桥之粟，大赉于四海，而万姓悦服。（《尚书·武成》）

5. 四时从经，万姓允诚。（《尚书大传·虞夏传》）

上述几条例证，除《立政》一条外，虽均出于伪古文《尚书》，但万姓一词却非后儒杜撰，因在先秦彝器铭文上固有百姓、万姓之称。兹更举金文上所见之例，以足上文所证。

1. 《史颂鼎》云：

里君百生。（《三代吉金文存》卷四，第26页）

傅孟真先生《性命古训辨证》云：

百生连……里君为文，即典籍中所谓百姓也。[①]

案，《尚书·酒诰》云：

越百姓里居，罔敢湎于酒。

又《墨子·尚同》篇云：

里长者，里之仁人也，里长发政里之百姓，……乡长发政乡之百姓，……国君发政国之百姓……天下之百姓皆上同于天子，而不同于天，则菑犹未去也。

根据《酒诰》和《墨子》二文，则《史颂鼎》所谓百生或百姓应即居于乡里中之众民；而所谓里君，应即发政"里之百姓"或"百姓里居"的里长。曰君曰长，其义互通，故里君可能即里长之异词，至少均属百姓之官。而百姓一词指被统治者，于《墨子》一文尤为显然。

2. 《徐沇儿钟铭》（《三代吉金文存》卷一，第54页）云：

和迭百生……以匽以喜，以乐嘉宾及我父兄庶士。

[①] 《中央研究院历史语言研究所》单刊之五卷上《释字》，第4页。

孟真先生云：
> 案，此（和迮二字）当即《康诰》"四方民大和会"之和会二字。①

然则所谓百生，自即参加和会之人民、百姓，也即泛指众宾及铸器者之父兄庶士。

3.《臣辰卣铭》(《三代吉金文存》卷十三，第44页)云：
> 隹王大和于宗周……丰百生豚。

此所谓百生自指大和会于宗周之人民百姓。

4.《徐王子和钟铭》(《吉金文录》卷二，第8页。释文器名从《历代著录吉金目》第35页)云：
> 此追祭祀，以乐嘉宾及朋生习宜，兼以父兄庶士。

案，此文与《徐沇儿钟铭》几完全相同，故所谓朋生疑即百姓之异文，义指四方友族之人民、百姓。又朋字原义系指成串之贝壳，为数颇多，故朋字有朋党或群众之义。例如《尚书·益稷》云：
> 无若丹朱……朋淫于家。

伪《孔传》云："朋，群也。"可证所谓朋生，义即百姓或群姓，均指四方友族人民。

5.《诗·棠棣》云：虽有兄弟，不如友生。

6.《诗·伐木》云：矧伊人矣，不求友生。

知朋生即朋姓或友族，则此所谓"友生"自即友姓，也即友族之人民族姓也。

7.《秦公钟铭》(《两周金文辞大系考释》第250页)云：
> 协和万民，虔夙夕剌剌趩趩，万生是敕。

案，《秦公毁》云：

---

① 见《性命古训辨证》上卷，第4页，原注。

> 剌剌（烈）赳赳（桓），万民是敕。（《两周金文辞大系》第272页）

《秦公钟》"万生"不仅与上文"万民"连言，且与《秦公毁》"万民"互言，可证"万生"即"万姓"，也即万民。故友人张苑峰先生云：

> 《秦公钟》"万生是敕"与《秦公毁》"万民是敕"句相当，皆春秋末期物，已失古者称生与民之别，然仍未加女旁。①

这证明伪古文《尚书》所谓"万姓"一词似乎还是有其出处的，纵不能因此而推论某几篇伪古文《尚书》可能成书较早，却至少可以证明万姓一词确是先秦时代已经存在的术语，可以作为本文古字古义分析上的旁证。至于苑峰先生虽认为古者生与民之称有别，但所谓"生"及"古"究指何种含义与某一时代，苑峰先生既未指明，故作者不欲有所论辩。惟作者所要指出者，即在本文之例证上，固未发现姓民之称的分别。

8.《韩非子·奸劫弑臣》篇云：

> 故（圣人）其治国也，正明法，陈严刑，将以救群生之乱。……夫严刑重罚者，民之所恶也，而国之所以治也；哀怜百姓，轻刑罚者，民之所喜，而国之所以危也。

韩子所谓群生显然即群姓或百姓或人民，故群生百姓与民三词于文中互言，其含义至为明确。

总之，从上文所举典籍及铭文诸例之分析结果，足证古之所谓百姓或百生，群姓或群生，万姓或万生，以及朋生友生，其义互通，均指统治者之邦族兆民而言，虽然据前文的分析，百姓百生却有时或指子嗣族属。

---

① 引见《性命古训辨证》上卷，第4页。

然而，仅就百姓一词而论，在汉以来迄于近人的论著上，其解释却显然异于本文的推证。例如：

1. 《诗·天保》毛传：百姓，百官族姓也。
2. 《尧典》郑注：百姓，群臣之父子兄弟。（见《史记》集解引）
3. 《尧典》《盘庚》《吕刑》各篇孔传：百姓，百官。
4. 《周语》韦注：百姓，百官也；官有世功，受氏姓也。
5. 郭沫若《两周金文辞大系》第28页《臣辰卣铭》附注云："百生者百姓也，百官也。"又《中国古代社会研究》云："百姓是贵族，又叫着'君子'。……《梓材》篇开始一句话是：'以其庶民暨臣达大家，以厥臣达王，惟邦君。'……王是第一级。邦君是第二级。大家——就是所谓百姓，是第三级。臣仆和庶民是第四级。前三级就是贵族。"
6. 蒋智由《中国民族权力消长史》云："中国太古时代也区分人民为四级，首曰百姓，四级中之最贵者。……百姓与民之区别，文之至明者，又莫如《国语》。"（指《楚语》观射父论百姓）①
7. 章嵚《中华通史》云："百姓，则群姓之父子兄弟，皆贵族也。古者官有世功，则受氏姓。姓有百者，举成数以状其多也。"（上册，商务大学丛书版，第204页）
8. 夏曾佑《中国古代史》云："百姓者，王公之子孙，亦即天之子孙。"（商务大学丛书版，第18页）
9. 法人 Terrien de Lacouperie《中国古文明西源论》云："巴克（Bak，古西亚之民族）即百姓。黄帝即巴克族之酋

---

① 东京并木活版所，一九〇四年出版，见第一编，第一章，第19页。

长……率巴克族东迁。"（引见蒋智由《中国民族权力消长史》第一章，第6页；又见蒋氏《中国人种考》第27页）

然而据作者本节所举的例证而论，这些不同的解释不仅都属傅会，找不出史实的证明，而且本身便存在着不可解说的矛盾。

首先就法人拉古百里氏的说法而论，如果拉氏晓然中国所谓百姓并非一固定语词，且知古文献上更有群姓、万姓、朋姓、友性、族性、子姓一类之称的话，则拉氏显然自知其说之不足信。换句话说，百姓与"Bak"二词实不相干，而所谓百姓，其实就是"姓"。百字可有可无，下文当可证明。

拉氏之说既失之无据，则蒋智由氏的说法也自然是误说，因为蒋氏之说即演绎自拉氏[①]。实际上，蒋氏在解释上便自相矛盾。例如，蒋氏上文原已明言百姓就是人民，然而下文却又云百姓与民有别，这显然是说不通的。况且所谓"太古时代"究指什么时代？如果认为就是《国语》成书的时代，则至少在《国语》一书上还找不出百姓与人民二词在含义上的区别。如果认为《楚语》观谢父解百姓为百官，则蒋氏显系误解《国语》（说详下文）。

其次，郭沫若的说法也显然是傅会。百姓为"君子"之说既无证据，《梓材》所谓"大家"也不能证明就是"百姓"。尤以贵族等第之说，纯属出于主观的曲解，故与蒋智由氏分别有第三级或第一级的不同解释。

实际上，近人百姓为贵族之说，即前儒百官族姓的变相说法，而百官族姓之说也显然是出诸传会。例如，《诗·天保》云：

---

① 见所著第一章，第16页。

> 神之吊矣，诒尔多福。民之质矣，日用饮食。群黎百姓，偏为尔德。

百姓一词不仅与群黎并言，且直承上文"民之质矣"一语，故群黎百姓即上文民之异文。百姓一词于此实找不出《毛传》所谓"百官族姓"之义，而且百官族姓究指百官，抑百官的族姓，本身就是含混之词。故朱子《集传》不从《毛传》，却云：百姓，庶民也。

又如《尚书·吕刑》云：

> 伯夷降典，折民惟刑。……士制百姓于刑之中，以教祗德。穆穆在上，明明在下，灼于四方，罔不惟德之勤。故乃明于刑之中，率乂人于民棐彝。

所谓"士制百姓于刑之中"者，正即上文"伯夷降典，折民惟刑"之义，换句话说，制于刑之"百姓"即折于刑之人民。故上文言"以教祗德"，而下文云"率乂于民棐彝"。百姓一词指人民而言，在经文上是很容易了解的。但是《孔传》却云：

> 制百官于刑之中。

实际上，折民制百姓之士才正是官，经文只云士折民或百姓，并没有士制百官于刑的话和意思。这证明《孔传》作者不但忽略了古文献上百姓训人民的例证，而且连《吕刑》上下文的浅显文义也未能明瞭。至如孔颖达《正义》云："乃使士官制御百官之姓于刑之中正"，则不仅把姓字看成后代的姓氏族名，而且竟不知其所云了。

又如《尧典》云：

> 克明俊德，以亲九族。九族既睦，平章百姓。百姓昭明，协和万邦。

假如把这段话用《吕刑》的话来解释，则恰是《吕刑》所谓：

> 穆穆在上，明明在下，灼于四方，罔不惟德之勤。

"平章百姓"者，即"制百姓于刑之中，以教祗德"；"百姓昭明"者，即"（民）乃明于刑之中"，或"明明在下"的百姓人民；"协和万邦"者，即"灼于四方，罔不惟德之勤"，也即《尧典》上文所谓"光被四表，格于上下"。换句话说，《尧典》的一段话是说：尧不但能上使其九族穆穆，下使其人民明明，而且尤能使国际间万邦协调和平相处。由九族之亲，推而德被人民；由人民之明，推而光被万邦。九族，照传统的解释，正是贵族或高居上位的官属；百姓，则指本国的人民；万邦，则指诸侯邦国。这三层意思不但在《尧典》上显然可见，而且同《吕刑》也恰堪印证。百姓一词于此不但系指人民，而且唯有指人民，《尧典》的这一段话才解释的更通顺。但是《尧典》孔传和郑注却训百姓为百官或群臣之父子兄弟，这显然是毫无根据的说法了。

总之，古文献上百姓一词言人民之例证既不胜枚举，而前儒对于百姓一词的误解，也辩之不胜其烦。实际上，百姓群姓万姓就是民或亿兆人民的异称，至少在本文所举的例证上，还找不出"百官或贵族"之义的证据。

（二）单言"姓"或"生"

百姓万姓群姓只是"姓"的泛言，正如民之可以泛言万民亿民或兆民。故古文献上或单言姓或生，或百姓与民互言。例如：

1. 《易经·观》卦云：

九五，观我生，君子无咎。《象》曰：观我生，观民也。

案，姓字古文作生，此所谓"观我生"即"观我姓"；而所谓观姓，《象辞》作者告诉我们就是观民。换句话说，生字于此即古文姓字，也即百姓群姓万姓之姓，故其义训民。至于观民之义，据《观》卦上文《象辞》云：

观王以省方，观民设教。

又《贲》卦《象辞》云：

观乎天文以察时变，观乎人文以化成天下。

则显指考察民情的意思。《观》卦所谓"观我生，君子无咎"者，言为政者如能勤求民隐，而不背弃百姓，则必能上下相安，而无叛逆之乱，故君子无咎。

2. 《楚语》下云：

（昭）王曰："祀不可以已乎？"（观射父）对曰："祀所以昭孝，息民，抚国家，定百姓也。不可以已。……是以古者，先王日祭月享时类岁祀，诸侯舍日，卿大夫舍月，士庶人舍时……百姓夫妇择其令辰……帅其子姓，从其时享……。于是乎合其州乡朋友婚姻……于是乎弭其百苛，殄其逸慝……亿其上下，以申固其姓。上所以教民虔也，下所以昭事上也。……自公以下至于庶人，其谁敢不齐肃恭敬致力于神，民所以摄固者也，若之何其舍之也。"

在这段文字上有三个语词与本文有关，即百姓，子姓，与"申固其姓"的姓字，子姓一词自指百姓夫妇之子嗣。上文"定百姓"之百姓，自即"息民"之民，也即泛指自公以下至于庶人的邦国兆民。下文"百姓夫妇"之百姓，据其仅择令辰而祭的礼俗而言，也显然指人民，因为诸侯卿大夫士者流，虽有舍日舍月舍时的不同，但一岁之中总各有其应祭的时期。至于人民则只是选个吉日行祭而已，并无一定的祭期。百姓一词于此也找不出百官或贵族之义的根据。

百姓一词于此既指人民，则下文"申固其姓"的姓字，自即百姓一词的省文，其义应指王者诸侯所统属的各族人民；百姓即群族，群族也即邦国的众民。换句话说，所谓"申固其姓"，即上文所谓"息民"或"定百姓"。观射父认为祭祀之道,其目的就在安定百姓、团结人民——"民所以摄固者也",故不可废祀。姓字于此既非子姓之姓,也非后世所谓姓氏族名之姓。否则,息民定百姓或申固其姓解为安定百姓夫妇之子姓,固然说不通,而姓氏族名究如何申固,也尤不可解了。

事实上,祭祀所以安民,而安民也正所以守国。《国语》上关于安民守国之论颇不一见,兹更举数例,以足上文。如《周语》云:

> 夫民之大事在农,上帝之粢盛于是乎出。……敦庞纯固于是乎成。

《夏书》有之曰:"众非元后何戴?后非众无与守邦。"……若将广其心而远其邻,陵其民而卑其上,将何以固守?

> 古之长民者,不堕山……是以民生有财用,而死有葬所……故上下能相固,以待不虞。

此所谓"纯固","固守","上下能相固",正《楚语》"亿其上下,以申固其姓"之义。如上陵其民,而下卑其君,则是上下不能相亿;不能相亿,则国不可守,故君必得其咎。《周语》所论虽仅言及人民而未涉及百姓,但足证《楚语》"申固其姓"应指息民定百姓而非申固百官。

(三) 又《楚语》下继云:

> 王曰:"所谓百姓千品万官亿丑兆民经入畡数者何也?"对曰:"民之彻官百,王公之子弟之质能言能听彻其官者,而物赐之姓,以监其官,是为百姓;姓有彻品十,于王谓之千品。五物之官,陪属万,为万官;官有十丑,为亿丑。天子之田九畡以食兆民,王取经入焉以食万官。"

案,这段话正是素来训百姓为百官者的唯一论据,但是作者认为所谓论据似乎却是出于误解。首先作者认为此所谓百姓,"物赐之姓"及"姓有彻品十"的姓字,应同指人民。因为这段文字直承上例《楚语》上文,而上文所谓"定百姓"及"申固其姓"既指息民或摄固人民,则同一个语词在下文而且同属观射父一个人所说的话里,是不应该含有两种不同的含义的。

实际上,不但姓或百姓一词指人民而言,甚至千品万官亿丑也都是兆民的异称。案《楚语》上文观射父云:

> 夫神以精明临民者也,故(郊禘丞尝)求备物,不求丰大。……是以先王之祀也……百姓千品万官亿丑兆民经入畡数以奉之。……敬不可久,民力不堪,故齐肃以承之。……王曰:祀不可以已乎?

这段话的意思是说:祭祀之道要在虔诚,而不在形式。故先王之祀即以民之所奉而献之于神,并不求其丰大。但纵然如此,也仍不能久祀,因为祭祀所用既出诸人民,久祀则民力不堪,故齐敬肃穆以承之。

显然的,百姓千品万官亿丑兆民都是人民的异称,故上文言"百姓千品万官亿丑兆民经入畡数以奉之",下文则言"民力不堪"。至于所谓"经入畡数",则指人民的生产,也即统治者的全国岁入。故《周语》云:

> 夫民之大事在农,上帝之粢盛于是乎出。

> 尊贵明贤……然则民莫不审固其心力以役上令。官不易方而财不匮竭,求无不至,动无不济,百姓兆民夫人奉利而归诸上。

这证明祭祀时所敬献于上帝神祇的粢盛,正是由人民所奉归于君上的农产品,而且奉经入畡数的那些百姓千品万官亿丑兆民显然就是奉利而归诸上的百姓兆民。

又古代社会组织异于后代,王者取之于民者也即所以食养人民者，人民所奉之经入畡数，固不限用于供献上帝神祇。故《楚语》虽云：

> 天子之田九畡以食兆民，王取经入以食万官。

但《郑语》则云：

> 故王者居九畡之田，收经入以食万民。

这证明《楚语》的两句话，实际就是一句话的重言。王者即天子，万官——所监官的万民，也即兆民。故《郑语》直云"收经入以食兆民"，从而《周语》也云：

> 昔我先王之有天下也……以备百姓兆民之用。

在这许多例证上，百姓兆民万官三个语词不但或并举或互言，而且百姓千品万官亿丑兆民五个语词也并举而与百姓兆民互言。这显然证明百姓千品万官亿丑兆民悉属人民的异称。虽然在这些例证上没有亿丑千品的例证，但是在其他文献上却有证据可寻。

所谓亿丑者，其实就是丑，正如姓之称百姓或民之称兆民，而所谓丑者，也就是"类"，古文献上言丑或丑类，其意即指族类人民而言。例如《泰誓》云"受有亿兆夷人，离心离德"，结果促成身死国灭，其原因即由于商王脱离了亿兆民众。故《易经·渐》卦九三《象辞》云：

> 夫征不复，离群丑也。

这两句话恰可为商受的写照，而此所谓群丑，也即亿丑，犹群姓或言百姓、万姓，其义当指人民。故《左传》定公四年云：

> 分鲁公以……殷民六族……使帅其宗氏，辑其分族，将其丑类。

丑类合言，正指殷民或其各族的族类而言。又如《诗经·出车》云：

> 执讯获丑，薄言旋归，赫赫南仲，玁狁于夷。

此所谓获丑，自指平夷玁狁后所获的属民。凡此证明亿丑即群丑或丑类，也即百姓兆民的异称。亿丑既指人民，则千品也应指人民，因为品即品类，义指不同族类的人民。例如《周公簋》（见《两周金文辞大系》第120页）云：

锡臣三品：州人，重人，庸人。

功臣的属民至少已有三品，天子之民自然可包括千品。但所谓千品实即群品，犹姓之言群姓百姓万姓，丑之言群丑亿丑，民之言万民兆民；曰百或千或万亿兆者，均泛表众多之义，非固定的实数。

然则人民何以却有百姓千品万官亿丑之异称？这正是楚昭王所以发问的原因。换句话说，昭王绝不是不明白这几个语词或称谓所指的含义，而是要了解这些称名的由来。因为观射父在其他问题的讨论上曾几次的提到百姓一词，而百姓一词指民或指官，身为国君的昭王是必然有所了解的。

然则观射父对于这些人民的异称究如何解释？作者认为《楚语》观射父的解释应该是：听彻监管人民的众官，都是具有听彻人民而且有辩才的王公子弟（例如《左传》襄公三十一年云：公孙挥能知四国之为，而辨于其大夫之族姓），王者视子弟才质功业的不同而分别的赐之以人民，令其监管其事。王公子弟既众，故其所属之"姓"或民也为数众多，至少可以包括不同的姓族，因此这些人民或群姓也就是王之百姓。又一姓之中，每有丑类族品的区别，如鲁公康叔所属的殷民子姓便有十三个分族，因此王公子弟所统属的百姓也就可以有千品的不同族类，就国君而言，即所谓"千品"之民了。至如替国君或天子监管天地神民物类的五物之官，其属民为数万众，于王言之，即所谓"万官"之民。一官之民如有丑类族品的不同，则万官之民也即王或天子的"亿丑"或"兆民"了。假如国君和人民能上下相安相亿，则君民在团结摄固之下便可互为扶佐。于是百姓千品万官亿丑兆民奉其经入晐数而归诸君,而君也就以其所取之经入而食养百姓万官或兆民。

总之,作者认为《楚语》所谓"申固其姓"及"物赐之姓"的姓字,只是百姓一词的省文,与《易经》"观我生,观民也"的古文姓字,同指人民而言。至于千品亿丑万官,则系指王公子弟或天子之众官所监管的不同族类的人民。然而前儒及近人由于忽略了客观的例证,误解了《楚语》这一段文字,于是便把这段文字当作了古之百姓即百官说的唯一论据。甚至近人许同莘《百姓解》[①]一文竟认为:

> 孔子言修己以安百姓……此百姓皆谓庶民。虽以圣人之多能博物,亦不能正名复古,于是辨章之义亡……《楚语》观射父对平王曰:"(略)"。楚平王之时,中国士大夫已无复诵述此义者(指百姓即百官之义),而观射父乃能言之。

实际上,许氏的说法不但是以《孔传》《毛传》及郑玄的经注为基础,而且也误解了《楚语》,甚至连楚昭王也误会为楚平王。许氏果曾详考过《国语》,甚至仅仅比较过《楚语》下的上下文字,则自知多能博物的孔子并没有错误,倒是许氏怀着复古迈圣的心思,反而误解了古义。

至于赐姓制度,在汉以来的论著上也有其传统的说法,但是如果百姓和姓系指族类人民而言;甚至退一步说,赐姓之姓虽非必指人民百姓,但姓字却有子姓族姓民姓三种含义的时候,则先秦时代所谓赐姓是否就是汉唐以来的赐姓氏族名的制度,便显然有问题了。作者对于这个问题将另文详细讨论,本文不赘。

(四)合言"民姓"

姓字古义训子和族,古文献上因有"子姓"和"族姓"合

---

① 《东方杂志》第四十四卷,第二号,第55页。

言之例。姓字既兼训民，故也有"民姓"合言之例。案，《周语》云：

> 夫古者不料民而知其少多。司民协孤终，司商协民姓，司徒协旅，司寇协奸，……是则少多死生出入往来者皆可知也。

《韦注》云：

> 司商掌赐族受姓之官。商，金声，清。谓人始生，吹律合之，定其姓名①。

案，吹律定姓之说多见于汉代谶纬之书，如《孝经·援神契》、《白虎通》、《易是类谋》，但其说荒诞不可考信，故汉儒王充、王符并斥其为妄说。如《论衡·结术》篇云：

> 五音之家用口调姓名及字，用姓定其名，用名正其字。……夫人之有姓者，用禀于天……邪以口张歙，声外内为姓也？

又《实知》篇云：

> （或曰）孔子生，不知父……吹律自知殷宋子氏之世也。……曰：此皆虚也。

《潜夫论·卜列》篇云：

> 今俗人……亦有妄博姓于五音，设五宅之符第，其为诬亦甚矣。古有阴阳，然后有五行五帝，右据行气以生人民，载世远，乃有姓名。……今俗人不能推纪本祖，而反欲以声音言语定五行，误莫甚焉。

这证明吹律定姓之说，纵非绝对妄说，但至少已经不是王充、王符二氏所能了解的一种制度。然则远在二王之后的韦氏却依据这

---

① 明道本生字上脱始字，下文姓名之姓作生，今从汪远孙《国语发正》卷一校注改。

种莫须有的制度来解释"民姓"一词或"司商"的职守,便显然是傅会之说了。实际上"司商掌赐族受姓"既不知何所据而云然,而且"商,金声,清"一语与"民姓"及"司商"的解释究有何关系,也殊属费解。

照作者的解释,所谓孤终民姓旅奸者,均指上文"料民"之民而言;虽然由于生活职业的不同,而各异其称。换句话说,"司商"所协管的"民姓"即"司民"之民字的意思,只是由"民"和"姓"两个同义的单词所合成的一个连词,故分言民或姓,合言则为民姓。

司民、司商、司徒、司寇所司者既是人民,则四者显然都是民政官。故《周礼》云:

> 大司徒之职,掌建邦之土地之图与其人民之数……凡万民之不服教而有狱讼者,与有地治者,听而断之。

> 小司徒之职,掌建邦之教法,以稽国中及四郊都鄙之夫家九比之数,以辨其贵贱老弱废疾……使(乡大夫)各登其乡之众寡。

> 大司寇之职,掌建邦之三典,……凡万民之有罪过,而未丽于法,而害于州里者,桎梏而坐诸嘉石,役诸司空。

> 小司冠之职,掌外朝之政,以致万民而询焉……以五刑听万民之狱讼……及大比,登民数,自生齿以上,登于天府。

可知司徒、司寇即相当于现代的内政司法行政两部的首长,而其工作则包括全民户口的统计,地方治安的维持,以及狱讼的处理。至于司民、司商之职,虽不可考,但既与司徒、司寇并举,则显然也应负责着类似的工作。案,《白虎通》云:

> 商之为言商也,商其远近,度界有亡,通四方之物,故谓之商也。……行曰商,止曰贾。《易》曰:先王以至日闭

关，商旅不行，后不省方。

又《孟子·梁惠王》篇云：

商贾皆欲藏于王之市，行旅皆欲行于王之涂。

据此，则司民所协之孤终，当指《周礼·小司徒》所谓"老弱废疾"的人；司商所协之民姓似指进藏于王之市的商贾。司徒所协之旅，指出走于王之涂的行旅。司寇所协之奸，则指"有罪过而未丽于法，而害于州里者"的奸民。古代各官所司，虽未必有一定的严格划分，但照《国语》的文字，却应如此解释。故《周语》下文云："是则少多生死出入往来者皆可知也"，其所谓"出入往来者"，显系指商旅而言。这就是说，司商所协之"民姓"系指司商之"商"，而所以用民姓称商人者，只是在修辞上避免重文且与"孤终"谐韵而已。实际，民姓就是姓民二字的合言，由两个同义单词组成一个含义不变的连语。正如《周礼》言司徒"掌人民之数"，司寇"听万民之狱讼"，而《国语》言"司徒协旅，司寇协奸"一样，《国语》以民姓单表商民者，也只是一种无关宏旨的异辞，这都不足令人发奇想的。

总之，根据这一节的分析，足证古人所谓"姓"，除具子姓族姓之义以外，更兼指人民。故分言民（兆民，万民）或姓（群姓，百姓，万姓），合言则为民姓，而民姓一词又恰与子姓族姓二词鼎立而三，分别代表着一种姓字的古义。又古文姓字作生，故典籍及铭文上，或言生，百生，群生，万生，朋生，友生；其义仍指人民而言。

五　结论

依据上文各节的分析，则古籍铭文上所谓"姓"，实具有下列三义：

（一）训子或子嗣。故分言之，曰子或姓；合言之，则为"子姓"；泛言之，则为百姓。如庶姓别姓某姓百姓，义即庶子别子某子众子。咳姓，成子姓，备百姓，其义均指生子。姓字古文作生或侳，故子姓或作子侳，百姓或作百生。

（二）训族或族属。故分言之，曰族或姓；合言之，则为"族姓"。如姜姓，义即姜族，也即姜族的族属或其集团。同姓异姓，即同族异族，也即同族或异族的族属子姓。百姓即群族。

（三）训民或属民。故分言之，曰民或姓；合言之，则为"民姓"。如百姓群姓万姓，义即万民兆民，也即天子国君所统治的属民或各族族属。古文姓字作生，故或言百生群生万生朋生友生。

本文始写于 1950 年，文稿数经改易始告完成。写作期间，曾蒙本所芮逸夫、陈槃庵、高晓梅、周法高、严耕望、张秉权诸先生惠予指正或惠赐材料；稿成，复蒙芮、陈、高、严四位先生代为校阅和斧正。作者于此谨致其谢意。

1951 年 9 月作者谨志于台湾杨梅镇

（原载 1951 年《中央研究院历史语言研究所集刊》第 23 本，第 409—442 页）

论晋语黄帝传说与秦晋联姻的故事

一

《国语·晋语（四）》记载，晋公子重耳因避父妃骊姬之乱而去国；历经狄、齐、卫、曹、郑、楚诸国，而至秦。其先，秦晋战于韩原，俘晋惠公，即重耳异母弟夷吾。后惠公质子圉于秦而得归，秦也以怀嬴妻子圉。后子圉逃归，是为怀公。及重耳至秦，秦复以子圉妻及另四秦女归重耳。后因：

公子侠奉匜沃盥，既而挥之。嬴怒，曰"秦晋匹也，何以卑我？'公子惧，降服囚命。秦伯见公子，曰'寡人之适，此为才，子圉之辱，备嫔嫱焉。欲以成婚，而惧离其恶名。非此，则无故；不敢以礼致之，欢之故也。公子有辱，寡人之罪也。唯命是听。"公子欲辞。

于是，重耳随臣司空季子云：

同姓为兄弟。黄帝之子二十五人。其同姓者二人而已……其同生而异姓者，四母之子，别为十二姓。……其得姓者十四人……唯青阳与苍林氏同于黄帝，故皆为姬姓。同德之难也如是。

且接着又引出了另一段有关黄帝、炎帝的传说,云:

> 昔少典娶于有蟜氏,生黄帝、炎帝。黄帝以姬水成,炎帝以姜水成,成而异德。故黄帝为姬,炎帝为姜。二帝用师以相济也,异德之故也。异姓则异德,异德则异类;异类虽近,男女相及,以生民也。同姓则同德,同德则同心,同心则同志;同志虽远,男女不相及,畏黩敬也。黩则生怨,怨乱毓灾,灾毓灭姓。是故娶妻避其同姓,畏乱灾也。故异德合姓……今子乃归女,而纳币,且逆之。

关于上述有关黄帝的两项传说与秦晋联姻整个故事的关系或意义,在前代以语词训诂为主的经师注疏上,似甚少有详细讨论;纵略有解说,如韦昭注"异类虽近,男女以相及,以生民也。"云:

> 重耳,怀嬴之异(公序本,异作舅。疑明道本误。),故又以此言劝之。近谓有属名。相及、嫁娶也。

对于本文主题的分析,也显然没有多大意义的帮助。

至如近人的史学论著上,引称或诠释《晋语》上段黄帝传说的虽颇不乏其人,但确曾注意及司空季子谏重耳纳秦女一事而加以论述的,据著者浅见,则似乎唯有李玄伯教授。玄伯先生在所著《中国古代社会新研究初稿》一书内,曾引述了上举司空季子的整段话,并指出这段话是:

> 与母系社会极有关系的文字,但罕为研究古史者所称引。

不过,玄伯先生因疑传说所谓"十二姓"中的"己"姓应是莒姓之误,却同时认为:

> 这篇所谓黄帝之子二十五宗,为十二姓,似不甚可靠。

此外,玄伯先生在分析《晋语》的两项传说时,论称春秋时代"父系社会已根深蒂固",而"晋文公久已受这说的束缚"，故不愿纳子圉妻为妻。而司空季子所以"引用这篇母系社会的旧说"，则非仅意在证明少典和黄帝的子嗣都各不同姓，且欲说明重耳与子圉也不同姓；因为玄伯先生说"子圉按母系看，应姓嬴，与文公之姬姓亦不同，自然是道路之人也。"故应可纳子圉妻。显然的，玄伯先生的分析正是著者本文拟要讨论的主题，而这一主题在玄伯先生看来，也似乎就是黄帝传说所以与母系社会极有关系的论据；尤其是"今子于子圉道路之人也"一语，玄伯先生认为"非照母系社会无法解释"。这真是一项细微的古史问题的分析，而黄帝传说应与母系社会极有关系的看法，就著者来说，也几乎是无可置疑的卓论。

但是，就某些观点而论，著者对于主题的解释却并非完全同于玄伯先生。兹试分论于下，以就正于玄伯先生及读者同道。

二

首先，著者认为晋语黄帝传说果然与母系社会极有关系，则这一推论显应在于这项传说的本身；特别是其中同父所生诸子而别为十二姓的那一情节，非依母系姓族社会（matrilineal clan society）的从母姓制（matronymic surname system）解释不可。换句话说，黄帝传说本身应就是一项有关母系姓族社会的史料，固不需就"今子于子圉道路之人也"这句话而为之证成。而这句话也似乎非必依母系社会理论即无法解释，因为正如晋语下文子犯云："将夺其国，何有于妻"，这上文的一句话也无非意指重耳既志在谋取惠公父子的政权，自与子圉实已成死敌，有如路人而已。更何况玄伯先生说春秋时代父系社会已根深蒂固，且重耳久受其束缚，而司空季子却以在母系社会中重耳与子圉为路人的设词以说重耳，其必见拒于重耳，可无疑议。诚然，重耳确曾再询子犯、子余，而二子所云也无非更就实际情势及利害关系，补充季子之意而已。于是，重耳知众臣意见相同，而在患难协迫情势下，与子圉之妻遂成其秦晋之好。

其次，关于十二姓中的己姓族名以及它项的类似问题，著者以为对于黄帝传说的解释应没有若何影响。因为就黄帝传说的解释而论，我们只是求解它的本身，而可不问它与别的史料的是否相合。更进一步来说，晋语所载果与它项史料不合，但既缺少类似的传说史料确证晋语有误，则自难肯定误在晋语。如黄丕烈明道本国语韦解札记曾认黄帝传说上节"皆为己姓"的"己"应改读作"姬"，而这由于传统旧解为族名己姓是无法说得通的。但董增龄国语正义仍宁愿维持说不通的旧解，而详云"近儒或谓上文皆为己姓当作皆为姬姓……未免窜改"。这自是批评黄丕烈的。其实，就黄帝传说上下文比观，黄的改读确是讲通了。如此，即窜改经文似也无妨。只是黄帝传说原不必改读，就可以得到黄氏同样的解释，只是那个"己"字不须读作姬之己而径读作自己之己字，便一切迎刃而解了。这就是说，著者不认为晋语记载的黄帝传说有任何误谬或矛盾的（著者另有专文论此，兹不赘）。

再次，关于司空季子引黄帝传说以谏重耳纳秦女的用意，著者虽赞同李玄伯先生的见解，即旨在证说古帝王父子时异其姓。但对于重耳拒纳子圉妻的原因的推论，则认为仍可有另外的解释。此外，有关这段拒婚故事的全文，素来注家既没有详细的分析，著者也愿于此加以补充如下。

三

按，重耳因骊姬之乱，流浪各国，虽云避祸，而实志在冀求外援，以谋夺国。是时，戎秦正强，穆公在位，且为晋姻。故及重耳至秦，穆公因归以五女，而子圉之妻与焉。此证，秦国也欲藉此以修旧好。照理，重耳应衡情度势，正如赵衰所说"惧其未可也，又何疑焉"，而应欣然允婚，但是他竟初予拒绝了！就表面推论，这无疑应是由于子圉妻为重耳侄妇，攸于舅妇名份，而拒不许婚。但是，著者认为我们果然没有忽略春秋时代，如鲁臧宣叔以妻侄女为继室、晋献公（即重耳父）烝其父武公妾武姜、晋惠公又烝其父献公妃贾君、卫宣公烝父妾夷姜而更纳夷姜子急子之妻、楚平王纳太子建之妻、卫召伯烝娶其兄妻之类的婚姻例证，纵然不是一般常例，那么我们对于重耳的拒婚究否即仅基于舅妇或叔侄的名份礼法观念，便显然值得怀疑了。

著者不完全否认重耳拒婚因素之一或即名份观念，但就别种史料比较，则更可能关系着子圉甚至子圉妻的另种身份。按，子圉父惠公为小戎子所生，与重耳为异母弟。及晋逐群公子，重耳奔狄，狄人妻之以叔隗。惠公奔梁，而梁伯妻之以梁嬴，生子圉。关于子圉的生育，《左传》僖十七年载有下列一段佳话：

> 孕过期。卜招父及其子卜之。其子曰："将生一男一女。"招父曰："然。男为人臣，女为人妾。"故名男曰圉，女曰妾。及子圉西质，妾为宦女焉。

据此，我们不仅知道子圉是妊孕过期而生，而且知道他还有一个同生的双胞胎妹妹（就遗传学上说应是假双胞胎）。尤其有趣而可怪的，就是卜者父子的占卜固无殊是一种有意的诅咒，而做父母的也显然不以卜者的预言为侮,而竟依人臣人妾之义命其子女为圉和妾!甚至事有凑巧,子圉西质于秦,而名妾的妹妹确然也竟做了供人役使的宦妾!这真可说是一则千古的奇闻了。卜者何以会如此谑虐,而不忌触怒惠公夫妇?而父母又何以竟一依卜者言而为此命名子女?著者以为这可能涉及着两种社会背景,且果然著者所论不误的话,则知这种占卜命名既非怪异难解,且从而可了解子圉夫妇的另种身份,也即是重耳拒婚的更可能的原因所在。

四

首先,据著者所知,某些原始或落后民族中有所谓杀婴俗(infanticide)。而双胞胎,据著者调查台湾土著赛夏族所知,该族往昔则尤认为是厌恶不祥之物,因而每予埋弃。春秋时代的梁国究有无这种变相的杀婴俗,史料缺乏,虽难断言,但就卜招父的厌恶诅咒,很使我们推想当时对于这种一胎双子而一男一女的生育或无好感(同样古代对于孪生或不合季节的生育也认为是不祥的)。因此,卜者既没好评,父母也自无好气,虽然没把这双兄妹埋掉,却显然没把他们当"人"看待,而命名为圉和妾。妾既后来真的做了宦妾,因此著者颇怀疑西质于秦时的子圉很可能就是替秦人看马的圉人。甚至关于子圉兄妹的出生故事也可能实是就后来他们的可怜遭遇而有意编造的,而这主要只有归咎于他们是怪异的双胞胎。然而这种解释却仍不足说明重耳拒婚的问题,除非更进一步说明所谓人臣人妾以及身为质子者的身份。

其次,我们想说明的,就是子圉兄妹的出生在当时固可能讨人厌,而且他们后来为人臣妾的身份也可能是很低贱的,甚至就是奴隶,也未可知。按,古代的人臣人妾,尤其是委质于人的战败者,或是避居异国的人,常就是战胜国或庇护国统治者的奴属。就春秋时代而论,当时是以姓族(clan or gens)即学者素所误译的"氏族"为统治阶层的封建社会,果非获得统治者的宠信,异族人是很难与贵族统治者享受同等待遇的。例如就下列各条史料来看:

易经遁卦:畜臣妾,吉。

《师毁毁铭》:仆驭百工牧臣妾,董裁内外,毋敢不善。

《晋语》:郑伯嘉来纳女工妾三十人,女乐二八。(韦注:妾,给使者。)

《列子》:弃其家室,都散其库藏珍宝、车服、妾媵。一年中尽焉。

《曲礼》:买妾,不知其姓,则卜之。

《史记·张仪传》:故卖仆妾,不出闾巷而售出者,良仆妾也。

《史记·龟策传》:求财买臣妾……卜有卖若买臣妾、牛马……

《史记·商君传》:百里奚……自鬻于秦客,被褐食牛。

《孟子·告子》:百里奚举于市。

《说苑·臣术》:秦穆公使贾人载监……贾人买百里奚以五羖羊之皮。

《史记·晏婴传》:越石父贤,在缧绁中。晏子出,遭之途,解左骖,赎之。

《晏子春秋》:对曰"我石父也,苟免饥冻,为人臣仆。"晏子解右骖,赎之。

《吕氏春秋》:鲁国之法,鲁人为人臣妾于诸侯,有能赎之者,取其金于府。(又见《家语》及《淮南子》)

《周礼·质人》：掌城市之货贿、人民、牛马……凡卖儥者质剂焉。（郑注：人民、奴婢也。）

《左传》襄二三年：初斐豹隶也，著于丹书……谓宣子曰"苟焚丹书，我杀督戎。"

《晋语》：栾怀子之出，执政使栾氏之臣勿从；从栾氏者大戮施。栾氏之臣辛俞行。吏执之，献诸公……（对曰）臣闻之，三世事家，君之；再世以下，主之。事君以死，事主以勤……自臣之祖，以无大援于晋国，世隶于栾氏，于今三世矣！

此外，类似的史证颇多，无烦枚举，而实际仅此已足证明周代封建社会下所谓人臣人妾、臣妾、臣仆、仆妾、或隶，显然就是奴隶。当时，奴隶非仅为奴主出售于街头闾巷或市场上，在缧绁中，任人选买，而且可以自卖，或以马匹交换。奴隶有特有的服饰，且以丹书质剂以载记身份。如果奴隶有大功，或得亲族友人赎助，则可焚毁质剂而还其自由之身；否则或将世世为奴。故奴隶有如牛马器物，因可以之媵送于人。显然的，上述史料说明中国先秦或周代社会的臣妾奴隶制度的内涵固几无殊于古代埃及和罗马的奴隶制度，而下列有关越王勾践入质于吴的几段史料的生动描写，也显然与近时欧美影片如十诫、宾汉、万夫莫敌所扮演的近东欧洲古代奴隶生活可先后辉映或互为补证：

《史记·伍子胥传》：（勾践）使大夫种厚币遗吴太宰嚭，以请和，求委为臣妾。

《史记·越王世家》：勾践请为臣，妻为妾。

《越语》：（勾践）入官于吴。（韦注：入官，为臣隶也。）

《吴越春秋》：越王夫人乃据船哭……而歌曰"……妻

衣褐兮为婢,夫去冕兮为奴……"越王、范蠡趋入石室。越王服犊鼻,着樵头。夫人衣无缘之裳,施左关之襦。夫砍坐养马。妻改水除粪洒扫……吴王登远台,望见越王及夫人、范蠡坐于马粪之旁。

五

因此,著者以为我们如认重耳拒与子圉妻成婚,是基于重耳和子圉具叔侄亲属关系的名份或礼法观念,则勿宁认为或更与重耳轻视子圉夫妇的身份有关。因为委质于秦的子圉,或如委质于吴的勾践一样,秦人固可能仅以奴隶身份相待,而使之养马,同时他的太太则更是逃走的人臣的弃妇。反之,重耳为狐姬所生,唐叔之后,晋室的公族,且属王朝姬周的强宗。在这种贵贱悬殊的身份下,戎秦欲以奴属弃妇的子圉妻再醮于重耳,自显然是奈难接受的亲事了。

尤可注意的,即重耳虽欲辞秦伯的求婚,但在秦伯初归五女时,却并未加拒绝。其所以前恭后倨者,著者以为秦伯初归重耳五女或只是一种通常待客的礼俗,使五女仅以侍妾身份服侍重耳。因此,重耳即无所谓接受或拒绝,也就不忌惮的使子圉之妻"奉匜沃盥",甚至"既而挥之"。换句话说,重耳以侍妾身份待子圉妻则可,如论嫁娶则实难从命。

殊不料,重耳的招来挥去的轻藐行为却触怒了子圉妻,因有"秦晋匹也!何以卑我?"的责问。于是,"公子惧,降服囚命。"(韦注云:彻上服,自囚以听命。)这几句话的描写,特别是"卑我"二字,固充分支持了著者上文的推论,且重耳的降服自囚以听命,也暗示出事态的严重性。

何以一个为人臣弃妇的子圉之妻会愤怒得起来,而责斥重耳？重耳又何以会如此畏惧？著者以为仍需就双方身份来分析。先就怀嬴而论，她虽说是子圉的弃妇，名誉有污，但终是秦伯的嫡族（不必就是亲生女，而只是宗女而已），是秦国统治贵族的一员，而秦国也正是崛起于西方的强族。换句话说，子圉妻在本族内仍应有她合法的地位，她对于求援于秦的异族流浪者的侮辱，自同有其不能容忍的地方，因此抗言"秦晋匹也！何以卑我？"——你重耳又究有何了不起，竟敢如此欺人？

另方面更就重耳来说，他虽是晋国公族，且是姬周之后，但就时下处境而论，则只是走国避难的流浪王子；虽云应邀而来，并非自求庇护，但在怀嬴心目中也仍是卑不足道的。实际上，我们如据穆公以五羊皮向楚国求赎逃亡的百里奚的例证，以及下列《左传》定九年云：

> 鲍子谏（齐侯）曰："臣尝为隶于施氏矣，鲁未可取也……（阳虎）亲富，不亲仁……"乃囚诸西鄙。（《家语》引此云：（阳虎）求容于齐，齐人囚之，乃亡晋。）

则可知春秋之际族属之奔于异国者，果不容其栖身，即可加以囚禁，而有如奴俘。因此，当时寄身在外的重耳或不比质于秦的子圉具更高贵的身份，至少是在秦国。于是，重耳因子圉妻的责斥而惊醒了，惧而降服因命。因为不如此，纵不致有杀身之祸，也至少会失去一个强有力的奥援了。

至是，秦伯告诉重耳：寡人初意原拟命子圉妻下嫁公子。但前因"子圉之辱"，小女"曾备嫔嫱"，"惧离其恶名"，而"不敢以礼致之"（韦注云：令与于五女。），致令公子有辱，此实寡人之罪。惟婚姻一事固不可勉强，一切全凭公子，寡人唯命是从。

这里，所谓"子圉之辱"、"惧离其恶名"等语，固然再次的证明著者上文的推论,而秦伯整个这番话说是致歉,却实是威胁着重耳而正式求婚了。但重耳想到子圉和他的太太,自然心有不甘。因而有司空季子、子余、子犯的劝谏。

六

司空季子举出两项有关黄帝的传说,用以劝告重耳。据著者的解释,季子的意思似乎是说:

同姓则同德,异姓则异德。故同姓为兄弟,而应该讲礼法、辨身份。但是如就古者黄帝四妃所生的二十五子而论,则所谓同姓同德云云实戛戛乎其难了。因为这二十五子之中仅青阳和苍林(即夷鼓)二人与黄帝同为姬姓;余者却都属异姓。同样,更就黄帝本人而言,虽然与炎帝同为少典氏之子,但仍是分属姬、姜二姓。父子兄弟既然异姓,则自然异德——各有其姓族的特殊文化传统,也即所谓文德或民性。因此,虽同父所生的黄、炎二帝,也仍是日寻干戈而用师相挤。公子与子圉虽名属叔侄,但彼此既都志在夺国,殆已无殊路人,固不须顾及子圉曾委质于秦,而有辱晋国。至于怀嬴,原是异姓;异姓虽近,男女仍可相及以生民,因此也不必考虑她曾是子圉的弃妇。况公子志在晋国,果与怀嬴为婚,与异德合姓,则"同德合义,义以导利,利以阜姓。利姓相更,成而不迁,乃能摄固,保其土房。"——内得民心,外获大援,则晋国可定了。

但重耳意犹不决。因再询子犯、子余。于是,二子更爽快的告诉重耳:"将夺其国,何有于妻?""欲人之从己也,必先从人。"——我们不正是欲成大事而有求于人吗?衡情度势,这一婚姻显然是不可拒绝的。于是,"归女,纳币,且逆之。"后重耳得秦之助，也终复晋国。这里，我们再补说一句，即季子说"娶其所弃，以济大事，不亦可乎？"又证明重耳与诸臣计议的时候，显然是曾考虑到秦女是子圉的弃妇的问题，从而证明著者上文的看法并非属异想。

七

最后，著者愿意附带的略论司空季子在黄、炎二帝的传说中，所云"同志虽远，男女不相及，畏黩敬也。黩则生怨，怨乱毓灾，灾毓灭姓。是故娶妻避其同姓，畏乱灾也。"这段话的意义。

就事论事，司空季子的这段话似只是因强调重耳须与秦女为婚的衬托词，无何重要意义。但是著者认为如果更注意到晋国或姬族的婚俗，则这段话便可能仍有其积极的用意，甚且是针对着重耳的心理（或他曾向诸臣暗地表示过的意见）而提出的。

按，就现代人类学研究所知，婚姻制度有所谓内婚外婚之别（endogamous and exogamous marriage）。如我国所谓同姓不婚，即同姓同宗男女族属不得互婚而须婚于异姓，是即所谓姓族外婚制；但另一方面。就中华民族或其他民族而言，则一般可说是内婚制。中国春秋之际，无疑应盛行"娶妻避其同姓"的姓族外婚制；特别是姬、姜二姓，常是互婚的姻族。换句话说，姬、姜二姓是两个外婚的姓族。但是，如果我们承认晋、鲁两国是姬周的姬姓公族，且注意到鲁三世"内娶"，和晋献公的夫人骊姬、狐姬（重耳母）同属姬姓，则显然说明姬姓族虽然是一个外婚但可兼行内婚的姓族。

因此，我们或可推想重耳可能由于姬姓的传统婚俗（且可能与君权的维持有关），心埋上也愿或习俗不能不以姬姓女子为正式夫人，从而不愿与秦女为婚。于是，司空季子对重耳解说同姓为婚的弊害——同姓为婚因易陷于黩敬、怨乱，且导致破灭姓族的结果；姬姓虽向有内婚的成例，但终是不足取法的。这说明司空季子对于同姓为婚的批评固非陪衬语，而应有其正面的含义。且就人类学上有关外婚制起源的研究史而论，也显然是最早而最重要的一项理论。

按，家族因婚姻而形成，也因此而有血亲与姻亲之别（consanguinity and affinity），而为了尽量免于家族内纷扰不睦，对于家族群分子的婚姻也就有种种不同的协调法则，或所谓乱伦限制（incest-regulations），姓族外婚制就是其中之一，其目的即在于限制某些血族间的婚姻。

然则为什么会产生乱伦或外婚等的限制呢？这里，姑举美国几年前才去世的人类学家林顿（Ralph Linton）在 1936 年出版的《人类的研究》一书内的赅略说明为例，以示近代人类学家对于这一问类的研究成果：

  促生……乱伦限制的原因仍未能十分明了，因为这类的限制到处存在。我们似可妥当的假定它的原因是遍在的，但生物学上的（遗传缺欠）因素则可断予剔除的。因为近亲婚姻并不一定是有害的[①]。纵令血统上有遗传缺欠而可促成弊害，但是它的恶果也须较长期间始能出现（而这却非原始或一般民族可晓然的）。……关于乱伦限制的纯社会学的

---

① 亲族内婚未必有害的论见，近来在欧美日渐发展，并已成立专门研究机构，广发通讯，征求各国学者意见。著者不敏，也先后获得美国 The International Association for the Advancement of Ethnology and Eugenics, Inc., and National Putnam Letters Committee 两会分寄的 H. C. Sanborn 评介 Dr. W. G. George's The Biology of the Race Problem 的短文及 G. D. Darlington's The Gontrol of Evolution in Man 著的短论。但著者迄今未能致复，且怀疑此类论见究否将加深各民族间民族优越感而引起的不协调。

解释也非使人满意，因为这类限制所采取的形式是非常不同的；……看来或与某些心理因素有关，但这些也是不够坚强或正常的以说明这类限制的制度化。……乱伦限制一旦发展出来后，就成为防止族属身份上的冲突，但如假想它们就是为此而创造的，却也有些难处。它们或可能是源于上述种种原因的总体。(The Study of Man, 1936, pp. 125—126; Rakoh L. Beals and Harry Hoijer, An Introduction to Anthropology, Chapter 14, Marriage, 2. Marriage and kinship: Incest regulations, 1958, pp. 416—421.)

此外，许多权威人类学家如 John F. McLennan, W. H. R. Rivers, Sir James Frazer, E. S. Hartland 等，对这一问题都有所讨论，或谓与杀婴俗、战后劫余的女俘易于接近，异族友谊的促进，姓族内部的团结等等不同的习俗或因素有关。而 R. L. Beals & Hoijer 二氏则认其与竭力设法避免因家族分子间婚姻或将扰害家庭内部的谐调和合作的结局有关。总之，就外婚制的起源来说，这种婚制的限制原因迄于今日显然仍没有一致可靠的解说，而且其中比较容易接受的社会因素的解释，与纪元前约 7 世纪时晋臣司空季子的解释，也显然大致吻合！换句话说，果然这方面的解释成立的话，这种学理已早在现代欧美人类学许多权威提出种种说法的两千数百年前即已提出了；而且是出诸当时姓族族属的亲口。因此，我们可以不夸大的说，司空季子可能是世界上最早的一位社会人类学家，而他的有关外婚制起源的分析则应是这方面研究的最早而中肯的参考资料之一！

八

著者在上文，对于晋重耳与秦女婚姻的一段历史故事的内容、司空季子引用黄帝传说的意义、以及若干可能涉及的古代社会制度，已加以详细的分析。著者并不以为自己的推论必属正确，而只是怀有一种治学上的看法，就是任何问题应该从各方面去求其可能的解释，而任何问题也可能涉及着种种社会背景或制度。因此，我们不仅可以从各种背景或制度去求解问题的表象，且可从此表相反过来推求可能涉及的制度；如此则结果除问题本身外，说不定更会得到一些附带的收获。此外，记得已故傅孟真先生，和不久前考古学家李济之先生指出，史学研究需扩大材料，始可克尽厥功。著者也觉得现代人类学的研究对于中国古史的研究应更是不可缺少的参考学科。

1962 年写于南港中研院

（原载 1962 年《大陆杂志》第 26 卷第 6 期）

论先秦姓族和氏族

汉代以来，"姓"、"氏"二词混言不分，或单言姓，或合言姓氏，其义均指家族名称，即英语所谓"surname, family（or clan）name"（据《汉英词典》）。此为尽人皆知。

但在先秦文献，则"姓"与"氏"有别。此也为姓氏学和史学家素所谂知，下引二例可证：

> 三代以来，姓、氏分为二……三代以后姓、氏合而为一，虽子长、知几二良史犹昧于此。（郑樵《氏族略序》）

> 炎刘既兴，混氏于姓，夫以是而姓、氏之别涸。（岑仲勉《元和姓纂四校记》）

虽然，上引二书却未说明三代以来姓、氏之所以别，且二者所谓姓、氏义指郑、岑之类的家族名称。实际上，以姓、氏合一的观念固不能说明三代"姓"与"氏"之别，且姓氏二词也从始即未合一，只是观念混淆而已。

因此，著者曾先后撰文考订姓、氏二词古义，并指出二词古义之一系分别指称先秦社会的姓族（clan or gens）和氏族（politico-local group）组织；前者系具血缘世系关系的亲族集团（kinship group），后者则系邦国或采邑之类的政治区域性集团。

正是如此，姓族、氏族也就说明先秦社会姓与氏之所以别。此外，文章附带指出，今一般所谓氏族（clan or gens）实为先秦姓族的误用，而非先秦氏族之义①。

不过，著者所拟姓族、氏族二词至今未获学者广泛采用，虽或有采用姓族一词者，却以同时兼用传统所谓氏族，而致论述上益形混乱。如著者撰文之初，曾以传统氏族应为姓族之义就教于兼治古史学和人类学的芮逸夫先生，先生不同意著者所拟姓族一词，并以旧梨园界戏单每误用"文武代打"以作"文武带打"之例而指示著者：行用已久的语词应不烦更易新词。但芮先生后来在主编的《云五社会学大辞典》第十册《人类学》（pp. 169—170）却又自译英文"gens"为姓族，并指出美国人类学家用氏族（clan）代表母系群，以别于父系继嗣群，而英国人类学家则以父系氏族代替姓族②。是证芮先生兼用了姓族一词和传统氏族一词，而未予姓词加以界说；不仅解释陷于混乱，甚至连 gens 和 clan 二词的含义也失之明确！其实，证诸芮氏下文，clan, gens, sib 各词意思是相同的，仅各人用法不同而已。（又同书，卫惠林先生也译 clan 为氏族。）

---

① 参阅 1951，《姓字古义析证》，《中研院历史语言研究所集刊》第 23 本，第 409—422 页；1954，《左传因生以赐姓解及无骇卒故事的分析》，《中研院院刊》第一辑，第 91—115 页；1955，《先秦赐姓制度理论的商榷》，《中研院历史语言研究所集刊》第 26 本，第 189—226 页。

② 芮先生在 1950 年《中研院历史语言研究所集刊》第 22 本，第 209—231 页，《九族制与尔雅释》一文中，论单系亲属集团时，也云"父系姓族或氏族（patrilineal clan）"、"母系姓族或氏族（matrilineal clan）"，并云"至今仍保存着数千年来相传的姓族或氏族制。（原注：我国在秦以前姓氏有别，汉以后姓氏不分，故下文但称氏族。）"但芮先生既不说明姓族一词含义和所本，也未说明何以姓族、氏族二词同义，以及现代普遍称家族之名为姓而必用氏族一名。芮先生既忘记他说的"文武代打"的话，也暗示著者翌年发表的拙文中使用的姓族一词原是本于他的大作。其实，姓族一词古已用之，见下文讨论。

又如美人类学家张光直博士在所著《中国青铜时代》一书中,既认为殷王室是"子姓氏族"(clan, gens, sib),又突兀地说什么"古代的姓的观念也包括这种姓族之内较小的区分在内(引者按,似指商王室子姓内的分组)"、"姓也包括以世次的昭穆群在内"和"姓的一个古义"之类的话![1] 子姓不言子姓族或子姓姓族而言子姓氏族,已令人感到名不正而言不顺的别扭,且姓、姓族、姓的一个古义云云尤失之混乱而不明其所指。

此外,近时极少数学者或认为姓族一词尚可采用外,也因同时兼用传统氏族一词,其混淆情形也是一样。

至于现行词典如《辞海》、《新华词典》,在氏族一词条下则解释为"也叫氏族公社,以血缘系统结成的原始社会的经济单位,产生于考古学上的旧石器时代的晚期。初为母权制,约当新石器时代末期开始过渡为父权制……其残余曾长期存于阶级社会";《现代汉语词典》释为"原始社会由血统关系联系起来的人的集体"。前者混亲族集团与经济单位于一谈,后者则较为正确,因为至今许多民族也还存在这种"人的集团",即亲族集团。

最后,关于姓族一词,在现行词典上可说是绝无仅有地见于《辞海》和《辞源》,但均仅据《后汉书·朱穆传·李贤注》而解为"大族"或"望族"。这只是望文生义、想当然的一种解释,且这种解释不能说明姓族究是什么性质的大族,除非就是有名望的姓族。或许正是这样,姓族一词也就不见用于现代史学研究。

综上所论,事实说明,汉代以来,由于姓、氏族名不分,从而姓、氏二词之义也不分而同指家族名称(family name or sur-

---

[1] 1983,《中国青铜时代》,北京三联书店,第184—185页。

name），故某姓也可称为某氏。某姓、某氏之族宜可称为某姓族或某氏族，但在近世史学研究上则习用氏族一词，上引"子姓氏族"即其例。其实，子姓之族固应名正言顺地称为子姓族或子姓姓族（即 clan, gens, or sib），而不宜称为子姓氏族，且氏族一词也显然不适于先秦社会史的研究，因先秦社会姓、氏有别，即有姓族、氏族之分，既不能言夏后氏之类的族为夏后氏姓族，也不能言子姓之类的族为子姓氏族。虽然，氏族一词正是如此用法。这与西方人类学家过去关于 clan, gens, sib 各词的纷纭解释（见芮氏《人类学》词典）可说是异曲同工！

那么，为什么言姓之族而不用姓族，却必用氏族一词？或许是由于姓族一词鲜见于辞书，或认为只是著者一家之言，尤或由于习惯使然。但著者关于姓族、氏族二词考证失之简略，则尤不能辞其咎。故更撰本文，试为补充，庶可免于治史如治丝而棼之之弊。所论不免疏误。敬希读者同道惠予严正批评。

一 关于先秦姓族

著者初曾据《左传》庄二十三年"若在异国，必姜姓也"及昭三年"姜族弱矣，而妫将始兴"之文，而证姜姓即姜族，也即姜姓族。从逻辑上说，这个推论是无可辩驳的。同理，诸如《左传》所见姬姓、姒姓、风姓、芈姓和《国语》所见黄帝之子别为十二姓（即姬、酉、祁、己、滕、箴、任、荀、僖、姞、儇、依）之类的姓字（不是族名）也均当义指姓族，自不待言。

实际上，姓、族二字互训前人久已论及，下引之例可证：

百族为主。（《周礼·司市》）

> 郑司农云"百族，百姓也。"（同上郑注。刘申叔《左盦外集》引此注云"后世又以同姓为同族。"）
>
> 凡在他姓，尚宜褒之，况于父乎……况于宠族乎？（《风俗通义》）

这里，百族、百姓、同族、同姓、他族、宠族的姓、族二字均为互用而义指姓族，也是显而易见的。

那么，姓族究是什么性质的族？著者曾据《白虎通义·宗族》释族和宗云：

> 上凑高祖，下至玄孙，一家有吉，百家聚之，合而为亲……故谓之族。
>
> 宗其为始祖后者为大宗，此百世之宗也……宗其为高祖后者，五世而迁者也。

说明至迟东汉社会所谓姓族之族是指包括自始祖以来的五世以下的大小宗族及其若干家族的大型家族（extended family）或亲族集团（kinship group），而这种亲族集团也显然就是《尔雅·释亲》（也许是世界最早的关于亲属制度的一部著作）所论自高祖至玄孙辈的宗族集团；所不同的是，《尔雅》仅言高祖至玄孙的五世的亲属，且仅认为从曾祖而别的三从兄弟辈为"族兄弟"或"亲同姓"；五世以上的亲属，或疏远难计，而不认为是亲同姓。《白虎通》于五世宗族之上，则增一百世之宗所从出的始祖。显然，这里"亲同姓"义即同姓之亲，也即同姓族之亲，且相当于人类学上所谓的"gens"或"clan"，特别是"gens"一词不仅与姓字音近，而且都是源于"生"之义[1]。不过，clan或 gens 系兼括父或母系所出的单系亲族集团；姓族虽可兼指父或母系姓族，但《尔雅》所论则是父系同姓之族。虽然，据著

---

[1] 1877, L. H. Morgan, *Ancient Society*, p. 62.

者研究，汉和周社会显仍有母系姓族从母姓俗之迹①。

此外，据《晋语》云"娶妻，避其同姓"，《左传》云"凡诸侯嫁女，同姓媵之"（成八年）、"凡诸侯之丧……同姓于宗庙，同宗于祖庙，同族于祢庙"（襄十二年）、"周之宗盟，异姓为后"（隐十一年），以及同姓诸侯称叔伯父、同姓天揖之类与姓族有关的礼俗，也多与 clan 或 gens 相同。

所以人类学家论宗族与姓族之分也大抵同于《尔雅》所论同姓之亲的宗族。如 E. A. Hoebel 论宗族云：

> 宗族是源于一个真实祖先或始祖的族属所组成的大型单系（父或母系）亲族集团，通常不过五世或六世族人居住在一处……宗族祖先……非神话或传说人物。在非洲 nuer 和 Tallensi 人口众多的社会，我们可以发现大宗族（maximal lineage）中有次宗族（sub-lineage），次宗族中有小宗族（minimal lineage），后者中无更小的宗族。②

又 R. H. Edwald 和 B. M. Schwartz 于论述人类学家引用 clan 和 sib 二词的混乱之余，解释 clan 云：

> 这种大型亲族集团大抵包括至少三世亲族，很少是超过四世同堂的。③

又 M. J. Herskovit 论姓族与外婚制时也云：

> 同一姓族的人不得与可以从世系上推知的人通婚……除非四世以上的人。④

显然，上引人类学家所描述的姓族（clan）无异就是《尔雅》

---

① 1976，《国语黄帝二十五子得姓传说的分析》，《清华学报》，第 777—788 页。
② 1958，*Man in the Primitive World*，pp. 343—344.
③ 1968，*Culture and Society*，p. 292.
④ 1947，*Man and His Works*，p. 299.

描述的同姓亲族或宗族。不过,事实上,除了有文字的民族的王朝或私家的族谱和无文字的民族的口头传说的系谱可以追溯到相当久远的世代以外,通常能够在同一时期共同生活的同姓之亲也不过是四世同堂之族。所以 Schwartz 和 Edwald 说:

> 如果一个父系姓族的祖先是活在 30 代以前的一个真正的人……那么,30 代以后他的后嗣可多达数千,因此纵非不可能,也难以使生存的人都清楚 30 代中所有同他的祖先有关的一切亲系……实际上也是不必要的,因为姓族是有族名的,新生婴儿出生于父或母系姓族,他就是父或母系姓族的族人,且终生称用其姓族的族名(按,即中国所谓姓或姓氏)。①

诚然,《尔雅》一书或不无汉儒增纂之处,能否据以论证先秦至少是周社会的亲属集团,不无可疑。但著者以为,周社会既重宗法,且实际存在同姓、异姓之族,自应如《周礼·小史》云"奠系世,辨昭穆",而有别姓族、辨亲疏之制。汉世去周未远,则《尔雅》所论同姓之亲的姓族之制或即周代姓族之制之遗。实际上,现代乡镇存在的张家村、薛家营之类的农村中的大多属同姓之亲的农户,也显然是前代姓族的遗绪。至如我国兄弟民族中仍不乏有姓族(即传统所谓氏族)组织,则尤为民族学家所尽知。

最后,必须指出的,即姓族一词并非著者自我作古所创,也非如现行词典载见的《后汉书·朱穆传·李贤注》的一例,而是汉代以来迄半世纪前的文献屡见不绝的一个语词,下引各例足可证知。

东汉王充《论衡·诘术》:

---

① 1958, *Man in the Primitive World*, p. 290.

徒用口调姓族，则礼买妾何故卜之？

齐魏收《魏书·官氏志》：

以八国姓族难分……郡县定姓族……代人诸胄先无姓族……比欲制定姓族……凡此姓族之支亲……亦人姓族。五世之外……无族官，则不入姓族之列也。凡此定姓族者……直拟姓族以呈闻，朕当决姓族之首末……代人犹以姓族辞讼。

《尚书·汨作序》"别生分类"伪《孔传》：

别其姓族，分其类枝，使相从。

唐孔颖达《礼记·大传》疏：

凡姓族异者所以别异人也。

孔颖达《左传正义》隐八年：

人君之赐姓、赐族为此姓此族之始祖耳，其不赐者各从父之姓族。

宋洪迈《容斋五笔》：

若姓族谱牒……

宋罗泌《路史前纪》：

陶冶姓族，而不自知。

黎东方《先秦史》：

在三皇时代有许多姓族及其后来氏族[1]。（引者按，黎氏谓姓族应指传统所谓母系氏族，而传统所谓氏族则应指自姓族演变成的父系氏族。）

香港《工商日报》1954年12月20日载：

各地区乡村各姓族之宗祠……即各姓族祠堂……各姓族祖先坟墓。

---

[1] 黎东方：《先秦史》，重庆商务印书馆，1944年，第22页。

此外，史籍所见姓族一词应不止此，著者未能详检，也不须繁引。实际，仅此已敷说明：在上引各例中，姓族一词虽或义指姓族本体，或指姓族称号，但显然是久以来见于文献的习用语词，特别是《魏书》的一段话中引用了十一次。因此，著者认为，凡涉及先秦社会组织或历史分期的研究，学者应可名正言顺地应用姓族一词，否则纵非无法进行研究，也势将促成一些原可避免的混淆。

又附带指出的，古所谓姓既是姓族，则今所谓姓氏之姓自是姓或姓族名号的泛称，而应称之为"姓号"。这个词也是古已有之的，下举之例可证。

纬书《河图挺佐辅》：

梦见两龙挺白图……列圣人之姓号。

《后汉书·窦融传》：

今皇帝姓号见于图书。

《后汉书·班彪传》：

至于但见愚人习识刘氏姓号，而谓汉家复兴，疏矣。

证诸《论衡》、《魏书》和上举之例，可知姓族、姓号应是汉魏之际的常用语。虽然，降及近世，仅知有姓氏之姓，而不知有姓族和姓号。因此，在先秦社会史研究上，姬、姜、妫、姒之类的名号也宜用姓号一词，而不宜用今所谓姓，以免致成混淆。著者曾以"姓氏"一词称今之姓及古之姓族名号，也显然是易生误会而不妥的。

总之，据上文分析，事实应可充分说明，先秦社会所谓同姓、异姓的姓字，依家族、宗族、氏族、部族、民族的词例。应可称为姓族；是同出一祖的单系（父或母系）外婚亲族集团，一种包括若干宗族及各宗若干家族的大型家族（extended family)，相当于现代人类学所谓的"gens, clan, or sib"，因父系母系之别，而可分为父系姓族（patrilineal clan）和母系姓族（matrilineal clan）。又姓族一词是汉以来文献习见的一个语词，可毫无滞碍地用于先秦史的研究，而无混淆史实之弊。遗憾的是，近世仅知有氏族而不知有姓族，尤不知今所谓姓氏之姓实为姓族的名号，即姓号。

二 关于先秦氏族

著者初据先秦如周氏（或有周氏）、殷氏（或殷商氏）之类的氏、《诗·文王》称周氏为邦或王国，及《左传》僖十一年云"坠命亡氏踣其国家"之文，曾证先秦所谓氏之义即邦或国家，应属政治领域性的集团；如以周氏王朝为例，即包括以姬姓族为统治者及其所属若干同姓异姓族属所形成的王国、诸侯国和卿大夫采邑的政治区域集团，因此氏之集团应称之为氏族。先秦氏族与先秦姓族显然有别，因而说明先秦姓与氏之所以别，也说明传统所谓氏族（clan）一词不适于先秦史的研究。但著者所拟先秦氏族一词，正如姓族一词，也未蒙学者采用，原因之一也许是当初的考订失之简略。

其实，氏字训国，在古文献上俯拾即是。首先，在《诗经》、《书经》、《易经·系辞》、《左传》的先秦文献上，或云"伏羲氏"、"神农氏"（或"烈山氏"）、"有虞氏"、"夏氏"，或云"虞、夏、商、周"、"有夏"、"有殷"（或"殷商"、"商"）、"有周"。而后二者据《史记》、《汉书》，也即"殷氏"和"周氏"。姑置传说的伏羲氏、神农氏（烈山氏）不论，这里的虞、夏、商、周自即有虞氏、有夏氏、商氏和周氏。而这几个"氏"，证之下引《左传》庄三十二年文自即"国"：

国之将兴，明神降之，监其德也；将亡神又降之，观其恶也……夏商周皆有之。

因此，商王盘庚告诫不适迁殷的殷民云："邦之臧，惟汝众；邦之不臧，惟予一人……今将试汝迁，安定厥邦"（《盘庚》）。祖伊谏殷王纣也云"殷之即丧……不无戮于尔邦"（《西伯戡黎》）。周公因谤居东二年，会大风偃禾，"邦人大恐"，成王与大夫"尽弁"（皆穿礼服），以启金縢所藏周公祝告文王的册书，王悟而泣云"惟朕小子其新逆，我国家礼亦宜之"（《金縢》）。这里，是商周君臣自称其邦或国家之例。

又周人自称"周邦"、"小邦周"、"我有周"、"我国"、"我小国"，而称有夏和有殷为"二国"。（见《康诰》、《酒诰》、《召诰》、《多士》各篇）

上引诸例应可足证：至少周人认为有夏氏（或夏后氏）、有殷氏（或殷商氏）和有周氏之类的"氏"义指邦或国。

其实，就汉代以来的文献而言，虽混言姓氏，却仍不乏氏字义指国家之例，如：

《史记·夏本纪》：

禹于是遂即天子位……国号曰夏后，姓姒氏。

又：

禹为姒姓，其后分封，用国为姓，故有夏后氏、有扈氏……

《孝经纬》：

古之所谓氏者国也。

《五帝本纪》：

黄帝，有熊国君……号曰有熊氏。

《氏族略序》：

古之诸侯多言"坠命亡氏，踣其国家"，以明亡氏则与夺爵失国同。

这里，夏后既为夏后氏国号，黄帝既为有熊氏国君，则氏字显然义指国家。而郑樵云"亡氏"与"失国"同，也自谓氏字义指国家。虽至近世，史家犹有知此义者，如刘申叔云：

> 古《孝经纬》有言，"古之所谓氏者国也。"吾即此而推之，古帝所标之氏国言，非指号言（原注：如盘古氏即盘古国也）。《左传》曰"胙之土，而命之氏"，此氏字最古之义。（原注：《禹贡》曰"锡土姓"，土即氏也。后世以邑为氏、以官为氏、以字为氏，皆氏字后起之义，与古代以国为氏之义迥别）。①

这里，刘氏不仅认为氏字古义训国而非国号，且暗示《左传》"命之氏"义指封国，而非经师旧注云义指赐国号或氏号。虽然，刘氏于注文中却又云"土即氏也"，而混土与国、氏于一谈！国固须有土，且须有民，尤其周之诸侯，正如《左传》隐公八年云"天子建德，因生以赐姓，胙之土，而命之氏"，须王命之，始能建国。故《左传》定四年成王封鲁公、康、唐二叔之封建诸侯实例中，除"授民"、"授土"以外，仍须"命以伯禽"、"命以康诰"、"命以唐诰"，以为建国之命书。封国既言"命氏"，则凡周之诸侯国均当是氏。

又《左传》继诸侯之封建而论卿大夫之封建云"官有世功，则有官族，邑亦如之"；义谓卿大夫任官职者有大功，则可由天子或诸侯赐以其所治理之官族、官邑，因而卿大夫可依其官邑而称某氏。如《春秋》襄十五年云"刘夏逆王后于齐"。《公羊传》解云：

> 刘夏者何？天子之大夫也。刘者何？邑也。其称刘者何？以邑氏也。

---

① 《刘申叔遗书》第19册《古政原始论》。

《左传》杜注也云"刘，采地也"，《正义》也云"食采于刘，遂为刘氏"。此外，晋狐偃之子季佗食邑于贾而称贾佗，却成子因冀邑而称冀缺，士鲂食邑于彘而称彘恭子，杜伯之孙食邑于范而称范氏。类此之例，不烦枚举。总之，据以上事实可说明，周王室、诸侯国，及卿大夫采邑均可称氏，即均为氏族，均属政治区域集团，其不同仅在辖区之土地有广狭和属民之多寡之别而已。因此，以周氏族为例，它是以姬姓族为最高统治者而统治着若干同姓和异姓功臣治理的邦国和采邑，即大小不同而相隶属的氏族集团，因而与同姓亲族集团的姓族迥然有别。日本加藤常贤曾认为中国古代的姓、氏应是"血族的氏族"和"领土的氏族"[1]，颇具卓见，只是因受传统所谓氏族（clan）一词的约制，致失之毫厘而差之千里。

何以周之邦国、采邑均称氏？兹试略加讨论。案，近世学者郭沫若先生曾认为氏字初为匕匙之匙，即是字。但汉儒许慎和清儒段玉裁则解氏字为山丘小自而与坻（或阺）字音义皆同。此外，《说文》引《方言》云"秦谓陵阪曰阺"，段注引应劭也云"天水有大坂名曰陇阺"。因此，我们应可设想，陵坂、陇阺之类的坻阺初即人所居的氏，也即丘陵地区。实际上，秦汉之际，犹有乌氏、猗氏、狋氏、元氏、乐氏、缑氏之类的县氏，且大抵位于周王朝的领域内。然则周王朝的邦国、县邑所以多称氏，当与山丘小自之类的氏有关，自非怪论。

最后，须指出的，即正如古之姓或姓族有其专用的姓号（即今所谓姓或姓氏），古之氏或氏族也有其氏号。下引班固《典引》可以为证：

> 肇命民主，五德初起……厥有氏号，绍天阐绎。（蔡邕

---

[1] 《支那古代家族制度》，第38—41页。

注"号,太昊曰伏羲,炎帝曰神农。"吕向注"其有名氏号,令之为君,绍继天下。"见《文选》)
这里说明,汉儒虽混言姓、氏而不分,却犹知姓有姓号、氏有氏号。惟近人则不知所谓姓氏实即古之姓、氏之号,因也难辨古之姓、氏之所以别。

三 结论

1. 先秦文献的姓字古义之一系指"姓族",即包括同出于一个男性或女性祖先的若干宗族(lineage)及其若干家族(nuclear family)的外婚单系亲族集团(exogamous unilateral kinship group),而相当于现代人类学的"gens, clan, or sib"。姓族除有文字记载的族谱或口头传说的祖系可以远溯十数或数十世的族属以外,通常多属自高祖至玄孙五世内的同姓亲族,且称用同一姓号(即今所谓姓或姓氏)。

2. 先秦文献的氏字古义之一系指"氏族",即包括某一姓族所统治的同姓、异姓和与统治者无亲系的庶民所组成的王朝、诸侯国和卿大夫采邑之类的大小政治区域集团(political local group)。王朝(或王国)、诸侯国和卿大夫采邑除有土地大小、人民众寡、权力义务和隶属关系之别以外,基本组织并无不同,只是犹如姓族中有宗族、家族,而大型氏族中可包括小型氏族,故均可称为氏族,且各有不同氏号。

3. 周王朝就是姬姓族所统治而分别由姬姓和姜姓、姒姓、妫姓、子姓、己姓之类的姓族所统治的齐、晋、郑、卫、陈之类的诸侯国及王朝、诸侯国的卿大夫所治理的采邑所组成的一个大型氏族,即帝国或王国(empire or kingdom)。诸侯国或氏族或相当于州邦(state),卿大夫采邑或相当于郡县(county)。

4. 汉以来，史书混言姓、氏而不别，或言姓，或言姓氏，其义皆指家族名号。实际，此所谓姓或姓氏应即古所谓姓与氏，即姓族与氏族的姓号或氏号，因而虽知"三代以来，姓与氏有别"，却难以用姓氏合一的观念辨明姓与氏之所以别。

5. 今所谓"氏族"（clan, gens, or sib）为先秦姓族的误称，而非先秦所谓氏或氏族，以之研究先秦社会史或历史分期，势必陷于混淆而不符合史实。

1992 年 6 月写于北京紫竹院

（原载《中国史研究》1993 年第 1 期）

《左传》"因生以赐姓"解与"无骇卒"故事的分析

一 序言

问题的讨论每系于有关语词的含义；词义不同，则解释的主题自可由之而异。故在讨论本文主题以前，"姓"字的含义自有先予说明的必要。案今人或言"某姓"，或言"某氏"，而此所谓"姓"或"氏"则均义指代表并区别族属血统的标识如张王李赵之类的"族名"或"家族称名"（clan name, family name, or surname）。故"姓"或"氏"又可混称或合言"姓氏"，而姓氏混称的现象则似乎始于战国或秦汉之际。如郑樵《通志》云：

> 三代之前，姓氏分而为二……故姓可呼为氏，氏不可呼为姓。……三代之后，姓氏合而为一。虽子长、知几二良史，犹昧于此。（《氏族略序》）

> 秦灭六国，诸侯子孙皆为民庶，故或以国，或以姓为氏。所以楚之子孙可称楚，亦可称芈。（《氏族略》第三"以姓为氏"条案语）

又如岑仲勉氏《元和姓纂四校记》（《中央研究院历史语言研究所专刊》之二十九）自序云：

>炎刘既兴，混氏于姓，夫以是姓氏之别溷。

此外，在历代谱牒姓氏类书里也都可找到类似的说法，而证之以《史记》称：

>乃封项伯……赐姓刘氏。（《项羽本纪》）

>娄者刘也，赐姓刘氏。（《刘敬列传》）

《国语》和《左传》称：

>有裔子曰董父……帝赐之姓曰董，氏曰豢龙，封诸鬷川。（《左传》昭二十九年）

>祚以天下，赐姓曰姒，氏曰有夏。祚四岳国……赐姓曰姜，氏曰有吕。（《周语》）

则秦汉以前"姓氏有别"，而秦汉以来"姓氏合一"或混言的说法，自属不误。

先秦姓、氏虽有别，但是据秦汉以后所谓"姓氏"的观念，及汉以来史籍所载的功臣赐姓氏的史实而论，我们把先秦文献所谓"赐姓"或"命氏"都混称之为"赐姓氏"或"赐姓"，而且认为"赐姓"、"命氏"均义指"赐族名"，这似乎是没有疑问而想当然的事。

因此，本文所要讨论的"因生以赐姓"一语的含义，在上述想当然的观念之下，从汉魏以来也就存在着一种传统解释，而且可简单的以下列数说为其代表：

>因其所由生以赐姓，谓若舜居妫汭，故陈为妫姓。（《左传》隐八年"因生以赐姓"杜注）

>天子建德，因生以赐姓，谓有德之人生此也，以此地名赐之姓以显之。（《尚书·禹贡》"锡土姓"伪《孔传》）

>论得姓受氏者，有三十二类……姜之得姓，居于姜水故也，故曰"因生以赐姓"。（《通志·氏族略序》）

>古者母系未废，契之子姓，自玄鸟名；禹之姒姓，自薏

茋名。……夏后兴，母系始绝，往往以官、字、谥、邑为氏，而因生赐姓者寡。（章炳麟《检论·序种姓》上）

这就是说，在传统解释下，《左传》"因生以赐姓"一语系义指：因人所生的地方或生之因而赐以姓氏或族名。而且至少在上述以及唐宋以来的姓氏类书或有关中国古代史的论著上，"因生以赐姓"一语也就以这种传统解释成为溯论族名起源以及古代社会制度的重要论据；自然就很少有人曾追究过这条论据的可靠性，或者去分析一下前儒对于这条论据的解释的是非问题。

但是事实上告诉我们，不仅同一事物在同一时代可有不同的称名，同称名的未必就是同一类的事物；而且随着时代的演进，古今事物也因其称名的异同而每每陷于混淆难辨。因此仅就"赐姓"一事而论，汉唐以来所谓"赐姓氏"或"赐姓"是否就是先秦文献上的所谓"赐姓"？而"赐姓"又是否就是先秦文献所谓"命氏"？便似乎是值得追究的问题。换句话说，秦汉以来"姓"、"氏"二字的含义是否就是先秦文献上所表现的含义？便显然是解释《左传》"因生以赐姓"一语的先决问题。因此根据这个条件，作者也就认为"因生以赐姓"的传统解释确有可商榷的余地。兹仅就下列三点以说明本文所以讨论此一问题的理由。

（一）"姓"、"氏"二字的"族名"一义，时至今日虽已成为无可否认的事实，但"族名"一义的由来，却似乎有点儿蹊跷。案，古者姓氏有别，秦汉以来姓氏合一，此一事实据上文所知，似无可怀疑的。但是在"姓"、"氏"二字义指"族名"的条件下，所谓"姓氏有别"或"姓氏合一"的说法却似是而非。例如，照传统的说法，黄帝姬姓的"姬"是古所谓"姓"，而轩辕氏的"轩辕"则是古所谓"氏"，这自然就是古者"姓氏有别"了。但是撇开姬姓的姓字和轩辕氏的氏字不谈，或者说如果古文献上没有"姓"、"氏"二字，而只有"姬"和"轩辕"之称的话，那么这两个称名——"姬"和"轩辕"，除了予人以语词的字数及语词的音形义的分别印象之外，我们实在找不出"姬"所以是"姓"和"轩辕"所以是"氏"的根据。换句话说，在这种情形下，我们何以会认为"姬"和"轩辕"是"族名"？又何以会分称这两个族名为"姓"和"氏"？这就似乎令人费解了。因此，即令是评议子长和知几的郑樵知道"楚"和"芈"有"姓、氏之别"，但是单凭"楚、芈"的称名，却无由说明两者在三代以前的所以分，也不能指出三代以后的所以合。事实上，芈姓一族在后来分得楚、芈二称，倒是"分"而不是"合"；而楚、芈原来就是像后来似的两个称名，或所谓"姓氏"，始终合不起来，也说不上分或合。

但是，我们就"姬姓"（不是"姬"）和"轩辕氏"（不是"轩辕"），或"楚氏"和"芈姓"而论，则不只是姓氏学家的郑樵，凡识字或曾涉猎古史的必都晓然"姬、芈"是"姓"，而"轩辕、楚"是"氏"；两者有别。而良史如子长知几者也必不致昧然不辨。那么这一事实便告诉我们："姓、氏之别"不但是别在"姬姓"的"姓"字和"轩辕氏"的"氏"字，无关乎"姬"和"轩辕"的称名，而且这一类的称名所以称为"姓、氏"或"姓氏"也显然由于是"姓"和"氏"二字所代表的事物之称名的结果。换句话说，我们不但在观念上把"姓、氏"的称名即"姬"和"轩辕"，误混为"姓氏"，而且显然由于我们对于"姓、氏"的为物（或者说这两个语词的含义）有着差异的认识或感觉，于是对于那些作为称名的"姬"和"轩辕"才发生了"姓氏有别"的感觉。然而古所谓"姓"和"氏"的含义是什么？其为物的差异又安在？事实上告诉我们，姓氏二字在传统解释下，除了"姓就是氏，姓氏就是族名"一义以外，实却另无别义。因此，假如我们说传统所谓"姓、氏有别"是根于姓氏二字含义的话，勿宁说却是根于这两个字的形音，而不是它的义。换句话说，姓氏二字除了在混本体为称名的观念下获得"族名"的含义以外，似乎连含义也不存在了。

总之，在姓氏二字的传统解释下，姓、氏的分合既不可得而辨，从而《左传》所谓"赐姓"、"命氏"是否均义指"赐族名"？而赐何种族名始谓之"赐姓"或"命氏"？便似乎都成为费解的问题。虽然，事实上告诉我们姓氏二字该有含义，而且在先秦文献上也就存在着另外的含义。因此，作者认为必须先确定姓、氏二字的含义，然后才可进而解释"因生以赐姓"。

（二）"因生以赐姓"不是一句孤立的残文断简，而是出于《左传》上的一段完整史料，这段史料叙述一个起因于"无骇卒"的连续故事，而"因生以赐姓"则是故事中的人物在讨论问题时所说的一句话。因此这句话，特别是"因生"二字，似应从故事原委的分析上去求解。实际上，《传》文既仅言"因生"，而非"因所生"或"因所由生"，则不得解为"因其所由生之地或生之因"，且这种解释与传文故事也不相关。反之，如从无骇的"卒"而"请谥与族"的起因上来推论"因生以赐姓"的解释，则既无烦添字解经，也就益为显然。

（三）"因生以赐姓"传统解释的可商榷性，主要固与姓、氏二字的含义有关，但与"无骇卒"故事分析上的疏误，也未尝无涉。就作者所知，故事原委除略见《左传》和《正义》的疏证及 Jame Leggs' Chinese Classics 一书的译文外（此外有法文译本），论之者固极少见，而孔氏与 Leggs 的矛盾解释也如出一辙。故作者认为对于"无骇卒"故事须加分析，借以说明"因生以赐姓"的语义。

此外，关于传统解释而值得商榷的问题颇多，作者将分别于下文讨论，于此不赘。下面作者试先分析姓氏二字含义，然后进而求证"因生以赐姓"一语另外的可能解释以及"无骇卒"故事的原委。疏漏之处，希读者指正为感。

二 先秦文献上"姓"、"氏"之别

（一）释"姓"与"赐姓"

据上文分析所知，姓字，或者说所谓"姓"，除了汉以来的族名一义以外，显然是该另有含义的。事实上，清儒王念孙、王引之于《广雅疏证》及《经义述闻》固早指出"古者谓子孙曰姓"，说明姓字另有含义或古义，暗示族名为姓字的今义，而作者在《姓字古义析证》一文里（下简称《析证》）[①] 也指出先秦文献上所谓"姓"更不仅子孙一义，而实兼括下列三义。

（一） 义指子或子嗣。故文献上可分言子或姓，合言"子姓"，或泛言百姓。

（二） 义指族或族属。可分言族或姓，合言"族姓"，或泛言百姓、群姓，而指众族群族的族属或人民。且就族属的社会集团而言，所谓"姓"系指以血缘世系相凑聚而不得互婚的族属集团，其组织相当于现代人类学上所谓的"gens"或"clan"组织，故作者拟称此种亲族集团为"姓族"。

（三） 义指属民。可分言民或姓，合言"民姓"，泛言百姓、群姓或万姓。指天子诸侯治天下的人民。

此外，《析证》一文于论"姓"或"百姓"的属民一

---

① 载《中央研究院历史语言研究所集刊》第二十三本，第409—442页。

义时，作者更据《楚语》上下文推证下列观射父的一段话：

> 民之彻官百。王公之子弟之质能言，能听彻其官者，而物赐之姓，以监其官，是为百姓。

作者指出此所谓"物赐之姓"的"姓"就是民姓族姓，也就是人民或族属。天子邦君的人民分属于不同的族类或姓族，就是说属于很多"姓"，因此也就泛称天子邦君的人民为"百姓"。天子王公以其各姓人民分赐其子弟，使其负监辑责任，是即所谓"赐姓"。

《国语》、《左传》二书的内容和著作时代很相近，其姓字古义表现于《国语》的与表现于《左传》的，应无绝对性差异。实际上，《析证》一文的论据一部分即同出于《左传》，而与《国语》恰堪印证。例如《左传》云：

> 姜族弱矣，而妫将始昌。（昭三年）
> 若在异国，必姜姓也。（庄二十三年）

两例中分言姜姓和姜族，是姜姓之"姓"义即姜族之"族"，而此所谓"族"自指族属或某族某姓的人民。又如《左传》云：

> 昔平王之东迁，吾七姓从王。（襄十年）
> 四狱、三涂……九州之险也，是不一姓。（昭四年）
> 三分之姓于今为庶。（昭三十二年）
> 分唐叔以大路、密须之鼓，阙巩沽洗、怀姓九宗。（定四年）

凡此所谓"姓"，也均指族属人民而言。如把《传》文的"姓"字易为"族"字，显然并不影响文义。此外，先秦文献上所谓"同姓"、"异姓"自指同族或异族，而所谓"庶姓"，据上述定四年一例证之，自即庶族或庶民，且似乎不是素所认为的众民或平民的意思。如果更以现代语证之，所谓"同姓"、"异姓"、

"百姓"的含义似乎仍是一样。

反之，假如我们认为姓字义指族名，而不是"族"，从而把上述的例子解为"必是姜族名"或"七个族名从王"，这自然就成了笑话。实际上，在传统解释下，纵然认为姓字义指族名，纵认赐姓义指赐族名，但是传统对于上述各例中的"姓"字也必仍解为族属，是不会有笑话发生的。那么，何以《左传》"因生以赐姓"的姓字在传统解释下却独解为族名而不是族或族属呢？显然的，这原因如不归咎于汉唐的赐姓氏制度，则再找不出别的理由了。虽然，在制度的解释或考证上，汉唐之制似不能成为溯论先秦制度的论据的。

总之，仅就上举各例而论，凡所谓"姓"既均须解为族属人民，而《楚语》所谓"赐姓"又义指赐族属人民，则《左传》所谓"赐姓"也自应义指赐族属人民。这不仅在客观理论上应如此解释，而且上述定四年"分唐叔以怀姓"一条也可说正是这种解释的一个很好的实证。案，"分唐叔以怀姓"的分字调换成一个赐字，其文义该不改变的，而"赐唐叔以怀姓"与"赐唐叔姓曰怀"或"赐唐叔姓"，在文义上也是不变的。那么，《国语》上所谓"赐（禹）姓曰姒"，"赐（四狱）姓曰姜"，《左传》所谓"赐（董父）姓曰董"，自与"分唐叔以怀姓"或"赐唐叔姓曰怀"同其意义，也就是说，赐某人以某族属人民。这几项赐姓史料同见于《国语》、《左传》，那么用《国语》、《左传》的姓字古义去配合而求得的上述解释，自有其客观的可能性。至如《左传》称周封胡公于陈而"赐之姓"，这个姓字依据上述各例而解为族属人民，则似乎更没有什么不妥了。

相反的，假如《左传》定四年的记载不详细，不说"分鲁公以殷民六族"、"分唐叔以殷民七族"、"分唐叔以怀姓九宗"，没有其他封赐的记载，而仅言"赐唐叔以怀姓"或"赐鲁公康叔以子姓"（照传统说法，假定殷民就是子姓），那么在传统解释下，周之姬姓子孙早已改祖别宗而分为怀姓子姓的后裔，当是不难料到的结果。然后姬姓子孙所以终未改姓别宗者，显然既无关乎《传》文的用"分"或"赐"字，也无关乎"怀姓"的"姓"字，而实赖于《传》文叙述的详尽。那么那些记载不详而仅言"赐姓曰妫"之类的其他先秦赐姓史实，如果仅凭汉唐以来的制度和氏姓的观念去推证其含义，而不求助于先秦文献上较详细的史料和姓字的古义，则其结论便显然难予据信了。因此，作者认为先秦与汉唐的赐姓制度似属同名而异质的两种社会制度。

（二）释"氏"与"命氏"

三代以前"姓"、"氏"既有别，则其含义也自有异。就作者所见，先秦文献上所谓"氏"也至少有三义。其含义之一系指个体或某个人（individual）。如《左传》隐公元年云：

郑武公娶于申，曰武姜，生庄公。……庄公寤生，惊姜氏。……公曰"姜氏欲之，焉辟害？"对曰"姜氏何厌之有！"

天子使宰咺来归惠公仲子之赗。缓，且子氏未薨，故名。（《杜注》云：子氏，仲子也。）

此所谓"某氏"，自指武姜或仲子某人。某氏的"氏"字系指名字叫某某的那个"人"。现代语的"某氏"，意思也是指某人。此外，文献上的例证甚多，于此无烦枚举。

先秦文献上所谓"氏"的含义之二系指"族"（social grouping）。如《左传》定公四年云：

分鲁公以……殷民六族——条氏、徐氏、萧氏、索氏、长勺氏、尾勺氏，使帅其宗氏，辑其分族，将其丑类。

分康叔以……殷民七族——陶氏、施氏、繁氏、锜氏、樊氏、饥氏、终葵氏。分唐叔以……怀姓九宗。

凡此所谓殷民"某氏"的"氏",在意义上,自即殷民六族或七族的"族"。而此所谓"族",据《传》文证之,也就是殷民的"分族"、"族类"。因此作者认为正如称古所谓"姓"为"姓族"一样,我们该依理称古所谓"氏"为"氏族"(而作者下文如连言"姓氏"时,则其义将指今之所谓"姓",也就是"族名")。

然则氏族组织如何?氏族又与姓族有什么异同?换句话说,素来所谓"古者姓、氏有别",据序文的分析,既不在族名,则其所以别又安在?兹仅据《左传》定公四年一例,略予推证如下。

案,照传统的说法,殷民是子姓。如果周成王分赐鲁公康叔的十三个氏族确都属殷民子姓一族的族属,那么这十三个氏族自然是同姓的宗枝,也就是相当于"怀姓九宗"的"宗"或"宗族",而宗族则是同出一祖的亲属集团。换句话说,怀姓和子姓的"姓",于此至少是分别包括九个或十三个氏族或宗族的两个姓族(gens or clan)。氏族在这儿似是属于具血缘世系关系的亲属集团,与姓族只有大小之别和从属关系,而无组织上的基本差异。

就殷民的十三个氏族都是子姓一族的假定来说,上述的推论自有其可能性,但是如更从另一种角度来分析,则事实便似非完全如此了。现在让我们从周民族的姬姓来看氏族的组织。

案,据定四年《传》文所云,如果殷民的各氏族只是由周的统治者,成王,分赐给姬姓的各宗子弟,鲁公、康叔、唐叔,使他们仅负"将帅"的责任,同时鲁、康、唐就是三者的氏族名称(即氏号)的话,那么这三个姬姓中的氏族便显然不是全属同姓的亲族集团,而是由姬姓统治者的族属加上被统治的异姓氏族合组成的一种政治性的社会集团。换句话说，氏族于此不但与同出一祖的姓族不同，其集团分子间没有必然的血缘世系关系，可以包括着一个以上的姓族的族属，而且其组织的起源也显然与分封制度有密切的关系。

就周的姬姓而论，氏族既非必为同姓亲属集团，则鲁公、康叔治下的殷民各氏族虽说都是殷民，但是究否都属殷民子姓一族的族属，于此也就不敢断言了。实际上，正如周灭殷后，其民族中包括着姬姓和子姓的族属一样，那么取夏后氏而代之的殷民族中，也不难想见其中绝对没有姒姓，甚至更早的有虞氏、少典氏或有侨氏中的各姓族或氏族的族属。

然而上述的分析只是就殷民族或周民族中的氏族的本身言，并没有论及这些氏族的隶从关系。更进一步分析的话，事实将说明氏族组织既不如此简单，而所谓"氏"的含义也仍另有所指。

例如上面曾提到夏后氏、有虞氏、少典氏、有侨氏，而殷民族集团及周民族集团，据《史记》《汉书》，也就是殷氏（或殷商氏）和周氏。这些所谓"氏"自然也是氏族。这些氏族，在没有个别考证以前，是否究具相同的组织或内涵，作者于此未敢确言。但是如以春秋时代的周氏而论，则周氏似乎是包括若干姓族及其所统治的若干氏族，层层递属，而以姬姓周氏为最高统治者的一种大型而复杂的氏族集团组织，假如以图解来表示，则下图（见下页）可说明这种组织。

在这儿，我们可以看出氏族与姓族组织的区别和相互关系，同时多少说明如周氏之类的大型氏族实是相当复杂而庞大的社会集团。这种大型氏族，从现代人类学家的观点来说，究竟相当于现代原始民族的部族（tribe）或联盟（League），抑古代文明民族如埃及希腊罗马的王国（kingdom）或封国（feudal states）组

春秋时代社会组织——氏族姓族之关系
周　　氏

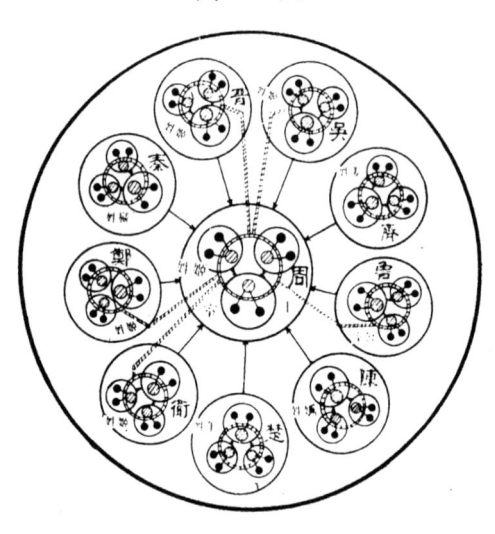

图解说明

1. 图解所绘仅代表周氏社会集团的一部。大小圈点的规律化系为制图便利，主旨在说明大型氏族的可能组构，及其与姓族的关系，而无关乎大小集团的实际数目。
2. 白圈代表姓族集团。其同属于一个姓族而图中不能以白圈包括者，则以白线接连（如姬姓各宗枝）。
3. 姬、姜、妫、嬴于此均假定为父系姓族，而均属统治阶级。
4. 白点代表姓族中的宗族分枝。姬姓王室有其王族子嗣，有鲁晋郑卫吴各宗枝子嗣，而各宗枝公室又自有其公子公孙。
5. 黑点表示被统治的异姓族属。在鲁晋卫三集团中至少可代表初封时的殷民或怀姓。
6. 姬姓王室及诸侯公室的王公子嗣各自统治一部分异姓族属，分别附属于王室公室。于是形成大小的氏族组织。
7. 周鲁郑晋卫陈楚秦吴于此均是氏族。其统属关系则以箭矢符号表之。
8. 周氏于此是一个以姬姓天子王室政治集团为最高统治者，而包括分封（或结盟）的若干姓族和氏族的大型氏族。

织①自需另文详论，于此不容断言。但据中国文献而论，如周鲁郑卫之类的氏族，其含义似乎也就是"邦"或"国"，而《诗·大雅·文王》云"周虽旧邦，其命维新"及"王国克生，维周之桢"二语也可证《汉书》所谓"周氏"就是"周邦"或"周国"。此外，《左传》襄公十一年云：

> 诸侯伐郑……同盟于毫。……乃盟，载书曰：凡我同盟……同好恶，奖王室，或间兹命……七姓十二国之祖，明神殛之，俾失其民，队命亡氏，踣其国家。

这证明"亡氏"义即踣诸侯之国，所谓"氏"即"国"，而"国"、"氏"或氏族与姓或姓族的关系，由"七姓十二国"一语，也多少可与作者所拟的图解互相印证。换句话说，作者认为古所谓"氏"的第三种含义该是"邦国"或"国家"。

总之，讨论至此，我们不仅看出先秦文献上所谓"姓"、"氏"二词含义上的异同，且就社会集团或族的组织而论，氏族与姓族的差异似乎也正是传统所谓"古者姓、氏有别"的根源所在。"姓"训子嗣与"氏"训人，虽都是"人"，但"子嗣"一词却含有血缘世系的意义。"姓"与"氏"虽同训族或族属，但姓族与氏族则有别。姓和氏既有别，因此我们觉得"姬"和"轩辕"之称有别。又由于族名是代表本体族的符号，从而我们把"姬"或"轩辕"的族名也就径称之为"姓"或"氏"。这似乎就是汉以来所以认"姓、氏"为"族名"而不是"族"的

---

① Gordon Childe 在所著 *What Happened in History* (1946, p. 148) 一书内称 "The Chous created a feudal monarchy rather like the Egyptian middle kingdom."
A. L. Kroeber 在所著 *Anthropology* (p. 738) 一书内称 "The Chou kings were real rulers… Otherwise they admonished the feudal princes and governed their small dynastic domdian. Chinese political organization was feudal, and practically as separatist as that of mediaeval Germany."

可能因素之一；观念上名实混淆而解释颠倒的结果。至如"姓氏合一"或族名混言的现象，则与战争及族类的兼并和迁徙有密切关系；其开始似在战国前后阶段，而其起因似乎就肇于姓、氏的有别。换句话说，"姓、氏有别"之初，或氏族出现之始，便隐伏下后代"姓、氏合一"的远景了。譬如以鲁国或鲁氏而论，其集团分子无论是姬姓或子姓的都可说是鲁氏族属，而鲁氏的后嗣，特别是为了要掩饰其属于俘灭而被统治的子姓或他姓族属，自然都可冒称是姬姓。于是姬姓或子姓的人可以都说是姓鲁，姓鲁的也都可称是姬姓，姓氏族名既趋于混言或合一，血缘世系从而也就陷于莫辨。在这种真正不辨的阶段，（以战国以后来说罢）似乎也就是姓族氏族组织趋于混合或破灭的阶段了。

实际，作者对于古所谓"氏"三项含义的推证并非为本文的创见，而在前儒的论著上就可略窥一斑；虽然前儒对于姓氏二字是照例解为族名的。例如上文所引，《左传》隐元年杜注，就是指个人的一例。又如清侯康《穀梁礼证》云：

> 或曰古人氏族谓之庶姓。礼记大传"其庶姓别于上"注云"始祖为正姓，高祖为庶姓"。疏云"庶姓众姓也，则氏姓之谓也"。据此，是氏亦可称姓，氏姓犹氏族也，二字只同一义，似亦可备一说。

从"是氏亦可称姓，氏姓犹氏族也"的上下文，多少可见侯氏认为氏族二字也有"族"的意思；虽然他只认"可备一说"，而在他的上文氏姓二字也仍是义指族名。至如郑玄和孔颖达所谓"正姓"、"庶姓"、"氏族"、"众姓"的解释究否正确，于此可不讨论。此外，在经典注疏上所谓"氏族一也"或"氏犹姓也，散则通"一类的解释，更不少见，但大抵与族名之义混为一谈，颇难确其所指，兹故不赘。又如《史记·五帝纪·正义》及《索隐》云：

《帝王世纪》云，神农氏姜姓也……又曰连山氏，又曰列山氏。《括地志》云，厉山在随州……神农生于厉乡，所谓列山氏也。春秋时为厉国。(《正义》)

按，黄帝有熊国君，乃少典国君之次子，号曰有熊氏。(同上)

孙氏注《系本》……号有熊者，以其本是有熊国君之子故也。少典者，诸侯国号也；非人名也。(《索隐》)

"少典"、"有熊"既是诸侯国号，则"少典氏"、"有熊氏"以至"列山氏"之类的"氏"，在说者的解释下自然就是"国"。因此郑樵《氏族略序》也云：

古之诸侯多言"坠命亡氏，踣其国家"，以明亡氏则与夺爵失国同。

虽然《氏族略》中凡所谓"氏"或"姓"均指族名，但郑氏于此也表现"氏是国"的意思。此外，类乎上述三项不同解释的例证颇多，于此不必枚举。总之，作者对于"氏"的三项含义——个人、族、邦国的分析，从秦汉以后的论著上是多少可以找到一点模糊的印证的。

最后，请论《左传》隐八年"赐姓，胙之土，而命之氏"的"命氏"意义。古所谓"姓"既与"氏"有别，则"赐姓"自非"命氏"之谓。而且从《左传》"而命之氏"的"而"字也似乎正说明这一事实。"命氏"非仅不是"赐姓"，据上文"氏"字含义的分析，自然也就不是传统所谓"赐族名"的意思。否则，如果"赐姓"与"命氏"均指赐族名，那么在什么条件之下赐族名才叫做"赐姓"或"命氏"便自然难于解说了。

照"氏"字含义的分析，作者认为"命氏"应义指"命族或命国"，也即"封族或封国"。换句话说，在天子建选德能而分封有功的制度下，"命氏"应该指天子邦君分封功臣子弟为附庸天子或诸侯的半独立政治集团的统治者；承认其自成一个氏族或邦国的领袖，而自有其统治人民土地的主权的意思。对国或封氏族虽必有其代表该政治集团主权的族名或国号，但是命氏却非专指赐族名或国号，甚且有的时候并不赐国号。例如《左传》定公四年云：

> 管蔡启商……王于是杀管叔而蔡蔡叔……其子蔡仲改行帅德，周公举之……见诸王，而命之以蔡。

照传统解释，"命之以蔡"自即"命之以氏"或"命之氏"的意思，似无可疑。然而作者却认为此所谓"命氏"或"命之以蔡"，似乎并不是赐国号或族名曰蔡，而该是对于某氏某国或封以某氏某国的意思。因为，伪《书·蔡仲之命》云：

> 蔡仲克庸只德，周公以为卿士……乃命诸王，邦之蔡。

假如伪《书》系取材于《左传》，则伪《书》作者至少认为"命之以蔡"是义指对之于蔡国。此外，《史记·管蔡世家》也云："复封胡（即蔡仲）于蔡"。这就是说，"命之以蔡"或"邦之蔡"就是"命之以蔡氏"或"邦之蔡国"的省文，其原义应是"命氏"或"封国"。就蔡仲来说，这只是周的最高统治者承认蔡仲继承他的父亲而自成为小的政治集团的统治者而已。况且，蔡国或蔡的氏族本来就是蔡叔的封国，子承父业，也自无需另赐族名。

"命氏"在作者解释下既义指封国，则与"赐姓"义指赐人民族属的制度自然有别。因此《左传》"赐姓、胙土、命氏"的制度，自指先秦社会或至少周代社会中天子分封诸侯时，授民、授土、封国的制度而言。这三种素质是封国制度上必不可少的，其史证于此无烦枚举，而《左传》定四年成王封诸侯的故事已足为这一制度的绝佳说明。

总之，从上述两节对于古代姓氏有别而后代姓氏合一的始原和致因，以及汉以来把族名称为"姓"或"姓氏"（或者说认姓氏二字义指族名）的起因的分析，作者认为传统对先秦文献上所谓"赐姓"的解释，除了以汉以来的制度和语词的含义为基础以外，似乎是更无其他论据了，虽然，事实上我们是绝不能仅凭后代的文物制度而以今拟古的。因此，我认为先秦文献上所谓"赐姓"应指赐族属，既非赐族名，也不是"命氏"。从而"因生以赐姓"一语在传统的解释下自不能成为推证中国古代姓氏或其他社会组织的论据。事实上，若干依据这项论据而推出的结论，也几乎无不是矛盾的。

三 "无骇卒"故事与"因生以赐姓"解

在上文里，作者系仅据姓氏二字的训义来推论《左传》所谓"赐姓"之义及其与"命氏"之别。这一节里，主旨在从《传》文所载"无骇卒"整个故事的分析上来根究"因生以赐姓"一语的含义。换句话说，作者要追究这句话从何说起，跟故事有什么关系，故事究竟是怎么一段原委。"因生"二字是否果如传统解释而义指"因其所由生之地域原因"，还是另有所指的一些问题。

《左传》隐公八年全文云：

> 无骇卒。羽父请谥与族。公问族于众仲。众仲对曰："天子建德，因生以赐姓，胙之土，而命之氏。诸侯以字为谥，因以为族。官有世功，则有官族；邑亦如之。"公命以字为展氏。

就作者所拟的句读来说，这段话应该是包括着五个情节，起因于"无骇卒"，而具连续发展性的一个历史故事。下面，让作者从五个情节的逐步分析上来求解上述几个问题的可能答案。

（一）"无骇卒"

这是《传》文的第一句话，虽仅寥寥三个字，但实攸关整个下文。关于无骇的事略，在《春秋》经传所见的有下列几条：

无骇帅师入极。（《左传》、《公羊传》隐二年《经》。《穀梁》"骇"作"侅"。）

司空无骇入极。费庈父胜之。（《左传》隐二年）

无骇者何？展无骇也。何以不氏？贬。曷为贬？疾始灭也。……言入何？内大恶，讳也。（同上《公羊传》）

入者，内弗受也。……不称氏者，灭同姓，贬也。（同上《穀梁传》）

（无骇卒）此展无骇也。何以不氏？疾始灭也。故终其身不氏？（隐八年《公羊传》）

无骇之名，未有闻焉。或曰隐不爵大夫也，或说曰故贬之也。（同上《穀梁传》）

就《穀梁传》而论，无骇其人其事在秦汉之际似乎已是一个"问题"人物。倒是《左传》替我们保存了相当材料；甚至就下文分析所知，还使我们多少根源出无骇的世系。总之，在这里我们从经传可得而知者不外：

（1）无骇是鲁隐公时候的大夫，曾任司空。

（2）无骇于隐公二年偕费庈父灭极国，而于隐公八年卒。

（3）后儒公羊、穀梁氏认为无骇有灭同姓之过。《左传》认为无骇入极似由于费庈父的胜利。

这就是说，三《传》于无骇都有微词。如果无骇不是冒费庈父的战功，那可能就是伙同干的轨外行为。因为据杜注云费庈父就是元年"帅师城郎"的费伯，而"城郎"一事据《左传》云却是"非公命"的，因此帅师入极仍难保不是"非公命"的。从而无骇的为人也就多少有可评议的地方。

（二）"羽父请谥与族"

羽父即公子翚（《史记·鲁世家》翚作挥）。此人在隐公四年曾强公命而会宋师，后且以求任大宰不遂而弑杀隐公，显然是个目无君上的跋扈人物。羽父和无骇的关系虽不能确知，但就无骇司空的官职而论，同羽父可能同出鲁公室而有亲族关系，因此在无骇死后为之"请族与谥"，而其所以然者，也许是羽父认为无骇有功于国，生时应封而未封的原故。

所谓"谥"，于引无烦引论，其义要指古者贵族统治阶级死后的称名。所谓"族"当然义指族属或族属集团。据《传》文"请谥与族"的"与"字，"谥与族"显然是两码事，绝不能混为一谈。而所谓"请族"自然是下文"赐姓"的封言。

（三）"公问族于众仲"

大夫的请谥、请族，或者说王公诸侯的赐族属和命谥，在惯则上自然有其合法的规定。但羽父为已死的无骇请族与谥是否合于惯则？似须加以考虑。因此"公问族于众仲"。《传》虽仅言问族，但据下文众仲的对话，则可证隐公同时应兼问过命谥；或者左氏以赐族事大，故略而不书。至于众仲的身世，据杜注说是鲁大夫，但也只是如此而已。

（四）"众仲对曰"

于是众仲针对着当时的事态和隐公所问的问题，而提出一项奏议，从而这项奏议也就关系着先秦社会三项社会制度：天子选德建国的分封制度、诸侯的命谥制度、诸侯赐授大夫官族、官邑的制度。

甲、"天子建德，因生以赐姓，胙之土，而命之氏。"

首先众仲论及天子的分封制度。据前文分析的结果，众仲的意思是说：

（1）据天子选建明德分封有功之臣的制度来说，确有

> "赐姓、胙土、命氏"，即分赐族属人民，分授土地，和封建国家的条例。

实际上，众仲这四句话既系针对羽父的"请族"和隐公的"问族"而说的，那么仅就"赐姓"一事而论，其义自指"赐族"；虽然此所谓"赐族"系指赐族属，而非传统解释所谓赐姓氏族名之义。换句话说，就在《左传》这段史料的上下文里便明摆着古所谓"姓"系义指族属的例证，原无需旁求它证。

其次，众仲所谓固在答覆隐公问族，但隐公问族则由于羽父请族，而羽父请族则实起因于"无骇卒"。因此众仲说的话自应关系着无骇死后请族的"死"，从而众仲这段话的另一个意思在作者的解释下该是：

> （2）天子于功臣固有"赐姓、胙土、命氏"之举，但其条件却是"因生"或"因其人之生"而赐之；并不因其死或死后而追赐。

换句话说，作者不仅认为"因生"就是"因生"或"因其生"，而且"因生"二字于《传》文上显应概言着"赐姓、胙土、命氏"整个的分封制度而言，非仅谓"因生以赐姓"。这种解释比传统所谓"因其所由生之地名或生之因"的解释，无论就故事的连贯性或语法上说，都说的通，也必须如此，才说的通。

实际上，姑无论春秋诸侯邦君究系生前死后受封，更无论赐姓赐族究作何解，仅就先秦文献有关赐姓的史实来说，如禹、四岳、董父、胡公因无不是生时赐姓。且就前儒的论著而论，"因生以赐姓"或生时受封之说也显系旧说。例如：

> "王使荣叔来锡桓公命。"锡者何？赐也。命者何？加我服也。其言桓公何？追命也。（《公羊传》庄元年）
>
> 生服之，死行之，礼也。生不服，死追命之，不正甚矣。（《榖梁传》庄元年）

大夫功成，未封而死，不得追爵赐之者，以其未当股肱。春秋穀梁传曰"追命死者，非礼也。"(《白虎通》卷一上)

《春秋公羊》、《穀梁》说"王使荣叔锡鲁桓公命。追锡死者，非礼也。"死者功可追而赐。如有罪，又可追而刑耶？(《通典》卷十二引《五经异义》)

死后赐族乃是正法。春秋之世，亦有非礼生赐族者。……《释例》曰"旧说以为大夫有功德者，则生赐族。"非也。……刘炫不达此旨，妄规杜过。非也。必如刘氏，生赐族之证何在？(《左传》隐八年《正义》)

是证，除最后和最晚的孔氏《正义》一说以外，"生封而不死后追赐"及"大夫有功德者，则生赐族"显系秦汉之际的"旧说"；甚至死后追赐命服，也是非礼而不正已甚的行事。虽然旧说所谓"赐族"未必即本文所谓"赐族、赐姓"，但据刘炫《释列》而论，其所谓"因生"系指因人之生，"因生以赐姓"指"生赐族"，则与作者的推论显无二致。其次，前儒"如有罪，又可追而刑耶？"的说法，在伦理或王道社会下，固不失为必须生赐生封的部分理由，但是就春秋社会来说，死后鞭尸却是现成例子。而所以生赐者，则自应有其更重大的因素。案，分封制度自表面或从统治者的立场上说，似乎旨在尊贵贤明，褒德任功，但骨子里实意图怀柔异己，藩屏王室；以分民，裂土，建国的手段笼络德能有功之臣，使其在共享王室利权的满足下而尽其忠勤。假如赐姓赐氏只是赐以无关王族的族名姓氏，且可能使子弟功臣改祖别宗，甚至如孔氏《正义》云，赐族赐姓必于死后行之（姑无论这种滑稽行事的理由安在），那么制度施行的结果，将会是功臣的叛逆，王室的倾覆，而不是王室的长治久安了。实际上，周姬近千年来的统治局面，自与本文所说的分封制度及周的"八百"封国有密切关系，但就这样到了春秋以后，由于诸侯大夫势力的扩张，也仍免不了弑杀、争战，以致王纲坠而六国亡的结果。至如"死后赐族乃是正法"云云，据下文所知，固属妄说，而孔氏所谓"赐姓、赐族"及生赐、死赐之说也显然没有一定的含义。

总之，众仲第一段话的大意是说：天子选建明德，都是因其生而封赐；死后并不追赐。言外的意思是说：无骇已死，羽父替他请族的事是于例不合的。

乙、"诸侯以字为谥，因以为族。"

其次，众仲就谈到请谥和命谥的问题。关于命谥的两句话，在传统或至少是《左传·杜注》和孔氏《正义》上，其句读与本文不同，而且是有问题的。案《杜注》于"诸侯以字"下云：

> 诸侯位卑，不得赐姓，故其臣因氏其王父字。

又于"族"字上云：

> 或便即先人之谥称以为族。

而《正义》疏云：

> 杜意"诸侯以字"，言赐先人字为族也。"为谥因以为族"，谓赐族虽以先人之字，或用先人所为之谥因将为族。

姑无论杜孔之说究否正确，据《正义》而论，两者是以《传》文"诸侯以字"为读的。但"诸侯以字"既文不成句，杜氏所注也混命谥、命氏、赐姓于一谈，且与汉儒郑玄读法显然有异。案，郑氏《礼注》云：

> 诔其行以为谥也……尼父因其字以为谥。（《礼记·檀弓》"鲁哀公诔孔丘"注）

> 大夫或用字为谥。《传》曰"鲁无骇卒。请谥与族。公命之以字为展氏。"是也。（《仪礼·特牲馈食礼》"来日丁亥，用荐岁事于皇祖伯某"注）

撇开孔子的谥号及"因其字以为谥"的"其"字在版本上的讹误与解释不论,郑玄显然是以"诸侯以字为谥"为读的,且必如此,《传》文始可求解。故《十三经注疏校刊记》也以杜孔读法为非。虽然《左传》哀十六年孔氏《正义》评《郑注》云:

> 郑玄《礼注》云"尼父因其字以为之谥",谓谥孔子为尼父。郑玄错读《左传》云"以字为谥",遂复妄为此解。

实际上,"诸侯以字为谥"和"诸侯以字"句读的是非固无须争辩,而孔氏《左传正义》虽依杜说,但《礼记正义》却实疏从《郑注》。换句话说,株守"疏不破注"之例而盲从妄解的正是孔氏。故本文从郑读,不从杜孔。

因此众仲讨论命谥的两句话的意思自指:诸侯命谥之制系以死者生前"冠而字之"的"字"或尊称(幼名以外的正式称名)命为死后的谥称;而这个谥称此后也就因以为其族的族称。换句话说,"名"和"字"是人的生称,而"谥"则是死号。死号如依生字而称,是即《左传》所谓"以字为谥"。《传》文既仅言"以字为谥",而未言"以先人字为谥",则此所谓"字"自指死者生前的字。因此杜氏"氏其先人之字"云云,自显属妄说。

古者诸侯既"以字为谥",因此诸侯生死同称的现象自无可避免,从而"以字为谥"不但应为谥法上"因行为谥"以外的另一条具体原则,且这条原则在近代学者所谓"古者生称谥"或生称死谥不辨的问题上也显然成为可以说明问题症结所在的一项论据。

丙、"官有世功,则有官族;邑亦如之。"

最后众仲论诸侯封赐大夫官族官邑的制度。他的意思是说:天子分封诸侯有赐族属,分疆土,建国之举,而诸侯之于大夫也有赐封官族官邑之举;但受者却须有重大功绩,(世字可训大或累世）否则便不在封赐之列。

所谓"官族、官邑"，依作者的解释，应指卿大夫官吏监管的族属和县邑土地。官族既非司马、司徒之类的官职称名，官邑也不是县邑封土的地名。试就下列《左传》各例来看：

> 申侯见曰"师老矣……若（齐师）出于陈郑之间……其可也。"齐侯说，与之虎牢。（僖四年）

> 陈辕涛涂怨郑申侯……故劝之城其赐邑。……遂谮谓郑伯曰"美城以赐邑，将以叛也。"（僖五年）

> 吕人来求赂。公子友败诸郦。……公赐季友汶阳之田及费。（僖元年）

此外，其例甚多，无需枚举，而仅此已多少可说明"官有世功，则有官邑"或赐官邑的意义。而郑庄公掘地见母，也显然是由于武姜为爱子叔段请官邑而起冲突的结果。

又如《传》闵公元年云：

> 晋侯作二军……赵夙御戎，毕万为右，以灭耿、灭霍、灭魏。……赐赵夙耿。赐毕万魏，以为大夫。……卜偃曰"毕万之后必大。魏，大名也。……天子曰兆民，诸侯曰万民。今名之大，以从盈数，其必有众。"

这正如上例一样，也是诸侯赐大夫官族官邑——耿、魏两地及人民而使之监管的佳证。然而在传统的解释下，如果"赐赵夙（以）耿"和"赐毕万（以）魏"是孤立的语句，也许又会成为"赐姓命氏"，或章太炎氏所谓"以官、字、谥、邑"的称名"为姓氏"的铁证。实际上，这一类称名可能与姓氏的演变有关，但这是后来的事，而与《左传》"赐姓、命氏、官族、官邑"的本事却无关。

又如《左传》宣公二年云：

> 赵盾请以括为公族。……公许之。冬，赵盾为旄车之

族,使屏季以其故族为公族大夫。

此文虽与赐官族事无关,但据"旄车之族",特别是屏季"故族"的"族"而论,却多少可成为"官族"应即卿大夫监管的族属之说的旁证:族字于此既非指族名,而且似乎也不是赵盾和屏括的亲族,否则"故族"一词于此便费解了。

总之,综合众仲上述三段话的大意,我们可以认为他是说:无论是天子封诸侯,或诸侯封大夫,均有赐姓赐族之举,但封赐的对象不仅限于明德而有功勋的人,而且是际其生而封赐;至如谥号一事,则诸侯以字为之。换句话说,无骇究应赐谥或赐族,则由公自行决定。

(五)"公命以字为展氏"

于是隐公依照众仲所奏的命谥制度而命无骇的谥号曰"展",此后他的族也就是展氏或展族。更进一步来推论,作者认为隐公似仅赐无骇以谥而未封赐官族(如果似前例一样的封以官族官邑,则此后将可能从族名地名为其氏族的称名,而未必是展氏了)。其所以然者,则应与他的功业德行和死因有关。故《穀梁传》称"隐不爵大夫也"。无骇卒故事至此虽然结束;但是这最后结束的一句话却使我们对于无骇的世系又找到一条线索。

案,隐公既从诸侯之制而命无骇的谥号以字为"展",那么倒推上去,"展"就是无骇其人生时的"字"。换句话说,"无骇"与"展"实是一个人的"名"和"字";无骇就是展,展就是无骇。这应该是毫无疑问的。

但是显然由于《左传杜注》的误读、《传》文的妄解,以及"臣氏其王父字"的谬说,于是"展"或"无骇"的一个人的名字在杜氏《世族谱》及《传》注上便被分化成"公子展"和从王父字为氏的"展无骇"——前者为祖而后者为孙的两个人的名称：于是此外至少是《左传正义》、郑樵《氏族略》、梁玉绳《汉书人表考》、《唐书·宰相世系表》（卷七十三上）诸书也就均从杜氏误说，而以讹传讹。于是由于《左传》僖十五年的"夷伯、展氏"的记载，又发生了"夷伯鲁大夫展氏之祖父"（《杜注》），夷伯为公子展之子（《氏族略》），夷伯为鲁孝公子夷伯展（《世系表》）的种种矛盾之说。凡此都正足以说明传统说法的致误原因。

实际《左传》原文所表现的史实既无法予以曲解，而另外也有旁证可说明此一事实：

(1) 本文前引郑玄《礼注》虽未明言无骇即公子展，但显然认"展"是无骇的字。

(2) 《汉书古今人表》仅有展无骇与惠公，并列一品；外此更无公子展其人。此点多少可证展无骇实即孝公子，惠公兄弟行的公子展或无骇名字的连称。

实际上，公子展为无骇祖父之说固系据"臣氏其王父字"或"孙从王父字为氏"的不相干论据因而误解《传》文的结果，而且这条论据本身就有问题。因为：

(1) 郑樵既自云"论得姓受氏者有三十二类"，这已足证明"展氏"的"展"不一定就是"从王父字"而来。

(2) 郑樵虽认无骇是公子展的孙子，认为"从王父字"故名展无骇，然而在他自己指出孝公别的儿子（公子益师和驱）的后代可以分别从其王父的名或采邑名为氏以后，自己又说："何必专守王父字之说乎？"这证明他也知道孙未必从王父字为氏；自己对这条原则就怀疑。

(3) "孙从王父字为氏"在古人世系记载正确的条件下，只能据以说明氏号演化或起源的一种因素，但不能据此溯论某人该是某人的祖或孙。事实上，正如前文所云，氏族原是没有必然性血缘的社会集团。因此纵然公之子称公子，但是光凭"公子展"一称却仍然不能推定就是孝公的儿子。

（4）据《穀梁传》，无骇在秦汉之际已经是"其名无闻焉"的一个人（这多少证明是不及见《左传》的。）

那么后此出现"无骇是公子展孙子"的说法，如果不是据"孙从王父字"而逆推的结果，则说者没有提出同时代另外的史料证明以前，也显然是无稽之谈了。

无骇果然是公子展而为惠公兄弟行，那么据《史记·鲁世家》诸公即位的年限计算，无骇大约是一个六七十岁的老人；而传统解释下隐公从子的展无骇则大约是一个二三十岁的青年。无论就公室关系、年龄、司空的职守，以及当时社会尚老的风气说，前者比后者总归是更有资格任司空的。

四　几家传统解释的评论

上文各节从姓、氏二字古义和无骇卒故事的分析上，作者固已指出"因生以赐姓"一语的含义，或至少是一种配合各方面客观证据所加诸的合理解释，同时也指出传统解释上许多可商榷的问题。然而传统解释上可商榷的问题却并不止于此，兹更就"因生以赐姓"义指"因其所由生之地或原因以赐之姓氏"的立场上，试于本文曾提到的几家的论据和解释再加以分析如下。

首先就《杜注》的论据来说，"舜居妫汭，故陈为妫姓"之说自本《史记·陈世家》；虽然《世本》另有舜属姚姓，而《史记·五帝纪》又说舜或为黄帝之后的姬姓。然而姑无论舜究属何姓，也姑无论在传统解释下《左传》称周赐陈胡公姓而陈是否为妫姓，但证诸《史记》及先秦文献上并无"赐舜某姓"或"因生而赐姓曰妫"的记载，则"舜居妫汭，故陈为妫姓"云云不仅措辞含混，而且显然与"因生以赐姓"的解释无关。杜氏的论据只能说明姓氏起源的因素之一是"因生地而得姓"或"因生而得姓"的问题，但是"因生而得姓"的事实却无涉于"因生以赐姓"的解释。实际上，我们与其说杜氏据舜帝姓氏起源的传说来阐释《传》文含义的话，勿宁说杜氏却根据误解的《传》文而把帝舜"因生得姓"曲解成"因生以赐姓"了。诚然，现时书缺有间，我们不敢断言先秦文献上绝对没有赐姓帝舜的记载，但是在杜氏没有提出史料证明时，这种假设式的论据自不足信。

其次，郑樵《氏族略序》"姜之得姓，居于姜水故也，故曰'因生以赐姓'。"此说的误谬，自与杜预如出一辙。此说系据《晋语》，而郑氏也显然知道是由于"居于姜水"而"得姓"，但是却硬说是"因生以赐姓"！"故曰"二字在文章上说是不通的。诚然，另外一位《驳五经异义》的郑氏确言"炎帝姓姜，太皞所赐也……著在书传"，但是此所谓"书传"既不详其所指，而今日属于先秦时代的史料也未见有著录；甚至我们从他的《驳五经异义》上至少可推证《五经异义》对于郑氏的说法是持异义的。虽然，许慎原文可惜已经亡佚，现在已无法得见。

其次，关于章炳麟氏所论禹、契"因生以赐姓"的说法，其不足信自一如杜郑。就《国语》、《史记·殷本纪》来说，虽有帝嘉禹德"赐姓曰姒"及舜封契"赐姓子氏"，甚至契感天而生的神话传说，但外此却无"因生以赐姓"的记载。纵然契、禹是"感生而得姓"，但却与"赐姓"无关；实际上既"感生而得"，则更无需"因生而赐"。我们既不能援引"因生以赐姓"一语而把不相干的史料配合起来，更不能以配合了的史料再用来解释"因生以赐姓"。至如章氏欲以"因生以赐姓"作为古代社会父系或母系形态的演化因素,则失之益远。事实上,促成父系或母系社会形态的演化因素不仅是现代人类学上迄在争而未决的复杂问题,不如章氏想象的简单,且姓氏的起源与社会形态的演变也初不相关。

最后让我们分析一下《左传》孔氏《正义》对于"无骇卒"故事的解释。

案,"因生以赐姓"一语在《杜注》的解释下既指因人所由生之地名而赐以姓氏,则疏从《杜注》的孔氏自应着眼于人与其生地关系的问题上,而无关乎其人的生死存亡。然而据前文所知,孔氏讨论到下文却提出"死后赐族乃是正法"的结论!这不仅同《传》文"因生以赐姓"完全冲突,而且这句话究指因人所由生之地而"赐族"抑指因人死生之生而"赐族"?"因生"究指因其所由生,抑指因其死生之生?于此均显然混淆不可得而辨了。甚至孔氏数举例证而自言"春秋之世亦有非礼生赐者",但是却反问刘炫"文证何在"!实际,"死后赐族乃是正法"不仅是妄说,而且孔氏自己显然却又完全推翻了自己的意见。案《礼记·大传》孔氏《正义》云:

> 凡姓族异者,所以别异人也;犹万物皆各有名以相别。天子赐姓,赐氏,诸侯但赐氏。……故隐八年《左传》云"无骇卒。……众仲对曰'天子建德,因生以赐姓……。'"以此言之,天子因诸侯所生赐之姓……此言是天子赐姓也。诸侯赐卿大夫以氏。……凡赐氏族者,此为卿乃赐。有大功者,生赐以族;叔孙得臣是也。……其无功德者,死后乃赐族;若无骇是也。

孔氏所谓"姓族"、"氏族"、"姓、氏"、"赐姓、赐氏"或"赐族、赐氏族"云云,固均指族名或赐族名,而混淆不辨其所指;

同时"有大功者，生赐以族"之说于此又显然是正法，竟同"死后赐族乃是正法"之说呈绝对的矛盾了。

孔氏这段话与前说虽绝对矛盾，孔氏所谓"赐姓、赐氏"或"赐族"的分别虽不可知，然仍可知其皆指"赐姓氏"。但试更就《左传》隐八年《正义》来看：

> 姓者生也，以此为祖令之相生，虽下及百世，而此姓不改。族者属也，与其子孙相共连属，其旁支别属则各自为氏。《礼记·大传》曰"系之以姓而弗别……"是言子孙当共姓也。……氏犹家也……氏族一也。……姓受之于天子，族则禀之于时君。天下之广，兆民之众，非君所赐皆有族者，人君之赐姓、赐族，为此族此姓之始祖耳。……《晋语》称黄帝之子二十五人……其得姓者十二人（案，原文系"其得姓者十四人"）。天子尚不得姓，况余人哉！……赐族者有大功德……此无骇是卿，羽父为之请族，盖卿乃赐族。……诸侯之臣，卿为极位……理合建家。……羽父为无骇请族，知其皆由时命，非例得之也。……杜意诸侯以字，言赐先人字为族也；为谥因以为族，谓赐族虽以先人之字，或用先人所为之谥因将为族。

除了孔氏所引《大传》文及"族者属也"一语以外，作者可大胆的说全文没有一句不矛盾的话！"姓"、"氏"、"族"、"家"、"谥"的界说于此完全合一，因此孔氏所谓"赐族"也者就是赐姓、命氏、命谥，或建家。羽父所请与隐公所赐者，如果说是不详所指，则不如说可以任意加以解释，因此"死后赐族乃是正法"之说便从无骇死后请族无谥而产生出来。虽然无骇卒故事究竟是怎么一个原委，却显然是无从分晓的。此外种种矛盾尤不胜枚举，作者于此不再赘论。据说，孔氏《正义》在《十三经注疏》中还算是佼佼可数的一部著作，果然的话，那么姑置

"因生以赐姓"的解释不论，如何整理经典而供给治古史者以正确的论据，倒是堪予考虑的问题了。

总之，根据本节及前文各节的分析，作者已经指出在有关本文主题的传统解释上，无论就姓氏二字的含义、《传》文的句读、援引的论据，或讨论的方式说，显然在在成问题的。因此纵然"因生以赐姓"一语很久以来迄于今日始终成为姓氏学和古史学研究上的重要论据，但是它的传统解释却显然有待商榷而实难为据。事实上，如果我们认为"因生以赐姓"解释有问题的话，却不如说是一个如何研究古史的方法论问题了。

五　结论提要

（一）"因生以赐姓"一语及《左传》"无骇卒"故事的传统解释，由于"姓、氏"二字含义的不确定，似均属望文附会之说。故"因生以赐姓"在传统解释下似不能成为中国姓氏学与古史研究上的论据。

（二）先秦文献上所谓"姓"，其含义之一系指"族属人民"。《左传》所谓"赐姓"应依《楚语》"物赐之姓"一语而解为"赐族属人民"，即天子邦君以治下百姓群族的人民分赐功臣子弟而使之监辑的意思。换句话说，先秦"赐姓"与汉唐以来的"赐姓氏"系名相似而质不同的两种制度。

（三）先秦文献上所谓"氏"，除义指个体的"人"（somebody or individual）以外，大抵指分封制度下形成的政治性社会集团或族（social grouping），故可称"氏族"。氏族系由若干不同姓的亲属集团（relationship grouping），即"姓"或"姓族"（gens or clan），及各姓族的若干小型氏族，或宗氏分族（sub-clan, or sub-gens）所组成，族属分子间无必然性的血缘世系关系，与同姓宗亲的宗族或姓族组织决然不同。氏族组织可大可小，大者即天子诸侯的邦国（kingdom, or state），如周氏、殷商氏、夏后氏、少典氏的"氏"；小者则为邦国中各姓族中的宗氏或小型氏族，如鲁国姬姓的叔孙氏、孟孙氏，及成王赐鲁公殷民的条氏、徐氏之类的"氏"。故先秦文献上所谓"命氏"，其义应指"封族"、"封国"或"建国"，也即承认功臣子弟自成一半独立政治集团的意思；非指封赐国名或氏号。

（四）《左传》所谓"赐姓、胙土、命氏"义指"分赐族属人民及土地而封建其国"，而分民、裂土、建国则是先秦分封制度的三项重要措施。

（五）功臣受封应在生时，死后并不追赐，是即《左传》所谓"天子建德，因生以赐姓，胙之土，而命之氏"之制。"因生"二字概言"赐姓、胙土、命氏"三事；非仅谓"因生以赐姓"，且非传统所谓"因其所由生地或原因"之义。

（六）古者诸侯以其生时的"字"命其死后的谥，是即《左传》所谓"诸侯以字为谥"之制。此项制度不仅应为"因行而谥"以外的另一条谥法，且为古者生死同称、生称谥，或生称死谥不辨的现象的促成因素。

（七）无骇即公子展。传统谓无骇为公子展之孙的说法，似据"孙从王父字为氏"之说而误解《传》文的结果，其说似误。

（本文原属《先秦赐姓制度考》之一部。撰写期间，屡承芮逸夫、陈槃庵、周法高、严耕望、黄彰健诸先生惠赐指教。初稿写就，复蒙芮、陈、严三先生逐字代为校阅，黄庆乐先生为绘制图版，作者于此谨致谢忱。）

1953年作者谨志于台湾杨梅镇

（原载1954年《中央研究院院刊》第1辑，第91—115页）

汉族姓氏与"孙以王父字为氏"制度

一 汉族姓氏制度略述

依照现行词典上的解释和我们现在的姓氏观念来说,所谓"姓氏"也就是"姓"或"氏",而这三个语词的含义都是表示家族或宗族的亲系关系而原则上固定不变的一种标帜或族名(surname, family name, clan name)。此外,由于现在汉族的父系亲属制度,而姓氏制度也是"从父姓制度"(Patrilineal family name system, or Patronymy)。

但是"姓"、"氏"二字在先秦文献上既非义指表示族系的"族名",同时先秦的姓氏制度也跟现代的姓氏制度并不相同。

据著者的考证,[①] 先秦文献上所谓"姓"既不就是"氏",而且兼具"子、族、民"三义,故可连言"子姓"、"族姓"、"民姓"。就"子、族"二义来说,后嗣是父母的子姓,也是族祖的族姓,因此同生自一祖而有血缘世系关系的族属就成为一族

[①] 《姓字古义析证》,《中研院历史语言研究所集刊》第 23 本下册,第 409—442 页;《左传因生以赐姓解》,《中研院院刊》第一辑,第 90—101 页。

一姓或同族同姓的亲属集团。这种亲属集团有其专用的族名或"姓名",如姬姓、姜姓、妫姓之类;其组织相当于人类学上所谓的"clan"或"gens",因此著者就把这一类的亲属集团,即"姓"或"族",曾拟称之为"姓族"(也就是迄今学者素所误称的"氏族")。民姓一词常用以指邦国的人民,故每与百姓一词互言;而百姓也即万姓、群姓,泛指各族的族属。

至于先秦文献上所谓的"氏",如神农氏、轩辕氏、夏后氏、殷商氏之类的"氏",大抵义指天子邦君至于诸侯卿大夫的邦国封邑而言,在组织上是由若干姓族组成的一种政治领域的社会集团,族属间没有必然的血缘关系;相当于人类学上所谓的邦国(state)、或部族联盟(tribal league)、或部族组织(视其集团组织的大小而定),著者曾拟称之为"氏族"(因此学者素所采用的"氏族"一词便不适于分析中国古代社会组织)。

这就是说,古代所谓"姓"、"氏"系分指不同的社会集团组织,即姓族和氏族,而我们现在所谓"姓"、"氏"、或"姓氏"却都用为指称姓族、氏族、或家族族名的同义词,而混言不分了(为了区别起见,下文凡连言姓氏,即指姓族名)。这种演变大抵始于汉代,其起因不仅由于观念上名实的混淆,而且与战国以来姓族氏族组织的破坏,以及姓氏制度的演变尤有密切的关系。社会集团组织演变的问题在这里不容讨论,兹仅就姓氏制度的演变略予分析如下:

(一)如上文所论,现在我们所谓"姓氏"、"姓"、或"氏"统指表示家族或宗族亲系关系的族名;在含义上这几个语词并没有区别,因此可以混言不分。但先秦时代由于有姓族与氏族之分,因此如郑樵氏族略序说的,也就有"姓、氏之别",从而"姓不可呼为氏"。换句话说,我们不能把姬姓、姜姓之类的族名与轩辕氏、神农氏之类的族名等量齐观而混言不分的。实际上，姓族族名才相当于我们现在所谓的姓氏，而氏族名由于是邦国封邑的名称，却相当于我们现在的国名。

（二）就称用的习惯说，我们现在的姓氏制度没有什么"两性差异"，也就是说，男女都称用姓氏，而且是联称在人名前面。但先秦或至少是春秋时代却并不如此；照前代姓氏学家的说法，唯有"女子称姓"，如穆姬、武姜、厉妫、敬姒、辰嬴之类，而且是姓氏附在名后。至于男子，通常大抵单称名或联称名和字，而贵族则多冠称氏族名。照我们现在的观念说，男子并不称用姓氏。为什么女子独称姓氏？这是否与当时的亲属制度有什么相关性？而附在名后的姓氏又如何演变为现型的姓名制？这是需要进一步来加以探讨的。

（三）现在的姓氏制度是"从父姓"的，凡家族或宗族的族属概从父族的姓氏。但先秦时代似并不完全如此。如春秋鲁昭公，据左传昭十一年称，即为归姓，而这应该是"从母姓"的结果，因为昭公的母亲齐归是归姓。此外，帝舜所以为姚姓或妫姓，帝禹所以为姒姓而又是黄帝姬姓之后，黄帝的后嗣所以分为十二姓，以及其他许多古代帝王所以每每有二个不同的姓氏；其最可能的解释，应该就是从母姓制度的结果。假如我们认为仅根据鲁昭公一例而作的推论是过分的，那么事实说明这种从母姓制度却仍见于汉代；著者及牟润孙先生曾先后有所讨论[①]，兹举数例以资证明。如吕后的外甥扶柳侯从母姓而叫吕平，武帝太子从其母卫子夫姓而名卫太子，戾太子的儿子从其母史良娣姓而名史皇孙，淮南王的太子从母姓而名蓼太子，平阳公主从母姓而名孙公主（嫁滕颇，

[①] 《中研院历史语言研究所集刊》第二十三本下册，《姓氏古义析证》，第428页。牟润孙：《汉初公主及外戚在帝室中之地位试释》，《台湾大学傅故校长斯年先生纪念论文集》。

而子亦从母姓），齐厉王母纪太后所生女称纪翁主，而景帝的后嗣从五母姓因分为五宗。凡此说明汉代的姓氏制度虽大体无异于现代的，但显仍保持相当浓重的母系色彩，而这无疑应是承袭的先秦社会制度的遗风。因为仅据近期牟润孙先生的研究而论①，至少春秋时代确还保存着不少母系社会里常见得到的现象。因此，春秋时代一如汉代的兼有从母姓制度，这应该是没有什么疑问的。

（四）汉族现在的家族或宗族组织无疑的应是古代姓族组织的遗绪。但由于古代氏族组织的存在，以及战国以来社会组织的演变（旧的氏族与姓族组织的破坏，及新的姓族组织的形成），因此在起源上说，现在汉族的姓氏却非完全演变自先秦时代的姓族族名；甚至可说大部分是源于氏族名。特别由于氏族是邦国封邑之类的政治领域集团，常包括着若干不同的姓族，因此最初所谓姓氏也就不像现在似的一定关系着血缘族系。例如现在的鲁姓，照前代姓氏学家的说法，应即所谓"以国为氏"，也就是用国名为姓氏，而至少可能源于春秋的鲁国，依著者的说法，也就是鲁氏族。按鲁国的族属，据《左传》成王封伯禽的故事说，至少包括周民族中的姬姓和殷民族的子姓，而"姬"、"子"才是这两族原来的姓氏。但是这两族的族属可能由于战事与播迁的结果，而就其祖先所生的鲁国共同命名为鲁姓。这就是说生在某国的人就可以称为"某姓"，虽然同称某姓的族属却不一定同属一个姓族，甚或同一民族，而原来并没有必然的血缘关系。由于这种以氏族名为姓氏，以及这种新的亲族集团（也就是我们现在所谓的家族或宗族）的形成，于是古代的氏族名与姓族名发生混淆，于是产生了"姓就是氏"的姓氏合一观念，而原来的氏族或国名也就变成固定的家族或宗族的姓氏了。关于这种

---

① 《春秋时代母系遗俗公羊证义》，1955年《新亚学报》第1卷第1期，第381—421页。

"以国为氏"的制度的例子，广见于过去的姓氏类书，为汉族姓氏的重要起源之一。虽然现在却没有人再以国名为姓氏。

（五）除了"以国为氏"，先秦时代兼有依地名命姓氏的制度。例如姬姓、姜姓原来就是两个姓族，而这两族的姓氏据《晋语》称，即分别源于姬水、姜水；黄帝生于姬水而为姬姓，炎帝生于姜水而为姜姓。同样，舜帝之后也就依妫汭命名为妫姓。这就是说，生在某地的族属就可以依其居地而命名为"某姓"，而在汉族姓氏的制度上，这也是重要的起源之一。虽然现在也没有人再依所生地名为姓氏的了。

（六）现在的姓氏制度是固定性的，并不因家族的迁居而改变。但古代既可依国名地名命姓氏，故可因所居国地的变动，改变姓氏，而属非固定性的。如周文王子高，因封于毕，而后裔以毕为姓氏，如毕万。毕万事晋，以功封于魏，后因更姓魏氏。又《晋语》载智果因智氏之乱，而"别族于史辅氏"，后因改称辅果。

（七）先秦时代，姓氏非仅可因居地而改变，且可因世代而不同。下节所论"孙以王父字为氏"的制度就是这一事实的说明。

总之，上面简略的分析足可说明汉族古今姓氏制度是有着相当的差异的。而最明显的，即现代的姓氏制度属固定的而无两性称用之别的从父姓制度，其功用要在表示人所从生的家族或宗族；反之，古代姓氏制度则属可变性的，有两性称用之别，而兼可从父或母姓的制度，其功能主要在表示人所从生的祖先、或邦国居地，因此大抵以祖先的名字或其爵位官职，或居地及其地之物类的名称命为姓氏。后者至秦汉时代始渐趋固定，虽然却仍保持着相当普遍的从母姓制。

根据汉族姓氏制度的演变，我们认为所谓"姓氏"似应加以这样的界说，即：暂时或永久性的用祖先，或居地，或物类名称以表示人的血缘世系的一种亲属集团的名称。我们基于这一界说，固然不会再由于某些非汉族的姓氏源于人名或地名，而认为他们没有姓氏，同时唯有基于汉族姓氏的演变，似乎才可以论断其他民族的姓氏制度，从而加以比较。实际上，就前文讨论所知，欧洲各民族、印度民族、藏缅族的藏族同傈族的姓氏制度，固然与汉族姓氏制度表现着同一演变的历程，而且现在"高山族"的姓氏制度几可说就是汉族姓氏制度演变史上的"活化石"。如据前文所知，"高山族"的赛夏、布农、阿美、邹族并有永续性的固定姓氏制度；卑南、排湾、鲁凯三族有"中间永续性"的可变家名制度；泰雅族一般认为属"缺永绩性"的姓氏制度，即联名制；而雅美族则仅有亲从子名制，而通认为没有姓氏制度。此外赛夏、布农、排湾、鲁凯、邹族大抵属从父姓制，而阿美、卑南两族则属从母兼从父姓制。至于姓氏的起源也显然可说是如出一辙的。

二 春秋"孙以王父字为氏"的制度

关于这种制度的记载，最早似见于《公羊传》。成公十五年传称：

> 仲婴齐者何？公孙婴齐也。公孙婴齐，则何为谓之仲婴齐？为兄后也。为兄后，则曷为谓之仲婴齐？为人后者为之子也。为人后者为之子，则其称仲何？孙以王父字为氏也。然则婴齐孰后？归父也。……公子遂……杀叔仲惠伯……立宣公。……聚诸大夫而问焉，曰：昔者叔仲惠伯之事孰为之？诸大夫皆杂然曰：仲氏也……于是遗归父之家。……鲁人徐伤归父之无后也，于是使婴齐后之也。

公子遂即仲遂。遂是名，仲是字；古人名前冠字，故联称仲遂。据《左传》、《史记·鲁世家》，归父即公孙归父（字子家），为婴齐之兄，并为仲遂之子。传文的解释，在说明婴齐由于曾为兄后，不啻为仲遂的孙子，因此依"孙以王父字为氏"的命名制而称仲婴齐。撇开公羊解释上的是非不谈，这里所谓"孙以王父字为氏"显然就是把祖父的名字和孙子名字联称的一种命名制，也就是祖孙联名制。

类乎上述的制度不仅见于春秋时代的鲁国，几普见于同时代的各诸侯公室。兹据宋程公说春秋分记、清陈厚耀春秋世族谱、顾栋高春秋大事表及世本各书纂集的下列系谱，对于这种制度更作进一步的分析。

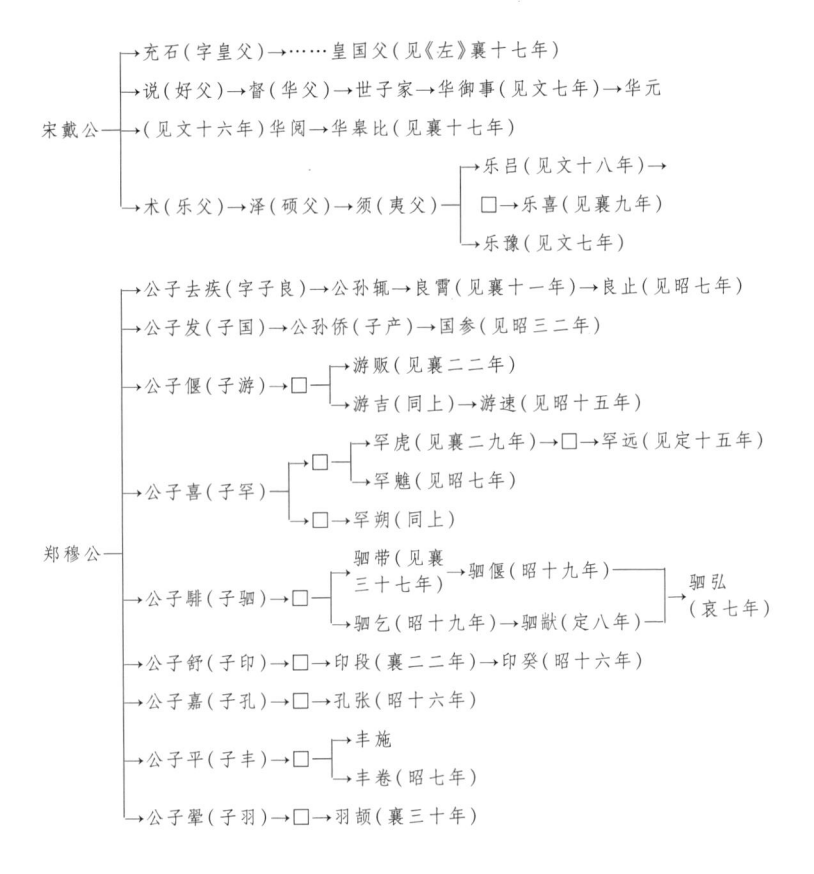

```
          ┌→充石(字皇父)→……皇国父(见《左》襄十七年)
          │
          ├→说(好父)→督(华父)→世子家→华御事(见文七年)→华元
宋戴公───┤  (见文十六年)华阅→华皋比(见襄十七年)
          │
          │                              ┌→乐吕(见文十八年)→
          └→术(乐父)→泽(硕父)→须(夷父)─┤  □乐喜(见襄九年)
                                          └→乐豫(见文七年)

          ┌→公子去疾(字子良)→公孙辄→良霄(见襄十一年)→良止(见昭七年)
          │
          ├→公子发(子国)→公孙侨(子产)→国参(见昭三二年)
          │
          ├→公子偃(子游)→□─┬→游眅(见襄二二年)
          │                   └→游吉(同上)→游速(见昭十五年)
          │
          │                  ┌→罕虎(见襄二九年)→□罕远(见定十五年)
          ├→公子喜(子罕)─□─┤→罕魋(见昭七年)
          │                  └→罕朔(同上)
郑穆公───┤
          │                  ┌→驷带(见襄        ┐
          ├→公子騑(子驷)→□─┤  三十七年)→驷偃(昭十九年)─┐驷弘
          │                  └→驷乞(昭十九年)→驷獸(定八年)─┘(哀七年)
          │
          ├→公子舒(子印)→□→印段(襄二二年)→印癸(昭十六年)
          │
          ├→公子嘉(子孔)→□→孔张(昭十六年)
          │
          ├→公子平(子丰)→□─┬→丰施
          │                   └→丰卷(昭七年)
          │
          └→公子挥(子羽)→□→羽颉(襄三十年)
```

```
                 ┌→公子目夷(子鱼)→□→┬→鱼府
                 │                    └→鱼石(成十五年)
                 │                ┌→荡意诸(文八年)
宋桓公→┼→公子荡→□→┤
                 │                └→荡虺→荡泽(成十五年)
                 │                      ┌→向宁→向罗(昭二十年)
                 └→公子肸(向父)→□→向戌→┤
                                        └→向宜

宋平公→公子御戎(子边)→□→边卬(昭二二年)

         ┌→坚(公子乐)→□→乐施(昭十年)
齐惠公→┤
         └→旗(公子高)→□→高彊(昭三年)

陈宣公→少西(子夏)→□→夏征舒(宣十年)

蔡文公→公子朝→□→朝吴(昭十三年)
```

根据上述的谱例（第三代均略去），首先说明"孙以王父字为氏"的制度同见于鲁、郑、宋、陈、蔡、齐各国。就地理的分布上说，这几个诸侯国大都位于黄河中下游与淮水之间的"中原区域"① 或"东平原区"一带②，而都属于当时的"诸夏"民族，即现在汉族的核心民族。因此，"孙以王父字为氏"的制度可说是春秋时代汉民族（Han-Chinese）的一种文化素质③。

其次，就谱例上大多数的人名和字（honorable name）来看，似乎除了"孙以王父字为氏"以外，可能兼有"孙以王父名为氏"的现象。因为称公子某某的，大抵称的是名，而称子某的，则大抵称的是字。那么公子荡之孙荡意诸、公子朝之孙朝吴之类，自可能是就祖名而为之称。此外，郑樵氏在《氏族略》也曾提出这种看法，并认为鲁季公鉏之后称公鉏氏，樊仲皮之后称皮氏就

---

① 参阅 1954, Herald J. Wiens, China's March Toward The Tropics, p. XIII, 3-4.
② 参阅《傅孟真先生集》第四册《夷夏东西说》。
③ 参阅 1955, Woltram Eberhard, A History of China, pp. 1—4。氏谓汉族及其文化形成于周以后。

属"孙以王父名为氏"的例子。虽然就齐公子高、公子乐的两例来说,称公子某的却并不一定称的是名,而称子某的(如齐公子纠或称子纠、郑公子瑕或称子瑕)也并不一定称的就是字。但春秋时代兼有以王父名或字为氏的制度,或非不可能的。

更就下列的谱例来看:

郑穆公┬→子然→然丹(子革,公孙革,襄十九年)
　　　└→公子偃(子游)→游楚(子南,公孙楚)

宋桓公→公子鳞→鳞矔(文七年)→□→□→鳞朱(成十五年)

宋共公→公子段(子石)→石驱(定十年)

晋解张→张老(成十八年)张君臣(襄十六年)

这说明春秋时代似更不限于"孙以王父名或字为氏",而显然并存着"子以父名或字为氏"的制度;子孙是可以兼从其父或祖的名字而命名的。同样,郑樵也曾指出鲁仲遂之子公孙归父(字子家)之后以字家为氏、公孙兹之后称兹氏、秦公孙枝(子桑)之后称子桑氏就是"子以父名或字为氏"的例子。因此,前举公羊传仲婴齐的例子,这可能实际上就是依父字(即仲遂的字)而命名的。公羊"为兄后也"云云不但可能是附会,同时证明他对于过去"子以父名或字为氏"的制度似乎已经不大清楚了。

"子孙以父祖名或字为氏"的制度,虽几普见于"诸夏"民族的诸侯公室,但似却非汉族特有的文化素质。因更就下列谱例证之:

楚庄王→公子贞(子囊)→箴尹→囊瓦(见昭二二年)

楚鬻熊→熊丽→熊狂→熊绎(以下四十余世均以熊为氏。据《史记·楚世家》及《汉书古今人表》)

楚伯贲(伯棼)→贲皇(或棼皇、苗贲皇,见宣十七年)

越少康→无余→余善(据《史记·越世家》)

是"子以父祖名或字为氏"的制度也见于南方的楚、越民族。且至少楚民族在春秋末季（鲁定公、楚昭王之际）也犹以蛮夷自居（见《楚语》王孙圉语）。如果我们不认为楚、越民族的这种制度是源于"诸夏"民族的，或是相反的情形，那么两者类同文化素质的存在自属是分别发生，也即辐辏演化的结果。此外，如果更进一步的溯源，我们似乎从金文材料上（如吴其昌氏《金文世族谱》）也可找到这种制度的迹象，但著者此处姑不讨论。

最后我们要讨论"孙以王父字为氏"或"子孙以父祖名字为氏"的制度是否就是父子兼祖孙联名制，也即广义的父子联名制的问题。关于这个问题，大约有三种意见，即：

（一）乍看起来似乎像是父子或祖孙联名制。但由于"定氏以后"，父子或祖孙名字间就不再有链索关系，所以与藏缅族的父子联名制是不能强为比拟的。

（二）中国古史上没有联名制的直接证据。类乎楚以鬻熊而世称熊氏的那种"孙以王父字为氏"的制度应即世代排名制。

（三）"孙以王父字为氏"的制度可以称之为祖孙联名制；与阿佧等族的父子联名制不无类似之点。

前两说系罗常培和凌纯声两先生分别主之。后一说见于最近李拂一氏的《十二版纳志》，但并未深论①。著者赞同第三说而认为"子孙以父祖名字为氏"的制度应就是联名制演变为固定姓氏制度过程中的中间型态（intermediate system）。换句话说，在固定姓氏制度没有形成以前，"子孙以父祖名字为氏"的命名制应该就是广义的父子联名制。著者的理由如下。

（一）如下列比较表所见：

---

① 1956年出版，《十二版纳志》，第142页。

表一　　　　　亲名前联型父子联名制

族　别	联名制	春秋"子孙以父祖名字为氏"制	族　别
藏缅语族：	阳照→照源（"六诏"） 阿苗→苗丹（民家?） 祭迫能→迫能道（倮㑩） 阳音都谷→都谷剌具（么些） ch'ia-Dittsi→Di-Hsi-Li（阿仸） Zik-ku'-Lam→Ku'-Lam-Pe（茶山） Yin–Meng-Baik→Baik-Theng-Lag（缅甸）	郑子然→然丹 郑子良→□→良霄 宋公子荡→□→荡意诸 宋子石→石㚻 鲁仲遂→(□)→仲婴齐 鲁公孙子家→子家氏 楚子囊→（囊费）→囊瓦	"诸夏"民族 楚越民族
日本民族：	赖重→□→重能 重能→能宪	楚伯贲→贲皇 越无余→余善	

表二　　　　　亲名后联型联名制

台湾"高山族"：	Payan-Abes♂→Opash-Payan♂（泰雅） Taro-Obaj♂→Watan-Taro♂（赛夏） Nakau-Akawai♂→Apoi-Nakau♀（阿美）
欧洲民族：	Neil-×→John-Neilson♂（英） Cleinias-×→Alcibiades'-O-Cleinians♂（希腊） Richard-Ap-×→Evan-Ap-Richard♂（威尔士）
近东民族：	David-Ben-×→Solomon-Ben-David♂（希伯来） Esra-Ibn-×→Abraham-Ibn-Esra♂（阿拉伯）

续表

非欧民族：	Marasoi-Arap-Kopokoii ♂ → Turukat-Arap-Marasoii ♂（Nandi） Pitia-Lugar→Mode-Pitia ♂（Bari）
巴布亚族：	Kunan-Waturu→Erisu-Kunan ♂

就命名的结构上说,"子孙以父祖名字为氏"不但与联名的型式几无差异可言,同时与日本古代亲名前联型的广义父子联名制、藏缅族的亲名前联型父子联名制尤为类似;而与欧洲和非洲民族、巴布亚族及"高山族"的亲名后联型的联名制略有不同。表一左列联名,尤其是日本的两例、与民家(?)的一例,实与右列的子然→然丹、子良→□→良霄之类的命名制无任何差异可言。即与表二的亲名后联型的联名制比较,也只是命名型式有别,而没有意义上的差异。

（二）罗常培先生虽认为"孙以王父字为氏"的制度在"定氏以后",由于父子或祖孙名字间不再有链索关系,因而不能比拟为联名制。但这种说法不仅反证在"定氏以前","孙以王父字为氏"的制度可以比拟为联名制,同时说明这种联名制正如下表所列其他族的联名制似的,也是继经演变而可以形成固定的姓氏制度（即罗先生所谓的"定氏"）,而我们认为是广义的父子联名制的,也指的正是"定氏"以前的"子孙以父祖名字为氏"的制度,而非指定氏以后的固定姓氏制度。

表三　联名制、"子孙以父祖名字为氏"制与姓氏的演变关系

"高山族"：布农 Taxai ♂ ┬→Aziman-(Taxayan) ♂ →Salizan-(Taxayan) ♂ ……
　　　　　　　　　　　└→? Daxo ♂ →Xaisol-(? Daxoan) ♂ →Biong-(? Daxoan) ♂ ……

邻族　　Yava ♂ →Yava-(? e-Yavaiana)→ ♂ Yapsuyongu(? e-Yavaiana) ♂ ……

　　阿美　Marahe-(Rapia?) ♀ Rape? -(Maraherahe) ♂ ……

欧洲民族：英国　Neil ♂ →John-(Nielson) ♂ → × -(Neilson)→……

非洲民族：(Nandi)　Kopokoii ♂ →Marasoii-Arap-Kopokoii ♂ (Kapkopokoii)→……

春秋诸夏：宋　公子荡→□→荡意诸→荡泽
　　　　　　　华督→□→华御事→华元→华阅→华阅→……
　　　　　　　公子鳞→鳞矔→□→□→鳞朱
　　　　郑　子驷→□→驷乞→驷歜→驷弘

春秋楚越：　子囊→□→囊瓦→……
　　　　　鬻熊→熊丽→熊狂→熊绎→……

根据上列的比较表，这说明现存谱例所表现的"子孙以父祖名字为氏"的制度，显然是际乎演变为固定姓氏制度的过渡阶段中的一种联名制；一方面呈联名的型式，而另一方面却似是固定姓氏制度，因此呈现不完全的链索式联名现象。事实上，汉族的姓氏制度固然从秦汉以来才逐渐趋于固定型式，而春秋中叶迄于战国期间应正是演变的重要阶段，同时本文所见的谱例也显然大部分属于春秋的中后叶。因此这种材料所表现的既似联名而又似姓名的情形，自属演变期中的正常现象，而这些材料的足资珍视，也于此可以证明。

（三）前面曾说过，联名制似属是一种偏于族内称用的命名制，其功能主要除表示族属世系以外，似尤在于区别同名的人的身份，而显著的同名制即常与联名制并存于同一族属社会。如"高山族"的泰雅、赛夏、阿美各族及欧洲各民族的同名现象固不必说，即保佴、么些也有类似的情形。同样，这种现象也见于

春秋时代的各族。下列郑国一谱可为证明。

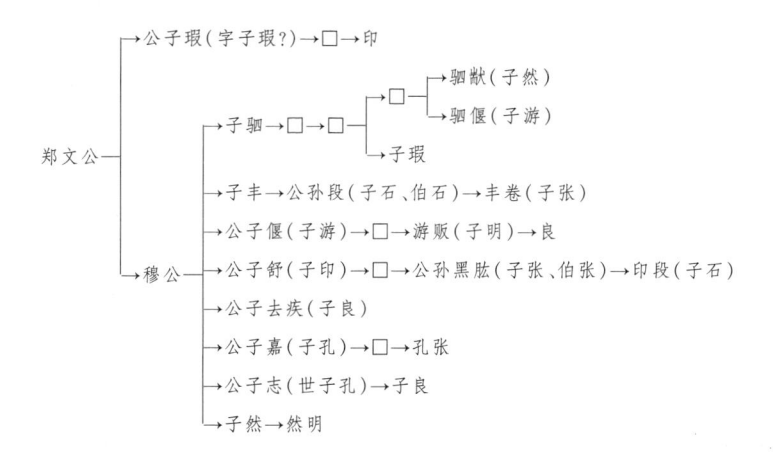

```
郑文公─┬─→公子瑕(字子瑕?)→□→印
       │
       │    ┌─→子驷→□→□─┬─→驷獻(子然)
       │    │              ├─→驷偃(子游)
       │    │              └─→子瑕
       │    ├─→子丰→公孙段(子石、伯石)→丰卷(子张)
       │    ├─→公子偃(子游)→□→游眅(子明)→良
       └─穆公─→公子舒(子印)→□→公孙黑肱(子张、伯张)→印段(子石)
            ├─→公子去疾(子良)
            ├─→公子嘉(子孔)→□→孔张
            ├─→公子志(世子孔)→子良
            └─→子然→然明
```

在这个谱上，除了父子和祖孙没有同名的现象以外，余者如叔伯父与侄、叔伯祖父与侄孙都有同名的现象。这种同一家族中同名字现象的最好的区别办法就是联上父或祖的名或字而称之，于是"子孙以父祖名字为氏"的制度可能便由是产生了。

（四）在现存史料上，"子孙以父祖名字为氏"的制度所以不是完全链索性的联名制，这不仅由于它是际于演变过程中的中间型态，同时也显然与现存材料的不完整性及古代复杂的命名制有关。尤其现存的材料是从若干古籍纂集而成的，并非依着某种命名制而系统记录下来的原始系谱，自然不容易替我们保存下充分说明某种命名制的资料。上列其他各族姓氏起源的谱例实际也不是完全链索联名的，但是由于他们曾有或仍保存着联名的制度，因此我们不能否认他们以祖先名字为姓氏的制度是经由联名制而演变来的。以此例彼，我们自不能说"孙以王父字为氏"不是联名制。反之，如果现在的藏缅族和"高山族"的命名制和系谱始终未经调查记录，那么再经若干年代以后，也许连他们自己都不复知有联名制，而只知道"孙以王父字为氏"的制度了。实际上，就前举谱例而论，子孙分别依其父祖命名的情形固然呈一般联名的谱式，同时就现存的材料来说，也多少证明"孙以王父字为氏"并非就意味着子孙永远自始就以某一世祖的名字为氏。例如仲遂的儿子仲婴齐以仲为氏，但仲遂的另一个儿子公孙子家（归父）的后嗣，子家羁，却以子家为氏。这说明多少是链索联名的。如果史料充分，这种现象应会更显然的。

（五）"孙以王父字为氏"的制度既继经演变而"定氏"，成为固定姓氏制度，也就是原来联名的亲名演变为姓氏，因此类乎熊丽→熊狂→熊绎之类的命名制应该就是现在的姓名制。换句话说，似不宜称之为世代排名制。

（六）凌纯声先生虽认为中国古史上没有联名制的直接证据，但这可能是一种审慎的说法。因为他在讨论世代排名制一节里不但曾援引楚、越民族的系谱，指出楚先世有"连母名"，越先世"无余与余善是父子连名"，而且认为楚熊丽、熊狂、熊绎三类的"孙以王父字为氏"的制度正是"由南诏的父子连名演化而来"的。这证明凌先生的看法与本文的推论虽初似不同，而实可互相补充。因为本文所谓联名制者指的是未定氏以前的"孙以王父字为氏"的制度，而凌先生所以认为不是联名制者，则指的是定氏以后的制度。

总之，著者认为春秋时代的"孙以王父字为氏"制度最初应即联名制——父子兼祖孙的广义父子联名制；与日本古代和藏缅族的父子联名制不但属同一类型，即亲名前联型，且同可进而演变为固定姓氏姓名制。

（原载《大陆杂志》第14卷第10期，1957年）

论久被忽略的《左传》诸侯以字为谥之制

——兼论生称谥问题

一 序言

《左传》诸侯以字为谥之制无疑是有关周代早期谥法的一项最早而重要的明确史料,而且正是源于春秋初季一位卿大夫死后请谥和命谥的历史故事。甚至汉儒对于这项制度也并不陌生。

但是,由于晋杜预《左传集解》的误读和误解,以及唐孔颖达《左传正义》的误疏,甚至宋郑樵《氏族略》的盲从误引,而致有周一代的这一命谥制久以来被史家所忽略,从而浸假而淹没无闻。近期出版的杨伯峻氏《春秋左传注》虽指出杜注之误,并认为明代傅逊的无骇字展之说"较可信",但也未就制度加以发挥①。因此,学者之治周史者于金文铭上发现所谓生称谥现象,从而置疑于周代谥法的起源,因而周之谥法为周共王、懿王之际,或战国时期之制。屈万里氏虽倡谥法滥觞于殷代论,却又

---

① 杨伯峻:《春秋左传注》第一册,中华书局1981年版,第61—62页。

因周王生称谥现象而云不确知谥法的"定制"时代![①]

其实，姑置《左传》诸侯以字为谥之制不论，学者果未忽略临文不讳的有条件限制的讳名制，则不仅不难理解生称谥的现象，也可知难以据此而置疑于周初谥法的存在。更不说谥法的起源或更在周代以前[②]。

关于诸侯以字为谥之制，笔者卅余年前于讨论《左传》无骇卒故事时，原已指出杜、孔二氏之误及汉儒旧解，从而肯定《左传》诸侯以字为谥之制就是诸侯死后依其生时尊字命谥的一种命谥制度，也即谥法[③]。但该文限于讨论范围及篇幅，未能详论，且未及于生称谥问题，故更撰本文以补其缺，并以就教于古史学同道，幸请不吝指正。

二 鲁无骇卒故事与众仲所奏诸侯以字为谥之制

按《左传》隐公八年云："无骇卒。羽父请谥与族。公问族于众仲。众仲对曰：'天子建德，因生以赐姓，胙之土，而命之氏，诸侯以字为谥，因以为族。官有世功，则有官族。邑亦如之。'公命以字为展氏。"这是关于羽父为无骇卒而向鲁隐公请求赐谥与族，因而隐公问族于众仲和因众仲的奏议而赐谥曰展的一个故事。故事情节简单，但是，就周代政治制度和谥法而言，却是十分重要的，因为它关系着（1）天子分封诸侯时"赐姓胙

[①] 参见王国维：《观堂集林·遹敦跋》；郭沫若：《谥法之起源》，《金文丛考》卷五；屈万里：《谥法滥觞于殷代论》，《中研院史语所集刊》第十三本，1948年版，第219—226页。

[②] 讳称国君或酋领生名的讳名制及因此而同时存在的改名制为古今许多民族的一种常见风俗，可参考1964年盖司特《新金枝》，第235—246页。

[③] 《左传因生以赐姓解与无骇卒故事的分析》，《中研院院刊》第一辑，1954年，第91—115页。

土和命氏"的政治封建制度。(2)"诸侯以字为谥"的命谥制度，也即谥法。(3)封赐有功之臣的赐官族和官邑制度。但由于作为经师大儒的杜预《左传集解》和唐孔颖达《正义》的误注和误疏，不仅导致后世研究姓氏族名的学者将上述封建赐姓制度误为溯论姓氏源流之重要理论根据，而且更重要的是以此而致诸侯以字为谥之制几乎淹没无闻。

因此，早于1954年，笔者撰文讨论了《左传》的整个关于无骇卒请谥与族的故事及周代封建赐姓与汉唐赐姓氏本质异同的问题[①]。根据笔者分析，《左传》无骇卒的故事及所涉的制度应作如下的解释：

（一）无骇就是鲁孝公之子，公子展，与隐公之父惠公为兄弟行。隐公即位时，无骇职任司空，并于隐公二年曾帅师入极国而灭之。但实际上，据《左传》云"费庈父胜之"，入极实非无骇之功之意。故公羊、穀梁二《传》发挥微言大义而疾贬之。

（二）羽父即公子翚（或作挥），为鲁大夫，于隐公四年曾强请帅师会宋、陈、蔡、卫诸国之师伐郑；其后并欲杀太子桓公以求任太宰，未遂，而弑隐公。

（三）羽父或为无骇的近亲，尤或认为无骇生时有功，应封而未封，故及无骇卒，而请谥与族。既云"请谥与族"，则谥与族当是二事。

（四）族字义为族属（后从省文，也可义指族名）。故请族者即请封赐族属之义。

（五）或许因为赐族事大，故隐公"问族于众仲"。

（六）众仲因奏云：（1）如据天子封赐诸侯之制，则须在功

---

① 除上页注③一文外，参《先秦赐姓理论的商榷》，《中研院史语所集刊》第26本，1955年，第189—226页。

臣生时而赐姓、祚土、命氏，也即封赐族属、土地而另封为诸侯之国。（2）如依命谥之制，则诸侯死后以其生时的尊字为死谥。（3）如果封赐任官职的大夫，则须有大功，始可封赐其所管的官族。封赐官邑也是一样。易言之，众仲言赐姓和官族系针对羽父请族而言。而其言外之意，该是无骇既死，则不合赐姓赐族之例。至如赐谥，则为可行之事（如卫公叔文子卒，其子向卫灵公请谥，因谥为贞惠文子）。

（七）因此，公命依诸侯以字为谥之制，而命之曰展。

（八）依以字为谥之制而逆推之，可知无骇生时字展，故或名展无骇——春秋时代的一种常见的字名连称制或名前配字的命名制。

（九）诸侯之大夫死后须请国君命谥，则诸侯死后的谥号，果不似楚共王由大夫自行议谥，则也须请于天子。而天子的死谥当然也就须由大夫公议了。

（十）众仲答奏的赐谥和分封诸侯之制在隐公八年，即春秋初始之际，则所奏之制当非春秋初始时所创制的，易言之，当是西周之制。实际上，成王封鲁公、康叔、唐叔的"分民、裂土和封国"之制既是"赐姓、祚土、命氏"的史例，因而须承认"赐姓、祚土、命氏"之制为西周初的政治封建之制，从而也须承认诸侯以字为谥之制当是周初之制。

（十一）如果认为隐公问赐族之制或由于隐公初立不明其制，则勿宁认为隐公初不以无骇合于赐族之例，因而故意问诸众仲。

但是，初不料杜预《左传集解》对于《左传》关于无骇卒故事的整个原文竟完全误注得令人难以理解。

首先，也是最不合于语法常识的，即在原文"诸侯以字"下杜氏注云："诸侯位卑，不得赐姓，故其臣因氏其王父字。"

而孔颖达为之疏云："杜意诸侯以字（为句），言赐先人字为族也。"孔氏所谓族，于此自指族名。但显然的，"杜意诸侯以字"的句读既绝然讲不通，而且"其臣因氏其王父字"也与"诸侯以字"之句毫不相干，而不知所云。

其次，"诸侯以字"既文不成句，原文"为谥因以为族"也就文不成句，也就难以解释。因此，杜氏又以或然之词而强加注解云："或使即先人之谥称以为族（之称）。"而这个注解仍不过是"臣因氏其王父字"的复文。如是，《左传》"诸侯以字为谥"之句便被杜氏割裂得文义尽失，大相径庭，因为原文明明说诸侯死后依其自己的生字为谥，而在杜注下却误解为"或使即先人之谥称"，或"氏其王父字"了！

于是，正如杜氏不解古今所谓姓氏之别，孔颖达全依今人姓氏观念为之不惮烦冗地疏释，而致愈疏而愈不通。《左传》明言"因生以赐姓"（无论姓字作何解释），孔氏却于引刘炫生赐族说之余，云"死后赐族乃是正法"，并斥"刘炫不达此旨"！甚至云"必如刘氏，生赐族之证何在！"显然，孔氏至少连《左传》定公四年成王封鲁公、康叔、唐叔而赐以殷民或怀姓的生赐族的史证也忘了。

最后，也是最荒谬的，即在"公命以字为展氏"下，杜氏注云："诸侯之子称公子。公子之子称公孙。公孙之子以王父字为氏。无骇，公子展之孙，故为展氏。"这里，杜注与原文无关，而且仍是重提从王父字为氏之制。究根诘底地说，正因为杜氏不解诸侯以字为谥之制，而致误解了经文的句读，也曲解了制度，因而把展无骇（《汉书古今人表》只有展无骇且与惠公并列一品）一身化为祖孙二人，甚至《唐书宰相世系表》和郑樵《氏族略》也均盲从而不改。杨伯峻虽于隐公八年指出宋明以来一些学者评杜氏句读之误，且认为明代傅逊以展为无骇之字之说，"以文义观之，傅逊之说较可信"，但或由于杜注之权威性，而致于隐公二年"无骇帅师入极"下却又注云："无骇，鲁国之卿，公子展之孙，展禽父。"于此可见，权威也不免于错误，且贻误于后人。这也就是诸侯以字为谥之制所以趋于淹没无闻的主因。我们承认杜预为经师巨擘，承认他的《左传集解》应是经典注解中的巨著，但就《左传》无骇故事的全部注解而言，却又不能不认为是不可理解的败笔。治古史之难固在于训诂之难通，而尤在于解者每于非不可解处加以误注或曲解，致令后之治史者费力为之澄清，甚或为之眩惑而不敢问津。诸侯以字为谥之制，赐姓、胙土、命氏之制，以至其他许多古史上的所谓难题皆此类也①。

三 无骇身份及诸侯以字为谥之制的补证

1954年笔者初撰关于无骇故事时，虽也引用公羊、穀梁二《传》文，但主要以《左传》本文及姓、氏二字古义为基础。及撰本文，再检公、穀二《传》和注疏，以及汉儒旧解，始知无骇身份及诸侯以字为谥之制殊不乏正确解释，兹更补述如下，庶免掠前人之美之讥。

首先，关于无骇的身份，据《公羊传》云："无骇者何？展无骇也。何以不氏？……疾始灭也。"（隐公二年。何休注何以不氏云：据公子遂帅师入杞，氏公子也。）"无骇卒。此展无骇也。何以不氏？疾始灭也。"（隐公八年。何休注何以不氏云：据公子驱卒，氏公子也。）是证公羊知无骇就是展无骇。《汉书

---

① 其他如《论语·子罕》孔子"罕言利，与命、与仁"问题，《国语》黄帝廿五子得姓故事，尧舜禅让传说，隐公失鱼问题等也属此类，笔者均已撰文论之。

古今人表》独载展无骇，而无无骇，是知，班固也知展无骇即无骇，而更无公子展其人。又何休之注也可注意。按据上文所知，杜解无骇为公子展之孙，又因孙从王父字为氏，故名展无骇。其所谓氏及另注"或使即先人之谥称以为族"的族，以及"言赐先人字为族"的族，则均为氏族名号（姓字亦然）。因此，在杜解下，无骇所赐的谥号展，也就是他所谓氏或族。但是，依何休注，则这里公羊氏所谓"何以不氏"却显然不是问何以无骇不从王父字而冠称展氏某某，也就是说，非谓展是无骇的氏或族，而是问何以不似公子驱而称公子展或公子无骇，因为两者同是帅师入某国，却不同称公子。这说明古者，或至少是何休或公羊氏，所谓氏于此并非后世所谓姓氏之氏，也不是杜预所谓的氏，即族名，而有标帜之帜的意思；在名前附加公子或公孙的称谓词以示其人之身份的标帜。书中称不称公子，究竟有无疾贬的意思，则是另一问题。实际上，一部史书总该有个开头，而开头记载的事却不必有什么疾贬之义。更不说，春秋时代子杀父，弟诛兄，或臣杀君之例不胜枚举，又何疾什么公始灭他国！故据下文所知，穀梁则认为疾灭同姓之国。凡此皆属空论性的微言大义，而无关史实。

其次，据《穀梁传》云："不称氏者，灭同姓也"（隐公二年）。"无骇之名，未有闻焉。或曰隐不爵大夫也，或说曰故贬之也"（隐公八年"无骇卒"解）。这里，穀梁并未置疑无骇的身份，虽云其名无闻焉，观其下文，则可知意谓无骇究不知是不爵大夫，或故贬之（而仅称名），而非真不知无骇之名。至如杨士勋疏，可能是受了杜、孔二氏误解的影响，尤其混谥、氏、族各词于一谈的混淆观念，因而有下列似是而非的疏解："左氏八年，乃赐族，则为无族可称。此传云'不称氏者，灭同姓也'，则以无骇旧有氏。公羊'无骇者何？展无骇也……'然则此传贬意虽与公羊异，或当先号展氏也。"（隐公二年）"若曰是不爵大夫，二年传不得云贬彼入极，为贬去氏，则此为贬去氏。就二说中，后或曰是也。"（隐公八年）。姑且不谈杨氏所谓无骇无族可称或旧有氏的犹疑矛盾之说，其"或当先号展氏"云云，显然也是同意公羊之说，即无骇就是展无骇，本来就号展。

总之，至少公羊、何休和杨士勋是理解无骇就是展无骇。杨氏正如杜、孔一样，因为不理解诸侯以字为谥之制，而致发生无骇或无族或旧有氏的误说。其实，如果杜孔之流知道春秋的以字配名的字名连称制，或用穀梁的话说，即以字为氏制，则根本便无所谓旧有或无族之说。此在下文，当再讨论。更不说，无骇或公子展为孝公之子，隐公之叔父，而鲁为姬姓。如是，又谈得上什么旧有族或无族呢！

再次，关于诸侯以字为谥之制，笔者前此曾引郑玄注《礼记》鲁哀公诔孔子（名丘，字尼）而称尼父云："尼父，因其字以为谥。"是证郑玄知孔子依以字为谥之制而命谥曰尼（父）。此外，郑玄《仪礼·少牢馈食礼》注也云："大夫或用字为谥。《传》曰，'无骇卒。请谥与族。'公命之以字为谥。"此又证郑玄明确地理解，周代诸侯以字为谥之制就是以诸侯本人生时的尊字命名其死后谥号的一种命谥制。无骇正是依此制被命谥曰展的一个实例。易言之，展原是无骇生时的字。

其实，孔颖达虽申疏杜误，却也非全然不解诸侯以字为谥之制。如在疏释上述《仪礼》郑注时云："云大夫或因字为谥者，谓因二十而字（之字）为谥。"但是，孔氏宁信杜撰而不信正解，却紧接上引疏的下文，于再引《左传》无骇卒故事全文之后，却又胡诌什么："彼无骇之祖公子展以展为谥，在春秋前。其孙无骇取以为族，故公命为展氏。若然，无骇赐族，不赐谥。"因此，又完全推翻了郑注，从而全失《左传》本义！尤可怪异的，即《礼记·大传》"同姓从宗合族属"下郑注初未注及诸侯以字为谥之制，而孔氏却又大事发挥云："虽公子之身，若有大功，则以公子之字赐以为族……其无功德者，死后乃赐族，若无骇是也。""若子孙不为卿，其君不赐族，子孙自以王父字为族也……故《左传》云'问族于众仲'，下云'公命以字为展氏'是也。"我们实不明白孔氏究竟是否明白《左传》诸侯以字为谥之制之义！也不知无骇究竟是依本人或其祖的字而赐族，甚或究竟赐族或未赐族！更不论无骇明明任司空而居卿位，何以竟不赐族？究其原因，杜孔二氏就误在混诸侯以字为谥与孙从王父字为一谈，尤其误在不晓春秋犹有公子公孙生时有服虔所谓配字，即以"冠而字之"之字冠名而称之的字名连称制，且诸侯以字为谥之制应就是死后沿用此制而形成的一种谥法。

总之，我们可以肯定地说：周代诸侯以字为谥就是诸侯以自己的字为谥之制。汉魏学者仍识其义，但其后却被杜预，尤其孔颖达，注释得面目全非，而致尽失其义。

四 展无骇之称与春秋字名连称制、子孙从王父字为氏制及连名制

展无骇之称属于春秋时代常见的字名连称的名字。这种命名制，汉服虔称之为"配字"制，应就是所谓"孙从王父字为氏制"的同类型命名制，而且从结构和意义上说，也几乎就是迄今仍见于东南亚土著民族，包括台湾及中国大陆若干兄弟民族的祖孙、父子、夫妻，甚或三代连名制。试申论如下。

（一）古代的名与字：

今人一般除幼时或有乳名（即小名）外，及入学或成人时则另有正式名字（即大名）。惟各行各业人士，尤其著名人士，

则除正式名字以外，每每另有字（或称号）；武人多绰号，文人则多雅号。这类雅号也即古人所谓字，是年届廿，举行冠礼而成人时命名的；是即"冠而字之"的字。而冠礼则有似原始社会的入社礼，即一种青年人须经受一种神秘性仪式并取得一种神秘性名字而始成为社会成员的一种仪礼①。

古社会贵族阶级尊重成年人，尤其年长者，故讳直称其名，而呼之以字，以示尊敬（迄今此俗仍存），但是，有时也单称名，或于名前冠字而连称之。

字名连称制多见于《世本》，经典注疏多引用之，或加注解。如《左传》文公十一年云："司徒皇父帅师御之，耏班御皇父充石。"上文云皇父，下文云皇父充石，故杜预注云："皇父，戴公子。充石，皇父名。"孔氏疏云："古人连言名字者，皆先字后名，且此人子孙以皇为氏，知皇父字，充石名。"又如齐公子坚，字栾，故连称为栾坚；孔子父名纥，字叔梁（按孟、仲、叔、季为附加的长幼次第之词，并真正字），故又名叔梁纥；宋之孔金父（按父字为年长者之附加称谓词，也非字），字子木（按子字为王子或公子之子，也附加词），故又名木金父；秦之大夫名丙，字白乙，故又名白乙丙；百里奚之子视，字孟明，故又名孟明视；楚斗克，字子仪，故又名子仪克；鲁有名椒，字子服者，故又名子服椒，等等。其例甚多，不烦数举。清儒王引之曾撰《春秋名字解诂》，友人周法高撰《春秋名字解诂补》②，已先后详加集释，读者可自参考。

是证展无骇为无骇之字名连称，可无疑义，且凡此杜、孔皆

---

① 参盖司特《新金枝》第235页，又 M. Ibiade, "Birth and Rebirth", 1958年版，第28—31页。

② 《中央研究院史语所专刊》。

应知之，而竟与孙从王父字为氏之制混为一事，致使无骇成为公子展之孙！此岂所谓"失之毫厘，而谬以千里"欤？

（二）子孙从王父字为氏之制：

这是最早见载于《公羊传》的所谓"孙以王父字为氏"的春秋时代的另一种类似字名连称的、祖字冠孙名的连称制。如宋好父说之子名督字华父，故督之孙嗣名华御事、华元；好父说之弟术名乐父，故其后嗣以乐为号而名乐品、乐予；又郑穆公之子去疾字良、发字国、喜字罕，等等，而诸子之孙则无不分依其祖字而称为良霄、国参、罕虎，等等。凡此，宋清学者均有讨论[①]。笔者也于约卅年前撰文指出：春秋时代不仅有孙以王父字为氏之制，且有子以父字为氏之制。如郑穆公之子号然，然之子名然丹；宋桓公之子鳞，鳞之子名鳞矔；宋共公之子段字石，段之子名石彄；晋国解张（按疑为字名连称）之子名张君臣，等等，也有胜数举。此外，笔者指出与下列台湾土著赛夏族父子连名制比较：

Oemao-x→Taws-Oemao→Oemao-Taws→Taws-Oemao→……

所不同者，只是这里赛夏族的连名制是父或祖名连在子或孙名之后，也即亲名后连型连名制。而上述孙或子以王父或父字为氏号的连称制则是亲名前连型而已[②]。因此。笔者曾指出所谓子孙以父或王父字为氏之制应该就是亲子或父子连名制。上述赛夏族之例既是父名前连子名的连名制，也是祖孙同名的连名制；两者都是该族和另一台湾土著泰雅族连名制的显著特征，而对于中国周

---

① 如宋程公说《春秋分记》，清陈耀厚《春秋世族谱》、顾栋高《春秋大事表》及《世本》各书所录系谱。

② 《联名与姓氏制度的研究》第五节《春秋孙以王父字为氏的制度》，《中研院史语所集刊》第28本，1957年，第671—725页；《赛夏族个人命名制》，《中研院刊》第三辑，1956年，第311—340页。

代个人命名制，甚至商王的庙号研究，也是很重要的参考资料①。

现在，再让我们把字名连称，子或孙以父或祖字为氏和连名制作如下的比较（名下有横线者为本人名）：

（1）赛夏族父名后连型父子连名制：
Oemao-x→Taws-Oemao→Oemao-Taws→Taws-Oemao
泰雅族父名后联父子连名制②：
Wassao-x→Yokan-Wassao→Wassao-Yokan→……
（2）水西安氏彝族父名前连父子连名制③：
明<u>长夬</u>→<u>长夬</u>作→作阿<u>切</u>→<u>切</u>亚宗→<u>宗</u>亚仪→<u>仪</u>亚宗……④
（3）日本古代父名前连父子连名制：
修<u>行</u>→<u>行</u>景→景亲；
赖<u>重</u>→<u>害</u>房→<u>重</u>能→能<u>害</u>→<u>害</u>孝……⑤
（4）春秋时代子孙以父或祖字为氏制：
郑公子<u>然</u>→<u>然</u>丹，宋公子<u>鳞</u>→<u>鳞</u>矔
宋公子<u>石</u>→<u>石</u>彄，晋解<u>张</u>→<u>张</u>君臣⑥
郑公子<u>游</u>→<u>游</u>楚；郑公子<u>良</u>→□→<u>良</u>霄
郑公子<u>驷</u>→□→<u>驷</u>带；公子<u>孔</u>→□→<u>孔</u>张

---

① 见近著待刊之《从讳名制及祖孙同名制看商王庙号问题》稿，及《联名制与卜辞商王庙号问题》，《中研院民族所集刊》第 21 期，1966 年，第 17—37 页。
② 据笔者田野调查系谱，参见第 135 页注②及第 136 页注①。
③ 丁文江：《爨文丛刻》，《中央研究院史语所专刊》之十一，1947 年。
④ 此类人名疑应写为"明—阿长夬→长夬—阿作→作—阿切→切—阿宗→宗—西仪"式。而阿或即亚的同音字，为人名词头或中介属词。赛夏族连名中也有一阿音字，今均省略。
⑤ 参见《模范最新世界年表附录》中的《诸氏系图》。
⑥ 解张一名疑是字名连称名。古人字与名之义每相关，故解与张当为一字一名。

显然，上举春秋子孙以父或王父字（有时或名）为氏号一类的名字，就结构而言，与连名制，尤其藏缅语系的彝族和日本古代的父子连名制，殊无差异，易言之，所谓子孙以王父或父字为氏之制应就是亲名前连型父子或祖孙连名制。国人现在的许多姓氏族名就是源于这一种个人命名制——自某一世祖先以后，族嗣子孙恒久不变地称用该祖先的字或名而冠于个人名字上，而形成现在的姓名制。甚至影响了若干兄弟民族的"姓名"制。笔者前已撰文论及[1]。俟将另撰中国古代连名制一文以补其缺。

最后，稍须指出的，即类似展无骇之称的字名连称制，著者以为，可名之为"自我连名制"，与亲子连名制所异者只是以自己的尊字冠连自己的本名之前而已，两者结构既都是由前后两个名字连接而成，也显然都是旨在区别个体身份。

其实，字名连称制与子孙以父祖字为氏制在结构和功能上相似或相同，而且显然都与同一族群甚或诸侯国（就中国先秦而言）间的同名现象有关。笔者曾指出，台湾赛夏族1700余人，男女总计共有83个名字（男55，女28。依1954年调查）；平均约每十个男人或二十个女人同用一个名字。关于春秋时代各诸侯国人名，笔者歉未能统计，但可以指出的，即楚、郑均有名子上者，齐、宋、吴则有三人同名子山；鲁、晋、郑、卫有四人同名子羽；晋、齐、郑、楚有四个同称子良等等；甚至郑穆公之子良与其兄弟志之子同称。类此之例，不烦数举[2]。

总之，杜预不仅误读，且误以诸侯以字为谥之制为孙从王父

---

[1] 《联名与姓氏制度的研究》第五节《春秋孙以王父字为氏的制度》，《中研院史语所集刊》第28本，1957年，第671—725页；《赛夏族个人命名制》，《中研院院刊》第3辑，1956年，第311—340页。

[2] 参阅重泽俊郎：《左传人名地名索引》，广文编译所1971年译本。

字为氏之制；既不如诸侯以字为谥之制，也不知子也以父字为氏之制。益以孔颖达混姓、氏、族、谥各词于一谈，误疏一通，致使《左传》无骇卒所涉周代的典制陷于全不可解。其实，诸侯以字为谥之制也不过是沿用其人生时的尊字或美号作为死后的谥号。如果视尊字和谥号为讳称生名制下的一种假名，则生字与死谥也不过一间之差而已。此外，杜、孔二氏因不明春秋字名连称之制，而误无骇或展无骇为公子展之孙，也就不足为怪了。

五　讳名制、诸侯以字为谥制与生称谥问题

自王国维氏提出金文铭中生称谥现象，继而徐中舒、郭沫若也先后撰文讨论，并据此一生称谥现象而置疑于谥法为周初之制，从而有谥法为共王以后或战国之制之说。而友人屈万里虽倡谥法滥觞于殷代论，却也云"定制"于共王以后，或不明其确切时代[①]。

笔者认为论者果未忽略讳名制的条件性和诸侯以字为谥之制，则所谓生称谥现象便不难求得解释，因而也便不能仅据生称谥现象而谓谥法非周初之制。兹试申论如下。

（一）按讳称生名，尤其是国君、酋长或尊辈的生名，也就是真名或正式名字，是古今许多文明和原始民族的一种相当普遍的习俗。讳称生名的起源则与人们认为生名是人体有生气的一部分的信仰有关；正如躯体会受伤害，如果生名被敌人闻知，也会受到诅咒而害及本人，因此忌讳或禁止随便讲说，从而产生讳名制和改名制——一种假名。生人既讳称生名，死后也讳称生名，

---

① 见屈万里《谥法滥觞于殷代论》，《中研院史语所集刊》第13本，第225页。

以免神灵受扰害。我国古代的死者既葬、祔庙而命谥的谥法显然就是讳称生名的一种改名制。

必须指出：周代的讳名制，正如一些民族一样[①]，也是有条件性的，易言之，生名在某些场合下须讳称，但在另些场合下也可不讳。凡治古史者当知《礼记·曲礼》详载不讳生名的一些场合，于此不须烦举，唯一应指出的一条原则，就是"临文不讳"，即史官在治理文书或题奏议案时，是可以不讳君名的。至如君的尊字或美号，就更不须讳称了。因此，王国维指出金文铭中的生称谥现象就不是难解的一种自然现象。尤其如果国君生时的尊号初是因讳称真名而起，或者说，尊号只是一种具有美好和崇敬之义的假名，则生时称惯尊字美号，死后史官书其行状或生时行迹时，也自可单称王，或依旧习而称其尊号。如果这种解释不误，则我们自不能仅据生称谥现象而证说周初无谥法。更不论既称之为"谥"，则自应有谥法；既有谥法，也自不能说不知谥法"定制"于何时。如果说临文不讳殆为后世之俗，则至少汉代的讳名制显然是临文严讳的。事实上，所谓生称谥的谥号也非生名，而是尊号，如文王、武王、穆王、昭王之类。

总之，仅只是有条件性的临文不讳制，我们就不难理解生称谥的现象，而倡生称谥的先进学者竟忽略了这条准则，岂所谓智者千虑而或有一失欤？

（二）再谈到隐公八年鲁大夫答奏的诸侯以字为谥之制，则生称谥的现象不仅是不难解释的，也显然是应有的必然现象，因为所谓字就是生时的尊字美号，即王者既冠而成人后的尊号。而且，诸侯以字为谥之制既是春秋之初众仲所奏，自系就以往诸侯命谥的旧制而奏的。易言之，诸侯以字为谥当是西周之制，而非

[①] 见盖司特《新金枝》。

隐公即位后所新创。因此，如果我们承认文、武、成、昭之类的称号原是生时的尊号，且姑无论此尊号究否就是所谓冠而字之之字，则不可避免地促成生称谥的现象。

既然有诸侯以字为谥之制，又有生称谥的现象，因而产生一个问题，就是，周代历世王侯的谥号或尊号是否就是他们生时的"字"？这个问题似乎鲜见学者讨论，笔者因犹无足够史料，也于此不能确论，但初步的看法是：历世周王，甚至诸侯国君，生时仅大抵知有生名，如文王名昌、武王名发、成王名诵、昭王名瑕、穆王名满之类，而多不知其字。然则凡此诸王或诸侯的死谥，如《逸周书》和《大戴礼记》谥法篇所辑录的[1]，其初虽未必尽是，也部分是他们的字。甚至我们认为周初犹无所谓"冠而字之"之制，也无法否定诸侯以字为谥之制存在西周初，因为"冠而字之"之字或许正是源于西周时王生时的尊号。不过，这只是笔者涉论所及而提出的一个问题，仍有待进一步的研究。此外，可注意的，即除吴越两国外，诸侯国君与周王几乎均依同一组谥号命名，似非任意命名，而有某种定制，易言之，周的谥法虽不必是周公所制，但可能有成文的谥法，因此后世王侯多依以命名。

总之，笔者认为：果不能否认西周初期诸王的谥号可能是生时尊号（且事实上也不能否定是谥号），也不能否定当时王侯可以依生时尊号命名其死谥，则不能否定诸侯以字为谥之制的谥法应存在周初。更不论，死后改称假名或美名，就原始社会而言，也并不是什么稀见的风俗。

---

[1] 疑两书的《谥法》篇，无论据序文或所录谥号观之，应实为一篇，且可能是据《世本》和《左传》编纂而成，因其中若干谥号多为《左传》所载诸侯大夫的字号。

六　结论

（一）《左传》诸侯以字为谥之制系隐公八年鲁大夫对奏的西周时代的命谥之制，也即谥法。但这个制度为杜预和孔颖达误读并误解为春秋时代所知的孙以王父字为氏的制度。

（二）诸侯以字为谥义即诸侯（王及大夫亦然）死后可依其生时的尊字或美号命名其神主的谥号。秦汉经师犹知此制。

（三）鲁无骇请谥，隐公命依诸侯以字为谥之制，因命为展氏。故无骇生时当字展，从而或名展无骇。

（四）类似展无骇一名系春秋时盛行的以字冠名前而连称的字名连称制型的名字。杜预以不明此制，而误无骇为公子展之孙。

（五）周初诸王的生称谥现象果非源于有条件性的临文不讳的讳名制，则应与以字为谥之制有关，且历世周王及诸侯的谥号可能即生时的尊号，也即所谓"冠而字之"的字。

（原载中国社会科学院历史研究所
《中国史研究》第四辑，第 71—89 页，1987 年）

河南安阳殷墟墓葬中人体骨骼的整理和研究

序　言

　　1928年至1937年是中国现代考古学发展的新里程碑建立的伊始。这由于在河南安阳境内，历史语言研究所考古组，在傅孟真、李济之、梁思永、董彦堂诸先生领导和策划下，进行了大规模系列的殷墟遗址的发掘工作。其结果不仅几乎一切均如预期地揭开了三千年前顷中国早期历史的一页，使得殷商时代的辉煌青铜器文化重耀于人世，使得中国确切的历史时代前推了两三百年，而且在这一文化遗物的收获上也显然是丰硕无比的——从安阳十几个村镇的千百墓葬中出土了大批有文字的甲骨、大批各类形制的铜器、陶器、骨器、玉石之器、车和马的饰件，以及常是与这些器物伴同出土的数以千计的人体遗骨。

　　四十年来，殷墟出土的几乎每一器物，包括遗址本身，都曾经主持发掘的史语所同仁和无数中外学者——考古学、人类学、古文字学、古史学及艺术文化史学各科专家的热烈研究，已经使我们对于殷商时代的一般文化，如史实、文书、建筑、美术、铸造、祭祀、狩猎、征战，以及日常享宴的生活方式，都有了基本上的认识。

但是，殷商王朝及其文化的缔造者究竟是何许人种？是古所谓的"华夏"、"东夷"，抑是"西戎"民族？是一个同种系的（homogeneous），抑异种系（heterogeneous）即包括若干族类而由殷王族统治的一个大族群？如属后者，又究包括哪些种系？凡此，不仅是事涉中国早期民族及其文化史，且显与其周边区域的其他民族及文化史切关的一些问题。关于这类问题曾有不少学者大抵就古文献上的史料加以论述，如著者所知，至少有殷民族似是西戎[①]，或通古斯[②]民族的不同说法。虽然，殷民族种系问题更可靠的求解途径，无疑的，该莫善于起殷人于地下。诚然，"死者已矣，不能复生"，我们如此说法在科学研究上似欠严肃。但事实上，现代科学、特别是人类考古学的研究，却指示我们前代的人类遗骨，纵是远古百万年前的北京人化石骨骼，也可提供以溯论其所属种系的具体基础。主持殷墟发掘的领导人之一的李济博士所以同时发掘出数以千计的殷墓中的遗骨，其原因也正在此。

一　过去六年中殷墟骨骼整理的概况

殷墟骨骼整理工作要分为两类，即：

（一）机械性整理工作：包括三十四木箱骨骼标本的开箱清点、分类、登记标号、编制清册、陈列，及破损标本的黏合等

---

① 傅斯年：《新获卜辞写本后记跋》，《安阳发掘报告》第 2 册，1930 年，第 381—383 页。

② F. Waterbury, 1942: Early Chinese Symbols and Literature: Vestiges and Speculations with particular Reference to the Ritual Bronzes of the Shang Dynasty, p. 10.

工作。

（二）研究工作：包括标本的性别和年龄的鉴定（identification of sex and age）、形态特征的观察、各部分线度、弧度、角度的测量（measuring of the lineal, arc, and angular measurements）、上述测量的平均值及其他有关统计数值的计算、图形的绘制及照像，以及最后各项资料的分析和比较等工作。以下试就过去六年中工作的进展做一概略的说明。

整理工作始自 1961 年夏。翌年春，著者与临时助手台湾大学考古人类学系的同学许泽民、谢剑和黄士强及技工姜义圳四人，完成基本的整理工作。我们第一次编造了三种便于检查的标本清册①，且许是第一次井然有序地把全部殷墟骨骼标本陈列在十余座大型玻橱内。因此其后几年曾吸引了许多国内外学者和社会人士来此参观，从而增加了对于这批骨骼材料的意义的认识。

至 1963 年春，著者在给予临时助手以基本骨骼测量学的训练（osteological training）以后，首先进行了西北岗区殷墟四百余具头骨之初步拟订的三十余项测量的测定工作。此外，在著者的指导下，姜义圳君也开始了破损头骨的黏合工作。由于长期的接触与审视，在这一期间内，著者对于殷墟头骨一般形态上的差异（the morphological variations）渐有较深刻的认识，从而愈觉李济和孔恩两博士所称殷墟头骨似代表一个异种系的族群之说的可信。在这批头骨中，著者几可大别出三种不同形态的类型（different morphological types），但由于研究所缺乏任何其他族类的头骨标本，无法比较印证，而不能论断各类型究竟与哪些族系头骨

---

① 包括全部标本总册，及两种头骨标本分册。内容详载分类编号、件数、出土年月、地点、墓葬、保存情况及陈列橱号，极便于研究期间随时取用。

相类似。

1963年春，美国史密逊研究院（the Smithsonian Institution）考古学组伊凡司和美葛司两博士夫妇（Drs. C. Evans and B. J. Meggers）访问台湾，参观时，对于殷墟头骨及著者进行中的研究工作表示了关切之愿，愿于需要时予以协助，著者因告诉两位先生在参考资料和其他研究技术上的困难。因此，两月以后，经由伊凡司博士的推荐，史密逊研究院的邀约和亚洲基金会的协助，著者奉院方委派于7月赴美京史密逊研究院体质人类学组，与安吉尔斯博士（Dr. J. L. Angels）从事为期三个月的进修，并搜集有关研究参考的资料。其间著者曾测量了十组共六十具分属若干现世界人种的头骨，并承奥尔特纳先生（D. J. Ortner）协助，摄制了数百帧该项头骨的照片[1]，因而解决了殷墟头骨研究技术上的不少困难。虽然，此一短期进修期中的最大收获也许是著者在头骨形态鉴别方面的经验。因为就史密逊研究院藏存的各族头骨的比较，著者当时几可大致确定随身携带去的五具殷墟头骨似分别属于典型蒙古人种中楚克奇人或布里亚特人（Chukchi or Buriat）、太平洋类黑人种（oceanic negroid）、美拉尼西亚人（Melanesian）、北极类蒙古种的爱斯基摩人（Eskimo）等族头骨的"复制品"了[2]。这种经验的收获对于此后殷墟头骨的研究实具重大意义，且实际上影响了分析研究上的基本原则。此于下文当再论述。

1964~1965年，著者把原来初步拟定的三十四项头骨测量

---

[1] 其中若干照片在英文简报中已用为比较资料。
[2] 安吉尔斯博士初不十分同意著者认为殷墟某具头骨与非洲黑人类似的看法，但其后也认为或非不可能的事。此外，值得提及的，即笔者在华府时，值孔恩博士曾来华府参加在史密逊研究院举行的动物学会，原以为有机会向他就教殷墟头骨的研究，但竟未能晤见，至今犹感遗憾。

扩增为一百十九项，并分由助手进行了已完成的三十余项测量和若干指数数值的统计，不同准向的（norma）头骨轮廓图（cranial contour）的描绘与照片的摄制等项工作[1]。此外，著者也着手进行了头骨年龄和性别的鉴定（identifications of age and sex），以及就史密逊研究院已知各族系头骨的形态而加诸殷墟头骨类型的分类工作。在后一项工作中，著者曾尝试性的把殷墟头骨大体上分为五组（subgroups），并进而分别计算其各项测量及指数的平均值，以便与已知各族系头骨的资料相互比较。此外，应该提到的，就是孔恩博士在1965年出版的《现生人种》一书内，对于殷墟头骨曾概略地提到：

> 其他早期中国人头骨的收集中包括有安阳殷代殉葬墓中的标本。其中至少有两具女性头骨的眼眶和鼻骨部分显示类高加索人种的特征。另外几具属宽头的且夸张性的类蒙古种（brachycephalic and exag geratedly Mongoloid），类似现代布里亚特人（Buriats）的头骨。余下的则是中头型的（mesocephalic）而面孔比较长扁的一般华北人的型态[2]。

在此，孔恩博士不唯强调了两具殷墟头骨的白种类高加索头骨特征，且正如著者曾在史密逊研究院时的比较，不谋而合地指出某些殷墟头骨与"古典类蒙古种"（Classical Mongoloid）中布里亚特人头骨的类似性。

1966年，殷墟西北岗（侯家庄）组四百余具头骨全部测量

---

[1] 骨骼轮廓通常以马丁氏方形夹颌器和描针（Cubic craniophore and diagraph of Martin）或陆西氏透视仪（dioptograph of Lucae）描绘。但以殷墟头骨年久质脆，不适于夹持，故著者曾自行设计支座式仪器，用法简便，且不失其准确性。

[2] Coon, c. s., 1964: *The Living Races of Man*, p. 133.

与指数的统计工作次第完成①，并进行了若干头骨形态的观察工作。因此，在这一年的暑期内，撰成了本文的初步英文简报。

1967年，著者为了进一步了解殷墟头骨的类型，曾据考古组高夫寻教授提供的西北岗殷墓的分布与类型地图，及有关的田野发掘记录，而绘制了殷墟头骨出土的墓葬类型与分布图。其结果不仅说明大部分研究中的殷墟头骨系出土自"人头坑"（the sacrificial beheaded-graves），且对于这批头骨（姑无论其究包括若干类型）究否应代表殷王族或是殷王朝治下的殷民的问题，也提供了某种线索（虽则也增加了一些困扰，此于下文再加论述）。此外，助手林纯玉女士在著者指导下，就殷墟头骨脑容量和臼齿冠面式样的问题，写成两篇论文的初稿②。

总之，在迄今六年多不算短的一段期间内，著者和几位助理同仁已协力完成殷墟骨骼的整理和头骨部分的初步研究③。在下文内拟先就目前整理和研究的结果，试做一赅略的报导。

二 六年来殷墟骨骼整理的成果

（一）现存殷墟骨骼的内容

历史语言研究所考古组交由著者整理的殷墟骨骼标本原计封装于三十四个木箱中。兹略说明骨骼出土的地区及现存的种类与数量如下：

---

① 包括全部男女混合组，全部男女分组，各种不同类型的男女分组，共计十三组。每组包括一百一十九项测量与四十八项指数的平均值、标准差、偏差系数、机误、五种不同类型间及其与若干已知族系头骨间的平均差及种族类似系数等值的计算。（mean, standard deviation, coefficient of variation, mean difference and coefficient of racial likeness）

② 关于脑量一文，由于技术上的原因，我们近期曾经重新测量计算，结果幸无重大差异。希望不久，这两篇论文可以陆续发表。

③ 此外，著者曾另外发表了十三篇有关中国古史的论文。

1. 出土地区：现存标本主要出土于安阳京广铁路安阳车站西侧，洹河南北两岸的后岗、小屯、霍家庄、四盘磨及侯家庄以北的西北岗等村镇的墓葬群（图一）。其中除西北岗区的墓葬似较为单纯，而要属殷代墓葬以外，其余各区则兼有较晚期如汉、唐以来迄于现代的墓葬。因此，整理中的"殷墟骨骼"也就实际上包括有部分非殷代的标本。此外，另有小部分非殷墟而出土自山东日照县瓦屋墓葬的骨骸，而这部分标本由于过于脆弱破损，也仍包缠在纱布内，留待未来审慎地处理。

2. 骨骼的种类与数量：

（1）体骨部分（the post-cranial skeletons）：包括脊柱、肋骨、胸骨、肩胛骨、锁骨、髋骨、四肢骨等几乎所有各类的体骨，甚至细小的舌骨也完整地保存有几根。总数共计四千五百八十件，其中完整的计千余件，主要出土于小屯、后岗、霍家庄、四盘磨等地的隋唐墓葬[1]；甚少殷墓，尤其是西北岗区殷墓出土的[2]。

（2）头骨部分（the crania）：共计四百十三具。三具出土于小屯区的汉墓和清墓，余四百十具分别出土于西北岗（计398具），小屯和霍家庄（共12具）殷墓。这批殷墓头骨标本保存得极为良好，其中约近半数（180具）属完整无损的，且七十四具附有完整下颌骨。就今日世界各国博物院藏存的古代人骨标本而言，这批头骨材料也是罕见珍贵的[3]。

这就是说，现存的殷代骨骼标本中主要包括有西北岗区殷墓出土的头骨和安阳其他若干区非殷墓出土的体骨。头骨部分与体

---

[1] 此外，包括山东出土及安阳出土，但时代不确定的部分标本。
[2] 少数标本（同属标号 CAXI, 59）出土于侯家庄，但据吴定良先生记录，其墓葬时代不确定。
[3] 史密逊研究院伊凡司博士以所见殷墟标本报告其同事司迪互博士时，后者即初不置信。

骨部分既少同出于一区且同时代的墓葬，也就不是同一群个体的头骨和体骨。易言之，现存的殷代骨骼要仅有头骨，而没有体骨，后代的标本则要属体骨，而甚少头骨。整理之初，著者因为几乎找不出西北岗殷墓出土的体骨，曾推想后者或由于战乱而损失。但是后来就田野发掘记录的考核，才知道西北岗的头骨所以没有体骨伴存，实由于其出土的墓葬大抵属于考古组同仁所谓的"人头坑"或"人头葬"（the beheaded-head-pits or head-burials），葬坑中原来仅埋有用以殉葬而被斩首的人骨。总之，现在的殷代骨骼中要为无体骨的头骨。

（二）西北岗殷墓头骨的初步研究

在人体骨骼的研究（the study of human-osteology）中，头骨学（craniology）的研究居于首要。殷墓出土的骨骼既要为西北岗组头骨，也因此成为最先研究的对象。兹仅就头骨出土墓葬的情况、头骨种系的认定（the identification of homo/heterogeneity）、头骨形态类型的分类（the classification of morphological types）及若干重要生物测量（biometrical characters）之统计数值的分析比较，试简赅加以说明如下。

1. 头骨出土的墓葬（图一、二）

西北岗东南距小屯村约三公里（距安阳城约六公里），南距侯家庄不及二公里，东距京广铁路线约三公里。就发掘的各殷墟遗址而言，西北岗区该是重要地点之一。因为这里是殷代的一处墓葬集中地，且在其不足二万平方米的东区内就存在大小近千数的殷代墓葬！大墓凡十一座（东区三座、西区八座），大抵有南北较长而东西较短的墓道通达墓的中央部分，因此整个大墓的结构呈十字或亚字形。小墓多以十个为一排的形式而整齐的分布在大墓的周围——就东区大墓而言，大抵集中分布在三座大墓的西侧，为数约有五七百座之多。就墓的中央部分面积而言，大墓约可相

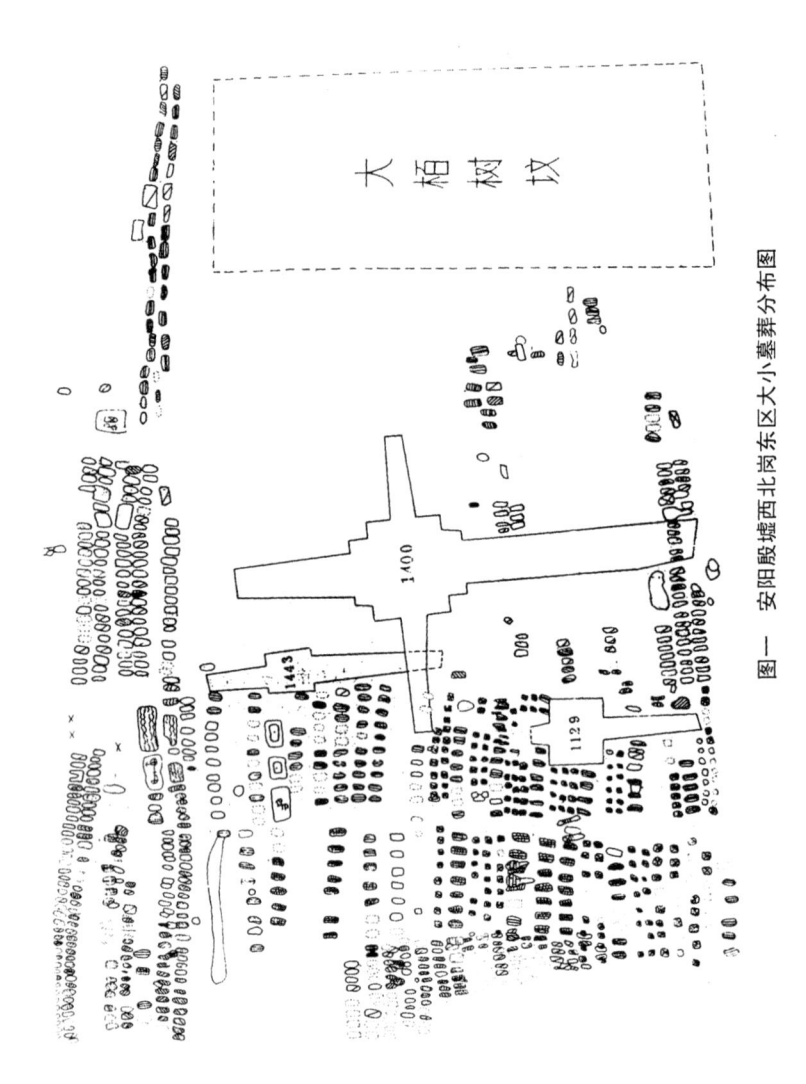

图一 安阳殷墟西北岗东区大小墓葬分布图

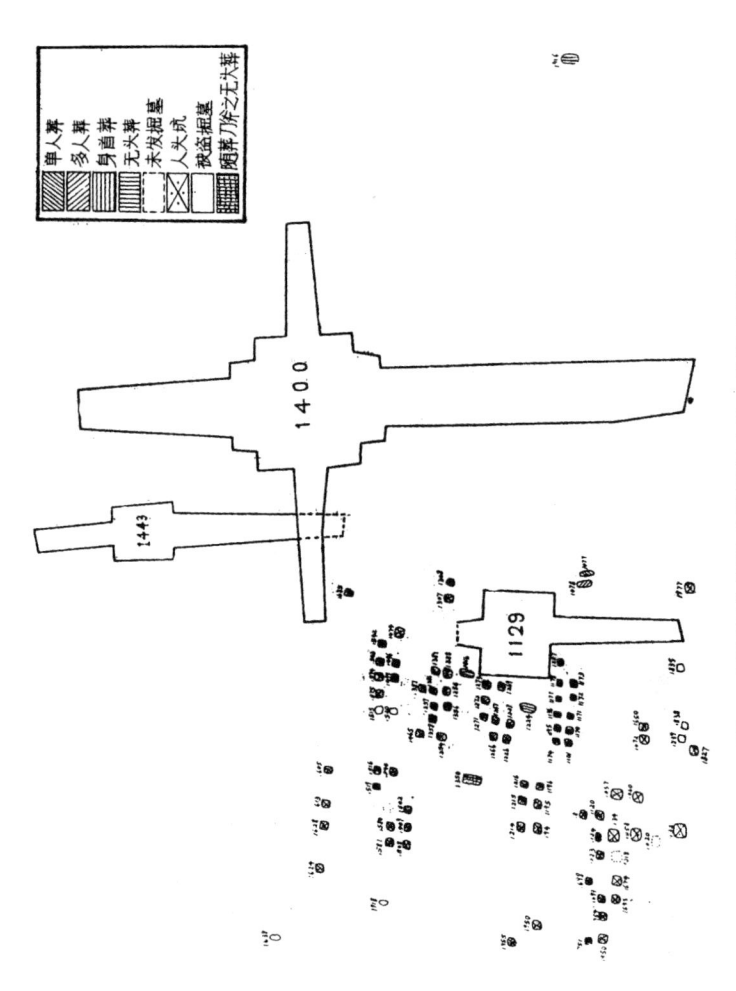

图二 殷墟西北岗组头骨所从出的人头坑小墓分布图

当于十数至数十座小墓的大小，且大墓中更挖有小墓。因此，这些大墓无疑应是殷先王的葬所，也即王墓（the royal tombs）[①]。

现存西北岗组头骨三百九十八具[②]。其中三十具标号已经模糊，未能确定其出土的墓葬。下余的三百六十八具中，有三百三十七具出土于西北岗东区三座大墓西侧的九十九座小墓中，一具出土于 No. 1443 大墓中。余者三十具出土于西区的四座大墓中。

东区的九十九座小墓几乎完全分布在 No. 1129 大墓的西、西北和西南方——共有九十一座，而其中八十六座属"人头坑"。现存西北岗东区的绝大部分头骨（323/337 = 95.4%）即出土于这类小墓[③]，约为现存殷代头骨总数的 81%。这就是说，现存殷代头骨主要是被斩首而单独埋葬的头骨。被斩杀的砍创痕迹尚清晰可见（图版三一）。

就现存西北岗东区人头葬出土的头骨数目与墓葬数目而言，每一人头坑中平均有 7.2 具头骨。如就田野记录所知，则八十余座人头坑中，埋有十具头骨的计有三十三墓，埋有九具的十墓，八或七具的七墓[④]，五或六具的六墓。其中一墓（HPKM1650）头骨竟多达 32 具！

西北岗区的小墓除上述人头坑以外，还包括有无头葬（headless burials），即仅有躯体四肢而无头骨的躯肢葬（trunk-limbs burials）、身首葬（beheaded head-and-body bruials）、单人或多人葬（single/multiple burials），以及其他如兽骨坑等类的墓

[①] 参阅，高去寻，1962 年：《1001 号大墓》，《中国考古报告集》之三《侯家庄》第 2 本。
[②] 原来出土数目或远逾此数，参阅上注中高先生著作。其他小屯等地十二具，合计四百十具。
[③] 据田野记录，原出土头骨约为现存的二倍。
[④] 埋七或九具的，疑原来也或为十具。因标本果非较为完整，即不予收集。

葬。值得提到的，即无头葬墓大抵如人头葬墓，也是十座一排一排地分布，或集中在一起，或是间隔地排集于人头葬小墓的上下方。无头葬墓的数目，就西北岗墓葬分布图来说，似与人头墓葬数目大致相当或略多。因此，在分布上，相连的两类墓葬中（也即人头葬与其上下方无头葬）的骨骼原来可能（但不一定）是属于同一群个体的头体。很可惜的就是在现存西北岗殷代头骨标本中并未保存有无头葬墓中的躯肢骨材料①；否则对于殷代头骨的研究或可能提供补充的解释②。

此外，约有三十具头骨分见于西北岗东西两区五座大墓中的小墓中。而最使人遗憾的就是十一座大墓据说都曾经盗墓者扰乱，大墓主人的骨骼都已凌散而与墓中殉葬者的骨骼混淆（除大墓中小墓外，殉葬者也有散置于墓中地面上的）。因此无法辨识现在骨骼中究有无殷先王的遗骨；否则纵只是一具骨骼或头骨，也应可有助于殷王族种系的了解。

总之，现存西北岗区殷代头骨绝大部分属殷先王大墓旁边的人头葬小墓的头骨，且主要用于殉葬的。于是，我们需要进一步研求这批殉葬的头骨的来源，及他们究可能是一次或多次的殉葬，因而聚集在王墓周围的一些问题。

关于殉葬头骨的来源，著者以为或不外乎下列几种可能：

（1）殷王朝对外征战时俘获的异国族属，或竟从战场携回的敌首。凯旋归来，告捷于先生，因用以殉葬，并耀示武功。如果是俘虏。则可能是戮于宗庙或王墓之前再分其头体而葬之。

（2）殷王朝治下的罪犯或奴属，而后者中当可包括异国的俘虏。

---

① 头骨中有三具标有无头葬墓号，疑出土于人头葬或他类小墓。
② 但另有少部分非西北岗区殷墓中的体骨，未来的研究或可弥补这一缺欠。

(3) 殷先王生前宠幸的陪臣，甚或宗属。

就一般伦理观念而言，当以前两种情形为最可能，如果是这种情形，则用于殉葬的西北岗头骨应要为异族而非殷王族或殷民的头骨。但如果是第三种情况，则至少部分殉葬的头骨应是殷民甚或殷王的族属。就西史所载，Scythian 人曾有以宗属献祭于先王的习俗！著者不愿断言殷王朝绝无类似 Scythian 人的习俗，但就殷墟出土的甲骨卜辞所载有关以羌人献祭的史证而言，则西北岗的殉葬头骨纵不乏有幸臣或宗属的头骨①，却很可能要属异国战俘的头骨，纵不就是羌人的头骨。

其次，关于西北岗头骨究系一次抑多次殉葬的问题，著者以为后一可能性或更大。因为就西北岗大墓而言，本身已是极浩大的建筑工程，势非短期可以告成。如果同时更为了大墓主人而掘建更多达千数的殉葬小墓，则无论就人力、物力、时间因素而言，也都不是容易达成的②，纵然殷王朝曾是一个人口庞大的强盛帝国。实际上就西北岗区小墓的分布与层次而言，已故主持该区发掘的梁思永先生就认为无论大小墓似乎都可相对的分为先后几期或是几组③，也就是说，大小墓都非同一时代掘建的。此外，著者就西北岗墓葬分布图的考察，至少东区大墓西方无头葬的小墓显可分为东西两组；西面一组附有殉葬者的刀斧，而东组则无刀斧。且在层次上说，梁思永先生指出东组属早期④。这说明殉葬的小墓应分属不同时期掘建的。事实上，大墓主人果非兄弟行且

---

① 据梁思永先生推称大墓中的殉葬者或包括"墓主生前田猎歌舞燕的侍从"。见前引高著 56 页。
② 元代蒙古王朝据云曾一次殉葬五万人，但究系合葬一墓抑分葬若干墓，则不详。
③ 西区可分七期，东区可分九组。参见李济、万家宝，1964 年：《殷墟出土青铜觚形器之研究》，历史语言研究所《古器物研究专刊》第 1 本，第 83—84 页。
④ 见上引李著。

非于同一年代死亡,则殉葬的小墓反因各世代的大墓主人而异其时代,也是势所必然的。可惜的是目前对于大小墓的先后绝对年代尚不能确定,且由于研究所财力上的困难,也一时还没有能够应用碳十四断代法以鉴定殷墟骨骼(至少是头骨)的绝对年代。

总之,我们要可指出西北岗区殷代头骨出土的殉葬小墓应有先后迟早之别,且小墓中的殉葬者(或其头骨)果非殷王朝的族嗣或人民而应属异国俘属,也可能非属同一族群;除非殷王朝的周边仅有一个族群。事实上,就殷文所载,与殷王朝有征战关系的族群,除羌人以外,更有许多方国族类,如鬼方、人方等,不烦枚举。因此,我们多少有理由来推想西北岗人头葬中的头骨应可能分属若干不同族类,而这一论点如前节所知,也正是目前殷墟头骨初步研究的结论之一。此将于下节内,更就生物统计学上的观点,试加以说明。

最后,该说明的即西北岗 389 具头骨中有 370 具为成年的,平均年龄约为三十五岁。又其中男性的头骨有 319 具,女性约为其六分之一(51 具),余者破损未能测定。

2. 头骨种系之生物统计学的推测

前节提到,李济之和孔恩两博士分从生物统计学与解剖学的观点,曾推证西北岗殷代头骨极可能代表一个异种系的族群(a heterogeneous ethnic group or population),这是一项合乎甲骨史料的重要推论,且是可以从另一生物统计学的观点予以证成的。

按,在头骨学的研究上,除头骨指数的离势(the variability of cranial index)以外,我们也可就头骨的长和宽度(cranial length and breadth)的离势来衡量任何一组头骨之种系的纯正性(the degree of homogeneity)。根据皮尔逊氏(Karl Pearson)的研究[1],头

---

[1] K. Pearson, 1903: Homogeneity and Heterogeneity in Collections of Crania, Biometrika, Vol. 2, No. 3, pp. 345—347.

骨长和宽度的偏差若大于6.5单位时，则该组头骨或可能是异种系的一组；如长度的标准差小于5.5，宽度的标准差小于3.3，则该组头骨应可能是同种系的。兹将皮尔逊文中所举若干族系的头骨与西北岗殷墟头骨的长、宽度的标准差值列于下表，以为比较：

表一　　　　西北岗组与他组头骨长度和宽度的标准差

头　骨　组　别	头骨长度标准差	头骨宽度标准差	性　　　别
阿伊努人（Ainos）	5.936（76）	3.897（76）	男
巴伐利亚人（Bavarians）	6.088（100）	5.849（100）	男
巴黎人（Parisians）	5.942（77）	5.214（77）	男
纳夸达人（Naqadas）	5.722（139）	4.621（139）	男
英国人（English）	6.085（136）	4.976（136）	男
西北岗组	6.380（369）	5.940（369）	男与女
西北岗组	6.200（139）	5.900（139）	男

根据上表中数值的比较，西北岗组头骨（无论男女混合组或男组）的长度和宽度的离中趋势都显居于首位。虽然，就男组而言，较之巴伐利亚人或英国人头骨的数值并不过高。

此外，皮尔逊氏曾计算出上述五组及另外三组活体头长宽度的平均标准差值为5.987和4.877。如以这两项数值更与西北岗组数值比较，则益显后者离势之大。因此，我们似可说西北岗组头骨纵非属皮尔逊标准所指的异种系的头骨，但较之巴伐利亚人或英国人组头骨的变异更大，从而更可能不是同种系的头骨。事实上，英国组头骨究否属同种系的，也似属可疑。因为该组标准差值曾先后计算三次，且由原来的6.45改为6.27，再经皮尔逊改为6.09！其所以然者，或由于皮氏雅不愿证说该组英国人头骨可能是非同种系的①。因此，果然该组英国头骨和巴伐利亚人头骨不一定是同种系的话，则西北岗组头骨更可能是异种系的了。

此外，著者应感谢史密逊研究院的安吉尔斯博士（Dr. Angels）的提示和寄赠的参考资料，使著者可以另据豪厄尔斯博士（Dr. W. W. Howells）创用的多项头骨测量与指数的平均标准差（mean sigma）的比较，进一步地辨定西北岗组头骨的种系。豪厄尔斯博士的平均标准差系就十五至二十组欧洲民族同种系头骨的测量和指数分别计算的②；较之依据一组或少数几组的同种系头骨的标准差自更为可靠。如以之为标准，与其他组需待鉴定种系的头骨的标准差加以比较，则可就两者百分比值的结果，而论断后者头骨的种系；百分比值愈近于100，则种系愈纯正。兹将西北岗组头骨与豪氏所订同种系头骨测量与指数的平均标准差列成表二。

表二　西北岗组头骨测量与指数的平均标准差比较

measurement	An-Yang N	An-Yang S. D.	mean sigma	An-Yang mean sigma ratio
Glabello-occipital length	319	6.20	6.09	101.81
Maximum width	317	5.90	5.03	117.30
Minimum frontal diameter	309	4.90	4.32	113.43

① Cf. Fawcett, C. D., 1902; A Second Study of the Variation and Correlation of the Human Skull, with Special Reference to the Naqada Crania, Biometrika, Vol. 1, No, 4, p.422; Macdonell, W. R., 1904; A Study of the Variation and Correlation of the Human Skulls, with Special Reference to English Crania, Biometrika, Vol.3, Nos. 2 and 3, p.206.

② Howells, W. W., 1941. The early christian lrish: The Skeletons at Gallen Priory, Proceedings of the Royal lrish Academy, No. 3, pp. 103—219.

续表

measurement	An-Yang N	An-Yang S. D.	mean sigma	An-Yang mean sigma ratio
Auricular height	305	4.26	4.24	100.47
Basion-bregmatic height	220	5.38	5.12	105.08
Basion-nasion length	206	5.16	4.22	122.27
Basion-prosthion length	183	6.00	4.88	122.95
Horizontal circumference	312	13.60	14.14	96.18
Transverse arc	287	9.72	10.02	97.00
Total sagittal arc	264	12.64	12.71	99.45
Frontal arc	315	6.24	6.01	103.83
Parietal arc	317	8.48	7.65	110.85
Occipital arc	266	8.28	7.46	110.99
Bizygomatic diameter	272	5.68	5.10	111.37
Nasion-menton height	127	5.66	6.33	89.42
Nasion-prosthion height	266	3.74	4.28	87.38
Orbital height, R.	300	1.90	2.01	95.48
Orbital breadth, R.	305	1.90	1.82	103.26
Nasal height	269	3.12	3.03	102.97
Nasal breadth	280	1.96	1.81	108.29
Palate length	175	3.04	2.93	103.75
Palate breadth	206	2.94	3.19	92.16
Bicondylar width	88	6.44	5.58	115.41
Bigonial width	105	6.04	6.62	91.24
Height of symphysis	139	3.06	2.84	112.92
Minimum breadth of ramus	153	2.74	2.71	101.11

Mean sigma ratio of 26 measurements = 104.48

续表

measurement	An-Yang N	An-Yang S. D.	mean sigma	An-Yang mean sigma ratio
Indices:				
Cranial index	316	3.98	3.22	123.60
Length-height index	205	3.16	3.05	103.61
Frontal-parietal index	305	3.82	3.23	118.72
Breadth-height index	304	4.34	4.61	94.14
Upper facial index	238	3.28	3.30	99.39
Orbital index, R.	301	5.42	5.33	101.69
Nasal index	267	4.44	4.49	98.89
Palatal index	167	8.72	6.61	131.92

Mean sigma ratio of 8 indices = 108.94

Mean sigma ratio both of 26 measurements and 8 indices = 105.53

据表二数值的比较，说明西北岗组的大部分头骨测量和指数的标准差都略大于同种系头骨的相对应的测量与指数的标准差。西北岗组与同种系组的二十六项测量的平均标准差的百分比值为 104.48，较同种系的百分比值（即 100）为略高。豪厄尔斯博士在论及爱尔兰组头骨种系时，曾指出该组头骨的三十一项测量的平均标准差百分比值为 103.5，较同种系组头骨的离势为略大，因此认为"较之某些组熟知的英国人似乎不大是同种系的"。据此，我们也应可认为西北岗组头骨（百分比值 104.5）比豪氏所论爱尔兰组头骨（103.5），甚或比豪氏曾引述而认为是"纯"种的西乌克司（Sioux）组头骨[①]，更可能是非同种系的。

---

① Cf. Howells, W. W, 1936: Some Uses of the Standard Deviation in Anthropometry. *Human Biology*, Vol. 8, No. 4, pp. 592—600.

又西北岗组八项头骨指数的平均标准差百分比为 108.94，这益证该组头骨应代表非同种性的族群；至少这项数值较之牙买加混血的"棕"种人（the Jamaica' Brown'）的三项指数的标准差百分比值（103.33）是更高的。[1]

西北岗组头骨的二十六项测量和八项指数的平均标准差百分比为 105.53；这项数值不仅高于同种系的爱尔兰组的平均标准差百分比（102.00），甚且高于混血的牙买加"棕种"的平均标准差百分比（105.20）。

因此，根据上述的比较，我们也许可以推论西北岗组头骨应代表一个异种系的族群（a heterogeneous group），而且头骨指数的离势（variability）较大于头骨测量的离势；易言之，这组头骨形态上的差异似更大于尺度（dimension）上的差异。

总之，著者虽不能断言李济与孔恩两博士安阳头骨代表一个异种系族群的说法必然正确无疑，但本节的两项比较结果却与两氏之说显相符合，而益证史实或是如此。

3. 西北岗组头骨的形态类型

如果西北岗组头骨研究的目的仅在于求解该组头骨种系的纯正性，则就上节所知，此一目的应已大致完成。余下来的工作，果属必需的话，也只是有关头骨各部分测量——包括绝对与相对性的测量——的较详细的描述和解释，借以说明各部分尺度大小的差异。此外，我们仍可试以西北岗组头骨的测量与他族头骨的测量相互比较，以求知其究与某种系的头骨近似。但著者总觉得这样的比较似无重大意义。因为就我们的推证，西北岗组头骨果然是非同种系的，可能包括不同种系的成分，而其他族类的材料为同种系的，就理论上说，则两者显然是不能互为比较的。纵然

---

[1] Ibid, p. 599 Table 4, Standard Deviation and Sigma Ratio of Jamaica Meterial.

我们可以就统计结果来推论西北岗头骨或较近于某一种系的头骨,但此外究更有无其他种系,就显难辨知了。况且,果然西北岗组头骨是多种系性的话,由于各部分测量系混合计算,其结果或可能竟不近似任何其他用于比较的已知种系头骨。总之,凡此说明如就骨骼测量学的分析上,我们似乎仅能大致求解西北岗组头骨种系纯正性的大小,而颇难进一步试证其究包括某些种系成分,果然西北岗组头骨应属多种系性的话。

不过,骨骼学的研究并不仅限于骨骼测量学的分析(osteomoetrical analysis),而兼括有形态学的研究——就骨骼形态类型(morphological type)的差异上求解其种系,且这方面的研究较之测量学的研究似更为重要。例如体质人类学家约恩科玛司(Juan Comas)于论述人种分类的发展史时,即认为:

分类不基于通常分类上所采用的浮表特征(superficial characteristice)[1],而基于更重要的形态演化性(morphological-evolutionary nature)的特征,看来似属最理想的。在方法论上,这也是一种正确的进步[2]。

实际上,迄今所知化石古生人类之种系的鉴别也要以形态特征为基础[3]。

西北岗组头骨研究的目的非仅要在认知其种系的纯正性,且拟进一步认知其究可能要包括某些种系。因此,著者就头骨的形态特征,曾尝试地将西北岗组头骨分为几个小组(Subgroup),

---

[1] 按:要指头骨指数、体高、肤发及眼色之类的体质。
[2] Comas, J, 1960: Manual of Physical Anthropology, pp. 597—698,古生人类学家魏敦瑞曾即如此主张,见北京人化石研究报告。
[3] 如中国华南出土的"步氏巨猿"(Gigantopithecus blackie),古生人类学家魏敦瑞即因其仅有的臼齿形态极类人齿,而认为应是人类,且应正名为"巨人"(Giganthropus)。其后由于另一下颌骨的发现,而大抵认为应属猿类,原因是该下颌骨有猿类下颌骨常见的猿架(Simian shelf)。

也即几个类型。分类的标准（criterion）则是已知各种系族类头骨的整个形态结构（the whole morphological structure）。换言之，在方法上是一种"将头骨比头骨"的直接比较分类。以下试分述西北岗组头骨的类型及其可能近似的种系族类。

第一小组（Subgroup I）或古典类蒙古种类型（the Classical Mongoloid type）：本类头骨较中头型更近于宽头型（头骨长宽指数为79.16）。颧骨较发达，鼻骨塌平而鼻前腔较窄狭。额部后倾，面骨宽平。自侧面观之，额部自眉崤间点（glabella）至上颌齿槽最前点（prosthion）间殆可连成一切线。颅顶较平坦，自侧面观之，鼻骨下缘至外枕粗隆以上部分略呈长方或宽梯形。顶面（vertical norma）卵圆形。枕面（occipital norma）呈扁球形。①

本类头骨极类古典类蒙古种如布里亚特人、楚克奇人的头骨。

第二小组（Subgroup II）或海洋类黑人种类型（the Oceanic Negroid type）本类头骨较之中头型更近于长头型（头骨长宽指数为75.01）。面部较短，眼眶较低扁。鼻根部凹下而鼻骨下端上扬，鼻腔低宽。侧面从眶上缘至乳宽以上部分呈尖卵形，颅顶较凸圆。顶面呈长卵或椭圆形。枕面呈丘顶屋形（gable roof）。头骨高宽指数为103.43，属狭高型（acrocranic type）。本类头骨与海洋类黑人种如美拉尼西亚人（Melanesian）、巴布亚人（Papuan）头骨颇为类似。虽然，如更与非洲大陆的纯正黑种人头比较，其类似性也似难全然否定。尤其本类西北岗中的若干具

---

① 马丁曾指出蒙古突厥种（Mongolen-Torguten）头骨枕面即呈此形。Cf. Martin, R., 1928: Lehrbuch der Anthropologie, Vol. 2, p. 808, Fig, 342, Schädel eines Mongolen-Torguten in der Norma occipitalis.

头骨较之海洋类黑人种似更近于非洲黑种人头骨，头面更见长窄。就地理而言，如认本类西北岗头骨近似海洋类黑人种，较之认为近似非洲纯正黑种人或更合理，但显难确言绝无相反的可能性。当然，如果我们的比较不误，则本类西北岗头骨中兼有大陆与海洋类黑人种系的头骨，也或非不可能的。

第三小组（Subgroup Ⅲ）或类高加索种类型（the Caucasoid type）：本类西北岗头骨中做为代表类型的标本（type specimen）仅及其他各小组的十五至二十分之一；实际只有两具。头骨为狭头型（长宽指数为 73.58）。面部较窄，颧骨不甚发达，鼻梁高耸。颅顶较高拱，枕面呈丘顶屋形（宽高指数 103.75）。其中一具附有下颌，颏部极为发达；门齿根部以下的联合（symphasis）部分向前下突出，几呈锐角。

本类两具头骨，尤以附有下颌的一具，与一具美籍英国人（即白种高加索种）头骨极为类似；如混放于类高加索种头骨中，应难辨别。

第四小组（Subgroup Ⅳ）或类爱斯基摩人种类型（the Eskimoid type）：本类头骨与第一类头骨大体上颇为近似，同具发达的颧骨和较宽的面骨，所不同的，即本类头骨较长高（长宽指数为 76.35，宽高指数为 100）。颅顶大抵呈龙骨状（keellike），故就枕面观之，呈脊屋形（gabled-roof house form）。前鼻腔较第一类为略低敞，而鼻骨颇多呈三角状（pinched angular nasal bone）。下颌骨每具外翻的颌角（everted mandibular angle）。

本类头骨与北极类蒙古种（the Arctic Mongoloid）颇为类似，后者每具锐角状鼻骨，龙骨状颅顶，外翻下颌角等类特征。但须提到的，即据著者近期的研究，曾列属本类中的若干头骨似非必属类蒙古种系，而可能属类高加索种系。实际上，类高加索种系的头骨固不仅限于上文提到的一种类型，而有些认为是"真正欧洲人"（true European）即类高加索种系的头骨，如与本类西北岗组及爱斯基摩人的头骨分别比较，也几可混淆而难辨其究为"真正欧洲人"或竟是类蒙古种的爱斯基摩人头骨。例如，在图版二七中，著者以两具前此列属于西北岗类爱斯基摩型的头骨（the Eskimoid type）与一具爱斯基摩人、一具欧洲人[①]，和一具欧洲旧石器时代晚期类似商塞拉德头骨（the Chancelade skull）、且据说应是"真正欧洲人"的奥伯卡斯尔头骨[②]（the Obercassel skull）互为比较，其结果似说明：果然奥伯卡斯尔头骨确属真正欧洲人头骨而非类蒙古种（特别是爱斯基摩型）的头骨，则两具前此认为属于类爱斯基摩型的西北岗头骨显然更近似另一具欧洲人头骨；易言之，应更可能属欧洲人而非类爱斯基摩型的头骨。反之，奥伯卡斯尔头骨较之两具西北岗头骨既更近似爱斯基摩人，而与另一具欧洲人头骨显有差异，则应更可能属于类爱斯基摩型而非欧洲人种型的头骨。事实上，西方学者也曾认为奥伯卡斯尔头骨或属类爱斯基摩型的头骨[③]。总之，姑撇开奥伯卡斯尔头骨不论，著者前此认为应属北极类蒙古种即爱斯基摩型的某些西北岗头骨究否即属该一类型？其中究否兼有属于类高加索类型的头骨？这是值得注意的一项问题。

第五小组（Subgroup V）：本组西北岗头骨的面部较窄（两颧间宽=131.32，于五组中为最小；上面高指数=54.25，为五组之冠）。头顶较宽（头宽颧宽指数=96.02，于五组中为最小），故就正面及枕面观之，多呈上宽下窄状（hayrick form）。就顶面观之，额部较窄而顶后部较宽，故顶面多呈五角或菱形

[①] After R. Martin, 1928: Lehrbuch der Anthropologie, p.877, Figs. 378 (Schadel eines Eskimo), 379 (Schadel eines Europeans).

[②] M. Boule & Vallois, H. V., 1957: Fossil Men, p.298, Figs. 214.

[③] Ibid., pp. 298—307.

（pentagonoid or rhomboid）。此外，头周（circumference = 151.13）和纵横弧（sagittal & transversal arcs）于五组中均为最小，故颅顶范式（vault module）于五组中也属最小形。总之，这组头骨看来是"小头小脸"的。与第一组比较，差异最为明显。不过，本类型西北岗头骨究否应属某一特殊种系或族类的头骨，抑属上述四类中某一类的女性头骨，由于著者经验和比较材料的不足，于此都不能提出较明确的解释。在英文简报中，著者虽曾以本类头骨与东南亚波里尼西亚人头骨加以比较，也终不自以为是的。

总之，如果上述的比较方法和所得的结果并非全误，我们或可试做如是的一项推论，即：就形态而言，西北岗组头骨似乎是一组多态的或多类型（polymorphous or polytypic）的头骨，且分别与已知属于类蒙古、高加索和尼格罗各种系人的头骨具或多或少的类似性。然则这种类似性又究具何种意义？

首先，我们须承认任何同种系人的头骨几乎都有其个体间的差异（individual variation），并非同一族群的头骨都属同一形态类型，纵然常有其某一较为显著的类型，如类蒙古种人的扁宽面型即是。因此，类乎西北岗那样一组多态的头骨也许是一组同种系性的头骨；只由于个体间差异较大，而几可使人误会或包括若干不同种系的成分。显然的，这应是难予否定的另一种可能解释，如果更无其他条件的限制的话。

但是，李济和孔恩两博士及著者曾先后就头骨尺度的离势和形态的差异，如前文所论，推证西北岗组头骨应代表着一个异种系的族群。因此，我们应有理由相信西北岗组头骨各小组间的形态差异非仅源于个体差异，或可能兼源于种系差异（racial variations）。换句话说，西北岗组头骨或可能包括一些不同种系的头骨，因而显示出一些不同的形态类型，而且这些类型大抵是常见于类蒙古种的布里亚特人及爱斯基摩人，类高加索种的北欧人，及海洋或非洲类尼格罗种的黑人头骨的一些类型。这也就是说，头骨形态的特征果不失为一项种系分类的标准，且著者的形态比较和分类不十分差误的话，则西北岗组头骨所显示的形态差异似反映该组头骨应是异种系的。

最后需要说明的，就是著者虽然将西北岗组头骨尝试地分成上述几类，但并没有把所有西北岗头骨的每一具都分别纳入各类型，而仅选出三十五至五十具不等的最类似的头骨，作为各该类型的代表标本（type specimens）——既借以说明同组头骨的类似性（interagroup similarity），兼借以说明其与已知种系头骨的类似性（intergroup similarity）。因此，除了这几个小组的代表标本以外，尚余有近半数以上的头骨，或由于破损，或由于类型不明显，而未予分类。在已分组西北岗头骨中，第三类型即类高加索型的头骨最少，仅有两具；第一及第四类即类蒙古型头骨，共计有七十具；第二类即类尼格罗或海洋类黑种人型头骨有四十具；第五类有五十具。如果就各分组的代表标本数目而言，则西北岗组头骨也许是要属类蒙古种和类黑人种系的头骨，甚或兼有极少部分类高加索种系的成分。

4. 西北岗组头骨一些测量的比较

在本节内，著者拟遵循一般骨骼学的研究途径，即从头骨各部分测量的统计数值上，对于西北岗组头骨试做进一步的了解。上文提到，著者已完成了西北岗组头骨全部约一百二十项测量及四十八项指数的测计工作，但限于篇幅，于此仅能择其较为重要的项目，加以比较。

（1）与李济博士发表有关西北岗组头骨的一此测量及指数的比较：

前文曾提到李济之博士曾发表西北岗组较为完整的百余具头

骨的一些测量及指数。兹试先以著者与济之先生计算的同类测量及指数加以比较，以说明两者的异同。

就 168 页表三的比较，事实应可说明著者的两类平均值与济之先生的平均值是相当近似的，且尤以指数为然。在测量平均值方面，除周径相差四或五毫米而略嫌较大以外，横弧和纵弧仅相差约一或二毫米。而第（2）类平均值尤近于济之先生的平均值。这一结果说明著者选用的标本数目虽与济之先生选用的标本数目不同，但在测计的技术上应无差异。至如著者第（2）类平均值所以更近于济之先生的平均值，很可能是由于著者选用的各小组代表标本大部分就是济之先生曾选用的较完整的西北岗标本。用相同的技术，测计大致数目相同的同类标本，结果应该是大致相同的。[1]

（2）西北岗全部未分组男性头骨与中国史前期和现代华北人、现代欧洲人头骨[2]的比较：

在 38 页表四中，分列了四组男性头骨的十九项测量和五项指数的平均值。就四组平均值的大小而比较，说明西北岗组与史前华北组较为近似，其次则为现代华北组；与现代欧洲组则差异颇大——尤其指数平均值几无一近似的。

西北岗组殷代头骨与史前华北头骨近似，这该是一项合理的事。因为①这两组头骨同出土于华北区，②史前华北组部分头骨出土于河南，③其出土于甘肃的史前华北组头骨中，有半数几与

---

[1] 一般地说，著者本类平均值似嫌略小。这可能是由于著者据以计算的第五小组头骨数目较多，这一组头骨若干项平均值都是较小的原故。著者曾把这一组平均值剔除另算，即表中第（2）组括号中数值，结果在十项中有八项平均值略增大，且七项更近似济之先生的平均值。

[2] 引自 D. Black, 1928: A Study of Kansu and Honan Aeneolithic skulls and specimens from Later Kansu Prehistoric Sites in comparison with North China and other Recent Crania, Palaeontologie Sinica, Ser. D. Vol. VI, Fasciclel.

西北岗组头骨时代相近，同属青铜时代（也即辛店、寺洼与沙井文化）。然则西北岗组头骨代表的族群是否应与史前华北组所代表的族群有种系上的关系？或者说，西北岗组头骨代表的族群是否全部或部分先此或竟同时来自甘肃的某种族群？著者于此不能确论，但显然是值得注意的一项重大问题，因为这可能涉及着新石器时代晚期的民族，当然也就涉及着文化移徙的一项问题了。

表三　　　本文西北岗组两组平均值与平均值的比较

characters	Mean（1） （male series）	Mean（2） （male series）	Mean（Li Chi）
maximum length（L"）	181.98（319）	182.00（154） （182.60（116））	181.27（136）
maximum breadth（B）	141.64（317）	139.03（155） （139.76（76））	139.21（135）
basion-bregmatic height（H'）	138.84（220）	138.48（123） （139.09（92））	139.12（96）
auricular height（OH）	118.14（305）	117.64（152） （117.99（114））	117.19（126）
circumference（U）	512.50（312）	511.05（156） （513.11（115））	516.47（134）
sagittal arc（S）	373.62（287）	374.47（137） （375.60（104））	375.62（107）
transverse arc（Q'）	320.54（264）	319.40（150） （320.47（113））	319.54（125）
100×B/L"	76.67（316）	76.36（154） （76.58（116））	76.96（135）

续表

characters	Mean (1) (male series)	Mean (2) (male series)	Mean (Li Chi)
OH/L″	64.92 (305)	64.81 (153) (64.78 (115))	64.71 (120)
H′/L″	76.31 (221)	76.14 (126) (76.08 (94))	76.96 (96)

上表左列第（1）和（2）两组平均值是著者就西北岗未分组全部男性和已分组的各组男性头骨的测量及指数而计算的。①

但是，据前文所知，西北岗组头骨由于可能是非同种系的，所以有两项问题就似需加以考虑。其一，就是史前华北组头骨在若干项测量和指数平均值方面既与西北岗组头骨近似，则该组头骨是否也如西北岗组头骨一样而可能属非同种系的？其二，即姑无论史前华北组头骨究属同种或异种系的，是否容许以其测量数值与西北岗组测量数值相互比较，借以求解两者的种系关系？

就第一项问题来说，著者以为答案或是肯定性的，原因是史前华北组头骨出土的地区和其所属的时代都不是单纯的；纵不计较小的地区及时代上的差异，这一组64具的头骨也至少是分别出土自甘肃（58具）和河南（6具）两地，且分属于新石器时代晚期和青铜时代早期的材料。这就是说，史前华北组头骨，无论就所属时代与出土地区而言，较之西北岗一地的殷代头骨都远为复杂。如果我们不能断言分属不同时代与地区的史前华北组头骨的主人原是分布在一地（或甘肃或河南）而后徙居于两地的

---

① 在英文简报中，第（2）类平均值不包括第三小组两具头骨的平均值，且由于误据第五小组男女混合平均值，故该类平均值及例数均与此不同，虽然差异并不大。

同一族群，则该组头骨应很可能是属于不同种系或族群的。此外，我们应可就同种系头骨的测量与指数的"Mean Sigma"与史前华北组头骨的测量与指数的"Sigma"来比较，以进一步求解后者的种系纯正性，但限于主题范围，于此姑不赘论。[①]

表四　西北岗未分组材料与史前及现代华北组、欧洲组材料的比较

Measurements & Indices	An-Yang series M(1)	An-Yang series M(2)	Prehistoric (North China)	Recent North Chinese	European
Max. Length(L")	181.98(319)	182.00(154)	180.30(41)	178.50(86)	180.40(26)
Max. Breadth(B)	141.64(317)	139.03(155)	138.60(42)	138.20(86)	140.90(26)
Least Frontal Breadth(B)	91.76(309)	91.48(150)	91.10(41)	89.40(85)	96.20(26)
Bimastoid Breadth (MB)	128.00(294)	127.87(142)	124.90(41)	123.80(84)	125.10(26)
Interporial Breadth (PB)	120.56(293)	119.53(137)	118.60(42)	117.60(83)	119.10(26)
Auricular height (OH)	118.14(305)	117.64(152)	116.00(50)	115.50(83)	114.30(26)

---

① 著者曾计算史前华北组与同种系头骨十四项测量的 Mean Ratio 为 105.44，而西北岗组为 105.68。又六项指数的百分比值史前华北组为 86.41，西北岗为 100.99；前者较后者与同种系头骨的差异尤大。但如将史前华北组测量与指数百分比合并计算，其平均值为 99.73，而与西北岗组 104.27 比较，则显较西北岗组更可能为同种系的一组头骨！因此，著者以为是否合并计算测量与指数的 Mean Sigma Ratio，在方法上说，似乎是可商榷的。

续表

Measurements & Indices	An-Yang series M(1)	An-Yang series M(2)	Prehistoric (North China)	Recent North Chinese	European
Basion-bregmatic Height(H')	138.48(220)	138.48(123)	137.00(42)	137.20(86)	131.30(26)
Basis Length (BL)	101.62(206)	101.61(118)	101.60(40)	99.00(86)	99.20(26)
Profile Length (GL)	97.96(183)	98.13(112)	95.70(31)	95.20(84)	94.90(26)
Mid-Profile L·(GL_1)	89.30(173)	89.38(108)	87.40(34)	85.80(83)	87.00(26)
Circumference (U)	512.20(312)	511.05(156)	507.10(34)	502.20(74)	509.60(26)
Sagittal Arc (S)	373.62(287)	374.47(137)	371.90(36)	370.00(82)	363.80(26)
Transverse Arc (Q')	320.54(264)	319.40(150)	312.30(37)	317.00(60)	312.20(26)
Bizygomatic B·(J)	136.18(272)	135.38(146)	132.20(37)	132.70(83)	128.30(26)
Morphological facial H·(GH)	119.18(127)	119.03(74)	120.30(37)	124.60(83)	120.00(25)
Upper facial H·($G'H$)	72.36(266)	72.46(145)	75.20(35)	75.30(84)	70.60(26)
Malar Height (MH)	45.18(280)	45.14(144)	45.40(30)	45.70(83)	43.40(25)
Malar Breadth (MB')	26.68(280)	26.74(147)	26.60(31)	26.20(83)	23.40(25)

续表

Measurements & Indices	An-Yang series M(1)	An-Yang series M(2)	Prehistoric (North China)	Recent North Chinese	European
Bimalar Breadth (GB)	102.32(256)	102.16(141)	102.00(32)	97.90(83)	91.70(26)
B/L" ×100	76.67(316)	76.36(154)	76.00(40)	77.56(86)	78.15(26)
OH/L" ×100	64.92(305)	64.81(153)	64.14(42)	64.87(83)	62.85(26)
H'/L" ×100	76.31(221)	76.14(126)	75.97(39)	77.02(86)	72.54(26)
OH/B ×100	83.99(302)	84.88(154)	84.90(…)①	84.00(…)	81.00(…)
H'/B ×100	99.99(215)	100.15(124)	99.24(38)	99.53(86)	93.14(26)

关于第二项问题，正如著者前文论及的，西北岗组头骨果属异种系的，则不宜与其他同种系的材料相为比较。尤其当史前华北组也可能是非同种系的材料时，则更不宜与非同种系的西北岗组材料比较；因为以两组不确知的材料相比较，显属无意义的，纵然可以从测量上得知其异同。

（3）西北岗组各分组头骨的测量与指数的比较：

就前节所论，著者既认为西北岗组头骨在形态上应可分为几个分组，亦即类型。因此，我们需进一步试察各分组间在测量和指数上究否有与各类型相对应的差异。在第173页的表五中，分列了西北岗各分组男性头骨的十六项测量和八项指数的平均值，兹试略分析如下。

---

① 此类及右列两类系就同表中 OH 及 B 平均值直接计算的。

表五　　西北岗男性各分组头骨的测量的比较

Measurements	Subgroup I	Subgroup II	Subgroup III	Subgroup IV	Subgroup V
Maximum length(L")	182.50(30)	182.86(34)	181.50(2)	182.54(50)	180.14(38)
Maximum breadth (B)	144.44(31)	136.90(34)	133.50(2)	139.06(50)	136.76(38)
Basion-bregmatic height (H')	135.10(23)	141.06(25)	138.50(2)	140.12(42)	136.70(31)
Auricular height (OH)	115.40(29)	119.78(33)	116.25(2)	118.38(50)	116.60(38)
Transversal arc (Q')	321.34(28)	320.54(31)	312.75(2)	320.26(52)	316.14(37)
Sagittal arc (S)	370.21(25)	379.70(31)	371.25(2)	376.01(46)	370.90(33)
Circumference (U)	518.26(27)	510.42(35)	507.00(2)	512.46(51)	505.30(41)
Bizygomatic breadth (J)	141.18(31)	134.52(31)	131.50(2)	135.06(50)	131.32(32)
Facial height (G'H)	73.56(24)	71.38(34)	71.00(2)	72.94(50)	72.16(35)
Bimalar breadth (GB)	104.22(29)	101.44(30)	99.00(2)	102.74(51)	100.02(29)
Nasal height (NH)	54.42(26)	51.62(34)	52.72(2)	52.82(51)	52.90(35)
Nasal breadth (NB)	27.28(28)	27.68(34)	25.00(2)	26.86(51)	26.50(36)
Orbital breadth R (O_1)	41.64(30)	40.98(34)	40.50(2)	41.92(51)	40.44(38)

续表

Measurements	Subgroup I	Subgroup II	Subgroup III	Subgroup IV	Subgroup V
Orbital height R (O_2)	33.50(30)	32.14(34)	32.50(2)	33.12(51)	32.76(38)
Malar breadth (MB′)	27.44(30)	26.56(32)	25.25(2)	26.86(51)	26.18(32)
Malar height (MH)	46.56(29)	44.70(31)	44.50(2)	45.10(50)	44.38(32)
100×B/L″	79.15(30)	75.07(34)	73.58(2)	76.18(50)	75.71(38)
100×OH/L″	63.45(29)	65.51(33)	64.33(2)	65.09(51)	64.87(38)
100×H′/L″	74.21(24)	77.11(25)	76.32(2)	76.51(43)	76.31(32)
100×NB/NH	50.39(25)	54.37(34)	47.40(2)	50.71(51)	50.27(35)
OH/(L+B)/2	70.75(29)	75.03(33)	74.12(2)	73.73(51)	73.33(38)
L+B+H′/3	154.39(24)	153.35(25)	151.17(2)	154.31(43)	151.13(31)
100×O_2/O_1	80.75(30)	78.61(34)	80.24(2)	79.13(51)	81.07(38)
G′H/J×100	51.91(25)	53.15(30)	53.99(2)	54.47(50)	54.25(30)

首先，就表中前四项长（L″）、宽（B）、高（H′&OH）测量和前三项的长宽（B/L″）、长高（H′/L″，OH/L″）指数而言，西北岗组的五个分组之间似有相当的差异。第（I）和（IV）分组（即古典与北极类蒙古种类型）虽同属中头型，但第（I）分组（B/L″=79.15）更近于圆头型而头顶较低宽（B=144.44，OH/L″=63.45，H′/L″=74.21）。第（III）分组（即类高加索类型）头宽最窄（B=133.50），长宽指数为73.58，为五分组中唯一应属长头型的[①]，但头高较低（OH=116.25，H′=138.50，

[①] 但全部西北岗组中长头型骨为数却不少，而非仅本分组的两具。

OH/L″ = 64.33，H′/L″ = 76.32）也几为五分组之冠。第（Ⅱ）分组（即美拉尼西亚或类尼格罗类型）长宽指数为75.07，较之第（Ⅳ）分组尤更于长头型；但头高较大，底顶高（H′ = 141.06）、耳点高（OH = 119.78）及长高指数（H′/L″ = 77.11，OH/L″ = 65.51）均为五分组之冠。第（Ⅴ）分组较近于第（Ⅱ）分组，而头型较为低宽。

次就面骨部分而言，两类蒙古种类型（即第（Ⅰ）和（Ⅳ）分组）的两颧弓间宽（J = 141.18，135.06）和两颧骨间宽（GB = 104.22，102.74）较大，均为五组之冠，且尤以第（Ⅰ）分组为然。类高加索类型（第Ⅲ分组）的这两项宽度几为五组中之最小的（J = 131.50，GB = 99.00）；仅第（Ⅴ）分组的两颧弓间宽（J = 131.32）较本组为略小。第（Ⅱ）分组的这两项测量则介乎上述两类之间。同样就颧骨本身的宽和高度而言，在五个分组中也以第（Ⅰ）和（Ⅳ）分组为最大（MB′ = 27.44，26.86；MH = 45.56，45.10），而以第（Ⅲ）分组为最小（MB′ = 25.25，MH = 44.50），仅第（Ⅴ）分组颧高略小于第（Ⅲ）分组（MH = 44.38）。此外，就上面指数（Upper facial index = G′H/J）而言，西北岗五分组虽均列属中高面型，但第（Ⅰ）分组（51.91）较近于宽短面型，第（Ⅳ）、（Ⅴ）两分组较近于窄长面型；余者第（Ⅲ）、（Ⅱ）两组则同属正常中高面型。就鼻指数（NB/NH）而言，第（Ⅱ）分组属宽鼻型（54.37）；第（Ⅲ）分组（47.70）较近于狭鼻型；余者（Ⅰ）、（Ⅳ）、（Ⅴ）三分组则均属中鼻型。

总之，就上文赅略的分析，西北岗五个分组头骨在各部分测量上似有相当差异存在。

当然，我们或认为西北岗的五个分组原是就形态结构的不同而加以区分的，因此果有差异的话，也是势所必然的。但问题主要是在于西北岗的五个分组间的差异，果属显著的话，究否即意味着种系上的差异？关于这项问题，我们原可根据 K. Pearson 氏所订种系类似性系数（Coefficient of Racial Likeness, C. R. L.）的值是否更近于零[1]，来判定不同组材料间种系关系的亲疏——数值愈小，相为比较的两组材料间的可能种系关系愈近；反之，则愈远。但由于在下节内，我们将根据这标准来分析西北岗的几个分组与同形态的已知种系的他族头骨的种系关系，所以这里就不再讨论西北岗五分组间的测量差异究否属种系差异的问题了。因为西北岗的五个分组果然分别与同形态的他族头骨显示有种系关系，则此五组间的差异应即属种系性的差异。当然，最好是先积极地证明五分组间的差异确是种系性的，然后更进一步证明这五个分组确分别与不同种系的某些族头骨近似，但限于本文篇幅，只得从略了。

（4）西北岗各分组头骨与已知种系的他族头骨的种系关系的分析：

据前文所论，西北岗的五个分组原是就形态类型而分类的，原是五个不同的类型。且这五个类型中的第（Ⅰ）、（Ⅱ）、（Ⅲ）、（Ⅳ）型分别与北极和古典类蒙古人种的（楚克奇和布里亚特人）、海洋类黑人种的（美拉尼西亚人）、类高加索人种的（爱尔兰人）、北极类蒙古人种的（爱斯基摩人）头骨有或多或少的类似性。仅第（Ⅴ）分组，著者虽认其形态与其余四分组不同，却难定其可能的种系；果非全属女性头骨的话，或与海洋类黑人种系有关，也未可知。撇开第（Ⅴ）分组不谈，其余四

---

[1] C. R. L. $= \dfrac{1}{M} \sum \left\{ \dfrac{ns \times ns'}{ns + ns'} \times \left(\dfrac{ms - ms'}{\sigma s} \right) \right\}^2 - 1 \pm 0.67449 \sqrt{\dfrac{2}{M}}$ cf. on the Coefficient of Racial Likeness, 1926, *Biometriika*, Vol. 18, pp. 105—117.

个分组与同类型的他族头骨，就头骨测量而言，究否分别有没有与类型相应的类似性？易言之，如第（Ⅰ）分组，即古典类蒙古人种类型，是否在测量上与楚克奇、布里亚特人之类的蒙古人种头骨显示类似性？其他分组亦然。这是本节试拟说明且应是西北岗组头骨研究的终极问题。

著者在已发表的英文简报中，曾试以西北岗五分组头骨与可能有关的一些族类头骨的某些测量加以比较，此处姑予省略。兹仅就第178页表六所列近期中计算出的西北岗各分组与某些族类的 C. R. L. 值，试说明其间究有无可能的种系关系。

关于下面表六中西北岗各分组与已知种系各族间的 C. R. L. 值，如仔细分析起来，相当繁杂，且实际上表中的数值也表现了相当的纷歧现象，不容在此详加讨论，因此我们只能提出下列的几点推证。

①西北岗第（Ⅰ）分组，即形态与布里亚特、楚克奇和库伦（即今乌兰巴托）蒙古人种类似的一型，就测量而言，也显然是与这一系的蒙古人种的关系最近。因为无论就西北岗的五个分组或就已知种系的六族头骨而言，第（Ⅰ）分组与布里亚特混合组（即 Chu + Bu + Ug）的 C. R. L. 数值都是最小的（1.16）。此外，著者计算了西北岗第（Ⅰ）分组分别与布里亚特、楚克奇和库伦三族的 C. R. L。其结果，如表七所示，证明西北岗第（Ⅰ）分组的种系似尤近于布里亚特。这就是说，西北岗第（Ⅰ）分组头骨非仅近乎古典类蒙古人种系，而且更近乎古典类蒙古种系中的布里亚特族——这一分析结果与这一分组的形态分类和前文提到的 C. S. Coon 博士对于西北岗头骨的某些看法都是符合的。

②西北岗第（Ⅱ）分组，即类美拉尼西亚类型，就 C. R. L. 值而言，在相与比较的六族中是与海洋类黑人种的美拉尼西亚族

的种系是最近似的（C. R. L. = 1.41）。这一结果与形态的分类也是符合的。

表六　　　西北岗各组与其他种族的种族亲缘系数

Other groups		the An-Yang Subgroups				
		（Ⅰ） (n = 24.50)	（Ⅱ） (n = 29.67)	（Ⅲ） (n = 2.00)	（Ⅳ） (n = 46.27)	（Ⅴ） n = 32.90
Chukchi + Buriat + Urga (n = (8.00))	(a) 1.16 (30) (b) 1.29 (11) (c) 1.41 (19)		8.57 12.81 6.12	1.80 2.52 1.38	5.30 8.22 3.61	6.85 7.32 6.57
Melanesian (n = 1.93)	(a) 3.17 (30) (b) 5.02 (11) (c) 2.09 (19)		1.41 2.02 1.05	0.54 0.96 0.16	1.99 3.40 1.18	1.44 1.92 1.16
African Negro (n = 3.53)	(a) 5.98 (30) (b) 8.05 (11) (c) 4.74 (19)		6.06 9.23 4.23	2. 4. 0.99	6.62 10.86 4.16	5.17 8.92 2.99
Eskimo (n = 2.00)	(a) 2.72 (30) (b) 2.50 (11) (c) 2.84 (19)		4.03 3.34 4.43	1.39 9.72 1.77	3.13 2.83 3.30	3.64 2.17 4.50
Irish (n = 4.00)	(a) 2.97 (30) (b) 1.91 (11) (c) 3.58 (19)		4.31 6.00 3.33	1.26 1.54 1.10	3.37 4.05 2.98	2.89 3.54 2.51
Amerindian (n = 5.00)	(a) 2.34 (30) (b) 1.59 (11) (c) 2.78 (19)		5.39 7.19 4.34	0.47 1.12 0.03	2.87 4.03 2.19	2.14 2.87 1.71

(a) = all characters, (b) = angles & indices, (c) = linear measurements.

表七

	布里亚特	库 伦	楚克奇
西北岗第（Ⅰ）分组	（全部测量）0.64	1.00	1.18
	（指数角度）0.95	0.90	0.79
	（线度测量）0.46	3.67	1.40

③西北岗第（Ⅲ）分组在形态分类上属于类高加索型；与西北岗的其他分组，至少是第（Ⅱ）分组的差异该是显然的。但是就 C.R.L. 值而言，在西北岗的五个分组中，第（Ⅲ）分组却竟出人意料地较之类似美拉尼西亚型的第（Ⅱ）分组更近似类美拉尼西亚种系（C.R.L.=0.54）；形态的分类与种的判断竟然不符。

更可注意的，就是西北岗第（Ⅲ）分组不仅较之第（Ⅱ）分组更近于类美拉尼西亚种系；而且除了较之第（Ⅰ）分组与布里亚特混合组种系关系略远以外，实际上较之其他分组与已知各种系的族群，都是最近似的，因为在第（Ⅲ）分组行下的 C.R.L. 值几乎都是最低的。换句话说，西北岗第（Ⅲ）分组既与类美拉尼亚种系最近，也与非洲黑种人、爱斯基摩人、爱尔兰人、印第安人等种系最近！这当然是不合理的，且可能与西北岗第（Ⅲ）分组头骨的例数（n=2）远少于其他四个分组（n=24~46.27）多少有关的。实际上，Pearson 氏曾提到计算 C.R.L. 值时，相与比较的材料不宜少于三十具；如果材料过少，特别是相差悬殊，则可影响 C.R.L. 值的大小[①]。因此，西

[①] G. M. Morant 曾把原来的 C.R.L（Crude Coefficient）乘以 $50 \times \frac{ns \times ns'}{ns + ns'}$ 而称之为 Reduced C.R.L.。但结果仍然不太圆满，因为不能完全消灭由于例数多寡而促成的差异。Cf. A Preliminary Classification of Asiatic Races Based on Cranial Measurements, 1932, Monograph of The National Research Institute of Social Sciences, No. 7, P. 2.

北岗第（Ⅲ）分组似乎只能单独与其他各族比较，而不能与西北岗的其他分组互为比较。换句话说，我们仅可就第（Ⅲ）分组下的各项 C. R. L. 值，论其与某一种系最近。虽然，在这种条件下西北岗第（Ⅲ）分组却仍是与类美拉尼西亚人的种系最为近似！当然，如果我们想到类高加索种与非洲真正黑人（Proper Negro）体质上的类似性，想到人类学家有关欧洲旧石器时代晚期 Grimaldi 人的描述和争议[①]，更想到素认为是"archaic White"的澳洲人与其近邻类美拉尼西亚人的关系，则西北岗第（Ⅲ）分组的类高加索型头骨竟近于类美拉尼西亚人的种系，也许不是绝不可能的。不过，就形态特征而言，著者仍较为同意 C. S. Coon 博士的看法，即第（Ⅲ）分组的两具头骨似应一如其形态类型而或属类高加索种。

如果姑置西北岗第（Ⅲ）分组与类美拉尼亚人之种系关系不论，则西北岗第（Ⅲ）分组应与印第安人种系最近（C. R. L. = 0.47）；再次，则近于类高加索种的爱尔兰人（C. R. L. = 1.26）。又值得注意的，即与非洲类黑人种系关系最远（C. R. L. = 2.21）。Dr. J. L. Angels 曾认为第（Ⅲ）组头骨与某类印第安人头骨类似，就 C. R. L. 值而言，应是值得注意的一项意见。

④第（Ⅳ）分组，即类爱斯基摩人型，在西北岗的五个分组中虽与类美拉尼西亚人种系较远，但在相与比较的已知种系的六族中，却仍是最近于类美拉尼西亚人种系（C. R. L. = 1.99）！其次则近于印第安人（2.87），再次则近于爱尔兰人

[①] C. S. Coon, 1965: *The Living Races of Man*, pp. 120—125. W. W. Howells 1959: Mankind in the Making. P. 212. Hooton, E. A., 1947: Up From The Ape. pp. 368—376.

的种系（3.37）。但如就指数与角度的 C. R. L. 值而言，西北岗第（Ⅳ）分组却是与六族中的类爱斯基摩人种系最近的一组（2.83）。

⑤第（Ⅴ）分组，在西北岗的五分组中，是仅次于第（Ⅱ）分组而近于类美拉尼西亚人种系的。

总之，综合本节上文的分析，我们似可推证前节所论西北岗各分组头骨测量上的差异很可能是种系性的差异，因为根据三十项测量而计算的 C. R. L. 值说明西北岗各分组头骨似分别与已知种系的某几族头骨显示或多或少的种系类似性。换句话说，西北岗各分组的形态类型的分类，大体上说，应同时就是一项种系的分类，而实际上也正是依据不同种系的头骨形态类型而加以分类的。著者承认西北岗头骨类型的分类不免有主观上的疏误，也不以为 Pearson 氏的 C. R. L. 值是判断头骨种系的一项全然可靠的标准，但果不认为 C. R. L. 值全不可据的话，则事实似说明著者首先加诸西北岗组头骨的形态分类应有其多少可靠性的。此外，果非源于技术上的疏误的话，则西北岗组头骨的类美拉尼西亚成分也倒是值得注意的。

三　结论

（一）历史语言研究所考古组于 1928 年迄 1937 年间安阳殷墟发掘中曾收集大批墓葬中的人体骨骼。本文即为近六年来有关这批藏存的骨骼材料的整理和研究的初步报导。

（二）现存安阳殷墟人体骨骼要分两类，即头骨和体骨。头骨共计 413 具，除其中三具出土于晚期墓葬以外，余者均出土于殷代葬墓，而尤以侯家庄西北岗区的占绝大多数。体骨计 4580

件，完整者1000余件，包括各类体骨，但主要出土于隋唐墓葬。

（三）侯家庄西北岗区曾发掘有十一座大墓及主要位于东区大墓周围的近千座小墓。研究中的西北岗组头骨即要出土于东区三座大墓西侧的九十九座小墓，且其中的八十六座小墓均属仅有头骨而无体骨的殉葬墓，或所谓"人头坑"。人头坑中埋有多具头骨，最多的一墓计达三十二具；但以埋有十具者最常见，计有三十三墓。极少数头骨出于大墓（即王墓）中的小墓或其他部分。大墓曾受盗掘，扰乱，故研究中的西北岗头骨中不详有无殷先王的遗骨。

（四）西北岗组殷代头骨既大部分出土于殉葬的人头坑小墓（计有337具），则该组头骨的主人很可能是殷王朝对外征战中俘获的异族族属，或是王朝的侍役奴属，甚或是宗族。虽然，证诸甲骨文殷人以羌人用于祭祀的记载，西北岗组头骨或要为异族的战俘，且可能是多次殉葬的——因为就小墓的分布及层位而言，似可分为先后几期。

（五）人头坑小墓多为十墓一排，或若干排自为一群，或每隔一两排而与仅有躯肢而无头骨的无头葬小墓呈相间的排列。此身首异处的骨骼或原属同群个体的骨骼，或可能虑其死后复生，因分别予以埋葬。惟在研究中的骨骼中极少无头葬墓中的体骨。

（六）西北岗组殷代头骨，无论就头骨测量上的或形态上的差异而言，都极可能代表着一个非同种系的人群（a non-homogeneous or heterogeneous population），尤其就头骨形态而言，其中有的极类古典蒙古人种，有的类似海洋类黑人种，有的类似爱斯基摩或印第安人种系，而极少的两三具则几乎无殊于欧洲的类高加索人种。如果初步的研究并无严重的疏误的话，则西北岗殷代殉葬墓中的头骨所代表的人群，大体上说，可能主要包括北亚的类蒙古人种和次要的海洋类黑人种，以及最少类高加索人种的成分。

（七）西北岗组殷代头骨，就若干项测量而言，较之现代华北人头骨似更近于甘肃和河南史前期人头骨①。

（八）西北岗组殷代头骨既要属人头坑和大墓中的小墓内殉葬者的头骨，且殉葬者应可能不外是异族战俘或殷王朝的奴属，而很少可能是殷王族宗亲，因此这组头骨的研究对于殷王朝种系问题的探讨似不能提供多少可靠的线索；甚至其中不乏有殷王宗属的头骨，也难加以确认②。

（九）西北岗组殷代头骨的初步研究分析果非全然误谬，则大抵应可说明：公元前一千几百年之际的殷王朝治下果非包括若干不同种系的人民③，则至少在其王朝的周边分布有若干不同种系的民族，且这些民族应与殷王朝有过战争，甚或其他生活方面的接触，从而在文化上的发展上曾有其影响。

（十）西北岗组头骨无疑是一组成分复杂的头骨，而且证诸甲骨史料，殷王朝也显曾与不少异族（如鬼方、羌人、夷方之类）有所接触。因此西北岗组头骨的研究，特别是有关其种系的推证，也同样是一项复杂而困难的工作，加以著者所见浅薄，

---

① 著者曾计算出两组材料的 C. R. L. 值，由于需加改正，不及列入本文。

② 惟如据史载箕子移民朝鲜，而今朝鲜民族果与殷王族或多或少有关的话，则殷王族应可能是近乎古典类蒙古人，也即西北岗第（Ⅰ）分组头骨的种系。此外，就殷墟与朝鲜半岛的地理关系而言，这也似属一种可能的推测。虽然，另据史载殷人有"殷戎"之称，而"戎"要属中国西北边裔的民族，则殷民究否即古典类蒙古种系，仍不能确言。

③ 据史称"纣有亿万夷人"，果此"夷人"应即"东夷"的话，则此"东夷"或即西北岗第（Ⅱ）分组所代表的美拉尼西亚人种系，也未可知。著者曾以西北岗全组头骨与已知种系的若干族类头骨比较，而求其 C. R. L. 值，其结果说明最近似美拉尼西亚人头骨。此是否暗示西北岗组头骨中有较浓重的海洋黑种人成分？显然是可注意的。但该 C. R. L. 值因仍需核正，故不及列入本文。

在这一初步的报告中自不乏有可以商榷的地方，深愿读者专家惠予批评和指正，庶可于最后的正式报告中加以修正。

1968 年 7 月 15 日写于南港史语所骨骼陈列室

后　　记

（一）本文完稿后，承李济之所长、余锦泉主任于百忙中惠予核阅，并指正若干疏误，谨于此致谢。

（二）殷墟头骨的形态类型在出土的墓葬中似有某种程度的规律现象；易言之，同一墓中出土的头骨大抵属于同一类型。例如西北岗东区 1129 号大墓西北的 1474 号小墓出土的头骨（Nos. 229，254，255，265，276，372）和 1477 号小墓出土的头骨（Nos. 271，311，348，350）都属著者分的第一类型，即古典蒙古类型。如果殷墓中的殉葬者并非在诛戮以后，须先加以简选分类，再依其不同的族系而分别集中埋葬，则同类型头骨同埋于同一墓葬中的现象应可能是由于殷王朝曾与不同族系的异族作战而获有不同族系的战俘的结果。当然，上文举的例证也许是偶然性的，不足确证所有墓葬都是如此，但殷墟头骨出土墓葬的分析或有助于出土头骨种系问题的求解，该是显然的。

附：整理殷墟人体骨骼之经过

1962 年，著者承李济之所长之命，主持历史语言研究所考古组藏存的安阳殷墟遗址出土的人体骨骼材料的整理和研究工作。及 1966 年，著者发表了《河南殷墟头骨的测量和形态观察》一文①，对于材料的内容、形性，及所涉人种系统问题提出了赅略的报告和尝试的解释。惟该文以仓促付印，若干有关材料的发掘和整理经过，以及研究方法上的问题都不及详予说明。

近两年内，著者从事殷墟头骨全部测量记录的统计分析与正式报告的撰写工作，其间对于主题材料的内涵也有了一些新的了解。兹值历史语言研究所创立和殷墟发掘的四十周年，而著者以末学，滥竽历史语言研究所也已垂二十五载，因谨更撰此文以补前文之缺，并以就教于关心殷墟史迹的国内外人士。

最后，在此应该提到的，就是殷墟骨骼的整理和研究工作，曾获得国内外许多先进学者和几个学术机构的赞助。尤其李济之所长既以其领导发掘的考古材料交由著者处理，给予全力支持，且分别与中央研究院王雪艇院长惠予推介，而使著者先后获准中国东亚学术研究计划委员会五年、中华文化基金会两年的奖助。著者在此谨致谢忱。此外，美国史密逊研究院和亚洲协会曾协助著者短期进修，解决若干研究资料及技术上的困难；台湾大学解剖学系余锦泉主任惠借仪器、标本；著者也应致谢。至于著者的几位助手，宫雁南和姜义圳先生、林纯玉和吴初惠女士，分别协助摄影、测量、统计和修补的工作，也是必须提到的。

1934年，在殷墟发掘进行中，历史语言研究所创设了人类学组（Division of Anthropology），并聘甫由英伦游学返国的吴定良博士为该组主任，主持殷墟骨骼的整理和研究工作。不幸，工作甫行开始，日本侵华战事爆发，殷墟发掘工作固然停顿，且所有殷墟已出土的器物，包括人骨，也都受到损毁。堪可告慰的，

---

① Yang Hsi mei, 1966: A preliminary Report of Human Crania Excavated From Houchia chuang and other Shang Dynasty Sites at An-Yang, Honan, North China, The Annual Bulletin of the China Council For East Asian Studies, No. 5, pp. 1—13.

即大部分重要而完整的殷墟器物仍获保存。自 1937 年迄 1940 年，这批考古材料，连同研究所的数千箱图书仪器，随着机关的播迁，而行行止止地从南京而长沙、昆明，最后运抵四川宜宾县长江南岸边李庄镇板栗坳的山顶小村上[①]。

1945 年，抗战结束。翌年秋，殷墟骨骼随同中央研究院各所处公物，再运返南京鸡鸣寺山下原址[②]。

1947 年，吴定良博士辞职，著者奉派接收吴氏移交前此借用史语所的标本仪器，以及有关殷墟骨骼研究的资料。而后者中除已故丁文江博士生前搜集的活体测量材料以外，仅有数册小型笔记簿，记载着一百六十余具殷墟头骨的编号出土地点和日期，七项头骨的线度测量（Lineal measurements of the crania），及有关几具头骨形态的零散的描述。就著者所知，吴定良先生于 1941 年曾就少数殷墟头骨的几项线度和弧度的测量，发表了一篇《殷代与近代颅骨容量之计算公式》[③]，但因内容仅在说明如何依据英国 K. Pearson & A. Lee 氏的方法，就中国人头骨的大小尺度，而设计出用以间接计算中国人头骨脑容量的数理公式。就其性质而言，这只是应用统计学的，而非人类学的研究，更无关殷墟骨骼的研究。因此在这篇论文内，定良先生竟不曾应用他的公式去进一步地分析殷墟头骨容量的问题。虽然，就著者近期有关殷墟头骨脑量的研究所知，吴氏公式却似乎不逊于上述英统计

---

① 著者因高尚阴教授推介，于 1943 年 10 月，入历史语言研究所人类学组，任助理员，从主任吴定良博士初受体质人类学训练。翌年，中央研究院另立体质人类学研究所，吴定良任筹备处主任，著者因亦改隶该所。

② 著者奉派押运体质所筹备处公物，于重庆曾滞留三个月。著者因肃函时在北平的傅孟真所长，洽准重回历史语言研究所工作。

③ T. L. Woo, 1942; Formulae for the Determination of the Capacity of Chinese Skull from External Measurements, *The Anthropological Journal of The Institute of History & Philology*, Academia Sinica, Vol. Ⅱ, pts. 1—2, pp. 1—14.

学家的公式，而这与设计公式时选用的头骨标本或是有关的。此外，吴定良先生就更没有其他有关殷墟骨骼研究的论著发表了。因此，李济之博士在后几年提到史语所人类学组的创设目的时，曾这样地惋叹道：

> 最重要的研究项目为整理安阳出土的殷商时代的人骨，这一课题直到 1947 年吴定良先生辞职时，尚未缴卷，实在是中国科学研究的一大遗憾①。

殷墟骨骼几乎是李济之博士亲手发掘的，最了解它的重要性，因此也就寄予莫大的关切，而情溢乎词。

1949 年，历史语言研究所再迁台湾新竹县（今桃园）。但由于研究所本身业务上的困难②，殷墟骨骼和绝大部分的图书及考古材料都无法陈出，而不得不存放在杨梅火车站旁的仓库内，长达六年之久③。

1954 年，李济之博士依据吴定良博士留交的部分完整殷墟头骨（160 余具）的七项测量记录，第一次发表了一篇有关殷墟骨骼的论文④。在该文内，济之先生获得两项重要结论，即（1）殷墟头骨的颅底脑门高度（basion-bregmatic height）较大，易言之，显示人类学家步达生博士（Davidson Black）所称见于甘肃新石器时代晚期和现代华北人头骨的"东方人特征"（the Orien-

---

① 李济：《傅孟真先生领导的历史语言研究所》，历史语言研究所《傅所长纪念特刊》，第 11—19 页，1951 年。
② 当时仅不足十间房屋，作为研究室、图书室、事务室、寝室和饭堂。
③ 著者此期从芮逸夫主任习文化人类学，兼致力中国古社会史的研究，迄今若干论著均孕于此期。但以李济之主任雅爱，于后二年执教台湾大学考古人类学系，而兼事体质人类学的研读。
④ Li chi, 1954: Notes on Some Metrical characters of Crania of the Shang Dynasty Excavated from Hou-chia-chuang, An-Yang, Annual of Academia Sinica, No.1, pp. 549—558. （见本论集）

tal Particularity）[1]；（2）殷墟头骨指数（the breadth-length cranial index）的偏差颇大（Mean S. D. = 3.95 ± 0.16），依同种系性（homogeneity）的头骨指数偏差标准（S. D. = 2.68 ± 0.4）而言，殷墟头骨代表的族群应可能是异种系性的（heterogeneous），即包括不同种系的族群。尤其后项结论果属正确的话，其于未来殷文化甚或中国历史时代（historical period）整个文化史的解释应有着基本的影响。事实上，后此著者在殷墟头骨的研究中即以此获得甚多的启示，且影响了处理的方法。

前文提过，殷文化和殷墟骨骸也是国际学者注意的一项重要课题。所以就在李济博士发表上述论文的同年内，美人类学家孔恩博士（Carleton S. Coon）在所著《人类故事》一书内[2]，提到发掘多年而未见报导的殷墟骨骸，并就偶见于杂志的一帧照片上的一座殷墓葬坑位和少数人骨，而表示了他自己和其他几位美国人类学家的意见——殷墟头骨似属白种、黄种或黄白混血种，或迄今还难确言其种系的族群的头骨！虽然，仅只是从一帧照片上所得的观感或未见其可靠性，但殷墟头骨的复杂性却于此可以证知。

1955年历史语言研究所再迁台北县南港镇旧庄。其时全院仅有一座平房建筑，也就是现在的殷墟骨骸、殷墟甲骨和明、清档案材料的陈列兼研究室，而在当时却是全所同仁的研究室兼图书室、绘图室和大部分古物及图书的储藏室！在这种困境下，研究所的整个业务均无法进行，器物标本无法陈展，不得不仍放在储藏室木箱内，直到1962年，才有了顺利进行整理研究的转机。

---

[1] D. Black, 1928: A study of Kansu and Honan Aeneolithic Skulls and Specimens from Later Kansu Prehistoric Sites in Comparison with North China and Other Reccent Crania, *Palaeon-tologia* sinica, Ser. D. Vol. Ⅵ, p. 31.

[2] C. S. Coon, 1954: The Story of Man, pp. 331—332.

1957年，孔恩博士趁其环球旅游之便，顺访台湾，参观了部分殷墟头骨，并测量了其中的八具，而在次年的《环球人种览游》①一文内，对于殷墟头骨再度表示了下列较具体的看法：

> （殷墟头骨）分属三种不同形态，即现代华北人的长头型（dolichocephalic type），厚重的类蒙古人的宽头型（brachycephalic type），和另外两具如非有箕形门齿（shovel teeth）就该是北欧人的头骨……在有关这批无比重要的材料的最后研究发表时，应很可说明中国历史时代黎明时期的华北平原曾存在过体质差异颇大且属多元性的族群。

不过，可能是基于学术研究上的道义，孔恩博士并未发表他的测量记录。而且姑不论其整个看法的正确性如何，孔恩先生对于那两具若非有箕形门齿就该是北欧人头骨的看法却跟他前此在《人类故事》一书内认为箕形门齿似不足据以论证人种的意见，是显然不符的。因为他自云就是有箕形门齿的②。

综上所述，事实说明迄于1960年的过去三十余年中，由于研究所的频繁迁徙与环境的困难，殷墟头骨虽曾经李济之和孔恩两博士先后提出基本的论点，但全部殷墟骨骼材料，包括头骨和体骨（the cranial and the post-cranial skeletons），却迄未能彻底加以整理，而著者所以不惮烦赘地追述其始末，也旨在说明日本的侵华战乱曾如何严重地影响了我国学术研究的发展，说明安定的环境对于学术研究发展的需要。因此迄求1962年秋，由于研究

---

① C. S. Coon, 1958: An Anthropogeographic Excursion Around The World, *Human Biology*, Vol. 30, pp. 29—32.

② 孔恩先生提到："当时仅知殷墟头骨有箕形门齿的片断记录，但以我来说，就有箕形门齿。"

院的扩展、其他学术基金会的协助及李济之所长的策划之下，著者遂奉派主持殷墟全部骨骼标本的整理工作。

（原文所附人头骨图版本书因篇幅所限不录）

附：读杨希枚先生《河南安阳殷墟墓葬中人体骨骼的整理和研究》

余锦泉

（一）本报告系就殷代墓葬出土的头骨材料，从头骨形态学与测量学两方面的分析比较上，溯论殷墟头骨的可能人种系统。因此，就某种意义言之，本报告应是有关中国历史黎明期中原殷王朝及其邻族之人种学的一项研究，且是一项重要的研究。

（二）本报告有关头骨种系的比较和推证显仍待未来人种学家的批评和进一步的探讨，但果如前此李济和 Coon 两博士及本报告的推论，安阳头骨应为一非同种系的族群，则此于殷王朝之历史文化的研究上应无疑可提供以重要的解释基础，至少可说明殷王朝曾与若干人种族群接触，从而互有其人种与文化的影响。

（三）在研究方法上，著者曾先行分类。此就分析头骨的种系而论，正如著者在文中曾指出的，虽似不无"反其道而行之"之嫌，但亦属无可奈何之事。因李济、Coon 两博士曾先论及该批殷墟头骨应为非同种系的，果不先行分类，则益难从事比较。实际上，著者的分类固与 Coon 博士近期的推论大多符合，且纵然著者的分类不代表真正之种系，也可说明该批头骨的显著差异性。

（四）总之，姑置著者的推论不论，安阳头骨的研究应是一项重要问题，事涉中国古代甚或北亚人种的演化史，有待中外学者的多方探讨。

1969年2月27日
（原载《历史语言研究所集刊》第42本第2册，1970年；又《安阳殷墟头骨研究》，文物出版社1985年版）

卅年来关于殷墟头骨及殷代民族种系的研究

一 序言

新中国成立前后，原中央研究院历史语言研究所（下简称史语所）考古组（1928—1937）和中国科学院考古研究所（下简称考古所）发掘河南安阳殷墟遗址，分别在西北岗区[1]和大司空村殷墟西区[2]出土了两批为数约五百具的人头骨和大批青铜、陶、骨和玉石之器，以及数以万计的刻有文字的甲骨。

西北岗组头骨较完整者约四百具，绝大部出土于几座王陵大墓西侧纵横排列而身首异葬的祭祀小墓，即发掘时所称的"人头坑"，因而认为应属入侵殷王朝的异族战俘的遗骸[3]。故西北岗组头骨仅可据以研究殷王朝可能接触的四裔邻族的人种，而不足据以研究殷民族的种系。

殷墟西区的头骨仅数十具，出土于附有刀斧之类的全躯葬中小型墓，认为应是殷王朝自由民或王朝族嗣的遗骨，因而其种系应可代表殷民族的种系[4]。

关于西北岗组头骨的种系问题，自1950年代初迄1980年代初，先后曾经国内外人类学家进行研究，并分为西北岗组头骨虽属蒙古人种成分,但可能包括其他种系成分的异种系说和纯属蒙古种系的同种系说两派。前一派学者包括中研院史语所的李济博士[5]、美哈佛大学人类学系孔恩教授(C. S. Coon)[6]和笔者。后一派学者包括美阿利桑那大学人类学系特诺教授(C. G. Turner Jr.)[7]、哈佛大学人类学系豪厄尔斯教授(W. W. Howells)[8]、张光直教授[9]和中国社会科学院考古研究所韩康信、潘其风两同志[4]。

大司空村和殷墟西区组头骨仅曾由考古所韩、潘两同志加以研究,主要认为:该组头骨分别类似史前及现代华北人组及西北岗组头骨,应属同种系蒙古人种头骨,从而殷民族应属蒙古人种系的民族[4]。这项论点尚未引起争论。

两派学者对于同一组西北岗区殷墟头骨的论点何以会如此不同?尤其李济、孔恩、豪厄尔斯和张光直或同属哈佛出身,或先后任人类学系主任,何以论点也竟如此不同?如果我们不认为他们之间或有专业水平和测计技术上的悬殊差异的话,便不能不设想或是由于解释和处理问题上的主观偏差。因之,无论如何,这两派的论点和论据都须要加以检讨和澄清的。特、豪、张、韩、潘诸氏都是笔者旧识或新交,且实际上,他们的论点也都是以笔者的论点为研讨的对象。笔者很高兴这些朋友对于西北岗头骨种系问题的重视,因而也必须担负这个检讨和澄清的任务,虽然关于这方面的研究也已荒疏了十年。

总的说,笔者在本文内所能澄清的是,主张西北岗头骨同种系说的一派,正如主张异种系说的一派,虽有其某方面的论据,却显然存在着另一些不符合其说的论点。笔者在本文内并没有提出更多直接的材料,因而也不足即证西北岗头骨异种系说必属正确。不过,证诸西北岗头骨的较高变差性,证诸古今中国境内和东南亚及太平洋区岛屿民族系属的复杂,则主张西北岗头骨同种系说者之难，无疑是有甚于主张异种系说者。

笔者归国不久，匆促成文，难免诸多误漏，幸希读者同道批评指正。写作期间，承韩康信和潘其风同志惠赠他们的大著，并协助收集其他同种系派诸家的资料，于此谨致衷心谢忱。

二 异种系说诸家的论据和论点

论点是否正确，视乎有无论据。而西北岗头骨分析的论据究否正确，则尤与头骨测量和统计技术有关。

（一）首先研究西北岗头骨的是人类学家吴定良教授。吴氏赴英国进修期间，曾从当时生物统计学大师皮尔逊（K. Pearson）习骨骼与生体测量学（osteometry, somatology），并撰有关骨骼研究论文，发表于英国著名的《Biometrika》期刊上。归国后，吴氏即主持了史语所的人类学组，尤其体质人类学研究的业务。

1942年，吴定良先生测量了一百数十具西北岗头骨（约全部的1/3）的少数几项测量，并据此设计了专用以测计中国人头骨脑量的数理公式[10]。他并没有论及西北岗头骨的种系问题，但他的测量和统计技术该是可靠的。

（二）其后，李济教授根据上述吴定良先生的部分西北岗头骨的几项测量和皮尔逊拟订的头骨长宽指数的变差度[5][11]——即平均标准差（M. S. D.）是否大于2.68——而首先提出西北岗头骨种系的论点。他主要认为：

1. 西北岗头骨长宽指数的变差值（3.95）大于皮尔逊所订的同种系头骨的变差值，因此该组头骨可能是异种系的头骨（heterogeneous group）。

2. 西北岗头骨具相当大的颅底脑门高度（basion-bregmatic H. = 139.12mm），因而类似史前甘肃和现代华北人头骨，显示步达生氏（D. Black）所谓的"Oriental Particularity"（"东方人特征"）[5]。

李济根据吴定良的测量数据，他的测计技术也应是无误。如果皮尔逊订定的种系偏差数据标准尚有几分可信，则李济所云西北岗头骨异种系的论点也应是言而有据，也应是正确的。

（三）继之，笔者根据全部约 400 具西北岗头骨的 34 项测量和指数，分析了该组头骨，并得到如下的几项数据和论点：

1. 笔者分别与李济相同的九项、与豪厄尔斯相同的十二项测量数据均极近似甚至相同。

如下页表所示，果我们认为差值不大于一个单位（如笔者分测的两组数值）时表示无重要差异，则笔者与李济所测同项目的九项数值可认为完全相同；与豪厄尔斯所测同项目的十二项测量中也有十项相同！这一数据事实应可充分表明：笔者与李济和豪厄尔斯在测计技术上，就这几项测量而言，显应无重大差误，纵然所测的标本例数不尽相同。实际上，笔者的测计结果在最后比较分析时，也才晓然与李济先生的测计结果竟出乎意料地近似；豪厄尔斯也曾函请笔者为他校正他测过的几项不正确的数值；且直到此刻分析比较时，也才知道笔者与豪氏的一些测量（他主要据以分析比较的测量）竟是如此近似。因此，笔者相信，笔者的测计技术和计算结果应该与李、豪二氏的一样可靠。

2. 皮尔逊根据头骨长度和宽度的平均偏差值的大小，曾另订了一项辨别头骨种系的标准，即：长度偏差值小于 5.5，或宽度偏差值小于 3.3 时，该组头骨可能属同种系的；反之，如差值大于 6.5 时，则该组头骨或属异种系[5][11]。此外，皮尔逊曾计算了认为是同种系的五组头骨的长宽度偏差值，分别为 5.7—6.0 和 3.8—5.8。

	杨希枚	李 济	豪厄尔斯
头骨长度	181（n=319）	181（137）	181（42）
头骨宽度	141（317）		
	139（155）	139（135）	139（42）
颅底脑门高度	138（220）	138（123）	140（42）
长宽指数	76（155）	76（135）	76（42）
颅底长高指数	76（126）	76（96）	77（42）
耳点头高度	118（305）		
	117（154）	117（126）	
耳点长高指数	64（153）	64（120）	
纵 弧	373（287）		
	374（137）	375（107）	
横 弧	320（264）	319（125）	
	319（150）		
颅底长度	101（206）		101（42）
侧面长度	97（183）		
	98（112）		98（42）
两颧宽度	136（272）		
	135（146）		136（42）
鼻 高	54（148）		53（42）
鼻 宽	27（151）		28（42）
眶 高	33（155）		33（42）
眶 宽	41（155）		39（42）

（以上男性头骨数值比较）

笔者计算的长、宽度偏差值分别为 6.2—6.8 和 5.9。这两项数值不仅都远大于皮氏所订的同种系的偏差度，也都大于他所称属于同种系的五组头骨的偏差值，而且几乎近于或大于他所订的异种系偏差值的标准。

此外，笔者另据李先生所采用的、皮尔逊所订的头骨长宽指数偏差值标准，也计算了同样的且几乎与李氏数值（3.95）完全相同的偏差值（3.95）；这同样表明西北岗头骨应是异种系的。

3. 豪厄尔斯大概怀疑皮尔逊订的种系辨定标准，因根据他自己测量的多组头骨的多项测量的偏差值，而拟订了另一种辨别头骨种系的偏差标准，即：以任何一组头骨与他所测多组属于同种系头骨的偏差值相比时，比值愈大于100者即愈可能是异种系的；反之，则属于同种系。此外，豪氏曾计算了一组爱尔兰头骨的偏差百分比值（103.5），认为"似乎不大像是同种系的"[12]。另一组混血的牙买加人的偏差百分比值，据豪氏计算，则分别为105.20和103.30。

笔者计算的34项测量与指数的偏差值与豪氏所拟定的一般同种系偏差值相比较，其中十三项均大于豪氏的数值，为110—131；廿六项测量与指数的偏差百分比为104.48，八项指数的偏差值百分比为105.53。这个数据事实充分说明：西北岗头骨，如果豪氏订的标准可以相信的话，应是异种系的，因为偏差百分比值不仅远大于"似乎不大像是同系的"爱尔兰组头骨，且显然大于混血的牙买加人的差值！

4. 如李济先生一样，笔者也将西北岗全部头骨的测计数据与史前和现代华北组、欧洲组的头骨数据作了比较，且正如预料的，也获得与李济先生的同样论点，即西北岗组头骨较之现代华北人头骨更近似史前甘肃组头骨，而与欧洲组头骨的类似性较小。虽然，就某种观点来讲，西北岗组头骨较之现代华北人头骨却又似乎非不类似欧洲组头骨，此在下文再加讨论。

总之，就上述的几项种系辨定的数据标准而言，包括豪氏自己拟订的在内，几乎一致表明西北岗组头骨应是异种系的。如果认为凡此种系辨别标准均不足取信，或认为凡此类数据事实均出于测计上的疏误，则显然是难以置信的主观。

5. 西北岗组头骨，据高的偏差性和种系辨定的偏差数据事实，既应是异种系的，自不能依照一般的方法而直接与其他已知种系的族群的头骨数据加以比较。因此笔者先就已知种系的比较"典型的"头骨，作一纯然主观的形态分类，从而把西北岗组头骨分为分别类似布里亚特蒙古种、海洋尼格罗种、北欧种、爱斯基摩蒙古种（鼻骨呈锐三角状）和不十分确定但怀疑与波里尼西亚头骨相似的五个分组（即第一、第二、第三、第四、第五分组）。

第一分组标本约三十具，第二分组卅余具，第三分组仅两具，第四分组约五十具，第五分组卅余具。姑置第五分组不论，在为数一百一十余具的西北岗头骨中约有八十具认为形态类似蒙古人种头骨；卅余具认为类似海洋尼格罗种头骨；类似北欧型的为数最小。易言之，西北岗头骨虽应属异种系的，却可能仍是以蒙古人种头骨为主要成分。

次一步骤，根据皮尔逊所拟订的另一辨别种系的数据，即种族类似性相关系数值的是否近于 1[13]。笔者计算了五个分组与已知种系的一些头骨的数据加以比较，藉进一步求解主观形态的分类究否符合客观的测计事实，从而进一步确定西北岗头骨究应是包括某些不同种系的一个异种系族群的头骨。下表就是这一数据的比较结果：

西北岗五个形态分组与已知种系头骨的类似系数值的比较

	分组 I	分组 II	分组 III	分组 IV	分组 V
布里亚特人	1.16	8.57	1.80	5.35	6.85
海洋尼格罗人	3.17	1.41	0.45	1.99	1.44

续表

	分组 I	分组 II	分组 III	分组 IV	分组 V
非洲尼格罗人	5.98	6.06	2.21	6.62	5.17
爱斯基摩人	2.72	4.03	1.39	3.13	3.64
爱尔兰人	2.97	4.31	1.26	3.37	2.89
印第安人	2.34	4.34	0.47	2.86	2.14

就上表中无论是五个分组（即横行）或互相比较的已知种系的六组头骨的相关性数值而言，第一分组与第二分组，即主观形态认为是分属蒙古人种布里亚特人和海洋尼格罗人种型头骨的数值（分别为 1.16 和 1.41）显然都是最低而近于 1 的，因而说明第一和第二分组头骨的种系应可能就是分属于主观分类的种系，也就是说，笔者主观的形态分类符合客观的测计数据事实。

但出人意料的是，第三分组（0.45）和第四分组头骨（1.99）非但都不近似主观形态分类的北欧人种和蒙古人种的爱斯基摩人型头骨，且都与海洋尼格罗种型头骨最近似！不过，如果据形态而言，我们不认为这两个分组应该就是海洋尼格罗人型的话，则这两个分组果非都近似美洲印第安人型（0.47 和 2.86）则也恰好是分别近似主观的分类型，即北欧型（1.26）和爱斯基摩型（3.13）头骨！当然，由于第三分组头骨仅包括两具，统计数据究否足以说明种系性，固属可疑，从而很难说究应近似海洋尼格罗和北欧种。同时，由于统计上不乏有不合经验的意外事件，也难免有第四分组竟会类似海洋尼格罗人型的例外。

第五分组，当初未能较确定地指出究类似某一种系，仅怀疑或与波里尼西亚种系有关。现就表中数值（1.44/2.14）而言，则这组头骨似与海洋尼格罗种系较为接近。

总之,姑置统计上可能的意外事故和初未确定分类的第五分组头骨不论,在笔者主观形态分类的四个分组中,至少有两个分组的形态分类是符合客观统计的数据事实的。如果皮尔逊订的种系类似性系数确有几分可靠性,则这一符合的事实应又足说明西北岗头骨研究的另一事实,即统计数据所表示的西北岗头骨的异种系性应是合理的、正确的。虽然,50%的正确性虽只是疑信参半的,也应可说是虽不中而不远了。

此外,就上表数据观之,西北岗的五个分组,除第一分组以外,似乎都与海洋尼格罗种系有不同程度的类似性。如果我们不能全然否定这几组数据的任何可靠性的话,则这一事实也是值得注意的,因为这至少表示西北岗头骨不仅与华北族群,也可能与华南族群有着关系。但笔者于此不能详论。

总之,笔者和李济先生认为西北岗组头骨是异种系的,是根据皮尔逊和豪厄尔斯拟订的几种判别种系的数据,是根据主观形态分类与客观数据相当符合的事实;纵然形态的分类不完全适当,有待于进一步的比较研究,但异种系说的基本论点应该是不容易轻予否定的。

(四)笔者助手许泽民、林纯玉和臧振华继笔者之后,也分别撰文讨论了西北岗头骨的顶骨间骨(interparietal bone)频率、脑量和箕形门齿的频率,并提出与笔者不尽相同的论点[14]。虽然,由于这类形质的量值均不足据以论断头骨的种系,他们的论点自均不足以影响李济、孔恩和笔者的异种系说的论点,且实际上,他们文章中引用比较的各族材料也可说明此点。

如许文引的欧洲人(1.2%)、马来人(1.2%)和海洋尼格罗人(1.6%)的顶骨间骨频率即无重大差异。又据下列频率观之:

华南汉族	蒙古人种	台湾土著	西北岗组	爱斯基摩人
2.2%	2.3%	2.6%	2.7%	3.2%

许认为西北岗组应无爱斯基摩人种成分，而接近华南汉族和台湾土著。但究竟西北岗组接近爱斯基摩人或华南汉族，却显然很难说。

又如臧振华引用的欧洲人（43.5%）、海洋尼格罗人（40%~50%）和非洲尼格罗人（51.6%）的箕形门齿频率固然颇为近似。而西北岗组各分组头骨箕形门齿的频率，如认为无种系差异的话，其变差却有80%~92%之巨！

又如林纯玉虽指出西北岗的第二和第四分组不符合原认为分属海洋尼格罗人和爱斯基摩人的脑量，但第一和第三分组则符合布里亚特人和北欧人的脑量。如果说这表示主观的形态也只对了一半，勿宁说仅只头骨脑量仍是不足据以分辨种系。

（五）孔恩根据他曾看见的一张西北岗一些头骨的照片、参观史语所西北岗头骨的印象和测过但未发表的八具西北岗头骨的记录，先后三次明确地指出该组头骨应属异种系，尤其在最后一次文章中说："其中至少有两具女性头骨的眼眶和鼻骨部分显示类高加索人种的特征。"[6]

孔恩是继他的老师胡顿（E. A. Hooton）而在豪厄尔斯以前的哈佛人类学系主任，且与胡顿、豪氏并为美国人种分类学的权威学者，想来，他的观察和经验应该不会是全属虚妄的。

综合上文各节的讨论，事实说明：李济和笔者的西北岗头骨异种系说是根据皮尔逊和豪厄尔斯订定的头骨长度、宽度、头长宽指数、多项测量和指数的变差数据，以及种系类似性相关系数，共计五项测验头骨种系的数据事实。除非说者认为凡此数据事实均出于误测和误算，即西北岗头骨异种系说显然是难于否定的。

三 同种系说诸家的论据和论点

（一）1976—1980年间，特诺先后发表了四篇论文，内容主要是据西北岗组和亚洲、美洲族群的齿系的形态结构的类型频率，进行了齿系类型与人种系统演化的分析。在结论上，特诺认为：

1. 亚洲各族群的齿系，就微观演化特征（micro-evolutionary traits）而言，可大别为两类，即北方或东北亚区的中国齿系型（Sinodonty）和南方或东南亚区的异他齿系型（Sundadonty）。

2. 中国齿系型较为特化，成型较晚，约四万年前顷分衍自异他齿系型，而存在华北地区。西北岗组头骨、现代中国和日本人（阿依努人除外）、蒙古人、阿留申岛人、美洲爱斯基摩人及印第安人齿系均属于此型；与欧洲、非洲、近东、印度人及海洋尼格罗人种齿系型均无亲缘关系。

3. 异他齿系型比较单纯，成型较早，起源地或在东南亚的大陆架区；马来亚、加里曼丹、苏门答腊、菲律宾、密克罗尼西亚、波里尼西亚等太平洋岛屿民族的齿系均属此型。波里尼西亚人齿系最近似此型，次为澳洲和美拉尼西亚海洋尼格罗人齿系。日本阿依努人和西元前一千年顷的绳纹时代（Jomon）人的齿系也同属此型；可能于西元前一万二千年顷播殖于日本岛[7]。

要之，特诺认为西北岗头骨齿系近似现代华北人齿系，均源于华北蒙古人种，而无关乎其他人种。虽然，他并未直接讨论西北岗头骨种系问题，也没有提及李济、孔恩和笔者关于该组头骨种系的论点。

特诺的论点自有其齿系结构的频率分配上的数据，笔者因非属这方面研究的专业工作者，也不拟检讨他的数据分析，但仅愿指出的是：依照他的论点，如果类似波里尼西亚、澳洲和美拉尼西亚人的齿系特质的异他型齿系可以自东南亚大陆架移植于日本，姑无论经由海或陆路，则具此型齿系的美拉尼西亚或波里尼西亚人又究否绝不可能移播于华南大陆，或原就起源于华南？若然的话，西北岗头骨齿系何以竟与其他人种，尤其异他齿系人种，绝无关系？在解释上，这就显然是值得商榷的论点了。何况实际上，特诺的齿系类型也只是主要结构量的，而非种质的绝对差异。甚至具有异他型齿系的一些太平洋岛屿民族或初源于华南大陆，也似乎不是人种分类学家争论太多的问题，此于下文再加评介。

（二）1979年，豪厄尔斯根据四十余具西北岗组头骨的十二项测量的数据，与中国旧、新石器时代，现代华北和华南人的多组材料，撰写了《中国民族起源》一文，讨论了蒙古人种、中国民族的起源和演化，及西北岗头骨的种系问题。在结论上，他主要提出下列的一些论点：

1. 原蒙古人种可能演化自更新世晚期比北京猿人晚的古人类祖先。广西柳江人头骨像是蒙古人种的，但时代不确定，而且短面低眶，面貌也不大像中国人。周口店上洞人头骨系较现代亚洲人更类印第安人的、而特化的蒙古种系的先中国人。四川资阳人头骨主要类现代中国人，惟标本过于破损，难确论其与新石器时代人的关系。

2. 新石器时代龙山文化早期和仰韶文化期的头骨形态均类似中国人："虽似有些明显差异，但或许是不同的测量技术使然。"

新石器时代华北族群不如华南族群体质差异之大，其起源应即在华北，或就是上洞人的嫡裔。日本绳纹时代的族群的体质差异则颇大于新石器时代的华北人。

3. 青铜器时代的西北岗组头骨与新石器时代及现代华北人头骨无重大差异，杨希枚分类的各分组头骨亦然：应代表殷代本然的中国民族，而属于蒙古人种[8]。

关于豪厄尔斯有关蒙古人种和中国民族起源的论点，可留待古人类学家讨论。这里，笔者仅就豪氏关于西北岗组头骨种系的论点，试加检评于下：

首先，豪氏虽不同意笔者主观形态分类的五个分组，却承认就笔者选用的标本和图片而言，"看起来确强烈地显示着其他一些族群的成分"。

其次，豪氏自认："我不愿否认真正的牺牲者或曾来自广大地区，其中或包括一些边裔民族；也不否认中国民族本身，正如别的学者说的那样，也许原就有某种混血成分。"

再次，豪氏在把他自己测的四十二具头骨与笔者测的两三百具头骨的平均标准差值加以比较时，承认："杨氏的差值，经我核算，确实是相对高（M. S. D. = 112）。但奇怪的是，我自己测的差值（96）却小于各族群的一般平均差值（订为100）。何以竟会有这样的差异，我真不明白。"然后他解释，这或许是由于他测量的西北岗头骨恰好是某一分组较完整的部分头骨，而使得变差值较小。但是，他却又认为"不会由于选样的偏差"。因此，他最后说："我还是相信我自己的数据，而这就会显得西北岗头骨（李氏和杨氏测的）较大差值颇属可疑了。"

最后，豪氏根据他自己的测量数据和多变数分析法（multi-variant analysis），进行了西北岗各分组头骨与其他已知种系的几组头骨的种系比较分析，并证说西北岗各分组头骨应均属同种系的蒙古人种头骨，并无其他种系成分。

凡此说明，豪厄尔斯不唯主观地不信任李济和笔者分别计算而几乎相同的变差数据，也不相信他自己核算的事实（比笔者测的105更大，为112），而仅就他自己的数据作出他的结论！豪氏是美国当代体质人类学权威之一，也是笔者的友人，但在治学方法和态度上，笔者认为，显然失之偏差过高。他的西北岗头骨同种系论点又究否正确，也就颇可商榷了。

（三）张光直教授在近著《商代文明》一书中引用了豪厄尔斯的论点，而重申西北岗头骨同种系说。此外，他也援引了许泽民、林纯玉和臧振华论文的论点，尤其林纯玉认为西北岗第二和第四分组不符合海洋尼格罗人和爱斯基摩人脑量的论点，以补充豪氏说。其实，正如前文指出的，张光直应该知道顶骨间骨和箕形门齿的频率及脑量都难据以论证头骨种系，更应该知道林纯玉也指出西北岗第一和第三分组脑量却分别符合布里亚特蒙古人和北欧人的脑量！林纯玉的这一论点又是否正确？西北岗头骨又究否属同种系的？问题岂非又很难说了。

（四）1980年，考古研究所韩康信和潘其风同志合撰了《殷代人种问题考察》一文，就主要是笔者的论点，对于殷墟西区和西北岗头骨种系提出讨论。他们也认为西北岗组头骨应是同种系的，并认为笔者的五个分组中唯第一分组，即类似蒙古种布里亚特人的一组，是正确的，"应予保留"，除此则更无其他人种成分。

但是必须指出的是，韩、潘两同志在文章中却也表示了下列的一些观点：

1. "第二分组的种系分析，也应予以重视，因为在这组头骨上无疑反映出类似某些赤道人种的成分"。

2. "北欧人种头骨一般比较偏长，也是事实"；"史前华北人的颅型也是偏长"；"第三分组的颅型甚至比北欧人和史前华北人的更长"。（笔者按，由于第三分组的两具头骨属明显高颅性，他们认为应属人类学家步达生所谓"东方人种类型"。）

3. "第五分组头骨比其余四分组的面宽更窄","很可能有种系差异"。

4. 第四分组头骨接近新石器时代和现代华北人头骨形态；不类爱斯基摩人头型。

显然的,韩、潘两同志不仅认为笔者分类的第一分组应属正确,也认为笔者分类的第二分组也无疑反映某些类似赤道人种（即笔者所谓海洋尼格罗人种）的成分,第五分组也很可能有种系差异。换句话说,他们的这些论点不但证明西北岗头骨很可能有至少两三种人种的成分,同时证明他们认为笔者主观的形态分类也还不是纯然虚构的。更重要的是,他们却没有指出李济和笔者测计的变差数据是出于误计,因而是不可信从的。因此,笔者认为,果我们不认为韩潘两同志的论点失之犹疑的话,则勿宁认为他们虽似强调,而实际上不无怀疑西北岗头骨的同种系说。

综述上文各节的分析,事实应可说明：主要以豪厄尔斯为代表的西北岗组头骨同种系说者或在研究态度上失之过分主观,或是论点上失之犹疑,因而似难证成其说,也因而难以否定西北岗组头骨的异种系说。总之,笔者虽澄清了一些论点,却没有提出更多的新论据,因此也不能坚认异种系说必属正确。西北岗组头骨的种系问题,无疑的,仍有待进一步的研究。

四 余论

坦白地说,不只是西北岗组头骨的种系,即使是中亚、东南亚和太平洋岛屿民族的种系,在现代人种分类学的讨论上也常是复杂、聚讼纷纭,因而或分为众多种系,或由于难予分类而视为源于地理环境差异的区域族群（regional populations）。区域族群演化说自易解释族群体质的差异,于此姑不赘述,现仅就另一派关于东西民族种系的论点加以介绍，藉供西北岗组头骨研究的参考。

（一）首先，在论及高加索人种与其他人种的接触关系时，人种分类学家伯德赛洛（J. B. Birdsell）指出，中亚纵然有一条东北走向的山岭，却没有把近东和中东的欧洲高加索人种与远东的蒙古人种隔绝起来，两者间形成了一条绵亘数千里的族群地带，因此从南俄直到中亚的族群明显地表现出高加索与蒙古两大人种的混合体质和过渡形态[15]。

因此，我们很难相信，华北的蒙古种系族群与中亚混血的高加索人种，甚至西亚的高加索人种族群竟会长期地隔绝而互不往来。

实际上，与中国比邻的俄罗斯民族固然是高加索人种，且居处日本北海道的阿依努人在人种分类上也认为是高加索人种的一支。如伯德赛洛说：

更多的权威学者都同意，阿依努人与旧石器时代晚期的欧洲人种的类似点真是太多了，因而仅能认为两者间应有某种共同祖系关系……因此我们可以设想，更新世晚期之际，一些高加索种族群的分布不仅越过苏俄，且已越过西伯利亚而东达太平洋海隅。现在的阿依努人应即这些高加索族群的后裔。[15]

同样，已故哈佛人类学系主任胡顿（E. A. Hooton）也认为：

有些阿依努人的容貌与大胡子的俄国农民几乎不容易分清，或许两者有够多的共同血液……北欧人种于久远前的史前时代曾向东扩展，是很可能的。据哈顿（A. C. Haddon）说，中国史乘记载的某些中亚赤发碧眼的部族之一就是乌孙。[16]

此外，胡顿并引狄克森（R. B. Dixon）的论点，指出：北欧人种早期曾向亚洲北方低地扩张,越过东面的高原,而远达印度及东岸;其中另一支经准噶尔而至东亚满洲和日本,另一支则沿康藏高原的大河和峻岭而抵印度和印度尼西亚[16]。

其实,也还不仅是上述几位欧美人类学家,即使是豪厄尔斯也是如此看法。如在论及白种人与东亚人种关系时,他也说:

> 欧洲也还不是白种人唯一的家园……俄罗斯和中亚也是老白种的领域。俄国人类学家认为,旧石器时代晚期的克罗马农人直到新石器时代也还分布于西伯利亚中部贝加尔湖区(原注:更早或更远)。……无论如何,一直到公元前一千年顷,中国土耳其斯坦也仍流行着印欧语,而且中国史乘也提到过白种人。
>
> 一直到中国文明的奠立和其后的时代,白种人也许还到达中国黄河流域,而成为中国文明所由以奠立的观念(即中东农业观念)的运输轮带![17]

此外,证诸迄今新疆和甘肃的某些少数民族,固不难辨认出一些非蒙古种系的混血成分仍存在中国领域内;同时证诸近年罗布泊发现仍保有黄发的尸体(据云时代距今约三数千年),也可知上述包括豪厄尔斯在内的欧美俄人类学家的论点应非完全妄说。

不过,就相反的一面来说,证诸《史记·大宛传》,汉使亡卒固曾教导大宛以西至安息诸国人习铸兵器,同时证诸史乘上华夏民族与西戎、匈奴民族间的战争,可知东亚蒙古种系的族群曾因抗击入侵的异族强邻而曾西移,也非从来就困守于亚洲东隅。实际上,在论及蒙古人种演化史时,豪厄尔斯也曾指出:

> 包括楚克奇人、堪察加人和爱斯基摩人在内的东北亚族群,于历史时代曾分布在欧洲边域。更早时代,他们曾沿着通向斯堪的纳维亚海岸的林带地区而移向西方。[17]

据此而言,姑不论西北岗组头骨究包括哪些不同种系成分,如果认为殷王朝民族所接触过的异族强邻仅限于东亚蒙古种系的族群，则显与诸多史实或臆说，甚至论者自己的臆说，绝不符合。就中国文明的演化而论，豪厄尔斯所谓中国文明所由以奠基的中东农业观念则与另一些西方学者所谓中国文明西源论的说法，尤其中国文明系一点一滴渗自西方文明的说法[18]，显然是同一的但已经过时的论调。正由于我们认为东西方民族久远以来应有接触和融混，也才认为东西方民族的文化应有交流和融混（如中国的造纸和印刷术及火药的西传、西方现代科技的东渐），但绝不会是单向的，也绝非一枝独秀的。豪厄尔斯说：

  东亚，正如阿依努人显示的那样，必然曾一度有过而现在却被蒙古人种（体质）掩没的一种极重要和古老的白种族群。[17]

笔者也认为，文化和种质虽因久经融混而每不易辨其源流，但也总有其脉络可寻，而常不失其端倪。如某些科技发明原认为源于西方的，经李约瑟考辨，已知其不然，而实出于东方。同样，人种学上几乎认为是一个区域性的新种系的波里尼西亚人，伯德赛洛则认为实不过是欧美、中国、日本和其他人种的一个混血种而已。

  （二）蒙古人种与东南亚及太平洋岛屿民族的演化关系，由于地理环境使然，这方面较之上述欧亚大陆东西民族的关系尤为密切和复杂。兹依自西而东的次序，试略加检评如下：

  1. 印度尼西亚民族：或称马来、马来印度尼西亚或印度马来西亚民族，名称就够复杂的；要分为两亚群，即原马来人及后马来人（Proto-, Deutero-Malays），分布于加里曼丹、菲律宾、苏门答腊各岛的内陆和沿海。人种系统复杂，一般认为是混有南亚人种和高加索种的混血蒙古种族群；其起源地或云为中南半岛，而沿岸居住者或尤与南方蒙古种系有关。台湾土著一般认为属于这一族系[15][19]。

2. 美拉尼西亚民族（海洋尼格罗人）：分布于印度尼西亚迤东、澳洲迤北的西南太平洋岛屿，包括新几内亚全岛及马来亚、安达曼和菲岛北部类似非洲尼格利罗人（Negrillos）的矮尼格罗人（Negritos）。一派学者认为非亚南洲的矮小尼格罗人系源于类似环境而分别演化的区域性族群，彼此无种系关系。另一派学者则认为亚洲者衍化自非洲的矮尼格罗人。尤其伯德赛洛坚决认为："人种分类学果然还有任何可信任的话，那应该就是：海洋尼格罗人，从遗传学上说，必须认为与热带非洲刚果盆地的尼格罗种有极密切的关系。"[20]

3. 密克罗尼西亚民族：分布于美拉尼西亚与波里尼西亚间的族群；较波里尼西亚人具更多蒙古人种和某些海洋尼格罗种系成分，因而更类似东南亚人。

4. 波里尼西亚民族：起源于东南亚某地、印度、加里曼丹、西里伯或华南；系属被高加索种系淡化的蒙古混血种，在分类上，常列于显著混血高加索或欧化人种，而与阿拉伯人、印度阿富汗人、印度尼西亚人并列。

5. 澳洲土著民族：或认为属于高加索种海洋尼格罗种，或亚洲原高加索与印度中南部的维达人或前达罗毗荼人（Veddas/Pre-Dravidians）的混血种。

综合上文所论，事实应可说明：现世界的蒙古、高加索和尼格罗人种间，久远以来，不仅都互有移徙、接触，因而促成不同程度的混血，同时要想洞察古老遗传基因或混血成分，都不是十分容易的。特别是混血的成分由于常被显性蒙古种系体质所掩饰，而使人竟忽略了混血的事实。如伯德赛洛在论及他所专业的澳洲土著研究时，即曾指出：

> 澳洲土著女人和华裔移民父亲生的第一代子女的容貌和

肤色主要是蒙古人种型。这说明现在看来是显著蒙古人种的一些区域，但其族群的基因流里却可能含有较早狩猎和采食民族（即澳洲人）的较高基因成分。[15]

因此，如所周知，欧洲旧石器时代晚期白种人头骨的出土区域固然曾出土了一些或与爱斯基摩人，或与尼格罗人头骨形态极类，因而豪厄尔斯认为真是搞不懂的古怪标本（如 Chancelade）和"Grimaldi Negroid"头骨之类[17]；蒙古人种的领域内也曾发现有黄头发的罗布泊尸骨。同样，中国华南的新石器时代（甚至现代）也曾存在或类似印度尼西亚人，或类似美拉尼西亚海洋尼格罗人的头骨（或体质的现象）。如韩康信和潘其风同志在近著《广东佛山河宕新石器时代晚期墓葬人骨》一文中即指出：

> 河宕组头骨（距今约 4000 年前顷，略当于殷代）……和印度尼西亚、美拉尼西亚人种有较多相近的成分……长狭颅与短宽的蒙古人种头骨有区别，与美拉尼西亚人种的长颅类型相似……许多特征可以和赤道人种相比较的程度大于他们和典型北方蒙古人种相比的程度。[21]

显然的，韩、潘两同志对于河宕组头骨类似海洋尼格罗人种的描述，真可说是三复其词了。

尤可注意的是，在上述这段话的下文，韩、潘两同志紧接着结论性地说：

> 类似的体质现象早在更新世晚期的柳江人头骨……同时也兼有一些同澳大利亚—尼格罗人种相似的特征。因此可以说，分布于我国南方的古代蒙古人种居民比北方的同类更富有类似赤道人种的一些性质；这也是从旧石器时代晚期到新石器时代，我国南部原始居民中表现出来的一般体质现象。

这与上述欧洲旧石器时代晚期的情况又何其相似！虽然，关于河宕组头骨的种系，韩、潘两同志却终又认为"还应属于蒙古人种的南部边缘型"。

总之，姑不论海洋尼格罗人究是种系性的或是地域性的族群，河宕组头骨更近似海洋尼格罗人而不大类北方蒙古人种头骨，该是无可置疑的。而这也正是笔者对于约略同时代的西北岗殷墟第二分组头骨形态的论点。

同样，张振标、张建军同志在近著《海南岛黎族体质特征之研究》一文的结论中也指出：

> 黎族……与我国华南区的汉族（笔者按，包括台湾土著民族）关系十分密切。值得注意的是，黎族比起其他地区的汉族（族间差值为 0.50—0.88）更接近印度尼西亚人（与华南汉族、台湾土著、印度尼西亚人族间差值分别为 0.40、0.44、0.45）。[22]

又黎族语言属壮侗语族，而一般认为壮侗语族民族属中国古越民族，故张文在结论上又云："因此我们推测黎族是源于古越民族。"此外，见于华南区的铜鼓文化，我国学者也认为与东南亚和太平洋海岛民族也有密切关系，也认为与闽越民族文化有关。

然则据说是夏后氏苗裔的古越民族，于夏后灭于殷商氏之后，会不会仍是殷商王朝的邻族之一？类似印度尼西亚或美拉尼西亚种系的族群又会不会存在殷代的华南，甚或更北？他们又会不会因侵袭殷王朝而不幸被俘？（殷王朝西方的非蒙古种系的族群也是一样。）

（三）最后，对于一个与古代民族史和人种系属研究有关的小问题，也希望在此略加检讨。

"Orientalis" 的种系问题。

前文提到,李济先生和笔者曾指出,西北岗组头骨显示步达生氏所称见于史前华北头骨的"东方人特征"(the Oriental Particularity),而韩康信和潘其风同志也同意此点(但豪厄尔斯却未提及)。至于"Oriental"一词,笔者当初认为应即指亚洲,即远东的"东方人的"意思,因而认为意指蒙古人种的东方人。(《新英汉字典》即如此翻译,且注云:"古指中国人和日本人。")及至最近撰写本文时,始想到"Oriental"非仅意指远东的"东方的"或"东方人的",而实兼指或尤指西方人所称西亚,即自地中海迤东的小亚细亚至土耳其斯坦一带的古"东方诸国的"、"东方诸国人的"的意思。(《综合英汉大词典》即解云"东国的、东方诸国的、地中海以东诸国的"。另一解释才是"东洋的"。)

因此,在人种分类学上,"东方的"一词也就指与高加索人种有关的"东方的"族群。如科马斯人种分类的突厥种系中,便包括受高加索人种混血影响的亚洲"东南种族"(the South Eastern Race),并解释:"这也就是其他学者所说的东方人,或阿拉伯人,或闪族人(the Oriental/Arab/Semitic)。"

此外,在一些人种分类上,或用"Oriental"指称欧洲人种中的伊朗人,或用"Orientalis"指称欧亚大陆的南方族系(the South Eurasids)[19]。

如果步达生所云史前华北人头骨显示"东方人的特征"(即显著高颅型)意思就是指上述人种分类学所云"东方的"人种头骨特征的话,则问题便显得愈发复杂且严重了,因为这样一来,问题已经不只是西北岗组头骨,究否如孔恩所云,至少有两具类似北欧人种头骨的头骨,而是整个西北岗组头骨,尤其史前华北人组头骨,究否类似像伊朗、阿拉伯或突厥之类的"东方人"种系的问题!

或许西北岗组，尤其史前华北组头骨具有"东方人的特征"一事，不无助长豪厄尔斯所谓中国文明奠基于中东农业观念（也即早已过时的中国文明西源论）的误说之嫌，但笔者却认为实不足疑惑，因为任何民族均有其本位文化，尤其中国文化具有其自旧石器时代以来从未中断过的久远历史，既非整体源于西方，且不乏有过西播之迹；这是无可争议的。纵退一步而言，中国文明果不乏有西方文明的素质，也不足为中国人之耻，因为文化的发达正在于交流融化，果能取长补短，从而发扬光大之，又何耻之有？

总之，撇开文化不谈，仅就西北岗组头骨的种系问题而论，如果论者认为西北岗头骨异种系说难以取信，则笔者认为西北岗头骨同种系说的难以成立尤甚于异种系说。孰是孰非，无疑的，显仍有待于进一步的研讨。

（本文初稿写于1982年4月，曾承张政烺兄审阅指正，朱大昀和谢桂华兄协助校印，于此并致谢忱。8月中复修改数次，果有疏误，文责自负。1982年10月中旬记于北京劲松中街寓所）

参考文献

[1] 李济，1969年：《安阳发掘与中国古史问题》，《历史语言研究所集刊》第四十本。高去寻，1962年：《1001号大墓》，《中国考古报告集》第三册，《侯家庄》第二本。

[2] 马得志、周永珍、张云鹏，1955年：《一九五三年安阳大司空村发掘报告》，《考古学报》第九册。中国社会科学院考古研究所安阳工作队，1979年：《1969~1977年殷墟西区墓葬发掘报告》，《考古学报》第1期。中国社会科学院考古研究所体质人类学组，1977年：《安阳殷墟祭祀坑人骨的性别年龄鉴定》，《考古》第3期。

[3] 杨希枚，1966年：《河南安阳殷墟头骨的测量和形态观察》（英文），《中国东亚学术研究计划委员会年报》第5期。杨希枚，1970年：《河南安阳殷墟墓葬中人体骨骼的整理和研究》，《历史语言研究所集刊》第四十二本第二分册。

[4] 韩康信、潘其风，1980年：《殷代人种问题考察》，《历史研究》第2期。

[5] 李济，1954年：《安阳侯家庄商代颅骨的某些测量特征》（英文），《中央研究院院刊》第一辑。

[6] C. S. Coon, 1954: The Story of Man, pp. 331—332.

C. S. Coon, 1958: An Anthropogeographic Excursion Around the World, *Human Biology*, Vol. 30, pp. 29—42.

C. S. Coon, 1964: *The Living Races of Man*, p. 133.

[7] Turner 11 C. G., 1976: Dental Evidence on the Origins of the Ainu and Japanese, *Science*, Vol. 193.

Turner 11. C. G., 1977: Additional Features of Ainu Dention, *American Journal of physican Anthropology*, Vol. 46, No. 1, pp. 13—24.

Turner 11, C. G., 1979: Sinodonty and Sundadonty, A Dental Anthropological View of Mongolid Microevolution, Origin, and Dispersal into the pacific Basin, Siberia, and the America, Symposium on Late Pleistoncend and Early Holocene Cultural Relations Between Asia and America, XIV Pacific Science Congress, Khabarovsk, USSR.

Turner, 11, C. G., 1979: Dental Anthropological Indications of Agriculture Among the Jomon People of Central Japan, *American Journal of Physical Anthropology*, Vol. 51, No. 4.

[8] W. W. Howells, 1979: Origins of The Chinese People : Interpretations of the Recent Evidence.

[9] K. C. Chang, 1980: Shang Civilization.

[10] T. L. Woo, 1942: Formulae for the Determination of the Capacity of

the Chinese Skulll from External Measurements, *The Anthropological Journal of the Institute of History and Philology*, Academia Sinica, Vol. 2, part. 1—2, pp. 1—4.

[11] K. Pearson, 1903: Homogeneity and Heterogeneity in Collections of Crania, *Biometrika*, Vol. 2, No. 3, pp. 345—377.

[12] W. W. Howells, 1936: Some Uses of the Standard Deviation in Anthropometry, *Human Biology*, Vol. 8, No. 4, pp. 522—600 1941: The Early Christian Irish: The Skeletons at Gallen Priory. Proceeding of The Royal Irish Academy, No. 3. pp. 103—219.

[13] K. Pearson, 1926: On the Coefficient of Racial Likeness, *Biometrika*, Vol. 18, pp. 105—117.

[14] 许泽民，1966 年：《殷墟西北岗组头骨与现代台湾、海南岛系列头骨的颅顶间骨的研究》，《历史语言研究所集刊》第卅六本，下册，第703—739 页。林纯玉，1973 年：《殷代头骨脑容量及测计方法的研究》，《考古人类学刊》第33—34 期。臧振华，1974 年：《殷代头骨箕形门齿的研究》，《考古人类学刊》第35—36 期。

[15] J. B. Birdsell, 1972: Human Evolution: An Introduction to the New Physical Anthropology, Chapter 14, pp. 490—491.

[16] E. A. Hooton, 1946: Up From The Ape, pp. 585—588.

[17] W. W. Howells. 1936. Mankind in the Making, pp. 233—285.

[18] W. F. Albright, 1957: From The Stone Age to Christianity, pp. 28—31.

W. Bishop, 1936: A Civilization by Osmosis-Ancient China, The American Scholar, V, pp. 323—328.

[19] J. Comas, 1960: *Manual of Physical Anthropology*, pp. 648—656.

[20] J. B. Birdsell, 1951: The Problem of the early peopling of the America as Viewed from Asia, Papers on the Physical Anthropology of the American Indian, Ed. by W. S. Lauglhin, p. 3.

[21] 韩康信、潘其风，1982 年：《广东佛山河宕新石器时代晚期墓葬

人骨》,《人类学学报》第 1 卷第 1 期,第 42—52 页。

[22] 张振标、张建军,1982 年:《海南岛黎族体质特征的研究》,《人类学学报》第 1 卷第 1 期,第 65—71 页。

(原载 1983 年《中国古史论丛》总第八辑,第 1—24 页;又《安阳殷墟头骨研究》,文物出版社 1985 年版)

古饕餮民族考

一 序言

（一）有关饕餮问题的原始资料见于汉魏以前较早古文献的仅有下列四项：

1. 《左传》文公十八年：

    昔帝鸿氏有不才子，掩义隐贼，好行凶德，丑类恶物，顽嚚不友，是与比周，天下之民谓之浑敦。少皞氏有不才子，毁信废忠，崇饰恶言，靖谮庸回，服谗搜慝，以诬盛德，天下之民谓之穷奇。颛顼氏有不才子，不可教训，不知话言，告之则顽，舍之则嚚，傲很明德，以乱天常，天下之民谓之梼杌。此三族也，世济其凶，增其恶名，以至于尧，而不能去。缙云氏有不才子，贪于饮食，冒于货贿，侵欲崇侈，不可盈厌，聚敛积实，不知纪极，不分孤寡，不恤穷匮，天下之民以比三凶，谓之饕餮。舜臣尧……流四凶族，浑敦、穷奇、梼杌、饕餮、投诸四裔，以御螭魅。

2. 《吕氏春秋·恃君览》：

    非滨之东……大人之居，多无君。扬汉之南……驩兜之国，多无君。氐羌、呼唐、离水之西……突人之乡，多无君。雁门之北，鹰隼所鸷，须窥之国，饕餮、穷奇之地，叔逆之所，儋耳之居，多无君。此四方之无君者也，其民麋鹿禽兽，少者使长，长者畏少，有力者贤，暴傲者尊，日夜相残，无时休息，以尽其类。

3.《神异经·西南荒经》：（龙威秘书汉魏丛书本？）

西南方有人焉，身多毛，头上戴豕，性很恶，好息，积财而不用，善夺卜穀物，强者畏群而击单，名曰饕餮。（大汉和字典饕餮条引文略异。恶字下云"好自积财，而不食人穀，强者夺老弱者，畏群而击单，名曰饕餮）。"

4.《吕氏春秋·先议览》：

周鼎著饕餮，有首无身，食人未咽，害及其身；以言报更也。

（二）首条《左传》所载应是战国时代有关唐虞之际古帝鸿氏等四人的不才子浑敦、梼杌、穷奇、饕餮四人及其后裔四凶族的一项古老传说。传说内容要为四不才子及后裔凶恶贪奢之性行的描述；既少传奇色彩，更非神话。如果非全属虚诞，则多少或隐示着一些如下的史实。即：唐虞之际（或可能较晚或更早），曾有某些强悍民族与唐虞民族互争雄长，但后者终获胜利，而将前者逐至荒远之地。饕餮等四凶族或即这类强悍民族。

次条《恃君览》的记载可说是战国末季有关当时或是更早分布于中国四裔民族的一项民族志。这项记载不仅说明在四裔民族中确实存在两个类乎传说上唐虞四凶族的强悍族群，与其中二凶族同称而名为饕餮和穷奇，同时告诉我们这两族群的地望，即与另外须窥、叔逆、儋耳等族同处于"雁门之北，鹰隼所鸷"之地。

第三条《神异经》的记载一如《左传》和《恃君览》，指出饕餮为贵少庄而欺老弱的凶悍民族，而且描述了他们具有

"身多毛"的体质特征。但与《恃君览》不同的，即该族所在地望在"西南荒"的"西南方"。此外，《神异经》一书虽传为汉东方朔撰，但或为晋或唐人所依托①。因此，果此书非全出杜撰，而保有若干较早材料，则这一饕餮民族应至迟或存在汉魏之际，且可能即《恃君览》所载的饕餮民族。

第四条《先识览》所称饕餮显为周鼎的一种艺术饰纹之称，而镂刻这种饰纹的目的则似乎在为暴恶者之戒——"食人未咽，害及其身"，害人反以害己，"以言报更也"。虽然这种"有首无身"的饰纹究为何种饰纹？据著者的分析，却难以确论②。

（三）此外，《淮南子·兵略篇》和《神异经·西荒经》也载有关"饕餮"一词的下列两条材料：

> 贪昧饕餮之人残贼天下，万民骚动，莫宁其所……有圣人勃然而起，乃讨平强暴……兵之所由来远矣。（《淮南子》）

> 西方荒中……有人，面目手足皆人形，而胳下有翼，不能飞；为人饕餮，淫逸无理，名曰苗民。《春秋》所谓三苗，《书》云"窜三苗于三危"。（《神异经》）

但《淮南子》所谓"饕餮"果非指《左传》饕餮凶族而言，则与《神异经》显均援引《左传》传说，用为喻言凶残人性的形容词，而非族群的专称。尤其《神异经》下文附注仅引《春秋》以证苗民或即三苗，而不引《左传》饕餮传说，足证前儒也不以为《神异经》即谓苗民为饕餮③。又宋儒考古图录及现代中外

---

① 1932年黄云眉著《古今伪书考补证》，第217页，云："其伪在隋以前……当由六朝文士影撰而成。"著者曾疑其为唐人依托，见注②拙著。
② 《中国民族学通讯》，No.5，《释饕餮纹与饕餮》，第1—13页。
③ 前儒或据《神异经》此条以证苗民即饕餮，自属误解。实则西荒苗民究否即西极三危的三苗？而二者又究否即今黔湘川各省苗民？也都难以确论。

学者有关中国古代艺术史的研究论著上几普见有讨论见于殷周铜器上的一类形态诡异而变化多端的所谓"饕餮"纹——一类大抵由左右两侧立兽形以头端对合而成为类似兽面形的饰纹（a composite animal-mask-like motif composed of two confronting zoomorphs in profile）[①]。但这类饰纹既与《先识览》饕餮纹不类，其命名系源于宋儒莫须有的附会，且迄今学者异说纷纭——既不详其究为何种饰纹，因也无以命名之；"饕餮"纹云云于今只是因袭旧惯的一种权宜之称。虽然，却以此而影响古文献上饕餮之称也产生了许多误解。凡此，友人高去寻教授于三十余年前即已有所辨正[②]，而著者于近期也曾撰文加以补充[③]，既与本文饕餮民族无关，因也不予赘论。

总之，就较早古文献所见几项原始材料而言，古所谓饕餮要为族群的专称，而兼为周鼎所见一种艺术饰纹之称。事实如此，不容置疑。

（四）然则《左传》的饕餮凶族与《恃君览》雁门之北及《神异经》"西南荒"的强悍饕餮民族是否即为同一族群？如既属同称而应属同一族群，则其间应有何关联？此类凶悍民族可能属何种系？或属某种古所谓的"戎、狄、蛮、夷"？尤其"雁门

---

① See 1929, M. Rostovtzeff, The Animal Style in South Russia and China, pp. 70 - 76, 1942, C. A. S. Williams. Outlines of Chinese Symbolism and Art Motives, P. 70; 1942, F. Waterbury, Early Chinese Symbols and Literature: Vestiges and Speculations, pp. 1 - 3; 1951, D. Carter, Four Thousand Years of China Art, pp 30 - 32; 1958, H. Frankfort, The Art and Architecture of the Ancient Orient, pp. 208 - 213; 1958, W. Willetts, Chinese Art, Vol. I, pp. 160 - 162, 286 - 289; 1963. P. Swann, Art of China, Korea and Japan, pp. 22 - 23; 1964, M. Medley, A Handbook of Chinese Art for Collection and Students, pp. 36 - 38; 1937, B. Karlgren, "New studies on Chinese bronzes", in B. M. F. E. A. No. 9, pp. 1 - 117; etc.
② 1934年北京大学潜社《史学论丛》第一册《殷商铜器探讨》。
③ 《中国民族学通论》，No. 5，《释饕餮纹与饕餮》，第1—13页。

之北，鹰隼所鸷"，之地的饕餮民族的种系及地望可否做更进一步的探索？凡此似尚甚少为过去学者加以讨论，因也就成为本文试拟加考究的一些问题。至如《先识览》饕餮纹与饕餮民族命名的由来，因既非本文主题，且势难加以确证，则仅于必要时试加解说，以供进一步研究的参考。实际上，本文所论也要在提出问题，提出可能的一些线索；问题的解决，则或仍有待于方家。抽暇成文，难免疏误，幸希读者指正为感。

二 雁门之北的饕餮民族

（一）在有关饕餮民族的三项原始资料中，无疑的应以《吕氏春秋·恃君览》所载最为可靠且最为重要。因为首先这部书的著作者和年代都没有问题；战国晚期，吕不韦和他的门下客撰的。其中的记载或据更早材料，或据门客的传闻或目见，如非意图造伪，则大体应真实可信，且不晚于战国。其次，这项记载应是当时的一种"四裔民族志略"，而非如《左传》的属于传说。第三，这项记载非仅与《左传》、《神异经》相合，同称饕餮为强悍民族，且明白指出该族居处"雁门之北、鹰隼所鸷"的地望与同处的其他一些邻族，而非如《神异经》仅泛言其为"西南方"人。因此，著者便选定《恃君览》的饕餮民族作为核心的论题。而且更重要的，就是在这项材料内似乎提供了一条线索，一个"钥钮"（key point），可以使我们试以求解主题——至少是"雁门之北"饕餮民族进一步的地望，从而溯论其种系。否则的话，饕餮民族的问题便无论如何都讨论不下去的。

就《吕览》的记载，饕餮、穷奇之地、须窥之国、叔逆之所、儋耳之居都是"雁门之北，鹰隼所鸷"之区的塞外民族，该是无疑的。据此而论，如果我们推测这些族群或属周秦之际的戎狄，或秦汉以来的匈奴、鲜卑之属，则虽不中，应亦不远。但果无其他线索，问题也仍即止于此。

（二）幸堪告慰的就是，在同地区的几个族群中，有一个族群，即儋耳，提供了另一线索，可进一步使我们追溯它的确切地望，从而决定饕餮凶族的更进一步的可能地望。当然这只是一项主观的前设假定，而事实上同属塞外的民族而所居相差千万里，也非不可能。但正如我们无法否定两族或为近邻一样，既无法确证两者必不在一处，则试先以此为线索，也显然是无妨，或甚至是必须的。

提到儋耳，不免会使人想到秦汉以来南海的珠崖，从而想到《吕览》雁门之北儋耳云云应是误记。果然如此，则结果正如雁门之北一样，也仅能泛言儋耳地在南方，或即《神异经》饕餮所在的"西南荒"，而势不能做进一步的考订。但事实并非如此，因试就下列先秦及汉际各书所载而言：

> 帷墙之外，而目不能见；三亩之宫，而心不能知。其一东至开梧，南抚多颗，西服寿靡，北怀儋耳，若之何哉？（《吕氏春秋·任数》。高注儋耳云"北极之国"。）

> 昔者黄帝治天下……诸北儋耳之国，莫不敢献其贡职，然犹未及虚戏之道也。凡海外三十六国……自东北至西北方……夸父、耽耳在东北。（《淮南子·时则》及《地形》篇）

足证古所谓儋耳（或耽耳）显有南海与北地之别，且秦汉之际所谓儋耳显要指北地，而非南方。北地儋耳非仅为传说上曾献其贡职于黄帝的古国，且为海外（西域）诸国之一。因此，《恃君览》称雁门之北的儋耳之居，应非误书，自不能误为即珠崖儋耳；虽则同在"海外"，而不在"中国"。

（三）然则此雁门之北"海外"之国的儋耳又究在何处？试

更就下列史料以察究：

有大泽方千里，群鸟所解。有毛民之国，依姓，食黍，使四鸟。禹生均国……生修鞈。修鞈杀绰人，帝念之，潜为之国，是此毛苗。有儋耳之国，任姓，禺号之子，食谷北海之渚中。（《山海经·大荒北经》。郭注儋耳云"其人耳大，下儋垂两肩上。朱崖儋耳镂画其耳，亦以放之也"。）

西北海外，黑水之北……有牛黎之国，有人无骨，儋耳之子（同上）

大泽方百里，群鸟所生及所解；在雁门之北。（同上，《海内西经》。郭注云"《竹书》亦曰'穆王北征，行流沙千里，积羽千里'，皆谓此泽也。"）

天子宾于西王母……乃发宪命，诏六师之人……爰有（山）薮水泽，爰有陵衍平陆，硕鸟解羽。六师之人毕至于旷原……翔畋于旷原……收皮校物……载羽百车。（《穆天子传》。郭注云"《纪年》曰'穆王北征，行积羽千里'，皆谓此野耳"。）

乃里西土之数。曰：自宗周瀍水以西至于河宗之邦，阳于之山三千四百里……至于西夏氏二千又五百里……至于珠余氏及河首千又五百里。自河首襄山以西，南至于舂山、珠泽、昆仑之丘七百里……至于西王母之邦三千里……北至于旷原之野，飞鸟之所解其羽，千九百里。（自）宗周至于西北大旷原万四千里。（同上。郭注云"山海经群鸟所集泽有两处：一方百里，一方千里，即此大旷原也"。）

我们应可得到下列的一些进一步的了解：

1. 儋耳所居"雁门之北、鹰隼所鸷"之地应位于"北荒"、"北海"，也即"群鸟"或"硕鸟所生及所解羽"的"旷原、大泽"之野，其地东距宗周一万四千里，故高诱注儋耳云"北极之国"。虽然，实际上却在"中国"的西北。
2. 儋耳既在西北海外，故儋耳之子的牛黎之国也在西北海外，"黑水之北"。据此，儋耳所居也应位黑水近区。
3. 旷原大泽应近于"流沙"，西王母之邦与昆仑之丘。
4. 与儋耳同处"北海"的"毛民"之国或即《神异经》"身多毛"的饕餮，也即雁门之北与儋耳同处的饕餮民族。而《神异经》载饕餮于"西南荒"应或是"西北荒"或"西荒"之误。（原文仅隔一行即为《西荒经》）

姑撇开"北海"毛民之国究否即为身多毛的饕餮民族不论，至此我们无疑地找出儋耳的进一步的地望，甚至是确切东距宗周的里程。如果《恃君览》须窥、饕餮、穷奇、叔逆与儋耳诸族的叙列是依其距宗周的远近为准，则饕餮、穷奇凶族之地果不位于儋耳的更西北，则应在其较东之所。因此，如果我们说雁门之北的饕餮和穷奇凶族与须窥和儋耳诸国都可能是分布在"北海"即广原大泽硕鸟解羽之野的一些强悍族群，而这些族群或很早就曾与"中国"民族接触，甚或献其贡职，就各书文证而论，该是没有多大问题的。

（四）但我们的论题还不就至此结束，因为问题现涉及到一万四千里的行程与黑水、流沙、西王母之邦、昆仑之丘各地。我们仍需对这些地区加以考查，究其是否与这一行程相合，以便对于我们的主题儋耳、饕餮的地望再做更进一步的求解。

按，据下列各书所载：

> 导黑水至于三危，入于南海。（《禹贡》。《史记·集解》引马融云："三危，西裔也。"）

> 会有一欲，则北至大夏，南至北户，西至三危，东至扶木，不敢乱矣。（《吕览·为欲》）

> 西方之极，自昆仑绝流沙、沉羽、西至三危之国。

(《淮南子·时则》)

　　西海之南，流沙之滨，赤水之后，黑水之前，有大山名曰昆仑之丘……其下有弱水之渊环之……有人……名曰西王母。(《山海经·大荒西经》)

　　流沙出钟山。西行又南，行昆仑之墟，西南入海，黑水之山。(同上，《海内西经》)

　　九州之外，乃有八殥……西北方曰大夏……八殥之外，而有八纮……西方曰金邱，曰沃野……八纮之外，乃有八极……西北方之美者，有昆仑……西王母在流沙之滨。(《淮南子·地形》)

我们应可试做下列的推论：

1. 大夏在九州之外，八殥西北。昆仑之丘与西王母之邦更远在大夏之西，八纮之外八极的西北。无论"九州"究否意指中国境内九州抑为境内外兼括的大九州，昆仑之丘、西王母之邦与大夏应都不在中国域内。

2. 昆仑之丘与西王母之邦均应近流沙、西海之南、黑水与赤水之间，而地近三危，即西方之极。

3. 儋耳所居的大泽广原之野既在西北海外，黑水、昆仑之丘与西王母之邦附近，则凡此诸地均应在大夏更西，而东距宗周一万四千里。

然则此距宗周一万四千里而在大夏西的上述诸地又究系指何地？请更试就下列略晚的《史记》与《汉书》的史料，加以推测：

　　大宛……在汉正西，去汉可万里……其北则康居，西则大月氏，西南则大夏，东北则乌孙，东则扞罙、于阗。于阗之西，则水皆西流、注西海。(《大宛列传》)

　　康居在大宛西可二千里(《汉书·西域列传》云"去长

安万二千三百里"。)……奄蔡在康居西北可二千里……临大泽无崖，盖乃北海云。(同上。《西域列传》同。)

大月氏在大宛可二三千里，居妫水北。其南则大夏，西则安息，北则康居。(同上)

安息在大月氏西可数千里……临妫水……其西则条支，北有奄蔡。(同上)

条支在安息西数千里，临西海……有大鸟，卵如瓮……安息长老传闻条支有弱水、西王母。(同上)

大秦一名犁鞬，在西海之西。(同上)

大秦在安息、条支西，大海之西。(《魏略·西戎列传》)

〔西有大夏国……月氏国。四国西有黑水，所传闻西之极矣。(同上)〕

〔(波斯)居达遏水，西距京师一万五千里而赢。(《新唐书·波斯传》)〕

据此，我们应可得到如下的了解和推证：

1. 大宛（Farghana）、大夏（Bactria）位于阗（Khotan）之西，妫水（即乌浒水 R. Oxus）流域。更西则为大月氏，距长安约一万二千里。

2. 大月氏西北，安息之北，为康居、奄蔡（Aorsi），临大泽或即北海。

3. 安息（Parthia）在大月氏西，临西海，距长安约一万五千里。

4. 安息之西为条支，临西海，有弱水、西王母。

5. 儋耳既距宗周一万四千里，位于大夏西的北海广原大泽，则其地显应近安息，尤或即是奄蔡所临"盖北海云"的无崖大泽之野。

6. 西王母之邦与昆仑之丘位西海之南，黑水之前，赤水之后，流沙之滨；其地显应在安息、条支的近区。

显然的，我们先后依据两组材料的分析是恰相吻合的，而且参照后文所附地图（本文集省略），可肯定地推证：儋耳之居应位于吉尔吉斯即欧亚大草原地带（Kirgiz or Eurasian Steppe），纵不在其极西，也应在其中东部。尤其所谓"大泽、旷原、北海"，果不认为即里海（Caspian Sea）也至少应即咸海（Aral Sea）。至于所谓"西海"，其为里海，殆无可疑。而"黑水之前，赤水之后，流沙之滨"的西王母之邦与昆仑之丘果不解为黑海之前，红海之后，阿拉伯半岛沙漠右侧的两河流域（达遏水即Tigris R.），则显然没有另外更适合的地方了。此外，就上引文所见，《大宛列传》称条支有大鸟，其卵如瓮。《后汉书·西域列传》也称条支产"孔雀、大雀；大雀其卵如瓮"。这不但使我们又想到儋耳所居正是"硕鸟解羽，鹰隼所鸷"之地，同时也想到《山海经》与《吕氏春秋·本位》篇下列有关"沃野"的记载：

　　流沙之西，月山之南，有凤之丸，沃民所食。（《本位》）

　　西有王母之山……有沃之国，沃民是处沃之野，凤鸟之卵是食。（《大荒西经》）

而上文所引《淮南·地形》篇也云八纮之"西方曰金邱，曰沃野"。凡此，不禁使我们推想所谓"沃之国"、"沃之野"应极可能即指安息、条支之地，也即所谓"新月沃野"（Fertile Crescent）一带地区。而《水经注》解流沙云"形如月生五日"一语，则尤堪玩味。

（五）儋耳地望的研究，就所涉及的地区而言，无疑就是西域古地理研究的一部分。有关这方面的研究，19世纪以来，经东西方学者如沙畹（E. Chavannes）、伯希和（P. Pelliot）、费琅（G. Ferrand）、夏德（F. Hirth）、桑原隲藏、白鸟库吉、藤田丰八及其他许多汉家学的开拓和耕耘，已有相当辉煌的收获。就著者所知，诸家虽似甚少论及儋耳和饕餮问题（要由于对饕餮一词的误解与对饕餮纹的混淆不分），惟若干考证则与著者上文所论颇相符合。兹姑就藤田丰八有关月氏、条支的考证，转录数节于下，以为著者上文所论的参考：

依《史》、《汉》本文所传而推察之，月氏曾一时蔓延至东方，几及今之凉州。惟其西移（至伊犁 ca. 174 – 160 B. C.）前之故地却以敦煌为根据地，似及天山。至于乌孙，则居敦煌之一部。惟在其西移（ca. 160 B. C.）前，似居天山东北侧。（《月氏故地与其西移年代》杨炼译：《西北古地理研究》，商务印书馆 1963 年版，第 78 页）

Richthoffen 氏以西史之 Tokhâra，（Tokhâr）为即 Ptolemaeus 之 Thogura（Thogara, Thogar）……余辈以为此 Thogura 岂非即敦煌？……视敦煌为 Thogar 即 Tokhâr 时，对于 Strabon 及 T. Pompeius 所传之 Asü 与 Tokhâra 间之关系，略得解释。据 Strabon 之记载，攻夺希腊人所建大夏国（Baktriana）之塞提克民族（Scythia），其名为 Asü、Pasiani、Tokhari 及 Sakarauli……据 Lassen 氏之说……盖 Sakarauli 即 Sacaransae，而 Tochara 即 Asü 与 Pasiani 也。其中 Sakarauli 当即 Saka，而 Pasiani 当即 Aspasioi，纵不然，也必是 Saka 族或近于 Saka 之民族也。余辈若认此为宋云之波斯，《魏书》之波知，Ibn Batuta 等之 Paschai 时，则攻取大夏之塞克提民族可定为 Saka 与 Tokhard 二者……据《史》、《汉》两书，首先塞种由伊犁为月氏所逐，而取大夏。其次，月氏被逐，爰取其他。其间所经极短，谓为同时，亦无

不可。（同上，第 90－92 页）

  视 Tokhara 为月氏，Asü 为允姓之戎，即乌孙是也……况 Pompeius 以 Asü 书作 Asiani，Asian 之音在允姓、乌孙上俱颇类似……要之，乌孙、月氏与塞种间关系极为错综。（同上，第 93 页）

  如上述之明证，嚈哒之为月氏，绝无疑议。是以余辈依从前辈 St. Martin 氏等之说，嚈哒、嚈哒、嚈哒，挹怛不外即月氏之异译耳。《魏书》上，大月氏与嚈哒并传，也犹小月氏与乾陀国之并传同……氏之汉音为氏，据《史记·匈奴传》之《索隐》曰"阏氏旧音曷氏"而得知……亦可供月氏为突厥种之一证焉。（同上，第 98—99 页）①

著者虽引此文，非认其完全正确无误，而仅在藉此多少说明纪元前 160 年以后月氏、乌孙与塞种分布之地、种系及古所谓瓜州允姓之戎的问题：据此以推证儋耳所居地望里程，并以助其可能种系的了解。《史记》成书当在纪元前 160 年以后，其时月氏已西移，故可据《大宛列传》所载各国里程以证一万四千里儋耳所居北海大泽之地。虽然，儋耳居于北海时，月氏和乌孙、塞种却可能在伊犁、瓜州一带，或者由于都属游牧民族而仍同在更西方，也未可知。

  又藤田氏《条支考》②云：

  在汉时，已知由乌戈山离（位安息东南，罽宾 Kabul 西南）西行百余日即至条支……已为略无疑义之事实。（第 102 页）

---

① 杨炼译《西北古地理研究》，商务印书馆 1963 年版，第 59—99 页。
② 同上书，第 100—133 页。

据《魏略》所传……言条支为号"安息西界",然则条支应于安息境内寻求之。(第107页)

关于条支之考证,在古来西洋学者间有种种之说。但其中最有力者,仅 De Guignes 氏之 Perse 说及 Hirth 氏之 Hira 说而已。De Guignes 氏曰,"安息之西有条支国。其所在恰与 Perse 相当。所谓国临西海者,无疑即指波斯湾而言。又谓地多稻田,且出大鸟卵。"(Historie des Huns, Vol. 2, p. 51, note)条支为波斯……即中国学者亦持此说。例如《魏书·西域传·波斯国》条下,已明言曰"古条支国也"。惟中国学者所指波斯乃统一之波斯,非谓其一部之 Persis 也。观《魏书》亦曰"都缩利(Seleucia)城",并言"河(即 Tigris)经其城中,南流"。(第108页)

其次,如 Hirth……考证甚精细,故风靡于学界,几成定说。今试绍介其说之大要于左:

具备关联条支而为中国史籍所记载之二条件,即位于安息之极西界且同时以临西海地方,求于安息帝国者,独一 Chaldaea 耳。实际上,里海与印度洋俱得称为西海,惟里海不得谓为居临条支之西海。何以故?在班超之际,安息之国境远逾里海,而向西伸展,且其航行四万里,不得以一万里之行程计算之……地中海于西纪九七年时,则全在问题之外。(第109页)

由 Hira 至湾头之水路,比之现今,由 Ktesiphon(斯宾)至 Tigris 河口之水路,约近六百 Stadia,倘果如 Strabo 所言,Euphrates(与 Tigris)河别有河口,或者 Pallacopus 运河更可为 Chaldaea 湖直达 Persis 湾之捷径。(第110页,China and Roman Orient)

Hirth 氏研究于罗源于 Hira,但条支之原音在此等地方

竟不可得。有时虽得谓为 chaldaea，然原非条支之对音也。（第 114 页）

夫乌戈山离既决定为 Gud-i-zorah 之对音时，则由此西行百余日而至之条支，究系指何处？自古尔曼（Kirman-Carmania）西行至 Susa，若由此西北行，则亦能抵 Tigris、Euphrates 下流的 Chaldæa。但其顺路，最近于波斯湾者则为 Persis 海岸……余辈以之拟作 Strabo、Ptolemy 之 Taòkê……据 Arrian，似为 Granis 河口之港名……惟至 Seleucidae（或 Seleucus）王朝时，国家之中心颇与其他异样，故此等地方之海口遂为 Euphrates 河口所凌驾矣。（第 119—125 页）

在这里，我们看到藤田、德基纳、夏德诸家有关条支与两河流域之"波斯"、Hira 及 Taôkê、西海与里海或印度洋、Perse 稻田与大鸟卵等问题的讨论。诸家细微考证虽不尽同，但大致地望则无出入，而且与著者上文所论显然多可互为参证。虽然，就"西海"之南的昆仑之丘而言，著者却不同意德基纳和夏德认"西海"即印度洋、波斯湾的说法；尤其夏德既明言"西海"得为里海，却竟以安息国境遥远逾里海而摒弃这一解释，理由殊不充足。实际上，如认"西海"为波斯湾，则其"南"之昆仑之丘势将成为阿拉伯海中岛屿了！

（六）谈到昆仑之丘与西王母之邦，这原是颇为复杂的一项问题；既涉及古代中西交通地理，也涉及着天然地形与人工建筑；事涉对禅与明堂之制，也关系着中西宗教神话和史实。对于这些，中西学者曾久已纷予讨论，著者于此不拟多所引述，仅须指出的即地理上的昆仑之丘，法儒伯希和曾认其地应在中亚[1]。

---

[1] 引见冯承钧译，G. Ferrand 著《昆仑及南海古代航行者》引伯氏文。又冯译伯氏《交广印度两道考》一文也论及昆仑，惟无"山在中亚"语，不悉是否脱落。

苏慧廉（W. E. Soothill）谓《史记·封禅书》所称昆仑为通天台之类的高层建筑[1]。沙畹认封禅为高山崇拜信仰的表现[2]。而伽狄契（H. G. Quartitch）阐释沙畹说，更认为对禅与明堂之制似源于两河流域的高山崇拜因此而建造的"山"或"山之室"（Mountain or House of Mountain），也即"积骨垃塔"（Ziggurat or Babel Tower）[3]。尤其近十数年内，苏雪林和凌纯声两教授先后发表了《昆仑之谜》（苏 1956）[4]，《中国的封禅与两河流域的昆仑文化》（凌 1965），与《昆仑丘与西王母》（凌 1966）诸文[5]，详细地讨论了昆仑、封禅的意义及其与两河流域大山崇拜和"积骨垃塔"建筑的关系。兹试节录苏、凌两先生论见，以为著者上文的参考和比较。

苏先生指出古巴伦："有一仙山曰 Khursag Kurkura，其义犹云'大地唯一之山'，或曰'世界之山'，为诸神聚居之处……巴比伦若干庙宇与七星坛之建筑，皆此山之缩型。而中国之昆仑、希腊之奥林匹司、印度之苏迷庐、天方之天园，亦为此山之翻版。"又云："西洋巴比伦专家考其名曰 Zikkurat，其音近 Kausuna 或 Kurkura，亦即为昆仑。"

凌先生在《昆仑丘与西王母》一文内说：

> 现在我们试考《大荒西经》昆仑之丘地望。上录"西海之南"，张华《博物志·志水》云："汉使张骞渡西海，至大秦。西海之滨，有小昆仑，高万丈，方八百里。"

---

[1] 1952，*The hall of Light*，pp. 111—123.

[2] 1910，"Le T'ai chan." Annales du Musée Guimet, Vol. 21, with "Le Dieu du Sol dans la Chine" as an appendix.

[3] 1953，"China"，*The Mountain of God*，Chapter 2，pp. 32—55.

[4] 1956 年，《屈赋新探》丛编之一，中央文物供应社出版。

[5] 1965 年，《中央研究院民族学研究所集刊》，No. 19，pp. 1—51；1966 年月刊，No. 22，pp. 215—252。

中国古书之所谓西海可指里海，亦可指地中海。张骞未到大秦。又在"流沙之滨"可能系指两河流域，且在"赤水之后，黑水之前"，"其下有弱水之渊环之"。据苏雪林氏的考证，西亚的赤水为约旦河，黑水为阿拉斯河，弱水乃幼发拉底河。《大荒西经》"有大山名曰昆仑之丘"……苏氏曾说……"是以昆仑一词不惟指山而已，亦可以指两河流域之帝都焉。"我们可以假设《博物志》的"西海之滨有小昆仑"，即苏氏所谓两河流域帝都的 Zikkurat，为昆仑大山的缩型。

苏、凌两先生所论虽与著者上文的推证不尽相合，但大体上说则显然无异。此外，著者近期也曾撰文，依据甲骨与金文的"京"字与秦汉文献上有关"京、丘、曲、阿、阜、陵"诸字的记载和注解，试证殷周时代的"京"应即昆仑，也即 Ziggurat 之类的高层建筑的形字①。

显然的，中西学者在问题细节的解释上尽有不同，但中国古所谓"昆仑之丘"兼指中亚两河流域的 Ziggurat 之类的高层建筑及其发祥地，在目前似已蔚为一致的见解。其实这一见解即在清儒论著也已见端倪。如郝懿行《尔雅义疏》据《尔雅》、《竹书纪年》、《淮南子》及《汉书·西域列传》诸书的记载，即论称："是西王母乃西海荒远之国"，"政教所不加"。这当然不是中国境内教化所及的邦国了。（《辞源》解西王母为西戎，解西海或即地中海。）

（七）西王母既为西海荒远之国，因此如解黑水为今中国东北的黑龙江，则显然可笑。虽然事实上据著者所知，现在流行的

---

① 1967年，《论殷周时代高层建筑之京、昆仑与西亚之 Ziggurat》，《大陆杂志》Vol. 34，Nos. 5—6。

辞典上即或解北海为俄属贝加尔湖；解黑水为内蒙古、宁夏，或怒江上游等地河流；而"流沙"于古籍上也确非仅限一地。故王鸣盛《尚书后案》曾辩称：

> 近人谓流沙在嘉峪关外，遂于晋魏隋唐诸史遍征西域流沙以当之。夫流沙多矣，非弱水所久，岂可据以易《汉志》古文说乎？且《王制》"自西河至于流沙，千里而遥"，惟其在居延泽耳。加以龟兹、鄯善、且末、吐谷浑等国之流沙，皆牵引以充《禹贡》之流沙，则距西河且万里（!），安得云千里哉！

但凡此纵非均属考证未详的误说，也显不足以此动摇著者上文各节的考论。尤其王鸣盛氏所云"距西河且万里"的流沙固不啻为著者上文所证流沙增一注解，虽然他的整个议论却全属似是而非。《禹贡》一文，绝非如王氏所想，仅属专论华夏而不涉及异域的地理古籍；这是无烦辩解的。而流沙，如王氏所知，既非限于一地，则焉知弱水所入者即是《王制》所称的流沙？弱水究何所指，或亦非王氏可以证知。至如《汉志》所载也仅谓居延泽于某一时期曾为流沙之地，而非谓凡古籍所称流沙即必为居延泽。且凡此均姑可不论，如王氏所见，果《禹贡》所载仅限于华夏九州之地，则位处八纮之外而在八极中的昆仑、流沙、黑水、西海、北海等地显均在华夏九州境外，与《禹贡》无涉，也事属显然。

总之，我们说"儋耳和饕餮、穷奇诸族，至迟在晚周迄秦汉之际，或曾分布于里海以东的吉尔吉斯的草原大泽之野"，应该是一种合理的推论。

（八）然则儋耳、饕餮和穷奇容为何种族群？首先，让我们试就下列文献，了解一下这几个族群分布区的"北荒"、"西荒"和"西北海外"究更有哪些我们熟悉的族群：

> 昆仑墟北……有天封国……曰犬戎国。(《山海经·海内北经》)
>
> 大荒之中……有人名曰犬戎……有钉灵之国，其民从膝下有毛。(同上，《大荒北经》)
>
> 西北海之外……有北狄之国。(同上，《大荒西经》。《淮南子·原道》高注北狄云"鲜卑"。)
>
> 国在流沙外者，大夏、竖沙、居繇、月支之属。(同上，《海内北经》)
>
> 匈奴、开题之国，列人之国在西北。(《海内南经》？按下文紧接《海内西经》文。)
>
> (匈奴)后北服浑庾、屈射、丁灵。(《史记·匈奴列传》)
>
> 匈奴遂耗衰……于是丁令乘弱攻其北。(《汉书·匈奴列传》)
>
> 丁令国在康居北……或以为此丁令即匈奴北丁令。而北丁令在乌孙西，似其别种也……乌孙长老言，北丁令有马胫国，其人音声似雁鹜，从膝以上至身头人也，膝下生毛……勇敢健战也。(《魏略·西戎列传》。伯希和笺注云"按丁令原为一种。此种区别颇牵强也。")

是证儋耳、饕餮所居要即大夏、月支、犬戎、匈奴、北狄诸族，也即伊朗或突厥种系族群盘踞之地。实际上，降及今日，这一地区也要非黄种蒙古和黑种系分布之所。而素认"北海丁灵"应即贝加尔湖区族类的说法，于此证之，也显非确论。因其地纵不在里海，也应在咸海附近。如解为位巴勒喀什湖，也不甚妥，因其地在乌孙之西，康居之北。

因此，就族群种系而言，我们果不以为儋耳、饕餮应属大夏、月支一类的西域民族，也不认为西域民族即所谓西戎，则儋耳、饕餮凶族或即西戎、匈奴、北狄之属。实际上，据下列文献证之：

匈奴之俗，人食畜肉，饮其汁，衣其皮……随时转移。故其急则人习骑射，宽则人乐，无事其约束，轻易行也，（《史记·匈奴列传》）

居于北蛮……无文书……急则人习战攻……利则进，不利则退，不羞遁走。苟利所在，不知礼义……壮者食肥美，老者食其余；贵壮健，贱老弱。（同上，又《汉书》同）

于戏，荤粥氏虐老，兽心。（《史记·三王世家》。《索隐》云"按《匈奴传》曰，'其国贵壮贱老，壮者食肥美，老者食其余'，是虐老也。"）

雁门之北，狄不食谷。贱长贵壮，俗尚气力。人不弛弓，马不解勒，便之也。（《淮南子·原道》）

故四夷之礼不同，皆尊其主，而爱其亲，敬其兄。獯狁之俗相反，皆慈其子，而严其上。（同上，《主术》）

所谓雁门之北的狄不仅应即北狄，也即匈奴、荤粥、獯狁，为贱老贵壮的族群，且显然与雁门之北的儋耳，饕餮凶族同其俗尚；因后者正是"有力者贤，暴傲者尊"、"强者夺老弱者"、"畏群而击单"（因不羞于遁走）的强悍狡黠的民族。这两三个族群既大抵分布在同一地区，而文化习俗相同，则纵非即同一族群，其间或有种系关系，应不难想见。

又我们想提到的，即匈奴与西戎的分布区域固大致相同，近世史家和民族学家大抵认为两者与突厥种系有关，且就《史记·匈奴列传》而言，也几无异即是《西戎列传》。因《匈奴列传》开始记述的就是獯狁、荤粥、犬戎、陆浑、允姓、大荔、义渠等"百有余戎"。因此，匈奴与西戎也无疑应有密切种系关系，或即同一族群——就所居地望称之即西戎，就其凶悍族性称之则为匈奴。而西戎也应即所谓西域民族。换句话说，饕餮、儋耳与匈奴、西戎有同等密切种系关系，纵非即属同一族群。且就上文所知，藤田氏固曾论及瓜州允姓之戎或与西域月氏和乌孙，以及下文拟加讨论的斯开题（Scythians, Scyths）有密切关系，而这几个族群的分布区也大抵就是儋耳、饕餮所居的近地。

（九）关于《吕氏春秋·恃君览》所载雁门之北的儋耳、饕餮和穷奇所居的地望及可能的种系的推证已如上述。兹更就《左传》和《神异经》饕餮传说和记载，试略为比论。

首先，著者以为三书所载族群既同名为饕餮，且诸书尤其《左传》与《吕览》著作时代相垺，则诸书所称饕餮应指或可指同一族群，甚至如前文所说，是华夏民族相当熟悉的一种强悍民族，从而不易与别的族群混淆不辨。《左传》所载虽是唐虞之际的传说，实际或即以当时雁门之北的饕餮民族为其背景，也非不可能。至如《神异经》一书虽颇有问题，未必即为西汉东方朔所撰，但果不认其全出诸虚妄无稽，则其所记载饕餮应无论如何为见于魏晋时代的西北边疆民族，因此极可能就是秦汉之际的饕餮。其所以位于西南荒，应是纂集之误。旧解几一致认为《左传》四凶（即穷奇、梼杌、浑敦、饕餮）之称初或为兽名，且证诸《神异经》，前三者确均为西荒或西北荒中之兽。故姑不论饕餮原为人或兽名，应与余者三凶同在一荒，自非不可能。况实际上，饕餮与穷奇即同在西北荒。又果依旧说，认饕餮即三苗，也即《神异经》苗民，则苗民不但在"西方荒"中，而且正是唐虞之际"窜于三危"，即西方之极的族群。

其次，我们推证饕餮可能即匈奴或西戎，也要属今所谓突厥民族。同样，《左传》和《神异经》所载饕餮也应即同一种系民族——实际上应无疑即白种与蒙古种系经长期混血而成的一种民族，而这种民族曾存在唐虞和魏晋之际中国的西北，也是不需烦论的。如《史记》称匈奴在唐虞以上即山戎、猃狁，匈奴之祖淳维为夏后苗裔，殷先公契之母为有娀氏女。至如周民族与戎狄之密切关系，则更无庸论。这说明华夏民族自传说的唐虞以来，迄于秦汉或更晚，与匈奴或西戎民族显有重要关系，纵然常是而非仅有的敌对族群。

因此，综合上文各节所论，我们或大致可做如下的推论：

据传说，远自唐虞以来，华夏之西北曾存在一些强悍民族，即饕餮、穷奇之类。这类族群或即后世所谓猃狁、犬戎，或匈奴民族，一度曾为虞舜击败，远扬于荒裔，但其后迄于秦汉时代，或渐东移，而时为中国之患；尤其饕餮一族似为其中重要族类，故予当时秦汉人以深刻印象。

此外，当然还有《吕览》周鼎饕餮纹的问题，如果我们放弃饕餮为恶兽的旧说，而就本文论证加以推敲，也显然不难解释；我们应可认为这种饕餮纹或即饕餮族人的肖形；既以此示其凶悍，提高人之警戒，即《左传》所谓"使民知神奸"之义，也以此诅咒其终有恶报，兼以戒人之贪恶。实际上，《吕览》饕餮纹既究不知其为何种饰纹，则这种解释也无法即证其正确。但果认为饕餮纹需就饕餮民族加以讨论，则这里的解释无疑该是最合理的。至于饕餮一称的初义及来源，就中国文献虽为无法求解的问题，但就他项材料而言，则似非绝无线索可寻。此于下文略为讨论，兹不赘。

总之，就饕餮民族，至少是雁门之北饕餮民族而言，这显然是广泛涉及古代地理、民族、文献的时代与版本各方面的一项复杂问题，著者所论当难免不无误漏。但值得注意的，即所引诸书大多吻合，足资互证；其中应有若干可能的史实，非全属虚妄，当可概见。

三 古代中亚斯开题族与匈奴、饕餮族的比观

上节,曾就时间、地理的分布,习俗文化各方面试证饕餮与匈奴或西戎民族间可能的种系关系。本节仍就这几方面,试更论饕餮、匈奴与中亚古代斯开题族三者间可能的种系关系。

(一) 斯开题族(Scythians, Scyths, fr. Greek Skythia)系公元前约7世纪迄3世纪间纵横于中亚的一种强悍游牧民族,但至公元前1世纪顷却行踪缥缈,而致西方史家几不详其所往。有关这一民族的历史,要见于早期希腊史家的论著,而以希罗多德氏所记为最详,迄为后代史家引据的重要史料。19世纪以来,由于中亚考古学与汉学的发展,欧洲学者再次引起有关斯开题族的热烈研究,而英考古学大师敏思教授(Ellis E. Minns)所著《斯开题人与希腊人》(Scythians and Greeks, 1913) 一书,以取材宏富,议论精辟,也至今犹为综合性权威巨著之一。敏思是书除要以希腊史料及新的考古材料为立论基础以外,曾兼引中国史籍,以为参证比较。敏思尤因希罗多德所记斯开题族与《史记》、《汉书》的《匈奴列传》的密切符合,而深信东西史家所记应即属同一族群的史实;易言之,西方所谓的斯开题族应即东方所说的匈奴民族。这是从各面史料详细比较下推证的一项重要结论。兹试就敏思所著,说明斯开题族的分布、地形特征、文化习俗、体质容貌以及族称、神祇之名于下,并间或与匈奴、饕餮凶族试为比较。

(二) 斯开题族分布辽阔。西起黑海东北,东逾里海、咸海,迄于天山与阿尔泰山,都曾为该族牧马驰骋之所。甚至更东,远及蒙古,考古学家也曾屡见该族的游踪遗迹。敏思对该族

所居曾作如此描述："该族所居的最大特色即是广野辽原,而不见山岭";茫茫草野较之匈牙利波茨达平原更为广阔。实际上,这正是欧亚草原(Eurasian Steppe)核心的吉尔吉斯草原地带。如果概括该区的湖海而言,也止是"大泽广原之野"。

(三)正如匈奴,斯开题族也没有文书,因此也不曾记录下他们自己的历史。该族究属某一种系,使用何种语言?均势难确论。西方学者多就希腊史料所载该族的人、地与神祇之称,试证该族种系与语言的系统。

正如对于匈奴、西戎种系的推测一样,学者也认为斯开题族或属突厥、伊朗,或斯拉夫,或蒙古人种;英国麦克高温氏(W. M. McGovern)则较强调北欧人种(Nordic)说。如就所知认为是斯开题人墓葬中发掘的人头骨而言,其中则兼有长头和宽头型的(dolichocephalic and brachycephalic),而头型又非鉴别人种的可靠标准。加以该族与异族的通婚及奴虏制,也难据墓中的头骨以确证王族的种系。惟就该族墓葬中出土器物上镂刻的人物容貌而言,其人大抵披发多须,貌类鞑靼或苏俄乡农,而尚箕倨之俗。于此,我们不禁想到"身多毛"的饕餮,与儋耳同处北海的"毛民",尤其《淮南子·主术》云:

胡貉、匈奴之国、纵体、拖发、箕倨。

此外,前文曾提到藤田氏认为"塞克提"人与月氏、乌孙、允姓之戎的可能密切关系,纵此数族非即同一族群。又林惠祥氏《中国民族史》曾论称:"(乌孙)似为白种之挪耳的系(Nordic)","葱岭以西诸国如大宛、休循、康居、捐毒、罽宾、安息等皆白种";而新疆境内的三十六国之属于塞种者,"似即指闪米特(Semite)系,即与古巴比伦人、古亚述人、阿拉伯人、犹太人为同类"。据此,我们说斯开题人要为高加索种系,而多少混有蒙古族血液,似是合理的推测。实际正如前文说过的,在这一地带也似乎找不出另一种系。此外，这里我们不免又想到昆仑与西王母。(《书》云"西戎即叙"。郑玄云："衣皮之民，居昆仑、析支、渠搜三山之野者皆西戎也。"王肃云："西戎，西域也。")

又从斯开题族的邻族，也可有助于其种系的求解。其西邻要为伊朗族群；北邻多为斯拉夫族和芬族；东北乌拉尔山西麓为伊朗、芬和乌格里族部落，其中曾控制大秦与咸海间商道的 Sauromatae 即中国史称上的奄蔡（Aorsi, Alans or A-lan-na）；东逾阿尔泰山，至准噶尔、塔里木盆地一带，多属羌、藏、蒙古族系部落，而多少混有伊朗血统，也即月氏、大夏、吐火罗等西域民族。值得一提的，即塔里木盆地区据云某族群有子食其父母遗体之俗，并以其亲之头骨为饮器，期睹物怀人，而不忘其亲。同样，斯开题人也以强敌之头（或包以金叶）为饮器，享饮杀敌执馘的年轻战士。于是我们想到"食人未咽"的饕餮。而匈奴单于以月氏王的头为饮器，赵襄子漆智伯头为饮器，也自是我们熟悉的故事。

此外，斯开题人之北，阿尔泰山区附近，据西方史家记载，云有"羊胫人"（Goatfooted）"一目人"（One-eyed）；以地处荒远，难穷其究竟。敏思说，似乎中国人或曾至其地。这里，我们又想到《山海经》记载的"一目国"，与饕餮、匈奴同处北海而"膝下有毛"的丁灵国和"膝下生毛"之北丁令的"马胫国"！这尤说明在多少充足的材料的比较之下，古籍上的某些光怪陆离的记载却未必即是真正荒诞不经的"山海经"哩！

（四）斯开题族既与许多族群为邻，且各族间有密切往来贸易的关系，故在商业交际上，据希罗多德的记载，斯开题人曾有七种舌人以助译事。敏思曾分析希氏记载交往的各族，认为五种语言应已敷用；七种云云，或失之夸张。实际上，就今日中国汉语与非汉语方言而论，希氏所云固未见其夸张，而中国古籍所载因异国交往而需要的舌人也更不止于七种。如张衡赋云"重舌之人九译，金稽首而来"。又《史记》云"康居西域，重译来朝"、"远方殊俗、重译而至"。尤其果如《史记》称，殷契之母为有娀氏女则更就下列记载加以比较：

  路不周以左转兮，指西海以为期。(《楚辞·离骚》)
  有娀在不周之北。(《淮南子·坠形训》)

可证有娀或西戎也一度在西海之区，据《水经注》，位于葱岭、于阗二水之界的不周山当在昆仑山之西麓。这与上文西海的推证固符合。而且，传说果略有史实的话，则殷代中国与西域固可能已有接触，且由于邦族间的婚姻，也就早已有了混血现象。

（五）学者所以对于斯开题族系的推测不同，原因之一在于对于该语言系属的臆论的纷异，虽则大抵认为要与伊朗语或乌拉尔阿尔泰语（Uralo-Altaic）有关。尤其纳基氏（N. Nagy）在溯论语系问题时，曾指出斯开题族与乌拉尔阿尔泰语系民族宗教信仰方面的类似性。而纳基引论的一些物类或神祇之称似尤值得注意，兹试就中国文献所见的某些地名或族称加以比较。

1. 斯开题族的主神"天后"（Great Goddess）名 Tabiti，而乌护语（Vogul）则为"Taut"、"Taot"。著者于此提请注意的，即这一神祇之称非仅即埃及与希伯来人月神或全能神（lunar or almighty god）"Thot"（=Taute, Tehuti, Tahuti, Tot, etc.）之称，而且不由得使我们不想到"饕餮"（T'ao-tieh，古音 Tau-t'ieg or T'og-t'ieg）① 之称。就音缀而言，"Taute"与"Tao-tiog"可说完全一致。1961年，著者因为记得德国考古学家 Carl Hentze 教授曾释宋儒以来莫须有的殷饕餮纹或为月神，因以此意函告。教

---

① 以下古音均依董同龢先生《上古音韵表稿》。

授同意此说，并谓自 1955 年已认为饕餮纹象征 "All-knowing god or ambivalent Supreme Being"。虽然，饕餮纹却原非名为饕餮，因此教授似不曾就此一神祇之称加以讨论。此外，著者其后读到友人杜而未教授《饕餮问题的解决》一文（较著者与 Hentze 氏通信时早三月，时未能获读），也已提到饕餮或即埃及人月神 Thot 之称①。真可说是不谋而合，先获我心。

我们说饕餮或即 Tato 之称，在解释上并无困难。因为饕餮民族，如上文所证，既可能分布于中亚，则无论或由种系或以文化接触因素，都不免可能与斯开题族信奉同一神祇，因而就其神祇而命名其族；正如称崇拜太阳者为太阳民族（而有熊氏黄帝或即崇拜熊的民族）。又饕餮一词最早见于《左传》，且为专用名词，而饕餮民族既为战国存在的异域强族，则此一名词也很可能原是借入的外来语（Borrowing word）。

2. 纳基氏又云斯开题人称 "海" 为 "Tenger"；突厥语有海神名 Tengri（相当于希腊海神 Poseidon）。又另据赫罗兹尼教授（B. Hrozney）云，突厥语称天或天神为 "Tengri" 或 "Tenri"；苏末语（Sumerian）称天神为 "Dingir"，称 "宇宙大山"（Mountain of the World）为 "Arali、Ural 或 Kur"；亚述语（Assyrian）的 "Arallû"，其意则为 "藏金之山"（The mountain containing the god）②。于此，我们又想到匈奴称天为 "撑犁"；想到天山、昆仑墟和昆仑山、金山，特别是《吕览·求人》"西至三危……积金之山！"此外，雁门之北与饕餮、儋耳同处的须窥（古音 Siug-K'iweg）和毛民修鞈（古音 Siŏg-kap Siŏg-kat, Siòg-

---

① 1962 年，《饕餮问题的解决》，《现代学人》；又 1966 年，《凤麟龟龙考释》，第 163—170 页。

② 1953, Ancient History of Western Asia, India and Grete, Chapter IX, pp. 55—56.

ktep）既同在北海大泽广原之野，是否就是同地带的"斯开题"（Skythia）？匈奴、开题（古音 Kâd-tieg or k'âd-d'ieg）是否为"Skythia"的变称，抑或是 Chaldae（or Akkad）的对音？而儋耳（Tâm-n'iag）是否原意即北海之"海"，也即为俄语 Adriyatik Denizi、Baltic Denizi 的"Denizi"？凡此，均值得注意。如果从这方面抓住些许线索，则无疑应极有助于中西民族与文化的研究。

（六）就前文《左传》、《吕览》与《神异经》各项材料所知，饕餮为崇武尚力的凶悍民族，且不惮自相残杀以尽其类。但该族究如何凶戾，却乏具体事实可证。兹就斯开题族习性以为了解饕餮凶行的参考。敏思说，斯开题族果非自相杀伐、不事团结，则当时（ca. 700—300 B. C.）欧亚民族殆已无噍类。该族虽精于骑射，强悍好战，惟也不羞于遁走。尤其族酋逝世后族人残身致哀习俗，可说是举世无与伦比的。据希罗多德记载，斯开题族酋逝世后，例须葬于固定墓区。大殓既毕，遗体置柩车上。王公大臣自动雉发、割臂、削鼻、裂额且以箭插穿左手，然后扶榇往墓地。途中经行村落的部众依样行事，而群随送葬。既抵墓地，族酋遗体安放先期掘成的宽广墓穴中央，其周围余隙即为媵臣、御者、庖丁、徒役、马匹，及各种器物殉葬之所。至次年冥祭，则须杀毙族酋生时宠爱的宗属青年五十人与良马五十匹；每马尸上置人尸一具，罗列王墓四周，以为悼念。斯开题族的凶悍，真可令人不寒而颤了。

饕餮民族会否如此凶狠，不得而知，但既予战国、秦汉时人以深刻印象，也可想见其残暴之性。此外，据《汉书·匈奴列传》颜师古注秋季马肥大会"蹛林"之祭云：

  绕林木而祭也。鲜卑之俗，自古相传。秋天之祭，无林木者尚树柳枝，众骑驰绕，三周乃止。此其遗法也。

这种"众骑驰绕"的祭仪很可能就是斯开题族绕墓陈尸的类似俗尚。此外,敏思曾提到,突厥和蒙古王族的殉葬(一次可达50000人!)与斯开题族差堪比拟。著者于此则想及安阳殷墟王墓与千百殉葬小墓,以及车马器物的出土情况。特别是殷墟墓中所见大量红土及染红的骨骼,也正类斯开题人的葬俗。而著者所以提到殷墟,则因为史书或称殷人为戎,且傅孟真先生曾论称殷王族或为西戎[①]。

(七)斯开题族虽无文书,但近世考古学的发掘却说明该族具有高水准艺术表现能力。尤其器物上所见凶禽或猛兽搏斗之姿的兽形饰纹(Zoomorphic Motif or Animal Style)为其独具风格的艺术形式;正如其凶誉一样,也曾驰闻于中亚。其较晚期饰纹多为"兽形接合"纹(Zoomorphic juncture),即两兽或两禽相向对合,或背向而反首回顾,而其间置以花木或其他物形;或对立两兽以其前肢或四肢接合。此外,这类兽形纹以有翼的怪兽为其另一常见特征。类乎斯开题的这类艺术表现非仅见于中亚,而远及阿尔泰与内蒙古近中国的边界地区,且许多学者认为与中国中周及晚周铜器上的某些艺术表现有不可否认的显著类似性,甚或即与殷周器物的艺术饰纹也似有演化关系。例如今所见殷周铜器上的所谓"饕餮纹",即由两侧立兽形对合而成的兽面状饰纹,考古学家 M. Rostovtzeff 和 H. Frankfort 同认与斯开题人兽形艺术有关,且应源于西亚两河流域的狮头鹰(Lion-headed eagle, ie Imudgud)。著者也找到一种几乎就是殷周"饕餮纹"同一结构的斯开题饰纹的材料,虽然是属于较晚年代的。

姑撇开早期殷周艺术文化的演化不论,单就中周后艺术表现

---

① 《新获卜辞写本后记跋》,《安阳发掘报告》第 2 册,1920 年,第 376—383 页。

而言，如果我们认为斯开题族与匈奴或西戎民族无关，易言之，即斯开题族仅藉助其与周民族之间的匈奴或西戎民族以为接触的媒介，达成间接艺术文化的交流，则此两者艺术表现究否能如此显著类似，自不能无疑。反之，如斯开题族与匈奴或西戎，或周民族与西戎、匈奴有某种关系，其结果均将促成斯开题族与周民族的直接关系，而两者艺术上的类似性自属不可避免的事。实际上，周民族与戎翟民族无疑有其密切至少是婚媾关系。

（八）此外，有关斯开题族其他方面的生活史料与考古发掘所得的材料，敏思氏都有详细的论述，且若干习俗不乏同见于中国古代（如歃血为盟）甚或近代（如北京所见的成束蓍草占卜之俗），于此不烦枚举。虽然，必须指出的，即敏思曾就中西史料的比较，溯论匈奴突厥族类与斯开题族的种系关系，并不惮其烦地数称：

1. 这既然是有关斯开题族来自亚洲的一项问题，显需了解中国学者曾怎样谈论他们西北部的邻族。他们的记载跟希腊学者有关斯开题族的记载竟是出人意外的符合。（p. 91）

2. 上文就中国文献有关中亚的赅略记载提出的讨论，使人想到希罗多德著作中的许多细节。中国史家与希氏绘制的史画恰相吻合。如有关突厥的记载，即其一例。（p. 94）

3. 凡此均说明这一迁徙的族群该就是所谓匈奴的那一种系。举凡生活方式、葬仪以及雕饰和石刻上所见人物的形肖，跟中国史乘上有关匈奴、突厥、鞑靼，与所有该种系的其他群落的记载，无不相合。（p. 252）

4. 诚然，这些类似现象或并不深刻，而且有些风俗习尚的符合也许是基于类似的环境，纵是如此，类似性仍是显著的。况中亚与南俄间的疆域也常是通行无阻的。因此，对于这种类似性,如果我们不归委于纪元前十世纪顷因某些动乱而被迫逐到欧亚草原来的某一族群,则更难信其类似性源于许多全然无关的族群。(p. 92)

总之,敏思认为西方史家记述的斯开题族应就是东方史家笔底的匈奴、西戎及其后的突厥民族。且这一论见此后颇为其他西方史家所赞同。如《鞑靼千年史》著者帕克氏(E. H. Parker)云:

1. 希腊和波斯的(开拓)经验虽更早于中国和罗马,但希罗多德有关斯开题族的记述跟中国和罗马史乘记述之不同处,仅在于前者为生动的生活史,而后者则为确切的政治史而已。纵是如此,希氏史录跟中国有关匈奴和罗马有关Huns的记载却极少不大符合。(1924, Thousand Years of Tartars, p. 1)

2. 因此,姑置匈奴究否即Huns的问题不论,中国史家对于北亚骑马食肉饮乳酪的游牧民族,正如欧洲史家对于北欧骑马食肉饮酪的游牧民族一样,都更无另外名称,这显然是无可置疑的。而且北欧的游牧民族也只是在匈奴王朝被逐出中国以后,才开始出现的。尤其希罗多德记述的斯开题族——曾与希腊、波斯发生接触——与中国的匈奴和欧洲的Huns几有一样的生活方式。因此我们应可合理的推论……三者中的任何一族跟其余两族均有某些种系关系。(p. 3)

这跟敏思的推论可说毫无二致,也可说就是敏思的见解。

又英国麦克高温氏(W. M. McGovern)在所著《中亚古帝国》(Ancient Empires of Central Asia, 1939)一书内,虽强调斯开题族居地较西而属亚利安印欧语系的"大白种"(Great White Race),与地近东亚属杜兰语即乌拉阿泰语(Turanian or Uralo-Altaic)"大黄种"的Huns有别,但同时却指出:

多少世纪以前,斯开题族在中亚民族中几全然消失。但这一历史悲剧却决未使我们忽略了这一事实，即该族曾一度是今突厥斯坦地区的重要族群，并自此向周围的邻邦施以重大的迫袭。向西、斯开题族分布于南俄，甚或远及中欧；向东，其他斯开题族远及东亚，且若干世纪以来，曾占有今中国西北部，以此而使得中国人第一次（？）跟"欧洲"人种和语言发生接触。(p.6)

撇开斯开题族，再论 Hunnish 族（中亚另一重要族群）。我们认为当斯开题族控制突厥斯坦之际，另外 Hunnish 部族，即通常所谓匈奴，则统治着蒙古。(p.8)

麦氏由于某种心理因素而欲强调"大白种"与"大黄种"之分和斯开题族大白种系的可能性，致在论述上反陷于混淆。实际上，他所谓"其他斯开题族远及东亚"者显应就是统治蒙古的"另外的匈奴部族"。易言之，匈奴不过是居于更东的另部分斯开题族。他所以不这么明说果非预留地步，则应是另有用意。

（九）综合本节上文所论，我们认为无论是就地理、时间上的分布或文化习俗与体质特征而言，斯开题族、匈奴族跟饕餮凶族几乎全然一致。因此，这三个族群纵非即是同一种群，也极可能是同一种系因混有程度不同的其他（要为蒙古种）种系血液的几个族群。至如匈奴所以与西戎混称，应即由于匈奴即是中国西方民族即西戎的一部分。

四 结论

（一）饕餮一词于战国与秦汉时代古文献上主要为古代民族之称。

（二）饕餮民族为一强悍族群，据传说曾存在唐虞之际，后被逐至荒远之地；及秦汉之际，雁门之北的广原大泽之野，即距宗周一万四千里的北海北荒之地，则有身多毛的饕餮民族，而与儋耳、穷奇、须窥诸族为邻。

（三）饕餮所居广原大泽之野似即奄蔡、康居所处的中亚吉尔吉斯草原大泽之区。

（四）饕餮民族似与匈奴、西戎，及西史所谓 Scythians 互有密切关系；纵非即同一族群，或可能是同一种系因与另一种系不同程度的混血而衍分的几个族群。

1967 年 4 月于中央研究院史语所
（原载 1967 年，《中央研究院民族研究所集刊》
第 14 卷，第 1—32 页）

论汉简及其他汉文献所载的黑色人
《居延汉简中所见汉代人的身型与肤色》读后

一 序言

1950年，劳贞一教授所著《居延汉简考释》重订出版，著者拜读之余，发现其中不少的简载有如下列所见"某郡某县某里某人年若干岁几尺几寸黑色"一类的记录：

居延都尉给事佐居延始至里万赏年卅四，长七尺五寸黑色。（劳著 No. 2863）

河南郡河南县北中里公乘史孝年卅二，长七尺二寸，黑色。（同上 No. 2872）

骊靬万岁里公乘儿仓年卅，长七尺二寸，黑色。（同上 No. 1219）

书佐忠时年廿六，长七尺三寸，黑色。（同上 No. 350）

里贾胜年卅，长七尺三寸，黑色。（同上 No. 791）

随手圈记，计得四十余简。著者当时想到这类简牍不但是汉代居延遗存下来的地方户籍档案资料，且应是有关汉代西北边塞民族生体学研究（somatological study）的一项重要史料。特别是黑色和汉制七尺余的体高这两项人体特征（physical character）究是一般黄肤蒙古人种的汉族抑属其他人种的特征，也显然是值得注意的一项问题。虽然，其后几年中，著者迄以其他研究工作，对于这项材料却未作进一步的探索。

1966年夏，友人张春树博士自美寄来《居延汉简中所见汉代人的身型与肤色》一文（下简称《张文》），嘱转交《庆祝李济先生七十岁论文集》编委会，并希提供意见。著者于张先生这篇论文深有先得我心之感，因为他引用的史料固然是著者所见的汉简材料（但著者漏圈了几条），而且他讨论的主题也正是著者拟论而未果的汉简黑色人种族系属的问题。尤其张先生曾考证汉简上"黑色"一词应指肤色之黑，而未始不疑汉简"黑色"人或即黑肤人种。虽然在结论上，张先生却认为汉简"黑色"人非特殊种族，而是较常人略黑的一般汉族人。著者颇置疑于《张文》的这一推论，但当时以正赶写计划中的研究报告，且手边缺乏其他材料，难以提供具体意见，因此仅歉然地把张先生论文送陈槃庵主任，并请代撰跋文。

今春，《张文》和槃庵先生的《跋》文均经发表[1]。而槃庵先生在《跋》文内虽指出中国古代华夏民族血统并不纯一，且春秋时代族类尤为复杂，但于汉简黑色人则同意《张文》的结论。

由于《张文》的提出，年来著者再次思索汉简"黑色"人的问题，且意外地从汉文献《易林》一书内偶检得少数几条材料，似可补充春树未尽之意，也即著者初始的想法。于是趁着刚好完成另一研究报告的空暇，写出本文的初稿。这时，春树恰因事返国，著者即以初稿就正。月余，春树返美，函促著者发表该稿，值研究所同仁筹编《庆祝李方桂教授六十五岁论文集》，因

---

[1] 1967年，《庆祝李济先生七十岁论文集》下册，第1033—1045页。

再就该稿修正而写成本文[1]。既以为李方桂先生寿，也以就正于槃庵主任、春树博士和海内外方家。

二 汉简黑色人非特殊种族？

人种肤色在任何一种族中均显示有相当大的个体差异（individual variation），因此很难仅据肤色以论断个体的种族系属。虽然，就蒙古人种、尼哥罗人种（Negroid）、高加索人种（Caucasoid）或称为黄种、黑种、白种而言，却说明肤色仍是具相对分类意义的一种体质特征[2]。实际上，如著者说，某日在台北（或其他国际性都市）遇见一位黑人，则很少人会怀疑著者说的该不是黑种人；纵然那位黑人确是肤色较常人为黑的中国人。易言之，在某一地区中既有不同肤色人种存在，则很难全然否定某种肤色的人不是某一特殊种族的人，纵不能全然肯定其就是该一种族的人。关于汉简"黑色"人，著者的基本看法也是如此，请试申论如下。

按，在《张文》引用的汉简材料（六十条）中，计有四十六条事涉"黑色"人；但非全如上文所见的详尽，而有的或缺漏姓名、居地、年龄，或是体高。春树考订"黑色"一词义指肤色，这一点是无可置疑的。因此，这四十六简的"黑色"人应是黑肤人。

汉简"黑色"人不但是黑肤人，且就下列两简而论：
永光四年正月己酉，橐佗吞胡隧长张起祖。妻大女……

---

[1] 原文曾兼论汉骊靬县建置年代、相关史事与先秦时代黑肤人种等问题。前后修正数次，原拟一并发表，因时间匆促，故仅先发表此文。

[2] 实际上，在人种分类上也是重要的特征之一。cf. A. C. Haddon, *Races of Man*, p. 7.

年卅二。子大男辅，年十九岁。子小男广宗，年十二岁。子小女女足，年九岁。辅妻南来，年十五岁。皆黑色。（张文 No. 54，劳 No. 1273）

永光四年正月己酉，橐佗延寿燧长孙时符。妻大女昭武万岁里孙弟卿年廿一。子小女玉女，年三岁。弟小女耳，年九岁。皆黑色。（张文 No. 55，劳 No. 1274）

事实应可说明汉简的黑肤人，至少其中某些黑肤人的肤色并非源于个体偶然的差异，而显属先天的遗传性体质。因为这里所知的张、孙两家族，老幼共十人皆"黑色"，而竟无一例外！自然，我们不能据此而以偏概全地推证汉简四十六例的五十四黑肤人都属遗传性的黑肤人。但果相反的认为这些黑肤人必是由于个体差异而使然的肤色较黑的一般汉族人，则显然更失之武断。然则何以张、孙两家人都有遗传性的黑色体质？这不能不使我们想到特殊种族的因素。易言之，其所以举家黑肤色者，当由于他们原是以黑肤色为其体质特征之一的特殊种族。

其次，不但是黑肤特征，汉简黑肤人七尺余的体高特征也是值得注意的。虽然，体高在各种族的个体间的差异较之肤色或更为显著。按，《张文》曾就汉简所载十八岁以上三十六成年人的体高，统计出其平均体高为汉尺七尺三寸，约合 1.679 公尺[1]。此外并指出河西籍的十四人较来自内郡各地的七人平均体高略高（7.33 : 7.25 汉尺）。就历史上人种体质的研究而言，这项统计显然是富有意义的史料。

不过，《张文》的平均体高值可能是据汉简兼载体高和肤色以及仅载体高的材料而计算的，而非仅属黑肤人的平均体高，因此对于后者，需另行计算。按，汉简兼载肤色和体高的计有四十

---

[1] 《张文》据一汉尺合二十三公分计算。

人。其中十二岁未成年者一人，体高六汉尺。另三十三人确知体高均在七汉尺以上（162—177.1公分），平均为7.25汉尺（166.75公分）。另六人仅知为"□□五寸"、"□尺五寸"（计三人）、"□尺三寸"（或二寸，计三人）。如果依上举三十三人的大多数例，假定这六人体高记录上脱落的字均为"七尺"，则此六人的平均体高为7.37汉尺（169.51公分）。如以此六人与另三十三人体高合并计算，则汉简三十九黑肤人的平均体高约为7.27汉尺（167.20公分）；较《张文》所计略低，而不及1公分。

然则汉简三十九黑肤人平均体高为167.2公分究具什么意义？这可以就中国各民族的平均体高限度来加以了解。首先，据人类学家的调查和统计，蒙古人种的平均体高一般低于167.0公分[1]。这说明汉简三十九黑肤人平均体高略高于蒙古人种的平均体高，虽然差异并不十分大。再，中国境内各民族的体高限度据知有如下的分配情形[2]：

（Ⅰ）中矮体高（Ca, 156.3—163.2公分）[3]：

    （1）西南倮、么、摆、苗等族 ……… 155.0—163.5公分

    （2）台湾高山族 ……………………… 157.2—164.8公分

    （3）藏族 ……………………………… 158.7—164.6公分

        （东部略高，近中常身材，157.0—166.9公分）

    （4）突厥族东支乌梁海等族 ………… 154.0—159.7公分

（Ⅱ）中常体高（Ca, 162.5—167.6公分）：

    （5）突厥族中支维吾尔、哈萨克等族 163.8—167.6公分

---

[1] 1947, E. A. Hooton, Up From The Ape, p. 634.

[2] 1929. A. C. Haddon, The Living Races of Man, pp. 29—34；also 1953，芮逸夫《中华民族的构成》，《大陆杂志》Vol. 7, No. 1, pp. 25—34.

[3] 括弧中数字系各族体高的加权平均值。

（6）汉族 ·························· 161.2—167.6公分
　　　　（华北168.5公分，华中164.2公分，华南160.9公分）
（Ⅲ）中高体高（Ca，164.2—168.7公分）：
　　（7）通古斯、满洲、布利雅特等族 161.4—168.4公分
　　（8）白肤高加索种（Caucasoid）塔吉克族
　　　　166.9—168.9公分

　　汉简三十九人为七尺至七尺七寸（161.0—177.1公分），平均167.2公分。就上表的比较，可知汉简三十九黑肤人的平均体高（167.2公分）较近于汉族体高的上限（167.6公分），且尤近于华北人的体高（168.5公分）。易言之，汉简黑肤人的体高更近于中高型的体高。实际上，如就三十九汉简黑肤人体高限度（161.0—177.1公分）来比较，则汉简黑肤人不但应列入中高型体高组（164.2—168.7公分），且其上限竟超过中高体高的上限，尤其是白肤高加索型体高的上限（168.9公分）了！虽然，我们却不能以此而认为汉简黑肤人较之汉族华北人是更近似白肤高加索型的人的，因为两者显有肤色黑白之分。

　　但是，另一方面，我们更知道非洲和亚洲的黑肤人种有着下列的体高分配情形[①]：

（Ⅰ）The African Negroid：
　　1. The West Sudan and the Congo Negro：　　　165—169 cm
　　2. The South African Negro：　　　　　　　　　—170 cm
　　3. The Niliotic Negro：　　　　　　　　　　　170—178 cm
　　4. The Negrito：　　　　　　　　　　　　　　　—150 cm
　　5. The Bushman-Hottentot：　　　　　　　　　—160 cm
（Ⅱ）The Oceanic Negroid-The Melanesian-Papuan：　—165 cm

---

① Hooton, Ibid., pp. 620—622.

而且除了非洲及亚洲的 165 公分以下的黑肤人以外，其余非洲的纯正尼格罗黑肤人，尤其是东北非区的尼罗河黑肤人的体高（170—178 公分）也显与汉简黑肤人体高（165.6—177.1 公分）是最近似的。

综合以上的分析，我们或可如是推论，即：汉简黑肤人体高限度虽近似中国境内白肤高加索种的塔吉克人，但兼就体高限度和肤色而言，则显更近似非洲的黑肤尼罗河区或苏丹区的黑肤人，纵然不必就是来自非洲的黑肤人。事实上，汉简黑肤人大多居于地近西域的河西，且身高七尺二寸（165.6 公分）的儿仓所居的张掖郡骊靬县也或云就是汉世因骊靬国（即大秦国）人的入降而建置的[①]。因此，果我们推想汉简黑肤人或即随大秦国入降而来的部分非洲黑肤人，也显然不是不可能的。

最后，著者愿提到的，即《张文》汉简黑肤人非特殊人种的结论虽是未可厚非的另一种看法，但是该文结论所依据的几点分析却略有商榷的余地。按，《张文》指出当我们论及汉简黑肤人族系问题时，或会联想到这群人是：

(1) 属于一个特殊的社会阶级；
(2) 来自一个特别的地理区域；
(3) 属于一个不同于汉族人的种族。

且于分析汉简有关材料后，认为这三点因素都不能成立。因为：

> 就第一点来说……这群人在职业和身份上是遍及各层的……就第二点来论，这群人并非属于某一特殊区域，而是来自汉帝国的各郡……黑色与地域没有任何关联。同时就已讨论的各点，也可看出这群人并非属于某一特殊种族，而是

---

① 参阅王先谦《汉书地理志补注》；又 1957, Homer H. Dubs, A Roman City in Ancient China。

一般的汉人。(p.1045)

但首先，证诸上引《张文》，所谓不能成立的"三点"，事实似仅有两点，即社会阶层和地理分布，而所称第三点则为由以上两点衍出的结论。

其次，社会阶层，即职业身份，似乎难据为论断人种系属的标准。此于今日体质人类学论著之有关人种分类上应可证明。实际上，就《张文》分析的汉简材料而言，既说明黑肤人可担任各项公职，而与一般汉人原无何种差异，也显证社会阶级因素原就不是可以辨分汉代黑肤与非黑肤人种系的标准。同样，就今日确知有黑白人种同处的美国大都市而言，我们也显难就其人所任的公职而论断其所属的人种系统。倒是果然知道任某职者是黑肤人，或可推证其人或是黑种人。

最后，就地理分布因素而言，《张文》曾统计简文兼载有体高和籍贯（而不必是黑肤）的二十一人中计有"十四人属河西"，余者七人则分来自内地各郡。这说明二十一人虽非都属黑肤人，但其中三分之二的多数人却都隶籍河西。易言之，这二十一人在地理分布上实有显著的差异。尤值得注意的，即《张文》指出载有籍贯而未必兼载体高的二十五黑肤人中竟有十七人隶籍河西，仅八人分隶内地各郡！而且分布河西区的黑肤人似集中于张掖郡（计有六人）；分布内郡的黑肤人则见于六地。凡此，说明不惟汉简黑肤人在地理分布上有显著的差异，且河西的张掖郡似尤为汉简黑肤人的集居地。上文曾提到学者认为张掖郡的骊靬县或即以骊靬国降人而建置的①，于此益证这种说法的可信，从而说明汉简黑肤人，至少是河西张掖郡的黑肤人，更可能是来自

---

① 《史记》及《汉书》之《匈奴列传》均载有以降人置属国之事。《汉书》颜注即云骊靬县"盖取此国为名"。《补注》应据颜注。

异域,或即骊靬国的特殊种族的人。

总之,综合上文所论,事实上即说明:

1. 中国古代,尤其春秋之际,种族复杂,血统不一。
2. 汉简黑肤人的肤色应属遗传而非偶然的个体差异。
3. 汉简黑肤人的肤色和体高异乎一般汉族人,而要近乎非洲尼罗区的黑肤人。
4. 汉简黑肤人要集居于河西尤其张掖郡,且张掖郡的骊靬县或以骊靬国的降人而建置。

我们应可合理的推论汉简黑肤人应极可能是来自异域(纵非即非洲)的特殊种族的人。反之,我们纵难全然否定,却显然更乏客观的论证以支持,汉简黑肤人非特殊种族的说法。

三 《易林》所见蜗螺母女和乌孙女之类深目黑肤人

(一)《易林》旧题为《焦氏易林》或《崔氏易林》,而有西汉昭帝宣帝之际焦延寿,或新莽光武帝之际崔篆所撰的异说。晚近经胡适先生考订,曾断言《易林》应即崔篆所撰,且其时代不晚于8—9 A.D.[①]。总之,《易林》是一部汉代的文献,是无可置疑的。而且就其撰述时代而言,与要属昭帝宣帝两朝遗物的汉简,也显然是先后差可衔续的,纵非同时。事实上,据《后汉书》篆孙《崔骃传》的记载,篆初为郡文学,继以明经曾征诣公车而不就,后为建新大尹。篆母以通经学,受莽宠礼,赐号义成夫人。篆兄以佞巧幸于莽,位至大司空。篆孙崔骃幼年博学通经,也与班固、傅毅齐名于大学。此外,据《后汉书·孔僖

---

① 1948,《易林断归崔篆的判决书》,《中央研究院历史语言研究所集刊》,Vol. 20. pp. 25—48.

传》，称僖曾祖少游长安，与崔篆友善。是证崔篆一门非仅世代通经，显于莽世，且似曾久居长安。因此，《易林》一书虽要据前代文献为繇辞的题材，其中也当不乏有著者及其亲辈所目睹与传闻的资料。甚至于《易林》虽题为崔篆所撰，或正如《汉书》，也未必不是祖述先人遗业，而由篆最后总其成的。本节下文拟论的蜗螺和乌孙氏女之类的黑肤人很可能就是崔骃或其亲人所目睹的事物。兹试分述如下：

（二）按，《易林》云：

蜗螺生子，深目黑丑，似类其母；虽或相就，众人莫取。（［九］《剥》）

蜗螺生子，深目黑丑，虽饰相就，众人莫取。（《恒》）

这两条记载无疑系指同一史实，且这一史实应可说明蜗螺之女是汉世居留于中国的异族人。"黑丑"于此意指肤色形态，是毋庸多说的。而"深目"一词，据下列史书证之：

自大宛以西至安息，国虽颇异言，然大同俗，相知言。其人皆深目，多须髯。（《史记·大宛列传》、《汉书·西域列传》）

自高昌以西诸国人等深目高鼻。（《魏书·西域传》）

也显然是用以描述非汉族，且特别是西域人种体质的一项常用语词。尤其就《史记》而言，史迁几乎认为"深目"就是足资区别西域人种与汉族的唯一体质特征了。按，"深目"特征关系着眼眶上嵴即眉嵴（Supraorbital or brow ridge）、鼻梁，和颧骨的隆凸。蒙古人种面部扁平鼻梁较低、颧骨发达而前凸，而西方人种则眉嵴较发达、鼻梁多高耸、颧骨较后缩；两相比较，西方人种因显得比东方人种是"深目"的[1]。因此，纵不论蜗螺之女的黑

---

[1] Hooton, Ibid., p. 576, p. 731.

肤色，如果依以史迁为代表的汉代人的分类人种标准，我们说蜗螺之女是非汉族的特殊种族或西域人种的人，也显非无据的。

如果我们认为蜗螺之女是特殊种族的人，则就其黑肤色而言，这种体质应是先天遗传性的（hereditary character），而非偶然的个体差异（individual variation）。事实上，黑肤的蜗螺之女既是"似类其母"，也显证女母正是深目黑肤的。换句话说，蜗螺母女是一个黑肤家族的人，而且蜗螺之称果非个体而是族群之称的话，则蜗螺很可能是一个黑肤的特殊种族的族群。虽然，这一种族或族群却不必在汉代中国境内。

如果我们上文的分析不误，则可以进一步了解何以蜗螺之女"虽饰相就，众人莫娶"的婚姻障碍。因为蜗螺之女是黑肤异族人，体态异于一般汉人，由于种族心理的偏见，因此也就不是"众人"乐于论婚的对象。而此所谓"众人"应就是一般汉人。

总之，我们就蜗螺母女的深目、黑肤的遗传性体质特征，就其与一般汉人通婚上的困难而言，说明蜗螺母女之类的深目黑肤人较之汉简黑肤人更可能是特殊种族的人。

（三）又《易林》云：

乌孙氏女，深目黑丑，嗜欲不同。

如以此条并合上条讨论，则上条所称蜗螺母女也许就是本条所说深目黑肤的乌孙氏女，而蜗螺果非个人名字，则或即乌孙种人中的部分族群，也都说不定的。乌孙自然不是汉族人，而是西域民族，因此也就与汉人的"嗜欲不同"。而所谓"嗜欲"也就是生活方式（The way of life）、文化模式（the pattern of culture）。然则深目黑肤且嗜欲不同的乌孙氏女或蜗螺母女之类的人，其体质及文化既并异于一般汉族人，其应属异国的特殊种族，当可无疑了。何况事实上乌孙人确然就是西域人种，而非汉族。

诚然，我们或以为乌孙为西域人种固无疑问，但问题似在于史家素认为乌孙为青眼赤须的白种而非黑肤人。[①] 因此,《易林》所称"乌孙氏女,深目黑丑"云云果非误记,便显难加以解释。但著者的看法却异于是,虽然并非认为乌孙必非白种人。

首先,证诸《史记·匈奴列传》,汉代中国与西域各国交通关系密切者似应首推乌孙;乌孙曾献良马,且曾与汉室结亲。而崔篆久居京师,纵非目见,也应自亲辈闻知乌孙究为白种抑黑肤人,而不致混淆不辨。因此,《易林》此条的记载应非出于疏误。

其次,纵认乌孙为白种人,《易林》"乌孙氏女,深目黑丑"云云,也显非不可解释。著者以为"乌孙氏女"应可解为乌孙人某氏(也即某家)的女眷或侍妾仆从之属,且是深目黑肤的,而非白种人。这就是说,乌孙人虽为白种,但乌孙人的家属中或有非白种的深目黑肤女人(当然,也许还有深目黑肤的男性仆从)。而且果然这种解释不误的话,则这种深目黑肤的女人(或类似的男人)也就极可能是与其家主乌孙人同来自西域,或是乌孙临近之地。总之,我们可以多少肯定地说,深目黑肤且嗜欲不同的"乌孙氏女"之类的人应是异域特殊种族,而非一般汉代的中国人。说者或认为著者的解释过于巧合而未必有其史实。但证诸欧洲古代及近代美洲史事,则充分说明黑白人种同处和通婚显属司空见惯之事。

最后,著者于此愿略为提到的,即乌孙究否如史家所称而确属白种因而确属白肤人,也似乎是值得注意的。至少是由于《易林》"乌孙氏女"的记载。事实上,白种人既非尽有白皙的肤色,且"印欧人种"(Indo-European race)中的印度人也显具较暗褐或黑的肤色。因此,乌孙人纵有青眼赤须,也不证其肤色

[①] 参阅林惠祥《中国民族史》下册,第293—310页。

即是白皙。然则乌孙人会否如今之印度人而具黑褐的肤色？这当然是问题。尤其《易林》的记载虽是难以据论，但显然不能全视为误谬。此外，就中国译述的外国人名地名而言，虽要为对音，但在可能时或未尝不兼顾音义。例如西方史上的"Hun"，今几认为就是中史上的匈奴，而匈奴很可能就兼有"凶奴"的轻蔑含义。事实上，据《汉书·匈奴列传》载，天凤二年，王莽即曾改号匈奴曰恭奴，单于曰善于。因此，乌孙之"乌"原来究否无"莫黑匪乌"的乌黑之意，而暗示乌孙人为黑色？也就显然难说了。再说，印度西北部地近中亚，且与大夏显有交通，因此乌孙人会不会是类似，或与印度人有关的黑色但属白种的族群，也是值得考索的问题。事实上，据说印度南部的古老黑肤色的德拉维狄亚人（Dravidian）曾来自印度西北部，至少在语言上与今印度河以西巴基斯坦西南部（即巴鲁基斯坦 Baluchistan）的巴鲁基斯人有关，而且巴鲁基斯坦地区自纪元前七世纪初迄纪元前二世纪初曾隶波斯帝国，并北与大夏、安息临近[1]。然则纵不论乌孙人究否为黑肤人，类乎"乌孙氏女"的深目黑肤人会否即经由安息、大夏而来自巴鲁基斯坦的黑肤人，也是可堪注意的问题。总之，就上文分析而言，果我们说乌孙或系白种中肤色较黑的人，也似难断言为绝不可能的事。至如深目黑肤的"乌孙氏女"之类的人应属非汉族的西域特殊种族，就似乎不需烦辩了。当然，乌孙究否为黑肤白种人仍待详细考证，而此处以主题所涉，仅提出一些基本看法而已。

（四）又《易林》云：

> 三斑六黑，同室共食，日月长息，我家有德。（卷十《蛊》）

---

[1] 1965, C. S. Coon, *The Living Races of Man*, p. 198; W. R. Shepherd, Historical Atlas, pl. 18, 19, 137.

照通常的解释,"三斑六黑"一语意指黑白发色,从而"同室共食"云云自意指少长同堂的室家之乐。但就上例"乌孙氏女"的解释而言,则这段繇辞究否非指黑白种人同处的融洽情趣?这就难说了。

(五)又《易林》云:

  鹎鹞娶妇,深目窈身……(卷六《蒙》)

就《史记》用语而言,"深目"于此当指非汉族体质特征。"窈身"应即修长身型之意,而西方人种体高,除黑肤侏儒处,似也一般较东方人种为高。因此,"深目窈身"的鹎鹞之妇也可能是非汉族的特殊种族的人,虽然不能确知其究是白肤或黑肤人。

姑撇开上列《易林》(四)、(五)两条不论,仅就前三条材料而言,我们当可试作如下的结论,即:

《易林》所载蜗螺母女和乌孙氏女之类的深目黑肤人很可能是来自异国,尤其是西域的黑肤特殊种族的人。实际上,这类黑肤人既与一般汉人嗜欲不同,且不相通婚。

然则《易林》的著者崔篆何以不厌其烦地屡以深目黑肤人作为他的繇辞的素材?这类素材究取于前代史籍,或传闻自亲朋,又或系崔篆所目睹?就最保守且最可能的推想而言,这类素材应是崔篆所亲见的,而且可能崔氏熟悉这种黑肤人的体态和生活,留有深刻印象,因此笔触所及而很容易地成为他的著作中的部分材料。如果这种推想不误的话,我们应可进一步推想崔氏笔下描述的黑肤人物或即与乌孙等西域人寄居在长安或其他大都市的异域侨民。而崔氏,就上文所知,也显然曾居住过长安。

至于长安,据《史记·大宛列传》所载见,于汉初通西域后,由于各国使节、商胡、贩客,以及向慕中国富厚者的东来,固然是当时汉帝国的政治中心和国际贸易的重镇,且由于异国侨民嗜欲的不同,而曾有过"离宫别馆尽种蒲陶,苜蓿极望"的盛况！尤其《汉书·匈奴列传》载宣帝甘露三年（51B.C.）呼韩邪单于入降，诏见于长平一事云：

> 使使者道单于先行，宿长平……上登长平，诏单于毋谒，其左右当户之群臣皆得列观。及诸蛮夷君长王侯数万咸迎于渭桥下，夹道陈。……单于就邸，留月余，遣归国。单于自愿留居光禄塞下。

可证当时京师长安或其他近区留居的蛮夷君长王侯竟达数万之众！如果这些异国的君长并非孤身留居中国，而或有十数仆从随侍，则其总数应可达十数万！[①] 崔篆记载的乌孙氏女和蜗螺母女之类的黑肤女人应或就是这数万以至十数万众中的部分异域侨民。易言之，这类黑肤女人应非崔篆初撰《易林》时始来自中国，而是留居中国多年了。

如果著者上文的分析尚非全误，则对于前节居延汉简的黑肤人问题于此应可更做进一步的解释。尤其汉简要属昭帝、宣帝两朝而兼及光武帝期的遗物，《易林》属新莽朝或略早的文献，两者所载的史料也显可以互为参证。

首先，汉简黑肤人既已定居河西和内郡各地，曾任职为汉室边吏，且有的娶妻生子——如上列永光四年（47B.C.）张起祖和孙时符两个"皆黑色"的家族——则其初居居延当或更早。实际上，据永光四年简云张起祖妻"年三十二"。如张起祖更年长其妻数岁，则这一黑肤家族居留中国应或逾四十五年；其初来之期或可上溯至昭帝初年甚或武帝朝了。

其次，汉简黑肤人寄居河西等地，而河西地近西域，因此或

[①] 魏晋以来西域交通衰落，但寓居洛阳胡人仍多至万户。据此汉时京师外侨之数更当远逾万户。参阅白寿彝《中国交通史》，第55—81页；刘伯骥《中西文化交通小史》，第9—24页。

如《易林》乌孙氏女一类黑肤人系来自西域；或则如上文的推论，汉简黑肤人也初或属居留京师大城的部分异国侨民，其后或以汉室边务的需要，或以生活上的便利，而应募或移徙至河西等地，从事边政工作。

综上所论，史实既说明汉代，至少是宣帝朝，京师地区曾住有万众异国侨民（更不说以降人建置的属国），则《易林》著者崔篆所见深目黑肤的人，居延汉简记载河西等地的黑肤人或即同属部分异国侨民，也就是特殊种族，显然是极可能而非无据的推论了。

其实，有关古代中国境内黑肤特殊种族的存在也显非任何新奇的问题，中西学者如德拉古百里（Terrien De Lacouperie）、李济和凌纯声博士等[1]，都曾先后有所讨论，且认为东汉之际中国境内曾分布有非汉族的黑肤人种。人类学家魏敦瑞（Franz Weidenreich）和孔恩（C. S. Coon）先后论及数万年前洪积统晚期中国华北和华南地区曾存在黑肤人种[2]。虽然，凡此黑肤人种却要认为应是体型较矮的矮民或小黑人（Pygmy or Nigrito），或美拉尼西亚型（the Melanesoin type）的海洋黑肤人（the Oceanic Negroids），而非本文所论体高平均 166.8 公分或乌孙氏女一类的黑肤人。此外，著者在近期发表的《安阳殷墟头骨研究简报》中也指出：若干殷墟头骨显具类似海洋黑肤人或非洲黑肤人种的某

---

[1] 1887, Lacouperie, The Languages of China Before The Chinese, pp. 74—75; 1928, Li Chi, The Formation of The Chinese People; 1956, Ling Shun-sheng, "Negritoes in Chinese History", Annuals of Academia Sinica, No. 3, pp. 251—267; etc.

[2] F. Weidenreich 1943, The Skull of Sinanthropus Pekinese, Palaeantologia Sinica, N. S. D. 10, p. 251, 1939, On the earliest representatives of modern mankind recovered on the soil of East Asia, Peking Nat. Hist. Bull., Vol. 13, Pt. 3. pp. 161—174; C. S. Coon, 1963, The Origin of Races. pp. 467—470.

些特征①。换句话说，这些头骨果然是黑肤人种头骨的话，却不必是海洋黑肤人而非非洲黑肤人种。最后，著者愿提到的即在拟发表的《中国古代黑色人》另文中②，著者主要即试论先秦时代中国西北边裔分布的西戎民族中的骊戎应即"黑戎"（the "Black Barbarians"），且极可能即与本文所论黑肤人有关的一种黑肤族群。总之，自先史时代迄于殷、周、东汉，中国境内既曾陆续不断地有黑肤人（且可能是非同一种黑肤人）存在的史实或迹象，则汉简及《易林》所载河西及内地的深目且体型较高的黑肤人应即特殊种族的看法应非新奇或怪异之论。

四　结论

（一）要属西汉昭帝、宣帝两朝而兼有迄于东汉光武帝期的居延汉简，和要属西汉晚期的《易林》均载有黑色人曾存在中国河西等郡或京师大都。

（二）居延汉简黑色人大多分布河西地区，尤其张掖郡；体高限度为165.6—177.1公分，近乎中国境内帕米尔型（Pamirs type），即白肤高加索种系人的中高体高（164.2—168.7公分），而与属中常体高（161.2—167.6公分）的一般汉族体高略有不同。

（三）汉简黑色人均任职为汉室边吏，其定居河西等地之初或可早至汉昭帝初际。

---

① 1966，"A Preliminary Report of Human Crania Excavated From Houchia-chuang and Other Shang Dynasty Sites At An-Yang, Honan, North China", The Annual Bulletin of The China Council For East Asian Studies, No. 5. pp. 1—13.

② 本文原即属《中国古代黑色人》一文中的首章。因全文一时校改不及，故仅先发表本文。

（四）《易林》所载乌孙氏女和蜗螺母女具深目黑肤体质，嗜欲既与一般汉人殊异，且不相通婚。这类黑肤女人或曾寓居京师，曾为《易林》著者崔篆所见，因成为《易林》繇辞中常引用的素材。

（五）汉代，至迟在宣帝朝，京师或其近区曾寓居数万以至十数万的异国侨民，且长安无疑为一国际观光的重要都市。

（六）居延汉简及《易林》所载见的黑色、深目且嗜欲异于一般汉族的人或即来自异域的部分特殊种族的侨民；尤可能是来自西域的侨民。

1967年除夕写于南港中研院安阳骨骼陈列室

后　记

本文曾由编辑委员会金发根先生校阅，谨此致谢。又发根先生曾惠示本文数处宜加补注或修正，兹谨附注于此。

（一）本文所论兼载黑色人体高的四十简已见张春树先生论文，兹更注其简号于下，以便于覆按：

11，350，789，875，781，976，1020，1219，1222，1235，1253，1254，1259，1262，1517，1804，2066，2082，2267，2821，2863，2868，2872，2901，2974，3001，3003，3010，6340＋6343，6571＋6578，6580，6754，6799，6826，6827，7221，8134，8867，8966（并见劳著《译文》）；720（见考古所《居延汉简》甲编）。

（二）又论及兼记肤色及体高的简中有六简仅记寸数，而尺数不详。著者曾因余者三十三简所记成年人体高（除一人为十六岁，体高为六尺以外）均在七尺以上，而假设此六简所记黑色人体高或均为七尺余,并进而计算三十九黑色人平均体高。发根兄认为或有不妥,纵然只是一种假设。著者同意发根兄的意见,因此原来合并计算的三十九黑色人平均体高也就不十分适用。不过,即仅以三十三人体高为准,也似乎不影响原来的推论。

(三) 本文曾论及汉简所载黑色人大多居于近西域的河西区域。发根兄认为此说似有不妥,因为"兼记载肤色和体高的汉简仅三十八简,而其中记有籍贯的又仅十一简。但属于河西的只有五人,而属于内郡的有六人"。按,著者论黑色人的地域分布时仅涉及肤色,而不计及体高,因此据载有籍贯的黑色人而言,其简数即不仅十一简,且不仅十一人。此外,著者在本文曾就张春树先生材料分析,而得到黑色人集居河西区的论点,只因著者未引用张先生原文,因欠明暸,兹更录《张文》如下,以供参考:

> 这群人(按,指五十三黑色人)并非属于某一特殊区域,而是来自汉帝国的各郡;内郡者(按,计八人)……河西者有张掖郡六人(居延县二人、觻得县三人、骊靬县一人)、武威郡鸾鸟县一人。另外,大概(54)、(55)二简中的十人也是属于河西地区的。

按,另外两简的十人分隶两户,户长分任居延区两地的燧长,应可能是该区的土著,因此春树先生或以此而推想也是属于河西区的。此外,《张文》第(10)条更载有一北地黑色人。果此北地或即北地郡,因与河西毗连,也可广泛地说是属于河西区的。如我们不否认春树先生的推论,则属河西区的黑色人共有十七或十八人,且张掖一郡即有六人!因此,纵置(54)、(55)的两户十人不论,专就张掖一郡的六黑色人与分见于内地六郡的八黑人而言,果不认为内地各郡为黑色人的集居地,则张掖郡所在的河西应可说是黑色人的集中居住的区域。尤其据王先谦、德效骞的说法和考订，果然张掖郡的骊靬县是以大秦国的降人而置县的话，则河西不唯或为黑色人的集中地，且其来源也应可由此得到进一步的解释。

（四）著者在本文曾引《汉书·匈奴传》"及诸蛮夷君长王侯数万咸迎于渭桥下"等语以证汉世京师近区应有数万或十数万异国侨民寄居。此外，著者并引《史记·大宛列传》材料以为补充，而在附注中也提到魏晋以降，虽西域交通渐衰，洛阳一地仍有万户胡人之众。发根兄因《汉书》上文云汉于单于王宠以殊礼，位在诸侯王上，而认为下文"诸蛮夷君长王侯"似非仅指异国君长，也当兼有汉室王侯。著者颇同意此一解释，虽然究竟史实却仍难确论。且纵应依发根兄的解释，著者原来的推论也可保留，因为武帝以来汉与西域交通正际繁密的盛世，京师近区或至少如魏晋之际，而有万户的西域人，则其人数也至少当在数万至十数万，证之"离宫别馆尽种蒲陶，苜蓿极望"的观光措施，这也许就不是不可能的了。

最后，著者仍再愿向发根先生表示谢忱，特别是他的认真治学态度，使本文得以免去不少疏误。

1968 年 5 月 9 日再记于安阳骨骼陈列室
（原载 1969 年《中央研究院历史语言研究所集刊》
第 39 本，第 309—324 页）

《论语·子罕》章句问题评断

一 引言

"子罕言利与命与仁"为《论语》章句解释上的一大悬案。汉魏以来迄于近十年前,历代学者不仅始终惑于此一问题,而纷求其说,且以此促成学者间对于孔子学说了解上的重大分歧。大致说来,学者对于《子罕》章句的解释可分两派。其中一派,认为《子罕》章句应读作一句,两"与"字为联词,因此根据这种解释,也就认为"利、命、仁"三者在孔子学说上都是罕言的。主此说的人数最多,且多属历代的名儒学者。另外一派,就是宋儒史绳祖独自主张的"与命与仁"别句说;他认为证诸《论语》,"与"字固可解为动词"许与"的"与",而且孔子的学说也显然是"与命,与仁"的,因此"与命与仁"该别作一句。换句话说,史氏认为《子罕》章句是应该读作"子罕言利;与命,与仁。"可惜史氏的说法太简略,附和者少,故解说虽洽,却始终淹于前说,致传而不彰。

晚近,美国鲍德氏(Derke Bodde)更著短文,推崇史说,并评论我国学者"于经典的晦涩难解处，每忽略某些一经领悟即深觉其自然合理的解释"①。但是鲍文也以语焉不详，而未获国人的重视。故迄于今，《子罕》章句的旧解仍依存于近期出版的《论语》注释上，而史说不与焉。

但旧说的依存不废，既不即证其可信无误，相反的却显示了章句解释与孔子学说的严重冲突。虽然，问题的严重却还不在此，因为旧说对于章句的解释，虽大抵主张读作一句，但是对于孔子学说的认识上却又表现了绝大的纷乱。例如同是主旧说的，司马迁、何晏、皇侃及程颐等，虽共认利、命、仁三者皆孔子所罕言，但是朱熹和后来日本的泷川，却认为孔子似不罕言仁，而罕言的似只是利、命。及至清儒焦循和近人马浮，则竟认孔子固不罕言仁、命；罕言的却只是利了。这说明，《子罕》章句的旧解虽然存在，但是因此却伴存着更多的、有待商榷的问题；这些问题一日不解决，对于章句本身的解释纵无大碍，但对于孔子学说的微言大义却显然影响甚深，而致日趋隐晦，终有一日将不辨孔子学说之所云。故著者不甘寂寞，谨撰此文，以断其是非，并就正于方家。又此文撰写期间，承徐高阮、王叔岷、李光涛诸兄指正，稿成并承代为校阅，谨此致谢。

二 史绳祖"与命与仁"别句说补正

史氏《学斋占毕》"与命与仁别句"条下云：

《论语》谓："子罕言利与命与仁。"古注及诸家皆以为三者子所希言，余独疑之。利者固圣人深耻而不言也，虽孟子犹言"何必曰利"，况孔圣乎？故《鲁论》中止言"放于

---

① 参见 Journal of the American Oriental Society, 1933, Vol. 53, pp. 350—351.

利而行，多怨"及"小人喻于利"之外，深斥之，而无言焉。至如命与仁，则自"乾坤之元"，孔子文言已释为体仁矣。又曰"乾道变化，各正性命"，曷尝不言？且考诸《鲁论》二十篇，问答言仁，凡五十三条，张南轩已集为《洙泗言仁》，断之曰言矣。又"命"字亦非一，如："道之将行也与？命也；道之将废也与？命也。公伯寮其如予命何？"又曰："亡之命矣夫？"又曰："五十知天命。"又曰："死生有命。"又曰："不幸短命。"又曰："不知命，无以为君子。"是岂不言哉？盖子罕言者，独利而已；当以此作一义。曰命曰仁，皆平日所深与；此句别作一义。"与"者许也，《论语》中自作两义。如"吾与点也"、"吾无行而不与二三子者"，又"与其进也"、"与其絜也"、"吾非斯人之徒与，而谁与"、"义之与比"、"丘不与易也"、"吾不与也"等字，皆其比也。当以理推之。

这里撇开孔子学说的究竟不谈，单就《子罕》章句的解释说，"与"字既仅在《论语》上即可解为动词"许与"的"与"，从语法比较上证明无误，那么"与命与仁"的别句说自可证其成立，而绝无疑虑。

但美中不足的，就是史氏也许认为仅以《论语》为立论基础而无需更求旁证，即可证成其说。因此他所举的例句不但未能充分说明"与命，与仁"的语形和用字，而且在他的例句中也似乎略有误举的。凡此虽毫不影响他的说法，但这里却不能略而不论。

现在先补充他的"与"字的解释。下面是春秋三《传》和《论语》所见的一些语句：

诸侯与正，而不与贤也。（《穀梁》隐四年）

夫人所以崇宗庙也。取非礼，与非正，而加之于宗庙以

饰夫人，非正也。(同上庄十四年)

亲亲、与大、赏共、罚否，所以为盟主也。(《左传》昭十四年)

即聋、从昧、与顽、用嚚，奸之大者也。(《左传》僖二十四年)

无与同好，谁与同恶？(同上昭十三年)。

得一夫，而失一国，与恶，而弃好。非谋也。(同上庄十二年)

我与女同好、弃恶。(同上成十三年)

君子是以知秦穆公之为君也，举人之周也，与人之壹也。(同上文三年)

与人而不固，取恶莫甚焉。(同上襄十四年)

施孝叔曰："子实吉。"对曰："能与忠良，吉孰大焉？"(同上成十七年)

不与诸侯专封也。(《公羊》僖元年)

诸侯不得以地相与也。不言许，不与许也。(《穀梁》桓元年)

我与女未有过切，是何与我之深也？(《左传》僖十五年)

这些例句不但可以分为几组，可以互证其词性训义，同时有一些例句的语形和用字，如"与正"、"与贤"、"与大"、"与忠良"、"与顽"、"与恶"、"与同恶"、"与同好"、"与非正"等等，校诸"与仁"、"与命"，也显然比史氏的例句更鲜明而恰当。所有这里的"与"字固然都是主动词而后面连着宾词，而且宾词除了"人"字或其代词"汝、我"之类以外，也大部分是像"仁、命"二词似的是分指不同的人性、人事或识见的抽象名词。假如说"与正、与贤"是指可与的正人、贤人的话。那么正如

"取非礼，与非正"所称，也同样可以指其人之道的可与。反之，"与仁"虽指与乎仁道，但也可协用以指仁人之可与。实际上，忠恕之道由于是孔子的"一以贯之"的仁道，"与忠良、与正、与贤"固然可以说就是"与仁"，而夫子答樊迟问仁以"与人忠"一语，也显证夫子为人正是"与仁"的。甚至于从上引的例句里，我们非唯多少的窥见夫子学说的所由来，同时也说明虽是"道之不行已久"的春秋时代，人的本性也还是"与正、与贤、与忠良、与好"，而不是"与不正、与顽、与恶"的。

"与"字既是动词，因此从上面例句说明，除了由于语气的不同，而在宾词的后面可以再加用"也、矣、焉、哉、乎"之类的询问或惊叹词以外，不能再加用"之"字。例如"与仁"、"与正"可改为"与仁乎"、"与正乎"的询问句，却不能改为"与仁之"、"与正之"的语句。同样"与"字动词的后面也不能再紧连着一个动词，除非是动名词；否则，动词前面的"与"字便不再是动词。例如下面的语句：

　　杀晋侯，与逐之，与以归之，与复之，孰利？（《国语》九）

　　夫以回鬻国之中，与绝亲以买直，与非司寇而擅杀，其罪一也。（《国语》十五）

　　夏后卜杀之，与去之，与止之，莫吉。（《国语》十六）

表面上看来，连用两三个"与"字，似乎同"与名，与仁"的句法相当，但实际上无论是语句的构造或"与"字的词性和训义，却都显然不同。首先，这几条语句里的"与"字都是联词，联词的后面是动词，而动词的后面则或是已经连着一个"之"字，或是没有连着而可以再加上一个，例如"与非司寇而擅杀之"。其次，这里的几个联词"与"字似乎也不是普通解作"及"或"和"，或英语"and"的意思的联词，而是"或者这样，或者那样"的"或者"，也就是英语"or"的意思。因此，就《国语》十六的例句说，纵然夏后对于"杀之、去之、止之"都卜过了，但是决定的该只是其中之一，却不是既卜杀之且卜去之；否则也就不须卜了。换句话说，占卜决定的既只是一件事，因此在语法上的那个"与"字纵然是把前后语句联接起来的联词，但是前后语句的语义却是各自为政，绝不贯联。实际上，这类"与"字前后联接的既是"语句"，在构造上就是"复句"（complex sentence），前后的语句各有其主动词，因此便不能同"子罕言利与命与仁"或"与命，与仁"的单句（simple sentence）相提并论了。又如《论语》称：

可与言而不与言，失人。不可与言而与之言，失言。

根据语句前后文的比较，如果"与言"的"与"字不是动词的话，那么该就是介词，而"言"字才是动词。这不但说明"与"字用作动词时，不能再并联着动词，而且也可以说明史绳祖举的"义之与比"和"丘不与易也"的例句应是出于误举。因为"义之与比"固然就是"与之比义"而"丘不与易也"也只是"丘不与之易也"的省言。换句话说，史氏这两条该是介词的例句，而无关乎动词的"与"字。

最后，试予动词"与"字的训义再略加说明。从著者所举的各例证观之，"与"字显然含具对于某些人性、事物或识见的"赞许、赞扬"或"同意"的意思，而《广雅·释诂》也训"与"为"誉"。尤其《法言》"妄誉仁之贼也"一语，更可说是"与仁"一语解释上的绝佳例证。例如拟之英文语词，则"与"字可当于"Agree"一词的意思；所不同的，后者是一个不及物动词，必须以介词及其宾词来补足语意。

总之，根据上文著者对于史说的分析和补正，可以充分证明史氏"与命，与仁"的别句说显然是正确有据而可成立的。而且据著者所知，史说虽然不行于世，但还未至完全淹没。美人鲍德推崇其说，固已无论，而清儒潘维城也似乎心许史氏。潘氏在所著《论语古注集笺》中，除明斥皇侃《义疏》"弟子记孔子为教化所希言及所希许与人"的旧说新解以外，并称：

"言"，《史记·孔子世家》引作"与"，是则"言"犹"与"也。

著者所见本《史记》，虽不知潘氏所云，但显证潘氏另有所见，且暗示赞同史说。《史记》原文果如潘氏所称，则《子罕》章句自应为"子罕与利；与命，与仁。"此自为史说的重要佐证。实际上，"与"字固与"誉"字通，而"誉"也正是"与言"或"赞言"；甚至现代语文上说"某人说"，也仍有某人主张或倡言什么的意思。这都原是无需词费的。但是，仁智异见，《史记》和《论语》纵然原文作"子罕与利"，说者不唯仍可以解"与命与仁"的"与"字为联词，不见得因为这一个字的不同而放弃原来的解释，而且史说也不因其正确，而必为唯一的信说。因为我们证明了史说的成立以后，必须更能证明旧说的不能成立，那么史说才可专擅其美；否则任何一说都能言之有据，便能该采用，而并存不废。因此，下面就让我们再分析旧说诸家的解释，以证明其说的究否成立。

三　联词"与"字用法及诸家旧说解释

检论诸家旧说以前，试就春秋三《传》及《论语》语法，先略说明联词"与"字用法的客观事实。

首先我们承认"与"字在上述文献上是确切无疑的可以当作联词用的。但是它的用法却似乎有些原则，而不是漫无规定。就作者翻检的结果，说明《论语》只有下列联词"与"字的单用语句：

> 见冕者与瞽者，虽亵必以貌。
> 弑父与君。
> 吾与回终日言，不违如愚。
> 惟我与尔有是夫？

换句话说，除了争执中的"与命与仁"这一条语句以外，《论语》上没有连用两个联词"与"字的例证。因此，主动词前面的主词或后面的宾词及其同位词在超乎两个以上的时候，便干脆不用联词"与"字。例如：

> 子路、曾晳、冉有、公西华侍坐。
> 子以四教：文、行、忠、信。
> 子绝四：毋意、毋必、毋固、毋我。
> 子所雅言：诗、书、执礼。

因此，果然"利、命、仁"三者都是"子罕言"的话，似乎依例该作"子罕言：利、命、仁"，或"子所罕言：利、命、仁"。然而原文却连用了两个"与"字。

至于《春秋》三传，"与"字的例句虽不下一千一百条左右，但是联词"与"字的用法却可说无异于《论语》。撇开单用的联接两个主词或宾词的语句不谈，关于两个以上的主词或宾词，固然一如《论语》似的只用一个"与"字联接，或者干脆不用，有下列语句为证：

> 郑伯与孔将鉏、石甲父、侯宣多省事官具于泛。（《左传》僖二十四年）
> 昔我先王熊绎与吕级、王孙牟、燮父、禽父并事康王。（同上昭十二年）
> 陈灵公与孔宁、仪行父通于夏姬。（同上宣九年）
> 公使子蟜、子伯、子皮与孙子盟于公宫。（同上襄十四年）

> 楚范巫矞以谓成王与子玉、子西曰……（同上文十年）
> 王夺子禽、祝跪与詹父田……故芮国、边伯、石速、詹父、子禽、祝跪作乱。（同上庄十九年）

且有时为了免于行义含混，甚或改用"及"字，或是"及、与"二字交替使用。如：

> 故以纪、鲁及齐与宋、卫、燕战。（《公羊》隐三年）
> 杀阳令终与其弟完及佗，与晋陈及其子弟。（《左传》昭二十七年）

虽然确实有一条是连用两个联词"与"字的例句，如：

> 季公亥与公思展与公鸟之臣申夜姑相其室。（《左传》昭二十五年）

但是这一条的两个"与"字所联接的却是同一个主动词的三个主词，而不是宾词。

相反的，连用两个动词"与"字的语句，除了前节所举的例证以外，却仍不乏其例。如：

> 先君之所以不与子国而与弟国者，凡为季子故也。（《公羊》襄二十九年）
> 公与石祁子玦，与宁庄子矢，使守。（《左传》闵二年）
> 请勿与子而与弟。（《公羊》襄二十九年）

至如单一个动词"与"字例句，则尤不胜枚举了。

总之，根据上文分析的结果，我们似乎得到一个概念，就是：准之春秋三《传》和《论语》的语句，连用两个联词"与"字去联接同一个主动词的两个以上的宾词的语法用例，可以说是竟无一例。其中究竟有什么讲究，虽不能确说，但是避免重复而图省事的心理则该是古今人类的通性，因为证诸现代中西语文的修辞，其情形也正是一样。因此，就客观事实来说，如果把《子罕》章句"与命与仁"的两个"与"字解为主动词

"言"字的宾词的联词,那就似乎是无例可援的了。

联词"与"字既很少客观事实上的根据,因此在旧说诸家的解释上不但就主观的把"与命与仁"作为孤证而当作联词解,没有提出另外任何的立论根据,同时唯其如此,也就异说纷纭,而致对于孔子的学说也引起种种不同的解释。下面就让我们分析他们的说法。

就现存的古文献说,较早关于《子罕》章句的援引和解释似见于《史记》。如史迁说:

子罕言利与命与仁。(《孔子世家》)

孔子罕称命,盖难言之也。非通幽明之变,恶能识乎性命哉!(《外戚世家》)

利诚乱之始也。夫子罕言利者,常防其原也。(《孟荀列传》)

这证明史迁认为孔子是"罕言利与命与仁"的,"罕"字在这里是贯注全句,而"与"字是解作联词的。再由何晏,降及程颐,于是再提出下列的类似说法:

罕者希也,利者义之和也,命者天之道也,仁者行之盛也。寡能及之,故希言之。(《论语集解》)

伊川解曰:计利则害义,命之理微,仁之道大。皆夫子所罕言也。(引见朱熹《论语精义》)

而且正如迁说所见,何、程二子仍显然是从理微道大的性命观入手,而无据的把"与"字竟认为联词。尤其"寡能及之,故希言之"二语,也正是史迁"盖难言之",故"罕言"之的重言。

但到了朱熹,情势便随之改观。《精义》于引述程说后,下文紧接着指出:

罕言仁者,以其道大故也。《论语》一部,言仁岂少哉？盖仁者大事，门人一一记录，尽平生所言如此，亦不为多也。

朱氏在这里提出了"《论语》一部言仁岂少哉"的严词质问；可见他虽祖述旧说，而却暗中申述新解，其卓识实远非后世抱残守缺者可以望其项背。

于是，后儒日本泷川氏，步武元晦，且更提出具体之说，云：

或问《论语》一书言仁者五十八章，一百有五字。可谓罕言乎？愚云"仁者至德要道，而夫子罕言之，门人每辄记之；与他事异。"

是知泷川的统计数字非仅补充了朱熹的说法，而且比前文所见史绳祖的统计，也显然是精足的多了。

但是，"罕言"与"辄记"毕竟是一种不自然的弥缝的说法，不曾真正解决问题。于是，清儒焦循复另求其说，云：

孔子赞《易》，以义释利；谓古所谓利，今所谓义也。孔子言义，不多言利，故云"子罕言利"；若言利，则必与命并言之，与仁并言之。利与命并言，与仁并言，则利即是义。"子罕言"呼应两"与"字。……注以"义之和"释"利"字，此正是"与命与仁"之"利"，为孔子所言。至以命仁亦孔子所罕言，孔子固不罕言仁罕言命矣。徒以利、命、仁三者不类，乃高置"利"字以配仁、命。不知"义之和"正子所不罕言者也。（《论语补疏》）

按焦氏之意，不仅以"孔子固不罕言仁罕言命"，且以孔子在某一条件之下，亦不罕言利；即"义之和"的利，"正子所不罕言"。而此处之"命"和"仁"，正成为孔子言利之前提条件。焦氏之意，不仅从"罕言"的否定中救出"命"及"仁"，且部分的救出了"利"。怕只言义而不言利，脱离了人生社会的实际生活，于是对于"利"的观念予以部分的肯定，以资补救，实始于二程。焦氏用心，当亦不出此。但在此处则陷于添字解经之弊，难怪泷川曾批评焦氏说为"不若古说之稳"。又焦氏《补疏》下文继称：

> 史绳祖《学斋占毕》读两"与"字为"吾与点也"之"与"，谓子所罕言者唯利而已；曰命曰仁，皆平日所深与。此似知注疏之未合。然"与点"指人之可与；用以指仁，辞不协用，用以指命，尤不协也。

这证明焦氏虽认为史氏似知注疏之未合，但对"与"之为动词，仍抱拘虚之见。于是清儒宋翔凤复另为之说，称：

> "子罕言（原注云：句）利与命与仁"。谨案，尽此篇之文，皆以说圣人微言之故也。……罕言者，犹微言也。……与者，相与之际也。……弟子撰微言，则曰"利与命与仁"者何也？易文言曰"利者义之和也"，荀子说"阴阳相合，各得其宜，然后利矣"；"相合"犹言"与"也。惟利物足以和义……故欲求其性与天道，必求之利与命与仁也。……子曰"君子之于天下也……义之与比。"
>
> 无适无莫，故罕言也。……与比者，与命与仁也（《论语说义》五）

但显然的，宋氏也还是在旧说中翻腾着；不但在夫子的微言大义里渗入了五行阴阳的无关之说，甚至连原不成问题的"罕言"二字的解释也都愈弄愈成问题！况且，宋氏既认"子罕言"为句，那么"利与命与仁"的"与"字当然就是联词喽，可是，宋氏却又说"与者相与之际也"，又说"与比者，与命与仁也"！那么，"与"字究竟是联词或动词？还是"义之与比"的介词？实令人有"予弗知汝所讼"之感。

四　结论

（一）《论语·子罕》章句应依宋儒史绳祖"与命与仁"别句说的解释，读作："子罕言利；与命，与仁。"意即孔子赞言仁命，而罕言利。"与"字为动词，即"赞誉"、"许与"的"与"或"誉"。

（二）旧解认"子罕言利与命与仁"读作一句，"与"字为联词。而于孔子学说，则或认利命仁三者皆孔子所罕言，或认孔子不罕言仁而言利、命，或认孔子不罕言仁、命而唯罕言利。其说纷纭无定，故不足据信。

（原载 1955 年《民主评论》卷 61，第 2—6 页）

从七出谈到三归

——有关古代婚姻和经济制度的一些史料的讨论

一 引言

《易》云：方以类聚，物以群分。人类正由于类聚，也才形成了家族、宗族、姓族、部族、民族、邦族、国族、种族等等不同结构和性质的社会集团。而家族则是基于两性婚姻及亲嗣血缘关系而形成的基本社会单位。因此，凡是人类社会，便没有不重视婚姻和家族的。特别是为了达成家室协和、家族繁衍的目的，某些人类社会不但积极地倡行某种特定亲系间的优先婚制——如收继嫂、收继庶母、姊妹交换，以及中国古代所谓"不及姑舅，谓之不幸"的交表亲等等婚制，而且消极地采取了某些约束或限制，以免影响或破坏夫妇间或家族的生活。

本文拟要讨论的，就是中国古文献上有关婚姻方面的约束或禁制的一些史料，并借此对于"三归"一语的含义及其可能涉及的其他史实和制度，提供一些新的看法，而这由于后者在至今有关经典的注疏上是始终异说纷纭，而令人难予接受的。

二　先说七出、五不取及三不去

《孔子家语》卷六《本命解》云：

> 孔子遂言曰：女有五不取——逆家子者、乱家子者、世有刑人子者、有恶疾子者、丧父长子者。妇有七出、三不去。七出者：不顺父母者，无子者、淫僻者、嫉妒者、恶疾者、多口舌者、窃盗者。（又见《仪礼·丧服》"出妻之子为母"疏引。次序及词句略异。）三不去者，谓有所取无所归一也，与更共三年之丧二也，先贫贱后富贵者三也。（又见《大戴礼·本命篇》）

这里，"五不取"的"取"自即古文"娶"字。"三不去"的"去"自即"下堂求去"，也即离婚求去的意思。"七出"的"出"自即"出妻"，也即休妻的意思。而所谓"七出"、"五不娶"、"三不去"则意指一些对于结婚或离婚的禁制或维护的法理根据。正如《家语》下文说的——"凡此，圣人所以顺男女之际，重婚姻之始也"，这些条例不但旨在维持家族的延续、家室的和谐，甚至于考虑到配偶家世身心的缺欠，而这显然已经颇具现代社会优生学的观念了。在这些条例里，"三不去"虽说是为妇女提供了一点保障，但"七出"、"五不娶"却显然都是偏护男权的。于此应可想见古代社会女性地位竟是如何的低微了。

《家语》一书，从《家语王肃序》上看来，很可能就是出于王肃的伪纂（沈涛《论语孔注辨》数称尽属剽窃《史记》之文，然若干与《礼记》、《仪礼》也颇雷同），尤可能是参酌较早及汉魏民间迄仍流行的婚俗，而综合出来所谓七出、五不娶和三不去的婚姻条律；虽不可尽信其普见于先秦，也应非全属杜撰。实际就后文所举的出妻案例而言，其出妻的法理似更较七出为宽泛呢。

此外，从《礼记》、《仪礼》上，我们仍可检出下列一些涉及出妻和丧制的零散记载：

> 子妇未孝、未敬，勿庸疾怨，姑教之。若不可教，而后怒之。不可怒，子放妇出，而不丧礼焉……子有二妾，父母爱一人焉，子爱一人焉……父母所爱，虽父母没，（没身敬之）不衰。子甚宜其妻，父母不说，出。（《礼记·内则》）

> 妇当丧而出，则除之。为父母丧，未练而出，则三年；既练而出，则已。……子为父后者，为出母无服；无服也者，丧者不祭故也。（同上《丧服小记》）

> 母出，则为继母之党服，母死，则为其母之党服。（同上《服问》）

> 出妻之子为母。传曰：出妻之女为母期，则为外祖父母无服。传曰：绝族无绝服……出妻之子为父后者，则为出母无服。（《仪礼·子夏传》）

这里，《礼记》"父母不说，出"云云，不但说明古代亲权之重，说明出妻的条律的广泛和无理性——全凭父母的喜怒，而无视子妇的恩情；同时更显示出出妻的不受人礼遇。因为被休了的母亲固然已失去了子女为她服丧的资格，而被休了的女儿，果然是在亲丧而已练以后的话，也是不能为父母服丧的！《子夏传》虽说：出妻之子为母期。但就下文所举《檀弓篇》载子思不使其子丧出母一例来看，丧或不丧似仍权操父手；《子夏传》云云恐仍是原则而已。

下面，就让我们举出一些有关出妻的实际案例，以为进一步的说明：

> 初鲁……有公慎氏者，妻淫不制。……及孔子之为政也，公慎氏出其妻。

曾参……后母遇之无恩，而供养不衰。及其妻以藜烝，不熟，因出之。人曰："非七出也。"答曰："藜烝小物耳，吾欲使熟，而不用吾命。况大事乎！"遂出之。终身不娶妻。

梁鳣……年三十未有子，欲出其妻。商瞿谓曰："子未也。昔吾年三十八无子，吾母为更取室。夫之使吾之齐，母欲请留吾。夫子曰：'无忧也，瞿过四十当有五丈夫。'今果然。吾恐子自晚生耳，未必妻之过也！"从之。二年而有子。

卫孔文子使太叔疾出其妻，而以其女妻之。（以上分见《家语》卷一、卷九。）

子上之母死而不丧。门人问诸子思曰：昔者子之先君丧出母乎？曰："然。""子之不使白也丧之何也？"子思曰："昔者吾先君无所失道……伋则安能？为伋也妻者是为白也母；不为伋也妻者不为白也母。"故孔氏之不丧出母，自子思始。（《檀弓》）

（匡章）也妻屏子，终身不养焉。其设心以为不若是，是则罪之大者。（《孟子·离娄下》）

父之于子也，令有必行者、必不行者。曰去贵妻、责爱妾，此令必行者也。……

某士贵妻已去，爱妾已责，而心不有欲教之者，人心固有。（《战国策》卷五）

吴起使其妻织组而幅狭……使更之。其妻曰：诺。及成……不中度……吴子大怒。其妻对曰：吾使经之而不可更也。吴子出之。（《韩非子》卷十三《外储说右上》）

出妻的案例在其他古籍上也许仍不乏记载，著者因一时未能遍检，于此不能尽举。但仅此已多少说明，除了淫僻或确有失妇道者外,大多数出妻似乎都未必是"妻之过";只是发丈夫的威信或亲命难违之故。凡此,只是说明古代至少战国之际男权和夫权的伸张,以及妇女,特别是被休了的出妻命运之可悲而已。因此,我们看到"孔氏不丧出母自子思始也"的创例。子思既不似先君子无所失道,则又何以使子不丧出母?岂非不是只凭了丈夫的私自决定,而几说不上什么法理了。当然,在当时的封建社会却是不见其非的。

不仅是士庶民,国君诸侯也一样可以出妻。如《礼记·杂记》云:

> 诸侯出夫人。夫人比至于其国,以夫人之礼行。至,以夫人入,使者将命曰:"寡君不敏,不能从而事社稷宗庙,使使臣某敢告于执事。"主人对曰:"寡君固前辞不教矣,寡君敢不敬,须以俟命。"有司官陈器物,主人有司亦官受之。

而且,这里还显然有一套正式而严肃的仪式——要先以夫人之礼派使臣把夫人护送到母国,互致其谦恭客套之词;还要把一些可能是陪嫁的器物退还给女家。士庶民出妻的仪式如何?著者于此未能举证。但想来舅婿两家总应有个交待;当不致挥之而去就算了。

古代妇权低微,因此夫出妻的例子颇多。但是男权也仍非绝对至上的。如据下列史料而论:

> 妻(诸侯之妻)出夫,使人致之,曰:"某不敏,不能从而共粢盛,使某也敢告于侍者。"主人对曰:某之子不肖,不敢辟诛,敢不敬须以俟命。"使者退,主人送之。(同上《杂记》下)

> 太公望故老妇之出夫也,朝歌之屠佐也,棘津迎客之舍人也。(《说苑》卷八《尊贤》)

> 臣邻家夫与妻俱之田。(夫)见桑中女,因往追之,不
> 能得,还返。其妻怒,而去之。(同上卷九《正谏》)

是证,妻也同样可以出夫的。但应注意的,就是"出妻"意指妻被夫休而自夫家走出。而出夫,则应非意指夫被妻休因自夫家走出,却把妻留在夫自己的家里;相反的应指夫被妻休而自妻家走出。换句话说,出夫原来的婚姻果然不是母系社会常见的那种"从妻居"的婚姻,便很可能是赘婚或佣婚——夫赘居妻家或是由于贫穷而佣役妻家以达成婚姻,从而住在妻家。俞正燮《癸巳类稿》卷四注《说苑》云:娶妻故有出妇;赘婿则有出夫。是俞氏也认为出夫原来应是赘婿。在这种情形下夫的地位极低,如有不合,是很容易被逐出妻家的。至于邦国贵族夫人的出夫,除了同样或与母系社会遗迹有关以外,更可能与中国古代王子公孙的质于敌国从而为婚(如晋惠公之子,即怀公子圉,西质于秦,而与穆公女为婚姻即其例)的"质婚"有关;这是值得另加研讨的问题,此处不赘。

综合这一节所论,我们应可晓然中国古代至少战国以来,当时社会对于婚姻不但存在一些成文或不成文如七出之类的离婚条律,而且出妻,甚至是出夫之俗也似乎比之现代中国社会更为频繁普遍的多呢!

三 再说归、大归、三出和三嫁

上引诸侯出夫人一例,说明被休的夫人是应被护送返回母家的。同样,士庶人的已出之妻,如非无家可归,也应返回母家。如前引吴起出妻一例的下文云:

> 吴子出之。其妻请其兄而索入。其兄曰:吴子为法者
> 也……母几索入矣。一曰……吴起曰,非吴语也。使之衣

而归。

是出妻原则上应必有所归，因此，所谓出妻之"出"，就其归返母家而言，也就是"归"。故高诱注《战国策》卷六"薛公入魏而出齐女"的"出"字云："妇人大归曰出。"其实，"大归"就是归，只是言其事态严重，归而不返，以示别于日常归宁省亲之归而已。如《左传》文十八年云："夫人姜氏归于齐。大归也。"《左传会笺》云："大归者谓归不复来也，所以别归宁出嫁矣。"又郑笺《诗邶风燕燕序》"卫庄姜送归妾也"云："戴妫于是大归。"是证归妾意即大归之妾，也即出妻。此外，如：

杞伯姬来。其言来何？直来曰来；大归曰来归。(《公羊》庄二十七年)

齐人来归子叔姬。此其言来何？闵之也。此有罪，何闵耳？(同上文十五年)

其言来归，何也？父母于子，虽有罪，犹欲其免也。(《穀梁》文十五年)

杞叔姬来归。妇人之义，嫁曰归，反曰来归。(同上成五年)

据公、穀二《传》，也可证"来归"意即"大归"，也即"反"，而"反"显然即是"归"。曰大归或来归只是行文措辞上的不同；言其事态重大，或指自夫家归来。其实都是"归"。"归"不但该指归于自己的家，甚至凡言归，也似乎常关系着一些隐讳或不幸的事件。如鲁子叔姬之归便由于有"罪"；无罪也就不会被休归了。又如：

卫侯郑归于卫。此杀其大夫，其言归何？归恶乎元咺也。(《公羊》庄二十年)

纪叔姬归于酅。其言归于酅何？隐之也……其国已亡，徒归于叔尔也。(同上庄十二年)

此处卫侯、纪叔姬之"归",固然都是归于自己或父母之邦,且都涉及着隐恶。至如《穀梁》"妇人谓嫁曰归"的解释似乎是源于下列的事例:

> 伯姬归于纪。礼,妇人谓嫁曰归,反曰来归,从人者也。(《穀梁》隐二年)

此处的伯姬是鲁伯姬;鲁伯姬"归"于纪,自指出嫁,而非大归或来归之"归"。不过,就事理来说,"归"的原意总应是归于所自出之处;就婚嫁而言,总该指已嫁之妇归于所从出的母家。换句话说,言妇人归者,一般应即大归之义;"谓嫁曰归"之"归"该是特殊义,或是穀梁氏个人的解释。

综上所论,我们可以说古所谓出妻或出夫之"出",就婚俗而言,其意指妻(或夫)被休而出离夫(或妻)家。出妻或出夫既出后因欲返归己家,故谓出曰归或大归。虽然归字在某种情形下,也可兼指婚嫁而言。

其次,再让我们略论"三出"、"三嫁",以及与此有关的一些法制。案,《战国策》二云:

> 卖仆妾不出里巷而取者良仆妾也,出归嫁于乡里者善妇也。

是证古代妇女跟现代妇女一样,已经离婚的妇女也享有再嫁权的,而且被丈夫休离的出妇也未见得就都是妇道有亏的恶妇。此外,从这条例证上,也多少可推想出妇果然是怙恶不悛的话,那可能便难再嫁于乡里,而不得不远婚于异乡。

出归或出夫虽非必是恶妇恶夫,但果然常是一再的嫁而出、出而嫁,或是娶而出出而娶的,那么这种常出妻或出夫的人的行为品德就很有问题了。而一个家庭或社会中,如经常不断的发生离婚事件,这对于家庭和社会安定的影响是不难想见的。现代中西国家对于男女婚嫁的次数,除重婚外,似都无若干限制。但在中国古代社会，对于离婚，除前引"三不去"的条律外，却有远非今人所可想象的严酷法令。如《管子·小匡》篇云：

> 罢士无伍，罢女无家。士三出妻，逐于境外；女三嫁，入于春谷。（房注：三见出而嫁是不贞顺者也，故入于春谷。）

果然《小匡》篇确为齐国管仲所撰，则此证中国春秋之际的东周封建社会，或至少是当时的齐国，常嫁常归和常婚常出在法律上显认为是一种罪行的。换句话说，当时执法者认为婚嫁无常的男女就是有害于社会的罢男罢女，因此应处以应得的罪刑，而把这类莠民或"逐于境外"，或是"入于春谷"，以儆效尤，而收安定社会秩序之功。这里，所谓三出、三嫁，其意似应指一而再，再而三地常出、常嫁；"三"字于此，宜如"吾日三省吾身"、"三过其门而不入"、"三人为众"之类的"三"字，解为泛指频数或繁多的虚数，而不必是实数。

此外，关于"逐于境外"和"入于春谷"，特别是关于后者，著者愿进一步的加以说明。首先，"逐于境外"一事，虽可解为逐出本乡本土之外，但就晚周的封建社会而论，当时邦国民族林立，则其意更可指逐出邦国或邦国内的封建氏族领域之外，因而一如传说舜流四凶于四裔似的，成为异族或异域的流民。而异域的流民既是罪犯，且果然得不到流亡所在国族的庇护的话，则纵不为其奴俘，其社会地位也应极低。如秦百里奚，号五羖皮大夫，那就由于他原是流民而为秦王以五羊皮赎身，由奴俘变为自由民后才做了秦国的大夫。（百里奚之奚即奴隶之意）甚至即在邦国之内，此一王子公孙氏族的罪犯流亡到另一氏族，其情况可能也是如此；否则逐出境外的刑罚就失其意义了。

其次，"入于春谷"，其意应指没入公家为奴妾，而服任春谷的劳役。案《穀梁传》桓公十四年云：

秋八月壬申御廪灾……志不敬也。天子亲耕以共粢盛，王后亲蚕以共祭服。国非无良农女工也，以为人之所尽事其祖祢，不若以己所自亲者也。……甸粟而内之三官，三官米而藏之御廪，夫尝必有兼甸之事焉。

《公羊传》及《汉书》引刘向《世经》也云：

御廪者何？粢盛委之所藏也。（公羊传）

向以为御廪夫人八妾所舂之臧也，以奉宗庙者也。（《世经》）

据此，可知周代王室（诸侯公室应也同样）有御用的仓廪。农民从田里收打下谷粟，运到王宫（或公宫），舂打成米，然后藏入米仓。舂米是八妾女工的劳役。八字于此显仍是泛指多数的虚数，而所谓工妾无疑应即女奴。这些王室女奴的来源之一，就是视婚姻如儿戏而常嫁常归的"三嫁"之女。此外，据《墨子·天志下》云：

入人之国，民之格者劲拔之，不格者则系操而归——大夫以为仆圉胥靡，妇人以为舂酋。

是证，克敌而携归的胜利品中的女俘也是舂米女奴的另一来源；这里所谓"为舂酋"即女工领班的妇人，可能是指战俘中地位较高的卿大夫一类的官员眷属。例"入官于吴"的越王勾践夫人也许就是领班之一，而五羖皮大夫则可能原是系操而归的仆奴。

服农事内勤的既是女工奴妾，则任农事外勤的农夫，想来，也很可能是奴俘。关于这一点，著者在拙著《先秦赐姓制度理论的商榷》一文（刊中研院《史语所集刊》第二十六本）内，曾略有讨论。著者指出先秦所谓赐姓胙土命氏其意应指赐民赐土（即分民裂土）封国，而所谓赐姓则意指分赐功臣以克伐敌国后所俘获的异族属民。此外，著者更提到赐姓胙土命氏是周代封建制度的三要素，而封建制度的目的不仅旨在封树功臣以屏藩王室，且更可能另有其经济发展上的意义，即利用敌国的奴俘从事农经生产的活动。《墨子·天志》条固可作为著者推论的佐证，而日本伊藤道治教授前几年发表有关著者几篇论文的评介（刊京都大学《东洋史研究》卷十八第一号）里，除对著者先秦赐姓新说表示赞同以外，并据当时出土不久的宜侯夨毁铭文上载记的赐虞侯夨"王人囗七姓"、锡土及"厥甿囗又五十夫"等语，予以实证的补充。而此所谓甿应即农甿，也就是农奴；由周天子分赐给功臣，以助其从事农经生产的属民。此外，著者在周金铭中也曾找到若干类似赐民土的史例，说明封建社会中人民与土地的不可分性；著者将于《先秦封建制度考》一文中详讨，此处可不赘论。

四　最后谈三归及汉以来的旧解

"三归"一词最早见于《论语·八佾》章云：

> 或曰：管仲俭乎？曰：管氏有三归，官事不摄，焉得俭！

这段话的意思自是讥评管仲不俭，其所以不俭者，则由于管仲有"三归"而不暇治理公务的原故。不俭约就是奢侈，因此紧接着《八佾》章下文又云：

> 然则管仲知礼乎？曰：邦君树塞门，管氏亦树塞门；邦君为两君之好有反坫，管氏亦有反坫。管氏而知礼，孰不知礼？

这意思是说，管仲非仅不俭，且有的地方简直侈拟邦君而僭越失礼了。此外，在下列载记上，我们更看到有关管仲奢富的批评：

> 管仲镂簋、朱纮、山节、藻棁。君子以为滥矣。（《礼

记·礼器》）

孔子曰：管仲镂簋而朱纮、旅树而反坫、山节而藻棁；贤大夫也，而难为上也。（《礼记·杂记》）

一曰：管仲父出，朱盖青衣，置鼓而归，庭有陈鼎，家有三归。（《韩非子·外储说左下》）

管仲富拟公室，有三归之家。（《史记·管晏列传》）

管仲相齐，有三归，侈拟于君。（同上《平津侯传》）

齐中衰，管子修之，设轻重九府，则桓公以霸……管氏亦有三归，位在陪臣，富于列国之君。（同上《货殖列传》）

周衰，礼废乐坏，大小相逾。管促之家，兼备三归。（同上《礼书》）

周室大坏，诸侯恣引，设两观……陪臣管仲季氏之属三归雍彻。（《汉书·礼乐志》）

在陪臣，而娶三归。（同上《食货志》）

夷吾朱纮以三归，平仲辞邑而濯缨。（《风俗通义·十反》）

这些条材料无疑的应本于《论语》或《礼记》，成辗转相抄的（如《汉书·礼乐、食货》二志显本《史记·礼书、货殖传》），因此要意也无非是说管仲以有三归而致侈富。但这里应稍加注意的，即《论语》和他书所称"有三归"或"有三归之家"一语，在《汉书·食货志》条，班固却擅改为"娶三归"；由于这么一改而在后来注家的解释上引起了不少的纠纷。说详后文，此处不赘。

此外，还有几条材料，似乎都是替管仲以有三归而侈富一事有辩护，或者说在解释管仲所以有三归的致因。如：

先君桓公有管仲，身老，赏之以三归，泽及子孙。（《晏子春秋·杂篇》）

　　　　齐桓公宫中七市，女闾七百，国人非之。管仲故为三归之家，以掩桓公；非自伤于民也。(《战国策·东周》)
　　　　桓公解管仲之束缚而相之。管仲曰：臣有宠矣，然而臣卑。公曰：使子立高国之上。管仲曰：臣贵矣，然而臣贫。公曰：使子有三归之家。……霄略曰：管仲以贱为不可以治国……以贫为不可以治富，故请三归。(《韩非子·难一》)
　　　　管仲相齐，曰：臣贵矣，然而臣贫。桓公曰：使子有三归之家……孔子闻而非之曰：泰侈偪上。(同上《外储说左下》)

依《战国策》条，管仲所以为三归之家似意在掩齐桓公"宫中七市，女闾七百"之非，而实非自甘侈富。依《晏子·杂篇》，则管仲三归之家似由于功臣身老，得自桓公的赏赐，而实非自为之。至如韩非所云，则管仲三归之家似基于贫不可以治富的理由，在其初相齐国之际，有请于桓公，而后准其有之的；既非自为之，也非得自劝赏。究竟哪种说法可靠显然不易判断，而实际上很可能只是后儒借题发挥各遂其是而演变出来的；故事的核心仍不外乎管仲的侈富与三归之家的关联。而三归之家，如依三占从二的原则及著者后文的分析，其初应出于桓公的赏赐或核准则似是较合理的一种说法。

　　最后，汉代刘向《说苑》关于管仲和三归的故事载有下列一段不大相同的说法：
　　　　桓公立仲父……乃谓管仲，政则卒归于子矣，政之所不及，唯子是匡。管仲故筑三归之台，以自伤于民。(卷十一《善说》)

据上文所引，诸书或作"三归"或作"三归之家"；绝无作"三归之台"的。易言之，"三归之台"云云，始自刘向，而其所以如此，则纵非刘氏惑于"三归"之义，也显有窜改经文之弊。

故欲论"三归"之义应以《论语》、《韩非子》及前引他书为准。实际，就著者后文分析所知，刘说虽以此徒增后儒纷论，而驳斥之者实繁有其人。如俞樾《群经评议》即指出：

> 管仲筑台之事不见于他书。《战国策·周策》云："宋君夺民时以为台，而民非之。无忠臣以掩盖之也。子罕释相为司空，民非子罕而善其君。齐桓公宫中七市……管仲故为三归之家以掩桓公，非自伤于民也。"《说苑》所谓自伤于民者疑即本此，涉上文子罕事而误为筑台耳。

这不仅找出刘向的致误之源，说明刘氏未解"三归"之义，同时暗示刘氏"自伤于民"也是涉《国策》上文子罕事而误改的。《国策》本意在说子罕释相管仲为三归之家都非自己甘愿，都是志在掩国君之非。刘向改掉了"自伤"的"自"字，结果与《国策》文意全违。此外，毛奇龄《论语稽求》篇也称"刘向误述也"，"管氏筑台终无据，不可为训"；梁玉绳《瞥记》、俞正燮《癸巳类稿》管氏三归义篇，也都指出三归之台说的无据。因此，刘说便不在著者下文讨论之列；其以刘说为据从而推衍之说，则更不待言。

总之，比观诸书，姑不论管仲三归之家究系源于请赐、劝赏，也不问其究是自伤于民抑意在掩饰国君之恶，管仲因有三归之家而致奢富，这一事实是毫无疑问的。

然则"三归"一语究作何解？"三归之家"究是怎样的一种"家"？管仲究如何因有了"三归之家"而致富拟邦君？果然管仲非自伤于民的话，他的"三归之家"究又如何而可掩桓公"宫中七市女闾七百"之非呢？关于这一类的问题，在汉代以来迄于民国历代诸家的旧解上，不但异说纷纷，迄无定论，而且由于缺乏坚实的论据，也都使人难予赞同。这里，著者愿先提出自己的一些看法，最后再让我们对于旧解加以检评。

首先，著者愿提醒的，即著者上文曾证古者所谓七出之"出"就是"归"或"大归"，因此《论语》所谓"三归"应即"三出"，也即常出、常归的意思。又据《穀梁》称"古者谓嫁曰归"，则"三归"也自即"三嫁"、常嫁的意思。就嫁娶而言，一个三归三嫁的女人自然也就是个常出常归的女人，因为她一定常被丈夫休归娘家，而后才可以常嫁；如果只是婚嫁过一次，便不会是三归三出或常嫁常归了。总之，姑不论据归或大归曰出，抑谓嫁曰归的解释，我们都可把"三归"一语解为常出常嫁；且就婚姻而言，其意自指常出常嫁的女人而言。这是著者的第一点看法，从语文训诂和婚俗制度，加诸"三归"一语的解释。

据《墨子》所知，古者女三嫁，入于舂谷；入于宫中，而充为舂谷的女奴。据东周封建社会而言，既入于王宫，则是官家统治者的奴属，而不得为私人所有。纵为私家所有，其人众或也有限，因而不致提供如何重大的劳动力。但就管仲而言，身为齐相，除了官家可能配属他相当数目的奴属外，或更由于他获得邦君的赏赐或恩准蓄养女奴，而有着更多的奴属。晚周封建社会无疑是以农业为主的农业社会，而当时统治阶层显以农产品为主要收入，因此管仲之家蓄有大批的舂谷女奴（当然也还有男奴），便自然是不足怪异的事了。而这样的一个"家"，在著者的解释之下，也就是所谓"三归之家"了。

或问，"三归之家"纵可解为拥有众多舂谷女奴的家室，但也须有谷可舂，然则管仲是否拥有广大土田？又究否有巨量谷粟的收入呢？按，《礼记·王制》云：

> 制农田百亩，百亩之分，上农夫食九人……庶人之在官者，其禄以是为差也，诸侯之下士视上农夫，禄足以代其耕也。中士倍下士，上士倍中士，下大夫倍上士。卿四大夫禄，君十卿禄。

> 天子之田方千里……伯七十里，子男五十里……天子之卿视伯，天子之大夫视子男。

如果这段史料还有若干可靠性的话，那么位居卿相而在高国之上的管仲该有方五十或七十里的封地，该有可供食二百八十八人而相当于三千余亩的农田收入的俸禄，而此所谓俸禄，即如汉代以石计算俸禄一样，也应该就是源于人民经入的田赋。此外，据《说苑·尊贤》云：

> 齐桓公使管仲治国。管仲对曰：贱不能临贵。桓公以为上卿。而国不治。桓公曰：何故？管仲对曰：贫不能使富。桓公赐之齐国市租一年。而国不治。桓公曰：何故？对曰：疏不能制亲。桓公立以为仲父。齐国大安。

显然的，刘向这段材料果非本于韩非，则应是源于另一共同材料。而刘氏"桓公赐之齐国市租一年"云云，也显然就是《韩非子·难一》和《外储说左下》所称"使子有三归之家"的变相说法。这说明刘向虽或因惑于"三归之家"的含义，而改为"赐之齐国市租一年"，但暗示管仲所以侈富也与他的租赋收入有关。而租赋的征收，据《周礼·载师》，除非是不毛宅地有里布之外，也显然都是征收谷粟或其他农产品的。总之，如果我们推想管仲可能拥有广大土田和从事农田劳作的众多男女奴属——由国君赐赏或私人蓄养的（在周代应属常见的事）这似乎并非不可能的事。而管仲自己也无疑是一个长袖善舞的理财大家。

此外，前文曾提到《礼记》批评管仲"镂簋、朱纮、山节、藻棁"之类的奢华行为。而据《说苑·反质》云：

> 雕文刻镂，害农事者也；锦绣纂组，伤女工者也。

这说明管仲的镂簋朱纮之类的奢华享受也是出于农甿和女工之手。换句话说，农甿女工不仅是从事农忙工作，同时也要负起雕文刻镂和锦绣纂组的工艺劳作。甚至，据《左传》襄公十一年郑人贿晋侯以师悝、师触、师蠲、广车、𫐓车、兵车、钟、磬、女乐而晋侯以乐之半赐魏绛一事来推论，这些为管仲服劳役的女奴中说不定也包括有在享宴时吹弹歌舞以悦佳宾的女乐。证诸战国迄于秦汉，贵族蓄养家僮奴妾之盛（如《说苑》载张良家即有家僮三百），则管仲三归之家的农甿女奴当至少在三百以上。

就在这种情形下，正如韩非说的，于是管仲便达成了"朱盖青衣，置鼓而归，庭有陈鼎，家有三归"和《礼记》说的"镂簋而朱纮、旅树而反坫、山节而藻棁"那样显赫侈富拟于邦君的家势；就这样也才可能掩"齐桓宫中七市女闾七百"之非呢！或谓"中人之性，有余则侈；不足则俭"，像管仲这样的"三归之家"，自然也就俭约不起来了。

其实，不只是管仲，齐国统治阶层的生活一般似乎都够奢侈的。仅据《说苑》载称：

齐桓公谓管仲曰：吾国甚小，而财用甚少，而群臣衣服舆马甚汰。吾欲禁之，可乎？管仲曰……今君之食也必桂之浆，衣练紫之衣，狐白之裘，此群臣之所以奢大也。（《反质》）

景公饮诸大夫酒……是时海人入鱼，公以五十乘赐兹章归，鱼乘塞涂。（《君道》）

成公乾（谓景公）曰……子义获天下之至尤也，而子以为友；鸣鹤与乌狗，其知甚少，而子玩之。（《臣术》）

齐景公奢于台榭，淫于苑囿，五官之乐不解，一旦而赐人百乘之家者三。（《政理》）

且夫锦绣絺纻乱君之所造也，其本皆与于齐。景公喜奢，而不忘俭。（《反质》）

晏子朝，乘敝车，驾驽马。景公见之，曰：嘻！夫子之禄寡耶？何乘不任之甚也？晏子对曰：赖君之赐，得以寿三

族,及国交游皆得生焉。……晏子出,公使梁丘据遗之辂车、乘马。三返,不受。(《臣术》)

　　陈桓子(谓晏子)曰:君赐之卿位以尊其身,宠之百万以富其家;群臣之爵莫尊于子,禄莫厚于子。今子衣缁布之衣,麋鹿之裘……是隐君之赐也。(同上)

　　景公曰:嘻!夫子之家若是之贫也,寡人不知也,寡人之过也。令致千家之县一于晏子。晏子再拜而辞。(同上)

　　齐威王游于瑶台。成侯卿来奏事,从车罗绮甚众……王望之,谓左右曰:来者何为者也?……国至贫也,何出之盛也?(同上)

　　将谓桓公恭俭乎?与妇人同与,驰于邑中,非恭俭也。(《尊贤》)

　　齐人甚好毂击,相犯以为乐。禁之,不止。晏子患之,乃为新车良马,出与人相犯也。曰:毂击者不祥……下车,弃而去之,国人乃不为。(《政理》)

这些材料虽都不是直接的史料,都出于较晚的《说苑》一书,且限于有关少数几个人的故事。但无疑的,藉此我们多少总可想见桓景以来齐国上层社会的声色犬马从车罗绮的奢侈生活;可以想见当时国君对于臣下动辄"百乘之家"、"千家之县"的隆厚宠赐。即使是贫俭如晏子,他的俸禄也富如"百万之家",也是可以"寿三族"而使"交游皆得其生";虽然他自己却是甘于敝车驽马,而不虑"隐君之赐"的批评的。反之,像管仲那样功在国家,善于理财,其得自桓公的宠赐或更远在百乘之家或千家之县以上;姑不论他究否有意为桓公的侈靡生活掩饰,他自己的生活的侈富想来总是无可置疑的了。百乘之家、千家之县是邦君赐给臣属的车马或是县邑人民,而后者主要自然是千家的农田出产。同样,桓公赐给管仲或准予所有的"三归之家"是一个什么样的家——照著者的分析，该是一个拥有广大土地和奴属的侈富之家，就不言而喻了。私家生活如此，国民的生计也略可推知；纵然我们不能以上层社会的生活来估计齐国的经济发展和财富，但我们说前者的侈富生活是建筑在广大人民的劳力基础上，该是十分可能的。对于这一问题，可能有更多的史料，供做进一步的详细研究。这里因限于主题的范围，自不容赘论了。

五　"三归"旧解检评

现在让我们看看过去有关"三归"一语的旧解。最早该是刘向《说苑》"三归之台"的说法，而这，在前节著者已经指出，跟较早诸书所称"三归之家"的说法是不同，而且很可能是据《战国策》文而附会出来的。实际上，台名三归既不见载于任何较早古籍，而且管仲纵然有这么一个"台"，究如何就说是不俭，如何能奢富拟如邦君，又如何能掩齐桓宫中七市女闾七百之非？果然不任加附会，也显然是不可理解的。

其次，很可能是源于《汉书》"娶三归"的说法，于是自汉苞咸《论语注》始，而衍出下列的比较占优势的解释：

苞氏曰：三归者，娶三姓女也；妇人谓嫁曰归。摄犹兼也；礼，国君事大，官各有人，大夫并兼。今管仲家臣备职，非为俭也。（何晏《集解》）

妇人谓嫁曰归，夫家曰家。仲盖三取女也。（《战国策·鲍彪注》）

三归者，管仲娶三国女为妇也；妇人谓嫁曰归也。礼，诸侯一娶三国九女，以一大国为正夫人，正夫人之兄弟女一人，又夫人之妹一人，谓之侄娣，随夫人来为妾。又二小国之女来为媵，媵亦有侄娣自随。既每国三人，三国故九人也。大夫婚不逾境,但一国娶三女,以一为正妻,二人侄娣,从为妾也。管仲是齐大夫,而一娶三国九人,故云有三归也。(皇侃《义疏》)

云三归者娶三姓女者。然媵与夫人与大国宜同姓,今虽三国,政应一姓,而云三姓者,当是误也。(同上)

三归,娶三姓女也;妇人谓嫁曰归,故曰三归。盖谓管仲耳。(《汉书》颜师古注)

三归,三姓女也;妇人谓嫁曰归。(《史记》张守节《正义》)

后此,还有不少辗转相袭或稍有差异的雷同解释,可不必烦引。仅从这几家的注解上,我们第一可看出从原文"三归"到"娶三归"、"娶三姓女"、"娶三女"、"娶三国女"的解释的蜕变。第二,我们从这类解释的蜕变不仅晓然这几位注家不接受刘向"三归之台"的说法,同时证明他们自己也似乎不甚了然"三归"或"三归之家"的意义,因而各是其说。这类说法究否成立也就颇可商榷了。实际上,鲍彪"盖娶三女"的"盖"字固已证虽鲍氏也不自信其说,而颜师古"妇人谓嫁曰归,故曰三归"的注解,就推理上说,也显然是欠妥的。因为,姑不论古者谓归或大归曰出的另外解释,说者即认古者谓嫁曰归,则注解"三归"时自应说"故三归即三嫁",而"三嫁"自然就是因常出而常嫁的意思,然而说者却竟解为"故曰三归"!换句话说,三归就是三归。且莫来由的一转而解为娶三女、三姓女或三国之女!俞樾《群经评议》说:"自妇人言之谓三归,自管仲言之当谓三娶,乃诸书多言三归,无言三娶者。"著者则更奇怪绝无言三嫁的!至如皇侃,虽察觉"娶三姓女"的"姓"字的不妥(其实是添字解经),因而改为"娶三国女",但他自己连自圆其说也竟不可能。因为他既自说"大夫婚不逾境,但一国娶三女"，且"管仲是齐大夫"，则何以又解为"娶三国女"？诚然，皇氏果有知必于地下辩称：如管仲果娶一国三女，自属理所当然，又何来"焉得俭"的诽评？故知必是娶三国女。但这显然只是皇氏自说耳。因为《论语》和《国策》只说"三归"或"三归之家"；并没提到三国或一国的话！因此，俞正燮《癸巳类稿》管仲有三归义一文，除指三归台说的无据以外，便不取皇说，而更创管仲因娶三正夫人而逾矩非礼的异解，虽然这种说法仍属想当然之列而是不足取信的。其实，姑不论娶三女也好，娶三姓、三国，或一国、三位或九位妻妾或正夫人也好，试问这么几位妇人何与于身居卿相的管仲的俭或不俭？又究如何竟会以此而致富拟邦君？这类问题在这些注家可能连想也不曾想到吧？倒是俞樾曾说，"且如其说，亦是不知礼之事，而非不俭之事，则其说非也。"果说者认为九位妇人其数应不得谓少，则更应记得纵是如此也仍不足以掩桓公"宫中七市女闾七百"之非。我们纵然不认为管仲之家九市女闾盈千，至少也应认为他或妻妾数百；如此才可一掩桓公之非。如果说者接受皇侃从一娶三女到九女的加倍蜕变解释，又认为"九"是泛指多数的虚数，从而认为管仲或有成千成百的妻妾，则其结果便与著者的解说不谋而合。但著者宁愿仍坚持自己的解释，也不愿接受如此千折百转而迂回难通的曲说。

于是，从宋代始，我们又看到"唯朱子从《说苑》以为台名"（梁玉绳语）的"三归台"说的重现，而这说明朱熹就不赞同娶三女的说法。但俞樾却又指出"然管仲筑台之事不见于他书"，《说苑》"未足据也"，于是更指出"家有三处"的新说：

> 《韩非子·外储说》篇曰，"使子有三归之家。一曰……庭有陈鼎，家有三归。"《韩非子》先秦古书，足可为据。先云置鼓而归，后云家有三归，是所谓归者即以管仲

言，谓管仲自朝而归，其家有三处也。家有三处，则钟鼓帷帐不移，而具从可知矣，故足见其奢。且美女之充下陈者亦必三处如一，故足为女闾七百分谤。而娶三姓女之说亦可从此出也。《晏子春秋·杂篇》曰，"身老，赏之以三归"，则娶三姓女之说知其非矣。管仲家有三处，一处有一处之官，不相兼摄，是谓"官事不摄"。但谓家臣具官，犹未见其奢也。(《群经评议》)

俞氏的见地显然超迈前儒，他不仅注意到"三归之家"应与管仲的奢侈生活密切相关，且注意到怎样的一种"三归之家"始可掩饰齐桓"女闾七百"之非的问题。但是，俞氏释"三归之家"、"家有三归"为"三处之家"或"家有三处"说，全无证据。俞氏既未指出究竟某书言三归而意指三处，且其所谓"娶三姓女之说知其非矣"，说"娶三姓女之说亦可从此知也"，实际上是"娶三姓女"说的变相说法；他根据自知其非的误说而另创的新说，自然也就成问题了。至如"官事不摄"的解释，则更未见其妥当。据《论语》上下文来看，原意显指管仲自己因有"三归之家"而无暇摄理政事；决不是说"一处有一处之官"而各官"不相兼摄"。俞氏从何晏"摄犹兼也"的注解，却又反驳何氏"家臣备职"的说法。实际上，何注却显然更能被人接受。因为"官事不摄"是指评管仲不摄官事；管仲既不摄官事，自然就委由家臣或他人代理了。依俞说，果然一处有一处之官，本不相兼摄，又何责怪管氏官事不摄？凡此足证根基不稳，愈弥缝愈见其非了。

于是，又从"三归之台"的旧解蜕变出三归之台为"府库贮藏钱币之所"的新说。如：

> 台为府库之属，古以藏泉布。《史记·周本纪》，散鹿台之泉。《管子·三至》篇，请散栈台之钱……鹿台之布。

是齐旧有二台，以为贮藏之所。韩非子……以三归对贫言，则归台即府库别名矣。（武亿《群经义证》）

武虚谷曰：台为府库之属……《说文解字通论》：武王散鹿台之钱。是也。《管子·三至》篇……皆其据也。（黄式三《论语后案》）

此外，类似的说法仍所在多有，可不必赘引。而近人程树德氏在所著《论语集释》内则尤称这种解说"最为有力，即《论语稽》亦取之"。但是，这类解说却显然仍是不足据信的。因为，首先，这种说法无疑是蜕变自刘向的三归台说，而刘说著者在前文即曾指出是不足据信的。其次，姑承认刘氏"三归即三归台"说，也承认鹿台、栈台确是曾藏泉布货财的府库，然而我们果能即据此而推称三归台或台就是府库吗？显然不可能的。因为，如果据武王散鹿台之泉，我们就说台是府库，那么据武王散钜桥之粟，我们岂非同样可把"桥"解为藏粟的"仓廪"？另方面说，钜桥和鹿台、栈台会不会是地名？所谓散鹿台之泉、钜桥之粟、栈台之布者，会不会意指发散在那几个地方的府库中的泉布粟谷，而并不就是说那里有几个台而台就是府库？换句话说，纵然有台，但台也不就是府库。事实上，我们或推想当时建筑困难，由于府库缺乏，为了方便，钱布货财很可能暂时存在鹿台或栈台。但是我们仍不能就认为凡所谓"台"就是"府库"。三归台说源于《说苑》，但《说苑》下列的例证却显证所谓台通常应是观台或游台，也即欢乐畅心之所：

赵简子与乐激游，将沉于河，曰……吾尝好宫室台榭。（卷一《君道》）

齐威王游于瑶台。成侯卿来奏事，从车罗绮甚众。（卷二《臣术》）

各知构室屋以避暑雨，累台榭以避润湿。（卷三《建本》）

赵简子春筑台于邯郸。天雨而不息……乃释台罢役，曰：我以台为急，不如民之急（指因天雨而应播种）也，民以不为台，故知吾之爱也。（卷五《贵德》）

武王问于太公曰：贤君治国何如？对曰……不幸官事以费财，不多观游台池以罢民，不雕文刻镂以逞耳目。（卷七《政理》）

千秋万岁之后，庙堂必不血食矣，高台既以坏，曲池既以渐……（卷十《善说》）

日者臣望君之在台上也，勃然充满，此兵革之危，君呼而吟所言者莒也。（卷十三《权谋》）

楚庄王与晋战，胜之……乃筑五仞之台。台成而觞诸侯。（同上）

秦始皇帝既吞天下，乃召群臣而议……鲍白令之对曰……陛下筑台千云，宫殿五里，建千石之钟，万石之虡，妇女连百，倡优累千。（卷十四《至公》）

齐景公赏赐及后宫，文绣被台榭。（卷十四《至公》）

是故，古者圣王既临天下……登灵台以望气氛。（卷十八《辨物》）

平公不说。异日置酒虒祁之台。（同上）

侯生后得。始皇闻之，召而见之，升阿东之台，临四通之街。……侯生至，御台而言曰……今陛下奢侈失本，淫泆趋末，宫室台阁，连层增累。（卷二十《反质》）

显然的，这几条文证足可说明凡此所谓台榭、台池、瑶台、五仞之台、虒祁之台一类的台，没有一座可解为是藏存泉布钱财的"府库"的。而且凡此均出于刘向《说苑》一书。然则何以独知三归之"台"却是府库？持此说者，其为无据，应不待言。说者看到这几条论据，或认为三归之台确难解为府库，但岂不可解为应即刘向所谓"奢侈失本,淫泆趋末,宫室台阁,连层增累"的台,也即观游淫逸之所,如此,岂非与管仲有三归焉得俭的讥评恰相吻合?这话是不错的,且实际上,自宋代以来学者就有如此解说的。如:

> 《集注》云三归台名,事见《说苑》。而或问载旧说妇人谓嫁曰归;三归云者,一娶三姓而备九女,如诸侯之制也(刘履珣《秋槎杂记》也主此说,而二者应皆本皇侃)。愚案,《说苑》谓管仲避得民而作三归,殆于萧何田宅自污之类,想大为之台,故言非俭。而台以处三归之妇人,故以为名欤?(黄震《黄氏日抄》)

> 三归之为台名是也,然所以名三归者亦以娶三姓女之故,如《诗》卫宣公筑新台于河上以要齐女,《左传》鲁庄公筑台临党氏以娶孟任之类。(孙志祖《读书脞录》)

此外,杭董浦也主筑台娶女说(见黄式三《论语后案》引)。同时,正如黄式三《后案》说"是合二注为一事"。这类注解也显然是自知仅把台解为台榭之台仍不足说明《论语》三归或《国策》三归之家之义,而把旧注娶三女说与三归之台说混合起来,期达到折衷弥缝的目的。虽然,如此弥缝之说却仍属徒劳。因为黄震"故以为名欤"固证黄氏已不自信其说,而筑台迎女说也久已为毛奇龄《稽求篇》所驳斥。此外,正如钱坫《论语后录》说的"案两书(指《韩非子》三归之家与《说苑》三归之台)之说不合","三归之家"与"三归之台"也原就是不同的两种说法;既然不合,愈弥缝也就愈见其纷纭难通了。因此,曹之升《四书摭余说》即指出《说苑》袭《国策》语而以三归为台之非,也认为"即是娶女亦非筑台"。潘维城《论语古注集笺》在缕述有关各家三归说以后,只总结了一句说:"是则包氏以为娶三姓女者一义,《说苑》以为台名者又一义"——讨论了半天，仍然回到老问题，而疑不能决！

于是，翟灏在《四书考异》又另提出三归应为采邑地名的说法：

> 以管氏本书证之，三归特一地名，读《轻重》篇自见，盖其地以归三不归而名之也。

本公家地，桓公赐以为采邑耳。（见《论语古注集笺》引）以外，梁玉绳《瞥记》，于引述《晏子春秋》及《韩非子》所载"赏之以三归"、"使子有三归之家"两条传说后，也认为"据此则为地名者近之"。但证诸下列《管子·轻重》篇本文：

> 桓公问管子曰：民饥而无食……奈何？管子对曰：沐涂树之枝也。桓公曰诺。……民被白布……有以给上……公召管子，问曰：此何故也？管子对曰：齐者莱夷之国也。一树而百乘息其下者，以其不梢也。众鸟居其上，丁牡者胡丸操弹居其下，终日不归；父老树枝而论，终日不归；归市亦惛倪，终日不归。今吾沐涂树之枝，日中无尺寸之阴，出入者长时，行者疾走，父老归而治生，丁牡者归而薄业。彼臣归其三不归，此以乡不资也。

事实说明在这段文字里显然找不出翟氏所称"三归特一地名"、"其地以归三不归而名"的任何证据，且任谁也都可以"读轻重篇自见"的。因为这段文字仅说齐人每于树下游乐忘归而碍于生产，故管仲建议沐涂树枝以杜其害。所欲沐涂的既非一木一树，也显然不知究竟哪一地的树木在沐涂之后，因人们"归其三不归"而命名为"三归"，实想不出如何会使翟氏竟附会出"三归特一地名"的说法。所以俞樾《群经评议》曾指出：

> 近人或因此谓三归是邑名，则又不然。若是邑名，不得云使子有三归之家，也不得云家有三归也。

翟氏或会反驳俞氏而答称三归地名说原即本于《说苑》三归台说，而无关三归之家，自不得并论。但试问三归台说的证据又安在？于是，清郭嵩焘更提出另种解说：

包咸《论语注》以三归为一娶三姓。《史记·管子传》注，《汉书》颜师古注、《国策》鲍彪注皆用其说。《说苑》以为台名。至金仁山氏始据以为算法，固为近之，而不能详其义。此盖管子九府轻重之法，当就管子书求之。《山至数》篇曰：则民之三有归于上矣。三归之名实本于此。因考管子书，制国之用在谷与币，相准以为之经，而以正监筴，综合纬之，以次及金铁竹箭羽毛齿革皮干筋角。凡天财所生，地利所在，皆量其出入之数，导民趋而赴之。下至北郭履缕、唐园之微，亦使得专其利。《国准》篇曰：无用之壤藏民之赢，其视尺寸之土之有余隙，皆其利之所从生也。故观管子书，多设法以罔民利，而其实使民歆其利，国家因而娶赢焉。《轻重乙》篇曰：与民量其重，计其赢，民得其十，君得其三，尽此而已矣。其《地圆》篇量物之宜、《度地》篇去物之害，又此《轻重》诸篇之本计也。所谓谨守其山林菹泽草莱，举一国轻重之势，分数明而权衡无或爽，所以为天下才。其书所载计民之利而归之公有十倍百倍，侈太言之者。而以三为率，《轻重》篇屡见焉。是所谓三归者，市租之常例之归之公者也。桓公既霸，遂以赏管仲。《汉书·地理志·食货志》并云桓公用管仲，设轻重以富民，身在陪臣，而取三归。其言较然明显。《韩非子》云使子有三归之家，《说苑》作赏之市租；三归之为市租，汉世儒者犹能明之。此一证也。《晏子春秋》辞三归之赏，而云厚受赏以伤国民之义；其取之民，无疑也。此又一证也。（《养知屋文集》卷一）

如果郭氏旨在分析中国古代的经济制度和租税，特别是《管子》一书关于这方面的材料，也许郭氏的议论颇具参考的价值。但就"三归"的解释问题而论，则郭氏上述的推论便颇多可以商榷的地方了。

首先，著者认为郭氏"所谓三归者市租之常例之归之公者也"的推论是失之断章取义的。因为他的根据只是管子"则民之三有归于上矣"，这么没头没尾的一句话。特别是把这句话上面的"三"字和下面的"归"字检出来，糅合在一起而成为"三归"，从而认为"三归"就是"市租"——这样的推证方法显然是罕见而使人难以接受的。

其次，如果说郭氏的推论原本于《管子·山至数》篇上文"则而非仅民之三有归于上矣"这一句话。那么就请看下列《山至数》篇的原文：

桓公又问管子曰：终身有天下而勿失，为之有道乎？……管子对曰：国之广狭壤之肥墝有数，终岁食余有数，彼守国者守谷而已矣。曰某县之壤广若干，某县之壤狭若干，则必积委币。于是县州里受公钱，泰秋国谷去参之一。君下令谓郡县属大夫里邑皆籍粟，入若干，谷重一也，以藏于上者，国谷参分则二分在上矣。泰春国谷倍重数也。春夏赋谷以市扩，民皆受上谷以治田土。泰秋田谷之存予者若干。今上敛谷以币，民日无币以谷，则民之三有归于上矣。……彼诸侯之谷十，使吾国谷二十，则诸侯谷归吾国矣。

显然的，从上引的这段话里，我们实找不出可以铸造"三归"一词的根据；否则的话，我们也应可根据这段话的末两语句造出"二十归"一词！此外，从这段话里，也更找不出如何"三归"竟解为"市租"的论据。实际上，《管子》这段话虽似在说：泰秋既收以后，政府可以公帑收购民谷；至春夏谷价涨升时，而以公谷贷给人民，使之得治田土；再及秋收，谷价跌落时，更令人民依贷谷时谷价偿付贷谷的折款，惟此际人民有谷无款，势需以更多的低价谷偿债，于是"民之三有（又）归于上矣"。换句话说，管子建议政府可利用收购和贷款以及谷价涨落的差额等等手段和条件，设法敛聚民谷。而所谓"民之三有归于上矣"一语也很可能是针对上文"国谷参分则二分在上矣"一语而说的——在某种情形下，国谷参分则二分归于上；在某种情形下，则民之三，或即国谷参分，可尽归于上了。但这只是著者对于管文的一种模糊了解，至于全文，特别是"民之三有归于上"一语，究竟如何解释，都显然是很难说的。如果我们在提出这段文字的确解前，即仅据"民之三有归于上矣"一语而推证"三归"就是"市租"，这就不免失之断章取义。

再次，郭氏"三归"即"市租"说，如认源于《管子》，勿宁说实仅源于《韩非子》"使子有三归之家"和《说苑》"赏之市租"的异文，而乍看起来，这项异文似不失为郭氏所谓"此一证也"。但郭氏却显然忘记《说苑》更另有一证，即"三归之台"说。而这一证较之那一证，由于明白地提到"三归"二字，也显应是解释"三归"的更佳证据，虽然与"三归之家"原是互为牴牾的两种说法。郭氏所以取此一证而不取彼一证，却并非由于疏忽，而实由于自知"三归之台"与"三归之家"不合的原故。但是，郭氏却没有更举出三归即市租的其他证据。虽举出《晏子春秋》"赏之以三归"条，因其他注家或认三归即采邑地名，这条证据也是不足据的。

最后，郭氏据《汉书》称身在陪臣而"取三归"，认为"其言较然明显"，认为"三归之为市租汉世儒者犹能明之"云云，也显然只是自说。因为《汉书》不言"取三归"而言"娶三归"，即是娶，自然就非关市租。郭氏把娶字擅改为取字，以达其附会目的，这是可以看得出的。即使《国策》鲍注解"三归"

作"三取女"，这个取字也仍是"娶"，而非取予的取字。总之，郭氏"三归"即"市租"说，并没有任何一项足可据信的论证，从而这种说法也就难以成立。

于是，据郭书所见，金仁山氏又有"三归"应为建筑学上用于计算的"三归法"的新说；包慎言氏《论语温故录》以"古归与馈通"、《公羊》注引逸礼云"诸侯三祭三荐，大夫士再祭再荐"，《晏子·内篇》称赐功臣州邑以供宗庙之鲜，以及《外篇》言桓公赏管仲以三归等等或有关或不相关的记载，而更有"然则三归云者其以三牲献欤"或"则三归为以三牲献无疑"的新说。但是，曹之升《四书摭余说》固曾指出"算家三归法之说似陋"，程树德氏《论语集释》指出"三归为以三牲献"说"义稍迂回"，而且这两种说法也似乎不曾有第二人再加以发挥过，其不足信，自不待言。

及至民国以来，据著者所知，张维思氏著《三归考》，而倡三归为税关说（见1929年齐鲁大学《国学丛刊》第一集）。张氏文中对旧说虽曾详加指评，析其谬误，但他的税关说实即源于三归台、府库及市租说，且从未闻古代有称"税关"为"三归"的记载。及1935年顷，杨联陞先生在《大公报》史地周刊著文，而重主市租说；近并在复著者请教三归解释问题函中称，"至今仍觉应以此说为最善"。虽然，他同时指出："女奴春谷，汉代盛行"，而对于本文提出的"三归"应即常嫁常出的女奴说，也给予了"自亦可存"的嘉许。1943年，程树德氏著《论语集释》，于引述诸家旧说之余，也认"三归为藏货财之所"说"最为有力"。1954年，徐英氏著《论语会笺》，兼引武亿三归为府库及郭嵩焘三归为市租两说。1962年，张玉恒氏著《论语释义》，再引三归台说。此外，或许还有其他有关三归解释的或同或异的论著，著者因歉未能遍检，也自无法在此引述了。总之，从上述几家论著上，我们可看出（一）旧注娶三女说似已失其势；（二）刘向三归台说也殊少有人引从；（三）府库及市租说似最为有力，虽然这种说法原是蜕变自三归台说；（四）府库及市租说所以最为有力，应由于此说可以解释管仲的奢侈和富拟邦君的家势。但是，某种学说在某一时期被认为有力却不证明它原是全无可疑的。

综合本节上文的分析，事实说明：自汉代迄于民国以来，历代学者有关"三归"一词的解释虽有多至十几种不同的说法，但各种说法不唯互为驳斥而各有其缺点，且大多出于想当然的主观设想，而殊少提出坚强直接的论据。特别是有些说法原就是从说者所不取的旧说推衍出来的；基础既先已不稳，则纵有发挥，也难见其可以成立。至于著者本文有关三归一语的解释，虽不自认就是唯一甚或足可取的解释，但较诸旧说，则显然是可以自圆其说的，至少从礼俗制度和语文训诂上，都提供了多少证据。说者或会想到著者提供的制度究否已经制度化，而这诚然是可商榷的，但这该是另求进一步探讨的问题。这里我们所持重的是如何把三归一语解说得更通顺。

六　结论

（一）有婚姻而后有夫妇，而后有家族。故晚周以来的中国宗族社会既重视家族，也重视婚姻。为了达成家族的繁衍安定，在婚姻行为上，因有所谓七出、五不娶、三不去的限制。三不去虽是对于已婚妇女的一些保障，但七出、五不娶却显然是更偏护了男权。这些条件不但注意到配偶是否出于乱逆之家的身世背景，注意到是否贤孝或淫僻的品德行性，同时注意到能否生育或有无恶疾的生理遗传。

（二）晚周以来的古代社会，究否由于七出条律的影响，甚或究有无这类成文条律，虽未能确定，但自诸侯至于士庶民，却似盛行着出妻，甚或出夫之俗。

（三）频数的出妻出夫之俗尤疑将促成社会秩序的不安，因此古代对于常出妻或常嫁的已婚夫妇也似乎有着刑罚的规定，即所谓士三出妻逐出境外，女三嫁入为舂谷的记载。而所谓入为舂谷的三嫁之女，应该就是没入官家的女工女奴。

（四）出妻出夫的出字即休出的意思，也即妻被夫休出夫家或夫被妻休出妻家的意思。配偶的一方既被另一方休出，如非无家可归，则必归于妻或夫的父母家。因此，出妻出夫之出，在古文献上，也即或谓之归，或大归。虽则，归字在古文献上也或意指归宁或出嫁，但似不如休归之意更为常见。而且凡言归的例证，也常与隐恶或罪行有关。

（五）《论语·八佾》篇管仲有三归，官事不摄。其意宜指管仲有三归之家，也即拥有广大劳役奴属之家，专治私产，不理官事，因而富拟邦君，因而有旅树反坫，因而有镂簋朱纮、山节藻棁，因而能置皷陈鼎，更因而能掩齐桓公宫中七市女闾七百之非。而这些奴属的来源之一，就是三出、三归，亦即三嫁之女；这种女工原则上该是入为公宫的，而管仲的女奴则可能是桓公所赏赐，或是特准他可以私蓄的。

（六）三归一语在诸家旧注上，无虑十数种解释，但无可据的佐证，也都不能自圆其说。

1964 年写于南港

（原载 1965 年《大陆杂志》第 30 卷第 2 期，第 8—20 页）

再论尧舜禅让传说[*]

一　序言

尧舜禅让是事涉中国古史上传说的"五帝"时代王权继承制（the system of kingship succession）的一项古老传说。远自战国时代以来，这项传说即已见载于文献，其后历代传颂，且至今仍是国民历史教材上的一项重要课题。[①] 是证，这项传说不仅是

---

[*] 本文系据1974年拙著《尧舜禅让》一文重加修订和补充而成；讨论内容虽仍不外乎对于禅让传说的真伪，前人的论点，据此论点而提出有关古社会制度的种种不同臆测及研究方法的检评，但基本看法已有不同。著者自认本文是事涉中国古史研究的一项重要问题，有就正于国内学者，共同检讨的必要，适蒙《食货》编者之邀，因更针正发表。幸希《食货》编者及同道指正为感。

又抄写至此，得读1974年7月17日《中国时报》人间副刊留溪先生《骗来骗去》一文，内容除叙述史学家杨云萍教授曾在荣休纪念演讲会上主讲历史与传说及几项传说例证以外，文末云：

研究历史的人是要考证工夫把传说和史实公开。后者是真实，前者为骗人。

这段话的论点究竟出于留溪先生抑云萍教授，不得而知。至于传说与历史究否可以截然分开？传说又究否全属骗人？本文应可提供若干参考。

[①] 著者曾在某国民学校，见墙壁上张贴有舜耕于历山之类的历史图书。想来，当非仅限于一校的历史教材。

值得传颂的，且简直地认为就是史实了。虽然，久以来，学者对于这样传说却又颇多歧见。

首先，唐刘玄据《琐语》（或云《竹书纪年》）① 云：

> 舜囚尧，而偃塞丹朱，不使父子相见。

固已认为禅让传说为虚语②，且近代学者对于这项传说尤有不同的看法和分歧的解释——或认为系出于孔子或墨子的伪托而纯属妄说；或认为虽是传说而非无若干史实成分，或认为应是信史，且根据这项传说而进一步地对于该传说所属时代的社会结构提出了种种不同的揣测和臆说。（详见下文）

显然的，我们不得不追究：禅让传说究是原始古老的传说，抑是出于后儒的伪托？如属前者，又究否即是信史？如是信史，又究反映着古初社会的某些史实？更重要的，所谓禅让又究竟是不是一种"制度"而普见于古初或五帝时代？如果并非信史，又究否是值得传颂而作为启迪民智、鼓舞民族的教育题材？凡此都是本文拟要加以检讨和澄清的一些问题，而过去学者所以异说纷纭者，实际上，果非出于主观偏见和疏忽，也要由于治学方法的不当。兹试分论于下，幸希同道高明指正。

---

① 范祥雍撰《古本竹书纪年辑校订补》（1963）指出陈逢衡《竹书纪年集证》及朱右曾《汲冢纪年存真》"均以为是《琐语》文"，但范氏以为"《路史》与《寰宇记》原本明引作《纪年》，陈、朱所说亦属臆测"。虽然，《史通》明言《琐语》，且范氏更引证二事以证"《纪年》与《琐语》，古书所引，时常相淆"而"不能强断为孰是"！（见商务版，第6—7页）

② 《史通·疑古篇》云《虞书》"美放勋为广造奇说"。又同篇下文引《琐语》舜囚尧事云"尧之授舜，其事难明；谓之让国，徒虚语耳"。此盖从荀子"夫曰尧、舜禅让，是虚言也"之说。其实，此一传说不知有何难明之处。而"虚说"云云却正是主观而殊无佐证的虚说。

二　禅让传说简介

在中国历史上的殷商时代以前是传说上的夏代，而夏代以前则是中国古籍上认为是最早的"五帝"时代，也就是包括黄帝、颛顼、喾、尧和舜五个古帝的时代。帝舜以后，禹继为帝，也就成为夏代的开国之君了。

根据传说，五帝同出一族，而以黄帝为其始祖和始君。其世系关系有如下表：

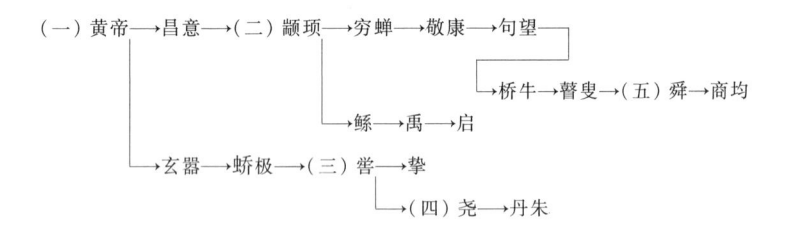

```
(一)黄帝→昌意→(二)颛顼→穷蝉→敬康→句望─┐
                                          ├→桥牛→瞽叟→(五)舜→商均
                 └→鲧→禹→启
      └→玄嚣→蟜极→(三)喾→挚
                   └→(四)尧→丹朱
```

据上表，可知黄帝为颛顼的祖父，颛顼为喾的"再从父"或"族父"（依后代称谓制。古初未必如此相称）。喾为尧的生父，尧则为舜的四世"族祖父"。显然的，五帝是同出于一族的。

五帝，据传说，都是禀赋卓异且能察微知远的圣明之君。他们先后为族人建立了显赫的文治武功，并因此为后世的华夏民族创制了许多文化制度的典范。虽然，除了至今仍认为是中华民族传说上的始祖黄帝以外，五帝中最受推崇的却要算是帝尧和帝舜了。

孔子曾赞美帝尧云：

巍巍乎，唯天为大，唯尧则之！荡荡乎，民无能名焉！巍巍乎，其有成功也！焕乎，其有文章。（《论语·泰伯》）

司马迁《史记·五帝本纪》则更把尧描述的有如天神或太阳神：

> 其仁如天，其知如神；就之如日，望之如云。

此外，帝尧在位时，据说曾命羲和兄弟修正历法（近代西方学者认为事涉太阳神话）；命鲧防治洪水，未成，而殛鲧于羽山。其后帝舜更命禹为司空，水土始平。（说者或谓禹为爬虫，事涉神话；或谓洪水故事源出苗族。）

至于帝舜，原是家道衰落的一个庶民，曾以孝笃著闻，即精于农耕，善于作陶，更具有组织和领导的才能。因此，凡其所居之处，便"一年而成聚，二年而成邑，三年而成都"。如是，舜逐渐获得诸侯伯长的赏识，而被举荐于帝尧。尧因妻之以二女，以观其德；试之以百官或纳诸山林，以察其能。历经了三年的艰苦考验，舜才受到帝尧的重视。尧认为舜确是"谋事至，而言可绩"的一位可堪任政的人，因而命其摄行天子之政，以为辅佐，而尧乃告老。其后二十八年，尧老病垂危，因为儿子丹朱不肖，不足以负长国利民的重任，故于临终前，"卒以帝位授舜"。舜初谦辞不就，并于尧崩之后，避居他地，以示心意。他的这一行动，也许是与拥护丹朱的族党的势力有关，致不得不迁地为良。但丹朱一派毕竟失败了，因为"诸侯朝觐者不之丹朱而之舜，狱讼者不之丹朱而之舜，讴歌者不之丹朱而之舜"。是知，尧固有先见之明和选贤任能而不私亲族的美德，且舜也显然是深受诸侯人民的爱戴的。于是舜才返于"中国"、"践天子之位"，终成为五帝时代最后一位的帝王，即有虞氏的开国之君。

帝舜即位后，曾诛除了过去几个凶顽有势力的家族，也选任了许多贤能和旧族的才俊。及舜晚年，因司空禹治水、定贡赋，居功甚伟，也就仿依帝尧故事，初"荐禹于天"，使之摄行政事，而自己告老；继而在临终前，也以亲子商均不肖，而命禹继登帝位。禹也同样地初谦辞而避居他地，后由于"诸侯皆去商均而朝禹",而始践登帝位,成为有夏一代的开国之君。

帝禹晚年,也"举益,任之政",且于临终前遗命"以天下受益"。益也谦让、避居他地。不幸,由于"启贤,天下属意",加以益"佐禹日浅,天下未洽",益却失败;终致子继父位,使得启登上了帝位。[①]

综述上文所论,不难想见的,"五帝"时代在后儒的描绘上,显然是一个国治民安的清平盛世,是一个圣君贤相而唯能是行的完人政治社会,也自然是如许多民族传说上的古初"黄金时代"。对于这样的一个伟大时代,就后世尤其战国乱世的学者而言,也自然就成为缅怀追思的思想安乐社会的典型。正是如此,春秋战国时代的学者,因感于当时社会臣弑君或子弑父的残忍夺权政变及百姓的流离疾苦,也就愈发向往于五帝时代的清平盛世,也就对于尧、舜为人及其禅让之举不能不深致其追慕之思,且在学术思想论辨之际而借题发挥或有所颂扬了。

三 传说的真伪与先秦文献上关于尧、舜及禅让的记载

(一)传说的真伪与尧、舜及禅让传说

禅让传说究为古初的史实,抑是出于后儒的伪托?这是不能仅凭主观的判断,而必须就一般所谓传说(或传奇)的界说和性质而始可求得其解的。

每个民族,无论是历史悠久而有文字和文献的文明民族(如中国、印度、埃及和古巴比伦)或迄今散见于世界各洲而犹无文字的待开发民族(如台湾高山族、澳洲土著、美洲爱斯基

[①] 以上要据《史记·五帝本纪》及《孟子》。

摩人等），都或多或少保存着一些关于各该族古初祖先如何创业或英雄俊杰如何历险犯难之类的传说，有的甚或涉及鬼神而是神话的型式（如《诗经·玄鸟》即事涉殷人祖先的诞生和拓扩疆土）。这类传说或神话或久以来已见载于简册（如中国先秦经书、西方民族的新旧约圣经、回教民族的可兰天经、印度的梵文佛典等），或迄仍留存在族人的记忆中而传颂未绝（如台湾和其他地区未开发的土著民族的某些传说）。又无论是已经载诸简册或仍保存在人的记忆中的某些传说，在通常情形下，也每每就构成了各民族历史的开宗明义第一章；其中均要叙述着各族祖先的丰功伟业或种系来源，因此既成为各族奉为神圣不可侵犯的"圣史"（"sacred history"）[1]，且成为后世族嗣生活行动的准则。新旧约是耶教民族的"圣经"，可兰是回教民族的"天经"，梵文典册是佛教民族的"佛经"，其中记载的也要属各该民族的"圣史"。中国先秦的经典也包括着中国民族的"圣史"，且实际上就曾被称为"圣经"，也具"圣经"的神圣不可侵犯性和典范性。如清儒皮锡瑞云：

> 王充《论衡》："《春秋》，汉之经，孔子制作，垂遗于汉。"欧阳修以为"汉儒狭陋。孔子作春秋，岂区区为汉而已哉。"……圣经本为后世立法，难不专为汉，而继周者汉……圣经为汉制作，固无不可……大清尊孔子之教，读孔子之经，即谓圣经为清制法，亦无不可。……正以圣经为汉制作，故得人主尊崇。此儒者欲行其道之苦衷，实圣经通行万世之公理。（光绪乙亥刊《皮氏八种经学历史》第 24 页）

又云：

> 非天子不议礼，不制度，不考文。议礼、制度、考文皆

---

[1] Mircea Elliade, Myth and Reality, Chap. I, 1963, pp. 1—20.

以经义为本……汉崇经术……皇帝诏书、群臣奏议莫不援引经义以为依归。国有大疑,辄引春秋为断。一时循吏,多能推明经义。(同上,第 25 页)

又云:

刘知几《史通》论史有六体,一曰《尚书》……所见过泥,遂以《尚书》主记言……敢议圣经……同一妄谬。(同上,《书经通论》,第 58 页)

此外,钱大昕也云:

先圣之蕴,具在六经。(《潜研堂文集》卷二十六)

戴东原也云:

圣人之道在六经。(《戴东原集》卷九《与方希原书》)

六经者道义之宗,而神明之府也。古圣哲往矣,其心志与天地协,而为斯民道义之心。(同上,卷十《点经解钩沈序》)

国人视先秦经典为不可擅议的神圣经典,且奉为后世君主行事的规范,于此可见一般。

然则见诸"圣经"或流传于民间的传说究否就可视为是史实或事实呢?这却仍有可论。据晚近人类学家一般的界说,传说要认为是实在其人其事的故事①。虽然,著者却认为,果无其他条件的补充,所谓实有其人其事的传说应该只是相对而非绝对性的,因此究否实有其人其事,如更乏其他证明,便仍属疑问;只能姑妄云之,姑妄听之了。如希腊《荷马史诗》所载的特洛伊战争故事(the Troy War),若无近世德国考古学家亨利史里曼(Heinrich Schiemann, 1822—1890)因坚欲证明《荷马史诗》的故事应属史实而在小亚细亚进行了艰苦的发掘工作(虽然发现

---

① 1971,《云五社会科学大辞典》第 10 册《人类学》,第 244 页。

的却是筑在荷马特洛伊遗址之上的一座较晚的城址)[①],则《荷马史诗》记述的特洛伊战争传说恐至今仍止于传说。同样,汉司马迁所撰《史记·殷本纪》中载叙了殷商王朝的一个先王先公的谱系,但果无清末及1928年以来中央研究院历史语言研究所进行的安阳殷墟发掘工作,出土了载有殷先公先王系次的大批殷文甲骨卜辞,并经许多古文字学家的考订,因而证明《史记》的殷先公先王系谱与卜辞所见者大抵吻合,则《史记》所载的系谱也迄今或仍只能认为是传说如此。至如台湾和其他地域未开发的土著民族的一些口头传说,既已事过境迁,更无文字记载;真耶,伪耶,便尤无法论断其非了。

缮稿至此,恰巧读到(1977年3月14日)《联合报》记者蔡文雄所撰有关淡水祖师庙供奉的落鼻祖师传说的报导,该文末尾这样说:

> 一百多年来,淡水清水岩落鼻祖师的传奇故事,一直流传至今而不衰。这些传奇之说,绘声绘影,信与不信,是不是迷信,只有在你决定。

显然的,传说所说的究否必是实人实事,易言之,是否绝对可信,就这个现成例子和著者上文的分析,该是不言而喻了。因此,传说,纵然原是史实,或确含有若干史实成分,或竟纯属子虚乌有之说,但由于缺乏传说时代的直接或间接的其他史料可资参证,则其可信性或非可信性乃均属相对的,便无由论其是非了。

尧舜传说,严格地说,其性质有如落鼻祖师传说,由于至今犹未发现确认为是传说的五帝时代且事涉禅让传说的直接史料,

[①] Briton, C., J. B. Christopher & R. L. Wolff, A History of Civilization, 1955, p. 49.

自然也是无由论断其真伪的。不过，就下文所见，我们却有若干虽较晚而不能忽视的具体间接史料，证明尧、舜、颛顼、禹，甚或黄帝该是曾存在过的历史人物，且晓然禅让之制并非绝不见于后代的"美举"，从而要可说明有关尧、舜及其禅让的传说既应是源远流长的古老传说，纵非全系史实，也至少该有其若干史实背景。

（二）先秦文献上有关尧、舜及禅让的记载

甲、《论语》及战国诸子学派文献的记载

尧舜及禅让传说，除见于战国初期的《尚书·尧典》以外，普见于孔门弟子纂辑的《论语》及几乎所有战国诸子各重要学派的论著，虽由于各学派间思想体系的不同，各派学者在态度上却或有深信且崇扬之，或怀疑而加以保留，甚或有所批评。兹试分论于下，以略窥禅让传说的流布情形及其可信度。

1. 孔子

《中庸》云："仲尼祖述尧舜，宪章文武。"《孟子·滕文公》（上）云："孟子道性善，言必称尧舜。"然则孔子和孟子的称美尧、舜，扬誉禅让，自不足怪。证诸《论语》和《孟子》二书所载孔、孟二子的语录，事实也大抵如此。

虽然，试就下列《论语》三篇五节的资料而言：

子曰："大哉，尧之为君也！巍巍乎，唯天为大，唯尧则之！荡荡乎，民无能名焉……"（《泰伯》）

子曰："巍巍乎，舜禹之有天下也，而不与焉！"（《泰伯》）

舜有臣五人，而天下治。武王曰："予有乱臣十人。"孔子曰："才难。"不其然乎？（《泰伯》）

子曰："无为而治者，其舜也与！夫何为哉？恭己正南面而已矣。"（《卫灵公》）

子夏曰："……舜有天下，选于众，举皋陶，不仁者远矣。汤有天下，选于众，举伊尹，不仁者远矣。"（《颜渊》）

孔子及弟子子夏虽是称美尧、舜，但也不过说，尧能法则天道，顺应自然之道，而舜是举贤任能且淡泊名利的主君而已。何况就举贤和淡泊名利而言，这也并非是舜独擅其美的，因为帝禹也是"有天下而不与焉"的，汤和武王也都是能举贤任能的。至于"舜有臣五人，而天下治"云云，既非独赞帝舜，且原义也只是感叹才难；虽然言外之意盖谓，贤能之士纵然不足，国家也仍可以得治的。

其实，孔子虽推崇尧、舜，也还不认为他们就代表理想中的、非常人可以企及的圣贤。今就下列两条资料观之：

子贡曰："如有博施于民，而能济众，何如？可谓仁乎？"子曰，"何事于仁，也必圣乎！尧、舜其犹病诸！"（《雍也》）

子路问君子。子曰："修己以敬。……修己以安百姓，尧、舜其犹病诸！"（《宪问》）

显然的，在孔子的心目中，尧和舜也仍不算是博施济众的圣君或安定人民的君子！而这里孔子对于尧、舜为人的评价，较之《泰伯》篇"巍巍乎，荡荡乎"之类的空泛赞词，也该是更为客观中肯的，因为这里是就事论人，而前者则是专论其人。

实际上，如果说孔子推崇尧、舜，则勿宁说他推崇的是包括夏后、商汤、文王和武王在内的一般前代贤君那种选贤任能以安民济众的先王之道，也即哲人或完人的治道。虽然，这种治道，无论就古今社会衡量尺度而言，也都不是什么仰之弥高而非常人难以企及的。例如孔子曾这样称美夏禹：

禹，吾无间然矣！菲饮食，而致孝乎鬼神；恶衣服，而致美乎黻冕；卑宫室，而尽力乎沟洫。禹，吾无间然矣！

(《泰伯》)

这无非说，禹勤于为人民平治水患，而不重视私人生活。苛求地说，这不算是什么盛德大行。不过，当春秋季世，国君如鲁哀公者，虽遇年饥岁荒而犹自云"二，吾犹不足，如之何其彻也"！然则像禹这样能克己利民的前代先贤也怎能不令人景慕而值得称美呢？

此外，《论语·尧曰》篇也提到禅让，云：

尧曰："咨，尔舜！天之历数在尔躬，允执其中！……"舜亦此命禹。

这只是平铺直叙禅让传说，而且究否与孔子有关，也属可疑。虽然，在《泰伯》篇，我们却看到下列与禅让有关的另一段记载：

子曰："泰伯，其可谓至德也已矣！三以天下让，民无得而称焉。"

姑无论孔子究否曾盛道禅让，这条材料应可证禅让既非只是尧、舜二人所专擅的美德，且孔子也非只推崇尧、舜的禅让。实际上，果能细加考察，则不难了解禅让也仍只是见于传说的五帝时代和周王朝先世的谦德义行，且显然是降至春秋和战国时代，犹不乏一见的美举。著者在下文将再加讨论，而这里仅须指出的，即泰伯的裔孙吴王诸樊和余昧兄弟二人先后让位于幼弟季札，至少是一个为人熟知的事例。

总之，就上文分析所知，事实应可说明：《论语》一书的二十篇中虽有六篇计八节涉及尧、舜和禅让传说，但孔子所推崇的实泛指一般古帝先王的德能和治道，却非如《中庸》所说的，仅只"祖述尧舜，宪章文武"而已。甚至于尧、舜，就孔子的评价而言，也不是他理想中的圣人或君子呢？

2. 孟子

孟子确可说是至忠实的尧、舜崇拜者，而这从《孟子》一书是可以充分体察得到的。《滕文公》上篇固然记载"孟子道性善，言必称尧、舜"，《公孙丑》下篇也记载孟子自己说："我非尧、舜之道，不敢陈于王前。"而孟子所谓"尧、舜之道"也如孔子一样，指的就是心存仁义而行仁政的前代圣王之道。他不厌其烦地倡说：

> 王如施仁政于民……夫谁与王敌？（《梁惠王》上）
> 夫国君好仁，天下无敌。（《离娄》上、《尽心》下）
> 仁人无敌于天下。（《尽心》下）
> 君行仁政，斯民亲其上，死其长矣！（《梁惠王》下）
> 三代之得天下以仁。（《离娄》上）
> 尧舜之道，不以仁政，不能平天下……今有仁心仁闻，而民不被其泽……不行先王之道也。（同上）

类此之论，在《孟子》十四篇中至少见于九篇的二十余节[1]，兹不赘引。此外，孟子也阐释尊贤和事亲之道，如云：

> 事亲为大……事亲，事之本也。（《离娄》上）
> 不孝有三，无后为大。（同上）
> 仁之实，事亲是也。（同上）
> 不顺乎亲，不可以为子。（同上）
> 尊贤使能，俊杰在位，则天下之士皆悦，而愿立于其朝矣！（《公孙丑》上）
> 仁则荣；不仁则辱。今恶辱而居不仁……如恶之，莫如贵德而尊士。贤者在位，能者在职……明其政刑，虽大国必畏之矣。（同上）

---

[1] 见《梁惠王》下（五及一一）。《公孙丑》上（一及二）、下（五及一一）；《滕文公》上（四）、下（五及九）；《离娄》上（一、二、九、一三、二〇）；《告子》下（二）；《尽心》下（一三）。

正是这样，在《孟子》十四篇除《梁惠王》上下两篇以外的各篇三十余节中[①]，孟子因而也就不惮其烦地把尧、舜，特别是舜，描绘成如孟子所推崇行仁政的人君那样的尊贤任能、善尽君臣之道而以天下为己任的圣君典型，同时也描绘成为一个既孝亲友弟、乐与人为善、且不以富贵贫贱易其心志而天性仁义的仁人君子！甚至有时候，孟子竟不惜故设其说，为舜封或放其弟象、舜不告而娶，或舜窃负其父逃亡以避罪刑之类的行措，多方加以辩护。

纵是如此，但正如孔子一样，孟子也仍非仅推崇尧、舜二人，也仍不认为尧、舜之道和其人非常人可以企及的，也不认为禅让一事有何特别值得称颂的意义。如：

颜渊曰，"舜何人也？予何人也？有为者亦若是"（《滕文公》上）

（公孙丑问）曰，"……然则夫子既圣矣？"（孟子）曰，"恶！是有言也！昔者子贡问于孔子曰，'夫子圣已乎？'孔子曰，'圣，则吾不能……'子贡曰，'学不厌……教不倦……仁且智，夫子既圣矣！'夫圣，孔子不居。是何言也！"（《公孙丑》上）

（孟子）曰，"宰我、子贡、有若，智足以知圣人，污不至何其所好。宰我曰，'以予观于夫子，贤于尧、舜远矣！'子贡曰，'见其礼而知其政……自有生民以来，未有夫子也！'"（《公孙丑》上）

曹交问曰，"人皆可以为尧、舜，有诸？"孟子曰，

[①] 见《公孙丑》上（二、八）下（二）；《滕文公》上（一、四）、下（四、九）；《离娄》上（一、二、六、二八）、下（一、一九、二八）；《万章》上（一至七）、下（三、六）；《告子》上（六）、下（二、三、一〇、一五）；《尽心》上（四、一六、二五、三〇、三五）、下（六、三四、三七、三八）。

"然。……亦为之而已矣!"(《告子》下)

显然的,在孔孟弟子看来,尧舜固然不是真了不起的圣贤,有为者皆如是,而孔子和孟子才是贤于尧舜的圣人。同时孔、孟二子门头上虽似不以圣人自居,但内心上却未尝不以此自许!实际上,正如孔子一样,孟子纵非有意推崇尧、舜之道,也同样地阐述夏禹、商汤、文、武、周公、伊尹等前代君相的治绩。如《离娄》下云:

> 舜生于诸冯……东夷之人也。文王生于岐周……西夷之人也。地之相去也,千有余里;世之相后,千有余岁;得志行乎中国,若合符节。先圣后圣,其揆一也。

可知,地无论东西,时无论先后,凡志行乎中国的前代国君,在孟子心目中,都是可藉以宣扬其仁政说的圣人。反之,他也曾批评周公误用管叔而有不知人之过;虽则认为周公是"古圣人也"(《公孙丑》下)。重复一句说,孔、孟学派要不过借重前代有为的君相以伸张仁道和仁政之说而已。我们似乎不能仅从他们表面的言论上,来衡量或接受他们对于尧舜二人的评价。更何况他们所以宣扬仁政,实由于世道衰微,暴君代作,几乎找不出安民的有为之君呢!

最后,该指出的,即孟子既盛道尧、舜,主张尊贤德,想来,他对于禅让传说该大可借题发挥的,但综观《孟子》一书却只有下列两章中的两节涉论及禅让,而且主旨也只是在驳斥"尧以天下与舜"和"禹因德衰,不传贤而传子"之说而已,兹录其文如下:

> 万章问曰:"人有言:'至于禹而德衰,不传于贤而传于子。'有诸?"孟子曰:"否,不然也。天与贤,则与贤;天与子,则与子。昔者,舜荐禹于天,十有七年,舜崩。三年之丧毕,禹避舜之子于阳城,天下之民从之;若尧崩之

后，不从尧之子而从舜也。（按若尧云云疑后儒注解。）禹荐益于天，七年，禹崩。三年之丧毕，益避禹之子于箕山之阴。朝觐讼狱者不之益而之启，曰：'吾君之子也。'讴歌者不讴歌益而讴歌启，曰：'吾君之子也。'丹朱之不肖，舜之子亦不肖。舜之相尧，禹之相舜也，历年多，施泽于民久。启贤，能敬承继禹之道。益之相禹也，历年少，施泽于民未久。舜、禹、益相去未远，其子之贤不肖，皆天也，非人之所能为也。莫之为而为者天也，莫之致而至者命也。匹夫而有天下者，德必若舜、禹，而又有天子荐之者。故仲尼不有天下。继世而有天下，天之所废。必若桀纣者也。故益、伊尹、周公不有天下。伊尹相汤，以王于天下。汤崩，太丁未立，外丙二年，仲任四年。太甲颠覆汤之典刑，伊尹放之于桐。三年，太甲悔过，自怨自艾，于桐处仁迁义。三年，以听伊尹之训己也，复归于亳。周公之不有天下，犹益之于夏、伊尹之于殷也。孔子曰：'唐、虞禅，夏后、殷、周继，其义一也。'"（《万章》上）

万章曰："尧以天下与舜，有诸？"孟子曰："否，天子不能以天下与人。""然则舜有天下，孰与之？"曰："天与之"……"天子能荐人于天，不能使天与之天下。诸侯能荐人于天子，不能使天子与之诸侯……昔者，尧荐舜于天，而天受之，暴之于民，而民受之。故曰：'天不言，以行与事示之而已矣。'"……"使之主祭，而神享之，是天受之；使之主事而事治，百姓安之，是民受之也。天与之，人与之。故曰：'天子不能以天下与人。'舜相尧，二十有八载，非人之所能也，天也。三年丧毕，舜避尧之子于南河之南。天下诸侯朝觐者不之尧之子，而之舜；治狱者不之尧之子，而之舜；讴歌者不讴歌尧之子，而讴歌舜。故曰：'天也。'

夫然后之中国，践天子之位焉。而居尧之宫，逼尧之子，是篡也。非天与也。《太誓》曰：'天视自我民视，天听自我民听。'此之谓也。"（《万章》上）

显然的，孟子这两段话主要在讨论王权的本质和继承问题，而他的意思也要不外乎认为：

（1）邦国非一人之私，虽国君也不得擅授他人。至于舜所以能继承王权者，则不唯由于其初得尧的荐举，且由于其贤于治事、礼神，从而深受人民与诸侯拥戴之故；盖人与之，而天与之，乃属自然之事。

（2）唐虞之禅让与夏后、殷、周之传子，其本质初无不同，均旨在选贤任能以安百姓而已。舜与启之所以成功，益与桀、纣之所以失败，实不在其为匹夫或帝子，而在其施泽于民之厚薄或善暴。易言之，成功与失败也观乎究否人与之和天与之；两者也都是事属自然的。

显然的，就孟子的论点而言，禅让似乎不是具特殊意义的行为，也自然就不是什么值得特别称颂的盛举了。因此，就孟子在第一节文末所谓"匹夫而有天下者，德必若舜、禹，而又有天子荐之者，故仲尼不有天下"及"益、伊尹、周公不有天下"云云，著者以为，孟子未尝心中不在感叹：孔子（甚至孟子自己）果得遇明君举荐，也非不可得志乎中国也。

综述上文所论，事实应可说明：作为儒家代表人物的孔、孟并非仅仅推崇尧、舜之道，而是推崇前世一般的圣君贤相之道，也即先王之道；实际上，他们不唯认为人皆可以为尧、舜，甚至认为自己就是超乎尧、舜之上的圣人。此外，他们虽简略地提到尧、舜和泰伯的禅让，不无赞美之词，但在孟子而言，禅让较之后世的继世传子之制殊无特殊意义。所谓"仲尼祖述尧、舜"和"孟子言必称尧、舜"，盖不过如此而已。

3. 荀子

同属儒家，荀子不仅在人性论上跟孟子唱反调，而且显然厌弃孟子那种开口尧舜之道；闭口先王之道的议论。实际上，荀子就曾率直地攻击孟子，说：

> 略法先王，而不知其统……案饰其辞，而只敬之曰："此真先君子之言也。"……以为仲尼、子游为兹厚于后世。是则子思、孟轲之罪也。（《非十二子》）

> 略法先王，而足乱世术，缪学杂举……其衣冠行为已同于世俗矣！然而不知恶者，其言议谈说已无异于墨子矣！然而明不能别。呼先王以欺愚者，而求衣食焉……是俗儒者也。（《儒效》）

因此，荀子倡主法后王，说：

> 礼，莫大于圣王。圣王有百，吾孰法焉？……故曰，欲观圣王之迹，则于粲然者矣！后王是也；彼后王者天下之君也。舍后王而道上古，譬之是犹舍己之君而事人之君也。故曰，欲观千岁，则数今日……欲知上世，则审周道，欲审周道，则审其人所贵君子。故曰，以近知远，以一知万，以微知明。此之谓也。（《非相》）

> 言道德之求，不二后王。道过三代，谓之荡；法二后王，谓之不雅。（《儒效》）

> 王者之制，道不过三代，法不贰后王。（《王制》）

正是如此，荀子也就激烈地批评尧、舜禅让之说，云：

> 世俗之为说者曰："尧、舜擅让。"是不然。天子者势位至尊，无敌于天下，夫谁与让矣！……曰，死而擅之。是又不然。……以尧继尧，夫又何变之有？……擅让焉用哉？曰："老衰而擅。"是又不然……天子者势至重而形至

佚……衣被则服五采……食饮则重大牢而备珍怪……居如大神，动如天帝。持老养衰，犹有善于是者与？……有擅国，无擅天下，古今一也。夫曰："尧、舜擅让。"是虚言也，是浅者之传，陋者之说也。不知顺逆之理，小大至不至之变者也，未可与（按疑为语之误）及天下之大理者也。（《正论》）

事实如此，然则荀子纵不否定尧、舜其人其事，想来，也会多方避免涉论，更不说称美了。殊不知，事实却又不然。据著者翻检所知，在现存《荀子》三十二篇中竟有二十一篇共计四十节论及尧、舜，甚至多为称美之词！虽则在称述上，大抵或云尧、禹，或云舜、禹，而不无避称尧①、舜之谦。兹姑举其显著之例于下，以资证明：

言己之光美拟于舜、禹，参于天地非夸诞也。（《不苟》）

为尧、禹，则常安荣……为尧、禹，则常愉快……尧、禹者非生而具者也……成乎修。（《荣辱》）

一天下，财万物，长养人民……六说者立息，十二子者迁化，则圣人之得势者，舜、禹是也。今夫仁人也将何务哉！上则法舜、禹之制……以务息十二子之说。如是，则天下之害除，仁人之事毕，圣王之迹著矣！（《非十二子》）

修仁义，伉隆高……而名声剸天下之美矣！……夫尧、舜者一天下也，不能加毫末于是矣！（《王制》）

如是，则舜、禹还至，王业还起；功壹天下，名配舜、

---

① 见《不苟》、《荣辱》、《非相》、《非十二子》、《儒效》、《王制》、《富国》、《王霸》、《议兵》、《强国》、《解蔽》、《天论》、《正论》、《性恶》、《君子》、《赋》、《子道》、《六略》、《尧问》、《哀公》、《成相》。

禹。物由（犹）有可乐如是其美焉者乎？（《王霸》）

故仁人之兵，所存者神，所过者化；若时雨降，莫不说喜。是以尧伐驩兜，舜伐有苗，禹伐共工，汤伐有夏……此四帝二王皆以仁义之兵行于天下也。（《议兵》）

古之兵，戈矛弓矢而至矣，然而敌国不待试而诎……故刑一人而天下服……由其道故也。古者帝尧之治天下也，盖杀一人刑二人，而天下治。（同上）

尧、舜不能教化，是何也？曰："朱、象不化。"是不然也。尧、舜至天下之善教化者也……是非尧、舜之过也，朱、象之罪也。尧、舜者天下之英也。（《正论》）

昔者舜之治天下也，不明事诏而万物成。……（《解蔽》）

好义者众矣，而舜独传者壹也。（同上）

凡所贵尧、禹者，能化性，能起伪，伪起而生仁义。（《性恶》）

择良友而友之，得贤师而事之，则所闻者尧、舜、禹、汤之道也。（同上）

不知而问尧、舜；无有而求天府。曰，先王之道，则尧、舜而已。（《六略》）

昔舜巧于使民……舜不穷其民……是舜无失也。（《哀公》）

显然的，荀子虽倡"道不过三代，法不贰后王"之后，而攻击孟子"略法先王，而不知其统"，直斥为"呼先王以欺愚者"的俗儒，但他同样地颂扬三代以上的唐尧、虞舜，同样地推崇尧、舜之道！上文说过，正如今之政论家，孔、孟两儒在鼓吹他们的先王之道时，是不惮设事饰词的，因此在评估他们的思想和学行上便不能仅就其口头宣传的表面来加以论断的。这里荀子对于孟子倡说先王尧、舜之道的抨击，也是如此。因此，荀子尽管责骂倡主尧、舜禅让者为浅人、陋者，认为禅让云云是虚言，但他一如孔、孟的推崇尧、舜之道一样，也不惮词费地阐扬禅让之说，如《成相》篇云：

> 请成相，道圣王，尧、舜尚贤身辞让……尧让贤以为民，汜利兼爱德施均……尧授能、舜过时，尚贤推德天下治……大人哉舜，南面而立万物备。舜授禹以天下，尚德推贤不失序……禹劳心力、尧有德，干戈不用三苗服；举舜圳亩，任之天下，身休息。

荀子"浅人之传、陋者之说"的批评固然不啻如自掴其面，且其对于这一浅人陋者传说的热诚鼓吹实有过于孟子而无不及！姑无论性恶说之能否成立，身为一派学说之宗师如荀子者，其论事竟如此矛盾，殊令人不能不惊讶！诚然，论者或认为《成相》篇似非荀子所作，因其与《正论》篇之说恰相冲突。但这显然是仅就此两篇议论之表面而加以论断。且如果《荀子》一书仅有这两篇言论冲突的作品，也殊不能据此而就认为《成相》篇非荀子之作！事实上，就上文所举见，荀子正如孔、孟一样地推崇先王尧、舜之道，一样把尧、舜推崇的像是仅有的圣王、君子和仁人。尤其《王霸》篇云：

> 无恤亲疏，无偏贵贱，唯诚能之求；若是，则人臣轻职业。让贤，而安随其后；若是，则舜、禹还至，王业还起，功壹天下。

这里所云让贤、王业，不就指的像舜、禹或尧、禹，也即尧、舜的让贤使能吗？因此，如说《成相》篇非荀子之作，勿宁说《正论》篇的论点跟整部《荀子》一书的一般对于尧、舜传说的论点完全不合；如果不认为《正论》非荀子之作，便不得不承认《正论》与《成相》均属荀子之作，不得不承认荀子的某些论点本来就是不统一的。实际上，《正论》篇对于禅让所以为虚说的解释，虽说是或为了迎合当时"江山只有争夺，而无禅让之理"（借用国剧《贺后骂殿》词，也是荀子所谓"天子者势位至尊，无敌于天下，夫谁有与让矣"之意）的歪理，也显然是俗不可耐的。除非荀子原只借反讽法，只是讽刺当时国君的奢靡生活；"居如大神，动如天帝"，其乐也融融，"持老养衰"更无善于此者，故认为"诸侯有老，天子无老；有擅国，无擅天下！"证诸下文接云："尧、舜者天下之英也"，又在为尧、舜辩护，说不定，《正论》篇的原意或在此而不在彼；正是不得从其表意而求之的呢！在这种解释下，荀子《正论》和《成相》两篇的论点也就不再矛盾，因而也就不必认为《成相》或《正论》非荀子之作了。

此外，在认为是儒家之作而原属《礼记》的《中庸》和《大学》两篇中，我们也可发现一些有关尧、舜的记载，兹不赘引。

总之，我们认为：孔子、孟子和荀子一派的学者由于推崇仁道，以古昔圣帝明君作为他们讲论和传道的人证事证，故而推崇先王之道，从而也就推崇尧、舜之道和禅让传说。这是事属自然的，也是无足怪异的。

4. 墨子

现存《墨子》一书，姑无论究否为墨子或其弟子所撰，要可代表墨子一派的思想，是不成问题的。该书的《非儒》下篇对于儒家的繁饰礼乐、宿命和久丧之论，甚至对于孔子本人都曾有过强烈的批评；尤其针对儒家非先王服言行不敢服言行的崇先王论，提出"然则法非君子之服，言非君子之言，而后仁乎"的反调。

然而，或许如《淮南子》所称"墨子学业于儒"，墨子却跟儒家一样，称先王，道尧、舜，尚贤能，谈禅让。这由下列资料是可以证知的：

> 舜染于许由、伯阳。禹染于皋陶、伯益。汤染于伊尹、仲虺。武王染于太公、周公。此四王所染者当，故王天下，立为天子，功名蔽天地。举天下之仁义显人，必称此四王者。（《所染》）

> 武王之治天下也，不若成汤；成汤之治天下也，不若尧、舜。故其乐逾繁者，其治逾寡。（《三辩》）

> 故古者圣王之为政，别德尚贤，虽在农与工肆之人，有能，则举之高……故古者尧举舜于服泽之阳，授之政，平天下。禹举益……（《尚贤》上）

> 故唯昔三代圣王尧、舜、禹、汤、文、武之所以王天下、正诸侯者，此亦其法已……故古者圣王唯能审以尚贤，使能为政；无异物杂焉。（《尚贤》中）

> 昔者吾所以贵尧、舜、禹、汤、文、武之道者，何故以哉？以其唯毋临众发政而治民，使天下为善者可以劝也。（《尚贤》下）

> 古者尧治天下……日所出入，莫不宾服建至；其厚受黍稷，不二羹胾。（《节用》中）

> 爱人、利人、顺天之意、得天之赏者谁也？若昔三代圣王尧、舜、禹、汤、文、武者也。（《天志》中）

此外，在现存《墨子》五十九篇的十一篇中类似之例仍多[①]于此，不烦赘举。总之，从这里举见的例证上，事实足可说明墨子一派对于尧、舜，也即古初历代先王之道的崇扬，较之孔、孟一

---

① 见《亲士》、《所染》、《三辩》、《尚贤》上中下、《节用》、《节葬》、《天志》中下、《明鬼》下。

派的儒家显然是有过之而无不及的。前人或疑禅让传说出于墨家而非孔子的伪托，其故或即在此，虽然证诸下文所论，凡此类推测却均出于偏见或未能详检史料的疏误。

又在此须指出的，即著者在上文曾提到，孔、孟、荀诸家之所谓尧、舜之道，其意应该指古初历代的先王之道，而此一论点从《墨子》一书尤可得到证明。按上文所举《尚贤》中下及《天志》中三篇均云"昔三代圣王尧、舜、禹、汤、文、武"，其意自指尧以来的历史圣王。因之，所谓"三代"也自即"历代、各代、诸代"之谓（所谓"三"也自然就是指众多之意的虚数），而非通常所谓三代而指夏、商、周之意。但在著作或演说上，这样细数"三代"诸王，未免累赘不便，因此不得不出之于简化。于是在《墨子》一书又看到如下叙述"三代"诸王的方式：

> 昔者三代之圣王禹、汤、文、武，百里之侯也。（《鲁问》）

> 昔者三代圣王禹、汤、文、武方为政乎天下之时，曰："必务举孝子，而劝之事亲……"（《非命》下）

> 若以说观之，非必昔三代圣善人也。（同上）

这里在叙说"三代"圣王时，或省言尧、舜，或仅言圣善人而不名，其意指包括尧、舜的历代圣人，可无疑议。因此，所谓"尧舜之道"者，其意也只是"三代圣王"之道而已，非仅谓尧、舜二人之道也。余者战国诸子，尧、舜之道云云，其意也当如此。实际上，战国诸子都可说是"说先王之道论者"——都是高举"先王之道"的旗帜，资以设事立说；借重崇古的心理，以遂其说服乱世之君而已。

5. 道家庄子和老子

道家主虚静无为、弃智绝圣，想来，应该不重视禅让传说的。然而现存《南华真经》的三十三篇中却有二十三篇计三十八节论及尧、舜和禅让之事[1]，而称美之；纵或借题发挥，或意存嘲弄，而字里行间也仍反映尧、舜系前代圣德之君。兹试举其例如下：

尧治天下之民，平海内之政；往见四子藐姑射之山，汾水之阳，窅然丧其天下焉。(《逍遥游》)

夫徇耳目，内通而外于心知，鬼神将来舍，而况人乎？是万物之化也，禹、舜之所纽也。(《人间世》)

与其誉尧而非桀也，不如两忘而化其道。(《大宗师》)

许由曰："尧何以资汝？"意而子曰："尧谓我：汝必躬服仁义，而明言是非。"(同上)

有虞氏其犹藏仁以要人，亦得人矣，而未始出于非人。(《应帝王》)

自有虞氏招仁义以挠天下也，天下莫不奔命于仁义。(《骈拇》)

昔尧之治天下也，使天下欣欣焉，人乐其性；是不恬也。(《在宥》)

昔者，黄帝始以仁义撄人之心。尧、舜于是乎股无胈，胫无毛，以养天下之形；愁其五藏，以为仁义；矜其血气，以规法度。然犹有不胜也，尧于是放讙兜于崇山……(同上)

尧观乎华。华封人曰："嘻，圣人！请祝圣人，使圣人寿。"尧曰："寿、富、多男子……"封人曰："始也，我以

---

[1] 见《逍遥游》、《人间世》、《大宗师》、《应帝王》、《骈拇》、《胠箧》、《在宥》、《天地》、《天道》、《天运》、《缮性》、《秋水》、《至乐》、《山木》、《知北游》、《庚桑楚》、《徐无鬼》、《则阳》、《外物》、《盗跖》、《天下》、《让王》。

女为圣人邪，今然。君子也。"（《天地》）

尧治天下，伯成子高立为诸侯。尧授舜，舜授禹。伯成子高辞为诸侯而耕……曰："昔尧治天下，不赏而民劝，不罚而民畏。今子赏罚而民不仁；德自此衰，刑自此立。"（《天地》）

夫虚静恬淡寂漠无为者，万物之本也。明此为南乡，尧之为君也；明此以北面，舜之为臣也；明此以处上，帝王天子之德也；以此处下，玄圣素王之道也。（《天道》）

（子贡）对曰："尧授舜，舜授禹，禹用力，而汤用兵……故曰不同。"老聃曰："……尧之治天下，使民心亲……舜之治天下，使民心竞……禹之治天下，使民心变……"（《天运》）

昔者，尧、舜让而帝，之、哙让而绝，汤、武争而王，白公争而灭。由此观之，争让之礼，尧、桀之行，贵贱有时，未可以为常也。（《秋水》）

且夫尊贤授能，先善与利，自古尧、舜以然，而况畏垒之民乎？（《庚桑楚》）

蚁慕羊肉，羊肉膻也。舜有膻行，百姓悦之，故三徙成都……十有万家。尧闻舜之贤，而举之童土之地……年齿长矣，聪明衰矣，而不得休归，所谓卷娄者也。是以神人恶众至。（《徐无鬼》）

事实再明显不过了，正如《论语》、《孟子》、《荀子》、《墨子》一样，禅让和尧、舜传说也是《南华真经》一书反复援引以发议论的题材，而且把尧、舜也描述得成为躬服仁义而求实得人的圣王了。

至于《道德经》，确未有一语及于尧、舜。在先秦诸子书中是比较特殊的（或许跟书的论题和篇幅较少有关）。不过，就

《虚用》篇"圣人不仁"和《安民》篇"不尚贤"之类的议论而言，这也显然是针对儒家古昔圣王服仁义和尚贤能之说而提出的反面意见。易言之，《道德经》一书或认为原就是作为反先王仁义之道说而撰作的，也非完全错误。

6. 法家——管子、商君和韩非

一般来说，法家要就国家的存亡和国际间的利害发为议论，并以明法令、严刑赏、务耕战、均力役为国君治道之本。易言之，法家似乎比较务实，而不徒尚空谈理论。因此，法家一般对于儒家的颂扬先王仁义之道便殊不以为然，甚至给予强烈的批评。虽然，就现存的《管子》、《商君书》和《韩非子》三书而言，或许是由于前两书不乏有后儒窜改之处，而在基本思想和议论上便不尽相同。

首先，就《管子》一书所代表的法家来说，他们跟儒、墨一样也主张尊贤授德、行仁用信。如云：

尊贤授德，则帝；身仁行义，服忠用信，则王。(《幼官》)

忠臣不诬能以干爵禄……行此道者，虽未大治，正民之经也。(《法法》)

是故圣王卑礼以下天下之贤而王之，均分以钧天下之众而臣之。(《霸言》)

仁，故不以天下为利；义，故不以天下为名……是故圣人上德而下功。(《戒》)

因此，这一派法家也同样祖述先王、推崇尧、舜，如云：

以卑为卑，卑不可得；以尊为尊，尊不可得。桀、纣是也。先王之所以最重也。得之必失，失之必死者，何也？唯无得之。尧、舜、禹、汤、文、武者，已斯待以成天下；必待以生，故先王重之。(《枢言》)

> 舜之有天下也，禹为司空，契为司徒……此四士者天下之贤人也，犹尚精一德，以事其君。（《法法》）
>
> 黄帝、唐、虞，帝之隆也；资有天下，制在一人……今德不及三帝……（同上）
>
> 昔者，尧之治天下也……其民引之而来，推之而去，使之而成，禁之而止。故尧之治也，善明法禁之令而已。（《九变》）
>
> 尧有衢室之问者，下听于人也。舜有告善之旌……禹立谏鼓于朝……此古圣帝明王所以有而勿失，得而忘者也。（《桓公问》）
>
> 古者三王五伯皆人主之利天下者也……尧、舜古之明主也。（《形势解》）

类此之例，不烦枚举，综计《管子》现存七十六篇中共有十七篇十九节涉论到尧、舜①。可注意的，上举末一例中的所谓"三王五伯"，证诸同例下文及《正世》篇云：

> 夫五帝三王所以成功、立名、显于后世者，以为天下致利除害也。

固可知其义系泛指《桓公问》篇所谓"古圣帝明王"，而非专指三皇五帝或夏商周及春秋的三王五霸，同时就《孟子》所载关于尧、舜的议论，与下列《戒》篇的论述加以比较：

> 仁，故不以天下为利；义，故不以天下为名……是故圣人上德而下功……身在草茅之中，而无慑意；南面听天下而无骄色。如此，而后可以为天下王。

---

① 见《法法》、《霸言》、《宙合》、《侈靡》、《任法》、《九度》、《封禅》、《桓公问》、《形势解》、《版法解》、《臣乘马》、《乘马数》、《国准》、《揆度》、《轻重甲》、《轻重戊》。

也可知这里所说的圣人，其意也指的就是像尧、舜那样的古代圣帝明王。最后，须指出的，即《管子》一书并未直接提到尧、舜禅让之说；虽然据说其书纂成颇晚，且若干篇是战国末年人写的。

至于《商君书》一书，则与《管子》大异其趣了：书虽不全，但残存的各篇随处可见反对法古、反对贤能政治、反对教育，一句话，反对儒家崇尚先王之道的强烈论调，如云：

前世不同教，何法古之有？帝王不相复，何礼之循？伏羲、神农教而不诛，黄帝、尧、舜诛而不怒。及至文、武，各当时而立法。因得而制礼……便国，不必法古；反古者，未必可非。（《更法》）

故圣人之为国也，不法古，不修今；因世而为之治，度俗而为之法。（《壹言》）

论至德者，不合于俗；成大功者，不谋于众。法者所以爱也……是以贤人苟可以强国，不法其故；苟可以利民，不循其礼。（《更法》）

辩慧，乱之赞也。礼乐，淫佚之徵也。慈仁，过之母也。任举，奸之鼠也。（《说民》）

故圣人之为国也，入令民以属耕，出令民以计战……故事诗书谈说之士，则民游而轻其君。（《算地》）

故圣人之治也，多禁以止能，任力以穷诈。两者偏用，则境内之民壹。（同上）

圣人不法古，不修今。法古，则后于时；修今，则塞于势。（《开塞》）

圣人非能通知万物之要也。故其治国，举要以致万物，故寡教而多功。（《徕民》）

然而纵是在借题发挥时，《商君书》也仍反映出尧、舜是古昔圣帝明君，如云：

> 民资重于身，而偏托势于外。挟重资，归偏家，尧、舜之所难也。故汤、武禁之，则功立而名成。(《算地》)
>
> 不以法论知能贤不肖者惟尧，而世不尽为尧……故尧、舜之位天下也，非私天下之利也，非疏父子亲越人也，明于治乱之道也。(《修权》)
>
> 且古有尧、舜，当时而见称；中世有汤、武，在位而民服。此三王者（按三王者，诸王也），万世之所称也，以为圣王也，然其道犹不能取于后。(《徕民》)
>
> 民不从令，而求君之尊也，虽尧、舜之知，不能以治。(《君臣》)
>
> 故名分未定，尧、舜、禹、汤且皆如鹜焉而逐之……尧舜，犹将皆折而奸之。而况众人乎？(《定分》)
>
> 周不法商，夏不法虞，三代异势（按此处三代，也意指诸代、历代），而皆可以王。(《开塞》)
>
> 身为尧、舜之行而功不及汤、武之略者，此执柄之罪也。(《算地》)

可知《商君书》撰者虽抨击儒家法古循礼，批评尧、舜也有所不能，且其言甚辩，但其笔底下的尧、舜，正如其他古昔明君一样，仍显然是"明于治乱之道"的"圣王"！实际上，如上文所举《更法》篇及下列各条资料所云：

> 常官，则国治。壹务，则国富。国富而治，王之道也。故曰：王道作，外身作，壹而已矣。……国乱而不壹……故先王反之于农战。(《农战》)
>
> 地方百里者……恶田处什二，良田处什四，以此食作夫五万。其山陵薮泽……可以给其材；都邑蹊道足以处其民。先王制土分民之律也。(《徕民》)

《商君书》一派的法家也仍然是引述先王之道以申其说的，特此所谓王道却非彼所谓王道而已。

最后，再看韩非的言论。韩非同样直率地批评法古派，如云：

> 时称诗书，道法经古，则见以为诵。（《难言》）

> 不知治者曰："无变古，无易常。"变与不变，圣人不听，正治而已。然则古之无变、常之毋易，在常古之可与不可。（《南面》）

> 夫不变古者，袭乱之迹；适民心者，恣奸之行也。（同上）

> 舍法律而言先王以明古之功者，上任之以国。臣故曰：是愿古之功，以古之赏赏今人也……则民不尽力矣。（《饰邪》）

> 夫称上古之传，颂辩而不悫。道先王仁义，而不能正国者，此亦可以戏，而不可以为治也。（《外储说左》上）

> 今学者皆道书策之颂语，不察当世之事实……故天下大乱。（《六反》）

> 不能具美食，而劝饿人饭……今学者之究也，不务本作，而好末事，知道虚圣以说民。此劝饭之说①……明主不受也。（《八说》）

同时驳斥仁义和贤能之论，认为徒托空言，不足以为治，如云：

> 察士，然后能知之不可以为令；夫民不尽察。贤者，然后能行之不可以为法；夫民不尽贤。杨朱、墨翟，天下之所察也。千世乱而卒不决，虽察，而不可以为官职之令……博

---

① 《荀子·议兵》篇云："故赏庆刑罚执诈之为道者，佣徒粥卖之道也，不足以令大众、美国家，故古之人羞而不道也。"与此处韩非"劝饭"说针锋相对。

习辩智如孔、墨,孔、墨不耕耨,则国何得焉?(《八说》)

故谟于听治,富强之法也……故存国者,非仁义也……故仁人在位,下肆而轻犯禁法。(同上)

行义和,则主威分。慈仁听,则法制毁。(《八经》)

故法之为道,前发而长利;仁之为道,偷乐而后穷。圣人权其轻重,出其大利,故用法之相忍,而弃仁人之相怜也。(《六反》)

夫古今异俗。新故异备,如欲以宽缓之政治急世之民,犹无辔策而御驿马,此不知之患也。今儒、墨皆称先王兼爱天下,则视民如父母……夫以君臣如父子,则必治……父母皆见兼,而未必治也。今先王之爱民不过父母之爱子,子未必不乱也……此以效仁,非以为治也。(《五蠹》)

仲尼天下之圣人也……海内悦其仁,美其义,而为服役者七十人!盖贵仁者寡,能义者难也……故行仁义者非所誉。(同上)

今人主之于言也,悦其辩而不求其当焉……是以天下之众,其谈言者务为辩,而不周于用。故举先王、言仁义者盈庭,而政免于乱。(同上)

是故乱国之俗者,其学者则称先王之道,以藉仁义盛容服,而饰辩说,以疑当世之法。(同上)

今世儒者之说人主,不言今之所以为治,而语已治之功;不审官法之事,不察奸邪之情,而皆道上古之传,誉先王之成功……此说者之巫祝;有度之主不受也。故明主举实事,去无用,不道仁义。(《显学》)

因此,韩非也批评倡述尧、舜之道的儒、墨,认为世移代革,其道既不足以应世,也殊无补于时艰,如云:

历山之耕侵畔。舜往耕焉,期年,圳亩正……舜往渔焉，期年，而让长……仲尼叹曰："……舜往为之者，所以救败也。舜其信仁乎！……"故曰："圣人之德化乎！"或问儒者曰："方此时也，尧安在？"其人曰："尧为天子。"然则仲尼之圣尧奈何？……舜又何德而化？舜之救败也，则是尧有失也。贤舜，则去尧之明察；圣尧，则去舜之德化。不可两得也。……矛盾之说也。(《难一》)

且舜救败……三年，已三过；舜有尽，寿有尽，天下过无已者。以有尽逐无已，所止者寡矣！赏罚，使天下必行之……奚待期年！舜犹不以此说尧，令从己，乃躬亲，不亦无术乎？(同上)

舜一徙而成邑，而尧无天下矣！有人，无术以禁也，恃为舜，而不失其民，不亦无术乎？(《难三》)

尧为匹夫，不能治三人……尧教于隶民，而民不听……而王天下，令则行，禁则止。由此观之，贤智未足以服众，而势位足以正贤者也。(《难势》)

今曰："尧、舜得势而治，桀、纣得势而乱。"吾非以尧、舜为不然也。虽然，非一人之所得设也。夫尧、舜生，而在位，虽有十桀、纣，不能乱者，则势至也……势乱者，则不可治也。此自然之势也，非人之所得设也……贤何事焉？(同上)

世之治者，不绝于中……中者上不及尧、舜，而下亦不及桀、纣。抱法处世，则治；背法去势，则乱。今废势而待尧、舜；尧、舜至，乃治。是千世乱而一世治也！(同上)[①]

(天下) 皆以尧、舜之道为是而法之，是以有弑君，有

[①] 按《孟子·尽心》上云："孟子曰：'待文王而后兴者，凡民也！若夫豪杰之士，虽无文王，犹兴'。"是证孟子也不认为国家必待圣贤而治。

曲父。尧、舜、汤、武或反君臣之义、乱后世之教者也。尧为人君而君其臣，舜为人臣而臣其君……而天下誉之，此所以天下至今不治也……此非所以定位一教之道也。（《忠孝》）

上古之世，人民少而禽兽众……有圣人作，构木为巢……中古之世，天下大水，而鲧、禹决渎。近古之世，桀、纣暴乱，而汤、武征伐。今有构木钻燧于夏后之世者，必为鲧、禹笑矣！然则今有美尧、舜、汤、武之道于当今之世者，必为新圣笑矣！是以圣人不期修古，不法常可。（《五蠹》）

因此，韩非驳斥禅让之道，云：

古人亟于德，中世逐于智，当今争于力。古者事事而备简……人寡而相亲，物多而轻利易让，故有揖让而传天下者。然则行揖让，高慈惠，而道仁厚，皆推政也。处多事之时……当大争之世，而循揖让之轨，非圣人之治也。（《八说》）

尧之王天下也，茅茨不剪……藜藿之羹……禹之王天下也，身执耒臿以为民先，股无胈，胫不生毛……夫古之让天子者，是去监门之养，而离臣虏之劳也；古传天下，而不足多也。（《五蠹》）

因此，韩子对于尧、舜禅让一事也另有说词，如云：

古之所谓圣君明王者，非长幼强弱也、及以次序也，以其构党与、聚巷族、逼上、弑君而求其利也。彼曰："何知其然也？"因曰："舜逼尧，禹逼舜。汤放桀……此四王者人臣弑其君者也，而天下誉之。"（《说疑》）

因此，韩子也就否定禅让之说，如云：

世之显学儒、墨也……俱道尧、舜，而取舍不同，皆自谓真尧、舜。尧、舜不复生，将谁使定儒、墨之诚乎？殷、周七百余岁，虞、夏二千余岁，而不能定儒、墨之真，今乃欲审尧、舜之道于三千岁之前。意者其可不必乎！无参验而必之者，愚也；弗能必而据之者，诬也。故明据先王、必定尧、舜者，非愚则诬也。愚诬之学、杂反之行，明主弗受也。（《显学》）

虽然，证诸前举《韩非子》各条资料所反映的尧、舜其人其事[1]，这里《说疑》所谓"舜逼尧"云云固可知系出于故意曲说（刘玄《疑古》篇引《琐语》"舜囚尧"云云盖即本于此）[2]，同时《显学》篇有关尧、舜之道的议论，纵使言辞黠辩，也实无异乎自我批判。试更证诸下列《韩非子》各篇的资料：

昔者尧有天下……日月之所入，莫不宾服。尧禅天下，虞舜受之……国之不服者十三。舜禅天下，而传之于禹。（《十过》。按此与《墨子·节用》中同）

故曰：道，理之者也……天得之以高，地得之以藏，……圣人得之，以成文章。道与尧、舜俱至，与接舆俱狂，与桀、纣俱灭，与汤、武俱昌。（《解老》）

废尧、舜而立桀、纣，则人不得乐其所长，而忧其所

---

[1] 见《小遇》、《奸劫弑臣》、《饰邪》、《亡征》、《解老》、《观行》、《安危》、《守道》、《用人》、《功名》、《外储说左》上下、《外储说右》上下、《难一》、《难三》、《难势》、《说疑》、《五蠹》、《显学》、《忠孝》。计二十一篇，四十八节。

[2] 按严灵峰氏，1977年，《白居易思旧诗与崔述考信录释例》，《大陆杂志》卷二十五第一期，第38—41页。又1973年，杜正胜氏《试论先秦时代的成汤传说》，同上，卷四十七第二期，第44—59页。均从韩非之说，又严氏引《孟子·万章》篇"而居尧之宫，逼尧之子，是篡也，非天与也"的话，认为是"万章发问之词的错简，并非孟子的话"，而证舜实篡位。其实，这是受了古史怀疑派的误说和韩非曲说的影响。依孟子上文"天与贤，则与贤"云云，下文的这几句话只是设词，言如非得诸侯拥护而居尧宫、逼尧子的话才可说是篡位；但舜并非如此。如说是错简，置于上文，文意即不协，也不是问话。

短。(《安危》)

尧无胶漆之约于当世而道行,舜无置锥之地于后世而德结。能立道于往古、而垂德于万世者,之谓明主。(同上)

圣人德若尧、舜……而位不载于世,则功不立,名不遂。故古之致功名者,众人助之以力……此尧之所以南面而守名,舜之所以北面而致功也。(《功名》)

尧欲传天下于舜。鲧谏……尧不听……诛杀鲧……共工又谏……不听……流共工……仲尼闻之曰:"尧之智、舜之贤,非其难者也。夫至乎诛谏者,必传之舜,乃其难也。"(《外储说右》上)

王不如以国让子之,人所以谓尧贤者,以其让许由而不受也。(《外储说右》下)

未有天下而无以天下为者,许由是也。已有天下而无以天下为者,尧、舜是也。(《忠孝》)

事实说明,韩子非仅谈尧、舜之道,认为"道与尧、舜俱至",认为尧、舜是"能立道于往古,而垂德于万世"的"明主",且显然承认尧、舜禅让是应有其事且是难得的!

在前文里,著者指出,所谓"仲尼祖述尧、舜"、"孟子言必称尧、舜"者,其实只是祖述古昔圣帝明君之意,而荀子和庄子的议论所以时或有些矛盾者,则由于旨在借题发挥,是其所是而非其所非之故。这里说明韩非的论述也如出一辙。所不同的,只是韩非,或者说一般的法家,主要是针对儒、墨所称扬的尧、舜之道而加以驳斥,并申述法家所认为的先王之道而已。

总之,我们可以肯定地说:先秦的法家,无论是管子、商鞅或韩非,也无论他们究是如何批评或推崇尧、舜之道,尧、舜禅让传说是他们经常援引以阐述他们的政治理论的共同题材,该是无可置疑的事实。虽然,事实却仍不止于此,因为据以上各节的考察，尧、舜禅让传说更是包括法家在内的先秦诸子所有重要学派普遍援引、资以论证人际关系和治国之道的一项共同题材！换句话说，尧、舜禅让传说绝非先秦诸子任何一派的伪造故事，该是源远流长的古老原始传说之一。

然则这个众口腾说的尧、舜禅让古老传说究仅只是传说，抑又是信史，或至少应有其某些历史背景？著者在前文曾指出，如果再没有别的相关史料可资参证，则其可信性便难以断言了；既不能就纯然信以为真，也不能即认为全无关乎历史而属伪造①。实际上，尽管韩非批评真尧、舜之道的难以审辩，但正如《韩非子·八经》篇说的：

> 言之为物也，以多为信。不然之物，十人云，疑。百人，然乎？千人，不可解也。

纵然尧舜禅让传说原是出于孔子以前的人的伪造，也显然无由辩解，而不得不姑妄言之，姑妄听之了。虽然，试更证诸先秦文献上有关五帝时代其他三帝，即黄帝、颛顼和喾的记载以及其他史料的记载，却使我们对于传说上的五帝及禅让传说，或者说，中国历史上黎明时期的一些传说不得不承认其应有若干可信性，而势难轻易予以抹杀，除非我们别有用意，或就是主观地不欲相信。

(三) 先秦文献上有关黄帝、颛顼和喾的记载

从传说的五帝迄于殷商时代的古代帝王，在反"爱凡麦"主义或"层累地造说"的疑古破旧派史学家的研究下，悉数被

---

① 近见报载杨云萍教授于某次庆祝会上主讲"历史与传说"。据记者说，云萍先生认为传说均属后人伪造，与历史不同，难以据信云云。实际上，又据记者云，云萍先生经二十年研究，始知有关郑成功的某些传说系属伪造。据此，可知传说究否均属伪造，也非易于证知。姑不论，至今国人仍自云是"炎黄子孙"。惟记者所云是否有误，却不得而知。

取消了历史人物的身份，且先后一个个地被改扮为龙蛇或日月雷雨之神的神话人物。尤其日本学者，自白鸟库吉氏以来，在这方面用力至深，而迄今未衰①。但实际上正如杜正胜氏最近于《论成汤传说》一文指出的：

> 然层累造成说实无法尽明上古传说之面貌，亦难以解决其间错综复杂的问题。

又如王孝廉氏于评价日本学者有关中国神话研究时指出的：

> 同一个中国神话及同样的材料由于研究者所采取的方法不同，往往所推论的结果竟是完全相异或相反。

这固然说明古籍里的传说人物并非是轻易可以挥笔抹杀的；说明这方面的研究犹未臻于成熟。同时，正如英国学者 Farbridge, M. H. 在讨论古希伯来人的命名时指出的：

> 纵使一个英雄取了一个像是跟神话有关的名字，也不一定就意味着他本人和有关他的故事的记载都属于神话学的领域②。

因此说者也显然无法仅根据传说人物的名字而断言其人必是神话人物；纵然能断言某一书记载的某人迹近神话人物，也无法断言另一书中记载的同一人必是同一神话人物。事实上，人神同名现象固不乏见于西亚古代民族，且就今日台湾若干寺庙迄仍供奉的孔子和关公之类的神像而言，也足说明今日的神祇并无碍其为昔日的历史人物。因此，在本文这一节内，著者将仅讨论先秦文献记载的黄帝、颛顼和喾，而不涉及神话。

首先，要指出的就是，先秦诸子论著虽普遍引述尧舜故事，

---

① 见1974年王孝廉译，森安太郎著《中国古代神话研究》译者序第1—21页。
② 1923, Maurice H. Farbridge, Studies in Biblical and Semitic Symbolism, Chap. I, p. 19.

但有关五帝中黄帝、颛顼和喾的记载却颇有不同。大体言之，儒、墨两派几乎都未论及黄帝、颛顼和喾。夏以前的古帝，在《孟子》上仅提到神农。《墨子》仅提到高阳，惟究否即高阳氏颛顼，也不得其详。《荀子》仅一语及于伏戏，却又云：

> 五帝之外，无传人；非无贤人也，久故也。五帝之中，无传政；非无善政也，久故也。（《非相》）

这是否由于荀子批评"案往旧造说"者，主张"法后王"，而有此模棱之说，就不得而知了。

《庄子》三十三篇中计有十四篇论及黄帝，一篇论及颛顼[1]，《天运》篇则数言"三王（或三皇）五帝"。此外，如伏羲、神农、祝融、容成、豨韦之类的传说人物也散见于《庄子》各篇。

法家的《管子》、《商君书》和《韩非子》三书仅载见黄帝其人[2]，间或语及"三王五帝"[3]。《管子·封禅》篇虽载有伏羲、神农、黄帝、颛顼、喾、尧、舜、禹、汤和成王历代封禅之君的帝系，但该篇究否为管子原著，则不无可疑，因该篇实类《史记·封禅书》，而后儒认为初即《管子·封禅》篇，从而增入《管子》以代替已佚失的《封禅》篇的[4]。

讨论至此，我们应可总结地说：有关黄帝、颛顼和喾的传说均不见载于儒墨两派的著作，即《论语》、《孟子》、《荀子》和《墨子》，道家《庄子》仅见载黄帝和颛顼之称；法家《管子》、

---

[1] 见《齐物论》、《大宗师》、《胠箧》、《在宥》、《天地》、《天运》、《山木》、《田子方》、《知北游》、《徐无鬼》、《盗跖》、《天下》、《缮性》、《至乐》。

[2] 见《管子》的《五行》、《任法》、《封禅》、《桓公问》、《揆度》、《国准》、《地数》、《轻重戊》；《商君书》的《更法》、《画策》；《韩非子》的《五蠹》。

[3] 《韩非子·五蠹》云："超五帝、侔三王者，必此法也。"

[4] 《管子·封禅》篇所载自古历代封禅帝王次序，自伏牺至周成王，其间除无少昊及周成王不作武王以外，余者与刘歆《世经》五行相生帝系完全相同；《史记·封禅书》未必即《管子·封禅》篇。

《商君书》和《韩非子》也仅论及黄帝。唯喾不见载于儒、墨、道、法诸家的论著。

如是，我们或不免要推想：春秋晚期迄于战国末世是否犹无所谓五帝传说？且所谓黄帝或五帝者又是否出自道家或法家的伪托呢？著者认为如此推论似乎是不可的，因为就下文所知，黄帝、颛顼、喾、尧和舜，即五帝，固仍见于其他先秦载籍，其撰作时代不见得晚于法家和道家的论著，同时就法家和荀子的批评"案往旧造说"和主张"法后王"而言，他们也未尝没有故意规避引述五帝之嫌；因为既然倡导法后王，自然也就不谈古昔的五帝了。例如《荀子·非相》篇"五帝之中无传政"云云的下文，接云"禹、汤有传政，而不若周之察也"。是证荀子所说的五帝应即指包括尧、舜在内的五帝，而其所以略而不论者，果非由于黄帝、颛顼和喾无传政，则未非不是有意规避"道往旧"之讥之故。

其次，我们再考察一下先秦诸子以外的其他史料上关于五帝的记载情形。《易经》仅见载比黄帝更早的传说古帝伏羲。《诗经》所见最早的古帝就是夏禹和桀①。《尚书·尧典》详载唐尧、虞舜两朝的主君和若干贤臣。《周礼》、《仪礼》、《公羊》和《穀梁》均未论及黄帝、颛顼和喾，而且仅《公羊传》哀十四年论及尧和舜。余者九经中的《礼记·祭法》篇论及虞、夏、商、周四代所祀的黄帝迄于舜的五帝；《月令》篇论及（太皞、炎帝、少皞及）黄帝、颛顼，即象征四时、五方、五色、五德的天帝②；《乐记》篇载有周武王克殷而封黄帝、尧和舜的后裔的故事。再就是《左传》和《国语》所载有关五帝的故事较他书

---

① 见《诗经·大雅·韩奕》、《小雅·信南山》、《文王有声》、《商颂·长发》、殷武》。

② 按《礼记·月令》篇五方上帝，太皞、炎帝、黄帝、少皞、颛顼，依东南中西北的次序，也跟刘歆《世经》此五帝的名称及系次相同。

所见为独多，且不乏可以注意之点，兹试合并论之如下。

按《左传》及《国语》所载，除殷、周两代的人物以外，几乎包括五帝时代迄于夏代的所有传说时代的帝王或其后裔；非仅两书中人物出现的频率相若，且都以尧、舜、禹的频率为高。兹试表列如下，以资参考：

	国　语	左　传
炎帝	周语下、鲁语四	昭十七年
黄帝	国语下、鲁语上、晋语四	僖二十五年
颛顼（高阳）	周语下、鲁语上、楚语下	昭八年、十年、十七年、二十九年
喾（高辛）	周语下、鲁语上、郑语	昭元年
尧（唐）	周语上、下、鲁语上、晋语八、楚语上、下	襄十一年、二十四年、二十九年、昭元年、二十九年
舜（虞）	周语上、下、鲁语上、下、郑语、晋语五、八、楚语上	庄三十一年、僖三十三年、成十三年、襄二十四、二十五年、昭元年、八年、二十九年、哀元年
禹（夏）	周语上、下、鲁语上、下、晋语一、四、五、八、郑语、楚语下、吴语下	庄十一、三十一年、僖三十一年、文三年、宣三年、成十三年、襄四、二十一、二十九年、昭元、四、六、七、二十六、二十九年、定四年、哀六、七、十四年
鲧	周语下、晋语五、八、吴语下	僖三十三年、文三年、襄二十一年、昭七年
丹朱	周语上	
少皞	楚语下	定四年
四岳（大岳）	周语下	庄二十二年、襄十四年
桀	鲁语上	庄十一年、宣三年
皋		僖三十三年

此外，须附带指出的，即《晏子春秋》有一节论及舜和另一节论及禹①，《战国策》有十余节论及尧、舜、禹②且其中两节论及炎帝、黄帝③。

讨论至此，我们要可了解：尧、舜、禹几乎是普见于绝大部分先秦文献的传说人物；至于五帝，则儒、墨两派的论著都未论及黄帝、颛顼和喾；法家仅论及黄帝，道家论及黄帝或黄帝和颛顼；唯《左传》、《国语》、《战国策》和《礼记》各书才谈到黄帝、颛顼和喾；合并尧和舜而言，也才出现了所谓五帝时代的五帝。

然则所谓五帝云云又是否为战国中世以来的造说呢？论者或许会如是观，但著者却认为实未易言。因为，第一，我们殊无其他史料可以支持如此看法，从而如此看法也只是主观看法而已。其次，也是更重要的，就是《左传》和《国语》两书和古文字学上的一些材料使我们无法怀疑其记载的真实性。试更申论如下。

首先，应指出的，即若干有关五帝的传说并非是出于《左传》或《国语》撰者的引述，而是出诸春秋或西周之世生存者的口传。这里姑举数例如下：

> 穆王（Ca. 1001—947 B.C.）将征犬戎。祭公谋父谏曰："不可……先王之于民也……怀德而畏威……昔我先王世后稷以服事虞、夏……"（《周语》上）
>
> （惠王）十五年（662 B.C.），有神降于莘。王问于内史过……对曰"昔昭王娶于房，曰房后，实有爽德，协于

---

① 见《晏子春秋》卷二、卷三、卷八。
② 见《战国策》卷三至卷七、卷九。
③ 同上卷三惠文君、卷六赵武灵王。

丹朱……生穆王，是照临周之子孙……其丹朱之神乎？……昔尧临民以五，今其胄见……"（同上）

灵王二十二年（550 B.C.），穀、洛斗……将毁王宫，王欲壅之。太子晋谏曰："不可。晋闻之，古之长民者不堕山……唯此之慎。昔共工弃此道也……用灭。其在有虞，有崇伯鲧……遂共工之过，尧用殛之于羽山。其后伯禹，念前非度……共之从孙四岳佐之……克厌帝心……祚以天下……氏曰有夏……祚四狱国……氏曰有吕……有夏虽衰，杞、郑犹在；申、吕虽衰，齐许犹在……夫亡者岂絷无宠？皆炎、黄之后也。"（《国语》下）

（景王）二十三年（522 B.C.），将铸无射，而为之大林……王曰："七律者何？"（伶州鸠）对曰："昔武王伐殷，岁在鹑火……颛顼之所建也，帝喾受之。"（《周语》下。韦注：鹑火，次名，周分野也。）

海鸟曰爰居，止于鲁东门之外，三日。臧文仲（按见《左传》鲁庄公二十八年至僖以三十一年项，Ca. 666—629 B.C.）使国人祭之。展禽曰："……昔烈山氏之有天下也……夏之兴也，周弃继之……共工氏之伯九有也，其子曰后土，能平九土……黄帝能成命百物……颛顼能修之，帝喾能序三辰以固民，尧能单均刑法以仪民，舜勤民事而野死，鲧障洪水而殛死，禹能以德修鲧之功，契为司徒而民辑，冥勤其官而水死，汤以宽治民而除其邪……"（《鲁语》上）

仲尼曰："丘闻之，昔禹致群神于会稽之山，防风氏后至，禹杀而戮之。……汪芒氏之君也，守封嵎之山者也，为漆姓；在虞、夏、商为汪芒氏，于周为长狄，今为大人。"（《鲁语》下）

司岂季子（按晋重耳随臣）曰："黄帝之子二十五

人……昔少典娶于有蟜氏生黄帝、炎帝。"(《晋语》四)

二年春(628 B.C.),(晋文)公以二军下,次于阳樊……左师迎王于郑,王入于成周……赐公南阳(之)阳樊……阳人不服,公围之,将残其民。苍葛呼曰:"……阳人有夏、商之嗣典……唯群图之。"(同上)

(晋范)宣子(对叔孙穆子)曰:"昔匄"之祖,自虞以上为陶唐氏,在夏为御龙氏,在商为豕韦氏,在周为唐杜氏;周卑,晋继之,为范氏。"(《晋语》八、《左传》襄公二十四年,628 B.C.,与此同。)

(晋)平公有疾……(郑子产)曰:"侨闻之,昔者鲧违帝命,殛之于羽山,化为黄熊……实为夏郊,三代举之……今周室卑,晋实继之,其惑者,(晋)未举夏郊邪?"宣子以告。祀夏郊。(《晋语》八,又《左传》昭八年,534 B.C.)

(楚士亹对庄王)曰:"夫善在太子……故尧有丹朱,舜有商均,启有五观……"(《楚语》上 Ca. 613—591 B.C.)

(楚昭王时观射父 Ca. 515—488 B.C.)曰:"……及少暤之衰也,九黎乱德……颛顼受之,乃命南正重司天以属神,命北正黎司地以属民,使复旧常……其后三苗复九黎之德,尧复育重、黎之后不忘旧者,使复典之,以至于夏、商……其在周,程伯休父其后也;当宣王时,失其官守,而为司马氏。"(《楚语》下)

在此,我们听到自西周初期至春秋晚期周王室和诸侯国的卿大夫不但在谈著黄帝、颛顼、喾、尧、舜,即五帝,以及禹等古帝或其后裔,谈到虞、夏及其他古诸侯国,谈到其中尧之子丹朱之神降于春秋中世的莘,谈到黄、炎二帝之胄裔仍存在春秋晚期,谈到晋范宣子远自陶唐之世迄于春秋晚期的族系变迁，也谈到虽春秋之世的阳樊族人仍存有夏商的嗣典！

同样，在《左传》一书也可找到类似的记载，如：

狐偃言于晋侯（文公）曰："求诸侯，莫如勤王……今为可矣！"使卜偃卜之，曰："遇黄帝战于阪泉之兆。"公曰："吾不堪也"。（僖廿五年 Ca. 635 B.C.）

臼季对晋文公）曰："舜之罪也殛鲧，其举也兴禹。管敬仲桓之贼也，实相以齐。"（僖卅三年 Ca. 627 B.C.）

臧文仲闻六与蓼灭，曰："皋陶、庭坚不祀，忽诸。德之不建，民之无援，哀哉！"（文公五年 Ca. 622 B.C.）（据《尧典》，皋陶为尧时人，据《左传》文十八年，庭坚为高阳氏颛顼八才子之一。杜注云皋陶与庭坚为一人。说似可疑。）

（鲁季父子使大史克对宣公曰）"昔高阳氏有才子八人……高辛氏有才子八人……至于尧，尧不能举。舜臣尧，举八恺……颛顼氏有不才子……尧不能去……舜臣尧，宾于四门，流四凶族……是以尧崩，而天下如一……"（文十八年 Ca. 609 B.C.）

晋侯使吕相绝秦曰："昔逮我献公及穆公……文公躬擐甲胄，跋履山川，逾越险阻，征东之诸侯、虞、夏、商、周之胤，而朝诸秦……"（成十三年 Ca. 578 B.C.）

（晋士弱对晋侯曰）"陶唐氏之火正关伯居商丘……相土因之，故商主大火。"（襄公九年 Ca. 564 B.C.）

郑子产献捷于晋……晋人问陈之罪，对曰："昔虞阏父为周陶正，以服事我先王……庸以亢女大姬配胡公，而封诸陈……"（襄二十五年 Ca. 548 B.C.）

晋平公杞出也，故治杞。六月，知悼子合诸侯之大夫以城杞。子大夫曰:"若之何哉?晋国不恤周宗之关,而夏肆是屏!"(襄二十九年 Ca. 534 B. C.)

晋侯使司马女叔侯来治杞田,弗尽归也。晋悼夫人愠……叔侯曰:"……杞夏余也,而即东夷。鲁,周公之后也,而睦于晋……"(同上)

吴公子札来聘……请观于周乐……为之歌唐。曰:"思深哉!其有陶唐氏之遗民乎?不然,何忧之远也;非令德之后,谁能若是!"……见舞大夏者,曰:"美哉!勤而不德,其谁能修之?"(同上)

(赵孟)乃请诸楚曰:"鲁虽有罪……于是乎虞有三苗夏有观扈,商有姺邳,周有徐奄……"(昭元年, Ca. 537 B. C.)

子产曰:"昔高辛氏有二子,伯曰阏伯,季曰实沈……日寻干戈……迁阏伯于商丘,主辰,商人是因,故辰星为商星。迁实沉于大夏,主参,唐人是因,以服事夏、商;其季世曰唐叔虞。"(同上)

晋侯问于史赵曰:"陈其遂亡乎?"对曰:"未也……陈,颛顼之族也,岁在鹑火,是以卒灭,陈将如之。今在析木,犹将复由。且陈得政于齐,而后陈卒亡。自幕至于瞽瞍,无违命;舜重之以明复,置德于遂,遂世守之。及胡公不淫,故周赐之姓,使祀虞帝……祀虞之世数未也,继守将在齐,其兆既存矣。"(昭公八年, Ca. 530 B. C.)

郑裨灶言于子产曰:"七月戊子,晋侯将死。令兹岁在颛顼之虚,姜氏、任氏实守其地。"(昭十年, Ca. 528 B. C.)

(郑子产对晋韩宣子曰)昔尧殛鲧于羽山,其神化为黄熊,以入于羽渊,实为夏郊,三代祀之。晋为盟主(而晋侯疾），其或者未之祀乎？"韩子祀夏郊。（昭七年，Ca. 529 B.C.）

郯子曰："吾祖也，我知之。昔者黄帝氏以云纪……炎帝氏以火纪……共工氏以水纪……大皞氏以龙纪……我高祖少皞挚之立也……纪于鸟……自颛顼以来，不能纪远……"仲尼闻之，见于郯子，而学之。既而告人，曰："吾闻之，王子失官，学在四夷。犹信。"（昭十七年，Ca. 519 B.C.）

（梓慎曰）"陈，大皞之虚也……卫，颛顼之虚也，故为帝丘。"（昭十七年，Ca. 519 B.C.）

（晋）子鱼曰："以先王观之……分鲁公以大路：大旂夏后氏之璜……封于少皞之虚。分康叔……封于殷虚，皆启以商政……分唐叔……封于夏虚，启以夏政。……"（定四年，Ca. 506 B.C.）

（蔡墨对魏献子）曰："昔有飂叔安，有裔子曰董父，……扰畜龙，以服事帝舜……及有夏，孔甲扰于……有帝有陶唐氏既衰，其后有刘累……以事孔甲……夏后嘉之，赐氏曰御龙……龙一雌死……求之，惧而迁于鲁县，范氏其后。"（昭廿九年）

从这些史料上，我们不仅晓然春秋时代诸侯国的君臣谈论传说上的五帝，甚至谈的就是他们的祖先；既晓然许多"虞、夏、商、周之胤"及其乐舞仍存在春秋之世，也晓然当时仍存在着若干传说上的古帝之虚或器物。

显然的，且是无疑的，不只是尧、舜和禹，就连炎帝、黄帝、颛顼和喾，即五帝时代较早的几位古帝的传说，也是春秋中世或更早以来已经存在的古老传说，甚或就是史实，因为传说上的古帝的后裔仍存那个时代，且若干传说正是传诸那些后裔之口！姑不论五帝其人其事本身究否是真实的，从西周穆王时代以来迄于春秋晚期那些传述五帝传说的人相信那些传说，应是无可置疑的事实。

或许我们要追问：穆王以来的人如何竟晓然一两千年以前的传说？这是不难解答的。首先，证诸现代民族学的调查研究，事实说明许多迄今仍无文字的未开发民族，如台湾高山族，都保存着许多关于祖先事迹或族属播迁的传说，且这类传说就是由族中某些特定家族（如任祭师者）专司背诵之责，世代流传，而传诵不失；尤其没有文字的民族，或未发明文字以前，就更借助于头脑的记忆了。（但也可用其他工具！）而中国古代的巫史宗祝也无疑是与保存和传播古老祖先传说有关的重要人物。如《楚语》下云：

> 在男曰觋，在女曰巫，是使制神之处位次主……使先圣之后之有先烈，而能知山川之主、高祖之主、宗庙之事、昭穆之世……以为之祝。使名姓之后，能知四时之生……次生之度、屏摄之位……氏姓之出，而心率旧典者为之宗。

然则西周或春秋之世犹然存在的"虞、夏、商、周之胤"或"炎、黄之胄"中会不会仍不乏有"先圣"或"名姓"之后，甚或竟在王室或公室中任职宗、祝、巫、史？而他们又有无能知其高祖或远祖的传说的人呢？答案多少是肯定的。因为证诸上举资料中"晋闻之"、"丘闻之"、"侨闻之"及《孟子》"于传有之"、《韩非子》"上古之传言"云云之类的例子，这固然可证春秋和战国时代的诸侯国间应流传着一些先代逸闻。同时那两位能知黄帝和唐、虞之帝的事迹的范宣子和郯子也无疑正是先圣和名姓之后。

其实，不只是五帝传说，甚至如《晋语》云阳樊人自称"犹有虞、夏嗣典"似的，至少虞、夏时代的文献也仍存在春秋之世。这由先秦文献所引称的《虞书》和《夏书》一事是可以证知的（其例繁多，不烦赘举）。诚然，论者对于著者的这一论点或会哑然窃笑的，因为事实上现在所知的最古老的文字和文书只不过殷代的殷文和卜辞而已：所谓《虞书》和《夏书》云云应是后人所撰，固不是虞、夏两代的原始文书。虽然，著者认为这样的看法却是似是而实不然的。不错，所谓《虞书》和《夏书》或许原本不是虞、夏之书，但正如现所知二十五史颇多出诸后代学者的编纂一样，这类文书也会不会多少有其前代某种"史料"的依据，而并非全属后人的无中生有？这里所说的"史料"，想来，主要该是口述，也就是传说的史料了，而这类传说的史料，无论就民族学田野调查或现代史的口述史料收集而言，显然都不是不足尽信的。

最后，虽然现在尚未能解决，但与尧、舜传说应有相当重要关系的问题，就是尧、舜究是传说上所谓五帝时代抑属某一时代的人？据《山海经》郭璞注，郭氏认为《山海经》所称帝俊应即帝舜，又因帝俊生后稷，而认为帝俊即帝喾，从而传说上五帝中的帝喾与帝舜应就是一人。近世古文字学家，如王国维、郭沫若、杨筠如、丁山诸氏，或认为甲骨卜辞所见的夒或㚇应即喾（或俈）①，或认为就是喾或舜或契。系由于传说而分合不同的人；②或认为夒即契，而甲文的岳应是喾③，易言之，喾、舜、契或为一人，或为二人，而均为殷人的祖先。

喾和舜，姑无论究为一人或二人，若果是殷人远祖，则传说

---

① 见王国维《观堂集林》卷九《殷卜辞中所见先公先王考》。
② 见郭沫若《中国古代社会研究》，1930年，第261—267页。
③ 见丁山《由陈侯因资敦铭黄帝论五帝》，1930年，《中研院史语所集刊》第三本第四分，第531—536页。杨筠如《中国通史讲义》（丁文引未刊稿）。按著者论五帝时因疏忽而未及丁文，其实丁文已证黄帝应为齐田氏远祖，且证"黄帝、颛顼、帝喾皆古代人王，可无疑义"，与著者不谋而合。

上的喾之子尧①、喾之父颛顼及其祖黄帝岂非均应为殷人的远祖？易言之，传说上的所谓五帝时代岂非应即殷五朝先代拓疆之祖？或先殷时代，西周以来有关所谓虞、夏古帝和《虞书》、《夏书》之类的传说又是否原是殷商王朝灭亡以后，因其余民的流迁而逐渐播散下来的呢？这些问题，此时自然还待解决，但上述古文字学家之说果然不误，那对于尧、舜和五帝传说的可信性便无疑的是有力的支持了。

以上各节，著者分就先秦诸子学派的论著及其他如《左传》《国语》、《礼记》诸书的材料，对于尧、舜和五帝的传说已做了相当详细的检讨，在此应可得到一项结论，就是：尧、舜，甚至五帝传说，是见载于战国晚期以前的文献，且是春秋或西周时代诸侯国卿大夫时常引述的一项古老的传说；尧、舜禅让是普见于战国初期以来诸子学派的一项古老传说——这两项传说绝非战国诸子任何一派学者所伪造的。至于传说本身究否即是信史，由于更无其他史料可资参证，虽难以论定，因而不得不姑妄听之，但据下节分析所知，传说所可能涉及的古代习俗制度却多见于后代；殊无怪异之处，也决不事涉神话。

四　尧舜传说所反映的古代王权继承制与婚制

（一）五帝与三代的王权继承制

传说，甚至神话，无论其内容究如何怪诞，多少反映着某些社会背景，或者说，可以从其内容来了解它所涉及的某些社会制度、思想或信仰。尧、舜传说自不例外。不过。著者在此不拟讨

---

① 古文字学家或云尧一名也见于殷文卜辞，但犹未为定论。无论如何，五帝为古初先王，其后裔仍存于晚周之世，盖可论定。

论尧、舜个人性格、思想或行为之类的问题，仅就禅让和尧妻舜以二女之事，略论传说时代的王权继承制与婚制。

尧、舜禅让是近代中日疑古派学者所以拟一笔抹杀中国古代传说人物的根据之一；他们认为禅让制度是人类社会，尤其古初原始社会难以存在的理想完美制度，是后世学者的伪托，因为连带地也就认为尧、舜传说也是伪造的而初无其人。实际上，持这种见解的疑古派学者，说是置疑于战国学者之说，却又显然是误信其说，而以为禅让之制就是如何完美而不能存在的制度！殊不知，禅让之制，姑不论其究否完美，在传说时代既非常行的"制度"，而在后代，如春秋之世，也非全不见其踪影！兹试论之如下。

据前文所列五帝世系表，可知五帝时代的王权继承一事似无定制。首先，黄帝并未传位其二子（据说，昌意和玄嚣分别降居清、若二水，"其后皆有天下"），而传位于孙，即昌意之子颛顼。但颛顼却又不传位于孙，而传位于族子喾（就今原始姓族社会而言，族子即子；殷文卜辞犹未见族子之称）。至于喾，乃传位于子挚，而挚以不善而终，遂由其弟尧继位；就挚、尧而言，自是后世所谓兄终弟及了。及乎尧和舜，既不传位于子，也不传位于孙，而先后传位于原是庶民而后成为摄政的宰辅的舜和禹。于是而有所谓禅让的美谈。虽然，换个角度来看，实际上，说不定尧和舜其初未非没有传子之意。要由于尧和舜之子均不肖，且不得诸侯伯长的拥护（舜、禹之谦辞不就而避居他地，或未非与此无关），才不得不禅位于舜、禹了。易言之，尧、舜的禅位，在当时果有其事的话，也许是曾有过一番争议，甚或争乱的（舜囚尧之说或即此一可能行事的饰说）。不过，先王的遗命，在古中国尚老尊王的社会，也许仍有其重要性，这与舜和禹的继位仍当有其关系；否则禅让云云便不致成为美谈了。同样的，禹也初拟禅位于摄政的益，但由于"益佐禹日浅，天下未洽"，不似禹子启贤而深得诸侯拥戴，终至失去继位的机会，而使禹子启继登了帝位。据《孟子》记载（见前文引），启跟益就似曾有过争执。

如是，我们从上述五帝时代王权传承的传说上要可了解：

1. 五帝时代的王权或是祖死孙继，或是父死子继，或是兄终弟及，或是年老的统治者于临终之前退休而让位于当时摄政的贤能宰辅。换言之，五帝时代王权的传承似乎是无定制的。虽然，如就尧、舜（和禹）而言，事实又说明王权的转移却要以同族而有才能，特别是曾任摄政的宰辅的族嗣为限，而不论继位人选的身份究为嫡子、族子若兄弟甚至祖辈。（依前举世系所知，禹为舜的四世祖！）然则在这种类似近世某些原始民族推举族长或盟酋的原始民主"举贤"制度下，所谓禅让云云便初非可以称道的盛举了。实际上，孟子在答万章"人有言：'至于禹德衰，不传于贤，而传于子，有诸？'"之问时，固然认为舜与益及丹朱与启之所以一者成功而一者失败均视乎对手的贤与不肖，同时也引用了孔子"唐、虞禅，夏后、殷、周继；其义一也"的话以证其说——传子与否，要在子之贤与不贤。因此，著者认为，与其说儒家或墨家之徒造作了尧、舜禅让之说，勿宁说他们把禅让之举过分强调或夸饰了。更何况严格地说，五帝中禅让者唯尧与舜而已，其非禅让者则有三人；禅让云云也原非一种常行的"制度"！若果认为尧、舜禅让有何异乎常行者，也许只是两者未及逝世而即行让位，或者如传说所云尧因共工谏阻让位而斩共工，也只是尧和舜或曾力排众议而坚举贤能而已。

2. 从另一角度来看，若果丹朱和商均曾有争取王权之举，或至少部分族众支持丹朱和商均（如共工者然），那么父死子继的直系世袭王权制，或至少这种观念，应已经存在五帝时代，纵然不是常制，且实际上，五帝之中正有两例是父传子或族子的！在这种情形下，其或有不传位于子，而传位于孙、弟、若祖者，便果非是偶发事件，也当有其特殊的因素。如是，尧、舜的禅让，由于违背传统而尊崇贤能，使不能说不是难能可贵的美行了；尤其在"只有争夺，岂有禅让"的战国时代，这种美行也就足资为倡行人道政治论者的宣传工具了。

然则五帝时代的王权继承制究竟应是初无关乎族属的嫡庶长幼而唯贤能是尚的原始民主选举制？又抑是父死子或孙继的世袭制，显然的，由于书缺有间，现时是难以论断的。因此，所谓禅让究属常行的选举（依传统说法，既是"尚贤推德"或"举舜"，该是选举），又抑是世袭王权社会的个人殊行，也就无由论定了。虽然，就下文讨论所知，近世中日疑古派史学家却或则信从儒、墨之徒的饰说，以为禅让应属理想的完美制度，非可见于古初社会，因而又认为尧、舜禅让系出于儒、墨之徒的伪造；或则认为禅让应就是近世原始民族的酋长选举制，因而据此一选举制而推测传说时代的社会结构！就治学方法上说，这些都显然是欠妥当的。

其实，姑不论五帝时代究存在何种王权继承制，也不论禅让之制云何，著者在此须指出的，就是除了禹继舜的祖继孙的继承情形以外，凡父死子继、或祖死孙继、或兄终弟及、或竟是禅让之举，均散见于五帝时代以后的夏、商、周三代。如所周知，素所称家天下伊始的夏代，既有启继禹的父死子继之例，也有中康继其兄太康的兄终弟及的情形。传子之制既非始自禹传启，夏代也实非采用单纯的父死子继制；除非像太康和中康那样，所谓子继者原意系指主君的众子，也就是说，必待众子先后传承以后，再由最后一位主君之子承继。易言之，古者所谓子继者，其实或概括兄终弟及而言也。

至于商王朝，如夏代一样，也是兼有父死子继和兄终弟及之例。这不仅是学者素所习知的，也是某些学者素所认为商王朝特有的王权承继制[1]！其实，如果说夏、商两朝在王权继承制上确有何特殊的话，既非在夏之父传子，也非在商之兄终弟及，而在于这两朝都未见载禅让之例！

至于周王朝，不仅与夏、商两朝，且显然与五帝时代的王权承继制更为类似。首先，周王朝之开国初期，正如孔子曾经赞叹的，就有过泰伯之以天下让于弟的传说！更巧的是，泰伯之后的吴王诸樊、余昧兄弟也先后想尽方法以让位于弟季札，而季札始终辞让且最后竟逃亡！及至战国之世，燕王哙犹以效慕尧、舜之行，禅位于其相子之，而致亡国！（学者或以此而否定尧、舜禅让传说！）此外，周桓王之继平王，自然是孙继祖之例；夷王之继考王，为从孙继从祖（也可说是变相的孙继祖之例）。而周定王之继匡王，敬王之继悼王，哀王、思王，与考王三兄弟之先后即位，则均属兄终弟及之例！至于父死子继之例，为周之王权继承的常例，更不待言。显然的，周王朝的王权继承制既与五帝的继承情形最为类似（注意！两者且均为姬姓），同时也与商王朝尤有共同之点，就是有较显著性的兄终弟及现象！其实，不只是五帝、夏、商、周王朝均见有兄终弟及之制，即使是春秋时代的诸侯公室，也仍不乏其例。甚至鲁庄公的三兄弟，庆父、叔牙和季友，在论及王权传承一事时，叔牙也明白地指出：

一继一及，鲁之常也。庆父在，可为嗣君。（《史记·鲁世家》）

庄公病，将死……季子曰："般也存。（按庄公子。）君何忧焉？"公曰："牙谓我曰：'鲁一生一及'。君已知之矣。

---

[1] 见王国维前著《殷周制度考》；陈梦家《殷虚卜辞综述》十、十一两章。

庆父也存。"(《公羊传》庄公三十二年)

宋宣公病,拟"让其弟和"时,也说:

> 父死子继,兄死弟及,天下之通义也。(《史记·宋世家》)

这可证父死子继、兄终弟及不唯是五帝、夏、商、周、吴、鲁、宋的常制,且如宋宣公所说,几乎是中国历史上自传说时代迄于春秋时代各王朝及诸侯公室的"通义"了!

总之,据上文分析可知,不仅五帝时代包括禅让在内的王权继承制与后此夏代、商代、周代的王权继承制殆无差异可言,且无论禅让究否是可以称道之举,也显然并非仅是尧和舜的特立独行的。然则论者仅欲据禅让为理想完美制度之说而推称尧、舜传说系出于战国学者的伪托,则真可谓"差之非毫厘,而谬以千里"了。

(二)舜妻尧二女及其秋时代的妻姊妹婚制

一夫多妻婚(polygyny)及其最佳形式的妻姊妹即姊妹共嫁一夫婚(sororal polygyny),是普见于古今许多民族,且在中国也是古老而较为常见的婚制。如《晋语》载黄帝四妃、《史记·周本纪》载帝喾元妃姜原、次妃简狄的传说、殷文卜辞所见殷先王之诸妣,以及《公羊传》称古者诸侯一娶九女之说,凡此均证一夫多妻制盛行于先秦(且迄于后代而仍未绝迹)。至如舜妻尧之二女、夏后少康之妻虞思二姚(见《左传》哀元年),则为妻姊妹婚制之例。殷王朝既盛行多妻制,应不免有姊妹共嫁一夫之例,西周时代的王朝及诸侯应亦然。但以史料不足,未能确论。至于春秋之世,妻姊妹婚制则为常见的婚制。如卫庄公的陈国二妃厉妫和戴妫(见《左传》隐二年)、鲁庄公的齐国二妃哀姜和叔姜(同上,闵二年)、鲁穆伯的莒国戴己和声己(同上,文七年)、鲁襄公的齐国胡女敬归和齐归(同上,襄二十一年)、陈哀公的郑国二妃（同上，昭八年）等都是姊妹共嫁一夫的婚例。虽然，实际的婚例或许更多些，也是不难想见的。此外，类此之例，也不乏见于后代，兹不赘。

显然的，就本章上述两节的分析所知，传说的五帝时代的王权继承制和舜妻尧二女的妻姊妹婚制均见后此的夏、商、周三代，且尤与东周春秋时代的情形相似。如此类似的现象几乎令人怀疑尧、舜传说未非不是春秋时代的造说了。虽然，我们却没有史料可以确证五帝传说之伪，也不能确证就是春秋时代的造说。

最后，该附带指出的，就是无论五帝时代的王权继承制和婚制究属某种形式，也无论该种制度究否与后此三代的制度有无类似性，在古史的研究上，均不足据以推论五帝时代的其他社会制度，尤其如家族和其他社会集团之类的结构。因为，第一，我们没有其他史料可以证明或支持这种推论，易言之，纵有推论，也只是难以证明的空论，而空论本身常就是不可靠的；虽是依据科学理论的定论也是如此。（如美国太空人登陆月球以前，科学小说推测月球表面应为深厚的太空尘所掩盖，登陆者陷入即不见踪影云云。及月球登陆成功，事实证明全非如科学小说的推测！）社会现象远比自然现象为复杂，非仅难以根据某一现象的存在而推证其他某种现象必因之存在，且实际上社会现象间究相互有何关联性，迄今所知者也甚少；至少类乎尧、舜传说所反映的王权继承制和妻姊妹婚制究与家族和政治集团组织有无相关性，是很难一语而决的。例如就上文所论，我们不能不承认五帝时代与春秋时代的王权继承制和妻姊妹婚制应有类似性，同时我们也晓然春秋时代的周王朝是由一个姬姓姓族（clan）集团统治着若干同性和异性的诸侯氏族而组成的封建帝国，然则我们应否就根据周王朝的王权继承制和妻姊妹制，而可以推论具此类似王权继承制和妻姊妹制的五帝时代，或唐、虞时代，也应是如春秋时代周王朝那样的封建帝国呢？看来，似无不可，而实际殊不尽然，因为除非我们认为北魏太武帝和孝文帝时代，或清太宗时代，由于这三位皇帝都先后娶过赫连氏、冯熙，和博尔济吉特氏的两姊妹为后妃，也该是像春秋时代周王朝那样的封建帝国，否则便无法如此推论。实际上，北魏或清初时代并非是封建帝国；因此根本就不能那样推论！同样，我们也无法根据五帝或春秋时代的婚制，如妻姊妹婚制，来推论当时的家族制度（family system）。因为就现代英、日、美、苏各国而言，都盛行一夫一妻的单偶婚制，但各国的家族制度，由于有的迄今仍存在皇室贵族阶级，却显然并不全然相同！同样，我们不能因为春秋时代妻姊妹婚制与宗族制度并存，便断定五帝时代也应是宗族社会！虽然，就下文所见，现代的许多史家却或据尧、舜禅让或舜妻尧二女的传说而推称五帝时代系属行兄弟姊妹婚的亚血族群婚的母系"氏族"（clan）、母系"氏族"，或父系"氏族"的"氏族联盟"社会！这真不知究从何说起了！

讨论至此，我们应可再总结几句地说：五帝时代的王权继承制（无论是父死子继、祖死孙继，或兄终弟及）与妻姊妹婚制均见于春秋时代的周王朝或诸侯国，虽禅让之举亦然。易言之，五帝或尧、舜传说所反映的古社会制度既非不见于后世的特立独行，也原不是可以褒贬的措施。

五 近代学者有关禅让传说的纷歧解释

前文提到韩非为了反击儒、墨盛道的尧、舜禅让说而故意说舜是逼尧、弑其君者；唐刘知几也称《汲冢琐语》云："舜囚尧。"唐以后的学者对于禅让说或许仍有不同的意见，但著者既未能遍检，也不认为需要在此繁引。惟于近代学者的纷歧解释，却认为有须加检讨和澄其是非的必要。

近代学者对于禅让传说的看法要可分为两派；其一可名之为疑史或否定派，另一可名之为信史或解史派。

(一) 疑史派的解释

疑史派可以康有为和顾颉刚二氏为代表。他二人或许是受《荀子·正论》和《韩非子·显学》的影响，再加上个人的偏见，先后否定了禅让传说的可信性。所不同的，即康氏认为禅让传说是战国儒家者流为了托古改制而伪造的[1]，而顾氏则以为应出诸主张尚贤说的墨家之手[2]。基本的理由，在两氏认为，战国时代诛伐暴乱，当时学者苦于统治者的暴政和人民的疾苦，因而幻想政治的道德化，并塑造了理想完人政治的五帝盛世和禅让传说。看来，康、顾二氏之说似是持之有故，但证诸前文所举先秦文献的资料，则可知全与事实不合。就我们的了解，先秦诸子学派对于禅让传说纵有不同议论，但其推崇尧、舜，颂美禅让，则殊无二致；纵退一步说，姑认为禅让传说系出于战国学者的伪造，也实无法确论其究出于某一学派。更不说五帝传说和类似五帝时代的王权继承制和妻姊妹婚制，甚至禅让之事，均见于《左传》、《国语》两书呢！因此，至少著者个人认为康、顾二氏之说是要出于主观的推测，且羌无史实的。

此外，在顾氏之前，日本白鸟库吉氏据说曾撰尧舜抹杀论[3]。在结论上，白鸟要认为尧、舜、禹均系神话人物，就这样也就把禅让传说一笔抹杀了！但试问：禅让传说能就这样轻易地被抹杀掉吗？神话就都是子虚乌有之说，而全无任何史实背景

---

[1] 见康氏《孔子改制考》。
[2] 见顾氏 1947 年，《禅让传说起于墨家考》，北京大学《史学集刊》(又《古史辨》第一册)。
[3] 引见黎东方，《细说史前中国》，1944 年，第 279 页。

吗？想来，现代的日本学者对于这两项问题也不会有肯定的答案的。

又如高桑驹吉氏在所著《中国文化史》一书内也说：

> 所谓禅让者乃是一种理想的事情，除了像尧、舜、禹的那种例外而外，我们不能认为那样是可以行得通的。①

又在论及五帝传承之余，说：

> 其中固亦有可为出于选举或推荐者，而大抵则我们认为只是如后世一般的一些篡夺的实例。于此，我们不能不认为禅让乃是理想地美化了的一种形式。②

高桑既像认为五帝的继承制是选举或推荐，又认为禅让乃是理想美化的一种形式！语意模棱，殊无定见。尤其认为纵五帝中有出于选举或推荐者，也大抵是篡夺的实例，这简直是毫无理由的主观偏见。其实后世存在的制度不必见于前代，前代的也非必不见于后世；要在就其制度而加以比较，而非在于主观的承认或否定前代传说的制度。何况禅让确非不见于后世呢！

最后，拟介绍的是苏雪林教授在近期甫出版的《天问正简》一书内对于禅让传说的理论③。雪林先生要认为"禅让在古代中国甚少有可以产生的可能的"，理由是：

1. 禅让传说的起源应不早于战国时代。《论语》虽载其说，却是"靠不住的资料"；《孟子》一书虽引孔子云"唐虞禅"，然其文不见于今本《论语》。

按今本《论语》虽无《孟子》所引孔子的话，却不能据此而断言孟子在说谎，或断言古本《论语》或别的什么著作均不

---

① 李继煌译本（商务版）1926 年，第 14—15 页。
② 同上。
③ 见 1974 年，《天问正简》，第 258—294 页。

载《孟子》所引孔子的话。实际上，证诸近时出土的帛书《老子》，固知古本与现存本古籍颇有差异，同时证诸《汉书·艺文志》以来历代著录的古籍也可知古籍佚失者为数甚多。至于说《尧曰》篇不可靠，著者也有同感，但却不因此而影响禅让传说之可信性。

2. 雪林先生据《琐语》"舜囚尧"之说，而推称："战国中期，尧、舜传说虽艳称众口，但禅让之说则恐未大行。"

按证诸本文所举战国诸子资料，孔、孟、荀、墨、庄、韩各派的学者都在谈论禅让，不能说禅让之说未大行。更不论《孟子》所引《尧典》已载有禅让之说了。

3. 雪林先生认为："我国古代行贵族政体"，"大夫诸侯皆世袭，不容躐篡"，夏代以来，虽有权臣摄政或篡夺之举，但"无问鼎之心"，因此"以天子位传于一介平民，及战国中季，王纲解体，贵族政治随之破坏"以后的观念，且此一观念与当时西亚文化的传入有关。

按就上文五帝世系表观之，五帝既系出一族，则王权的传承，无论传子、孙、兄或弟，均仍是贵族世袭政体，与后世并无差异。舜虽是以庶民而登帝位，但其初仍是黄帝的八世嫡孙，且或如汉宣帝，未非不是初由于某种变故而家道中衰，致沦落为庶民而已。至于夏代以来权臣并无问鼎之心云云，证之后羿及少康中兴传说，也可知其不然。

4. 雪林先生所以认为天子传位于平民的观念与战国时代西亚文化有关，是因为"西亚古代平民为帝之事甚为不少"。她指出，如萨恭（Sargon Ⅱ）、昂利洛班（Enlil-Ban）和阿素纳拔尔（Assur-nair-a-pal）诸亚述王，就初是园丁或山林隐者而后为帝者；其事与舜耕于历山、纳于大麓的传说正相类似。尤其印度《摩诃婆罗多》史诗中所载潘度王（Pandu）之子坚阵与其从兄难敌二人争夺王权一事,雪林先生也认为或即尧舜传说的本源!因此,她认为禅让传说"该和当时(战国中期)域外传入的(西亚或印度)文化大有关系"。虽然,雪林先生终又犹疑地说:

> 中国古史上是否有尧、舜二人,事不可考,纵有之,亦不过是较大部落的两个酋长,决非大一统的君王……他们在那个野蛮的时代,是比较仁厚爱民的两个,遂成为仁君的代表。①

在这里,著者觉得除了最后一节略得其说,且实际上原就是传说如此(但除去两部落说)以外,余者中西传说相类因而禅让传说系源于西亚或印度文化之说,显然均有可论。首先,我们认为,战国时代中西文化应有交流的事实之说,中西学者论之者甚多,虽未为全然证实,要不失为可能,但果非如美国学者如阿洛布莱特氏(Albright, W. F.)所称,"中国几乎一切文明基本成分均次第自西方渗透而来"的话②,则在中国古文化的研究或解释上殊不能根据中西文化交流之说,而泛论任一文化成分,如禅让传说,系源于西方文化的影响。实际上,如果说园丁或山林稳者之流在西方则可以为帝,而在中国则不可,既非公认的文化定律,也很难使人同意的。更何况雪林先生既说禅让传说是受西亚文化影响,却又认为这项传说与印度兄弟争权的故事互有渊源。姑不论王权争夺一事原为古今民族所常见,而非仅限于古印度!更何况雪林先生终究在怀疑之余而仍接受了传统的说法,承认尧、舜是古初比较仁厚爱民的两个作为仁君代表的酋长!

5. 雪林先生又举出战国中期燕王哙因效行禅让而导致亡国的故事,以证明禅让是"战国新兴的玩意"而非"真是古圣之

---

① 见 1974 年,《天问正简》,第 285 页。
② W. F. Albright, From the Stone Age to Christianity, 1957, pp. 30—31.

事"。

按禅让传说究否为古圣之事，姑可不论，可以指出的，即禅让之事或其传说绝非始自战国中期的燕王哙，是可以断言的，因为燕王是听到了尧舜禅让传说而后才效行的！易言之，那项传说先已经流传，因而决不是战国中期的新兴玩意，也自非燕王哙的创举。何况如上文所知，至少春秋时代，禅位及辞君之事已实非鲜见。

6. 雪林先生指出，顾颉刚先生会认为禅让传说为战国时代墨家之徒的伪托。

按雪林先生所以认为禅让传说为战国中期的新兴玩意，并创为源于西亚或印度传说的新说，无疑的，是受了顾氏的影响。虽然，证诸前文所论，顾氏的说法却显然是难以成立的。

(二) 解史派的解释

这一派的学者或认为禅让传说纵非信史却含有若干史实成分，或认为应是信史，见解也是够纷歧的。尤其大多数学者根据自以为是的不同解释而进一步对于其他古社会制度的推测，几乎找不出共通之点——这显示中国古代社会史的研究多少仍在摸索阶段，也因而多可商榷。

首先，要提到的，是郭沫若氏所著《中国古代社会研究》一书内的看法①。郭氏一方面认为禅让传说是儒家托古改制下的产品，出于哲人政治的理想②，而另一方面又认为：

> 本来无论是怎样的传说，多少都是有点事实上的影响。禅让也是一样。③

---

① 见1930年，郭沫若：《中国古代社会研究》，第7—10页，第106—108页，第255—291页。
② 同上书，第7页。
③ 同上书，第106页。

就是这样,禅让传说的几乎每一情节在郭氏的解释下又都成为古代社会史研究上的理论基础。而他的解释,甚或其书,又显然是以十九世纪美人类学家莫尔干(L. H. Morgan)所著《古代社会》一书(Ancient Society)为其重要基础①。莫尔干在他的书内汇集了世界许多民族有关家族、婚姻等制度的资料,且据此归纳出自认为是人类文明及家族制度演化阶段的理论,虽然他的理论在今日人类学家却认为是颇多可以商榷的。郭氏就是根据莫尔干的家族演化理论和有关北美印第安人与夏威夷土著的亲族、婚姻和部族联盟的盟长选举制,来解释禅让传说,来重建黎明期的中国古代社会制度。

首先,郭氏根据舜妻尧二女、舜弟象陷害舜而使其二嫂治其宫室,及《天问》"眩弟并淫,危害厥兄"的传说,论称商代以前是"原始未开化的野蛮社会"——即莫尔干所云几个兄弟共嫁几个姊妹的亚血族群婚的原始母系氏族社会②。

其次,郭氏引述美印第安人伊洛奎族人(Iroquois)如何"合数姓(原注:gens)"而为一大宗(按原注:phratrie。今译为联族),合数宗为一大族(按原注:Stramm。即部落。)更进而合数族为一大同盟,并如何由各姓(族)选举出同盟的盟长和遇有战争时负责军事的临时首长。然后,郭氏推称:

> 尧、舜、禹的传说都是二头政长。在尧未退位以前是尧和舜二头,在尧退位以后,舜和禹二头。尧时又有帝挚为

---

① 见 1930 年,郭沫若:《中国古代社会研究》,第 2—7 页。
② 中国先秦姓、氏有别;所谓姓应指同姓的姓族,相当西文"clan/gens",而所谓氏则指王室子弟或功臣分封而建立的政治集团。故古之姬姓、姜姓之类即为姓族、神农氏、轩辕氏、夏后氏、殷商氏之类则为大小不同的氏族。近世学人译西文"clan/gens"为"氏族",系源于始终未明了古代的"姓、氏"之别及其究竟意义,徒而也无法采用"氏族"一词以研求古代社会组织。著者曾有论文发表,可资参考。

对。均与西印度人之二头盟主相合。①

又说：

> 这样的（亚血族群婚的）社会还是母系中心的社会……儿子长大了，又要嫁到他族的女儿去做丈夫，所以父子不能相承。假使父亲是做过酋长的，儿子也当然不能继任为酋长。酋长的产生是由一族的评议会选举出来的……完全是一种民主的组织。这便是唐虞时代的禅让传说的实际了。②

显然的，郭氏的一切解释和推测非仅纯出于主观的比附，且因此而均欠正确。先说舜与二女的婚姻，如前文所知，其类似婚例固不乏见于春秋甚或汉代，而其婚俗的存在也显不能即证唐虞或春秋或汉代系属亚血族群婚的母系中心社会组织！此为不待烦辩的。尤其据《天问》原文，明明白白地说是"眩弟"危害其兄——精神不正常的弟弟想打嫂子的主意，也不能曲解为兄弟姊妹群婚！当然，更不能说唐虞时代就是亚血族群婚的母系中心社会了。实际上，群婚之例在今世界各民族中固极罕见，所仅知的波里尼西亚行群婚制的 Marquesan 人固为以男性为族长的非"原始性"的族群③，同时据郭氏自己说：

> 这种伊洛奎的氏族社会基础组织，随着进化的程度，就同在红色人种中也有多少程度的不同；有的（母系）已经转移成父系，有的已经更把这个（亚血族群婚的）基本组织废弃了。④

---

① 郭沫若：《中国古代社会研究》，第 10—11 页。
② 同上书，第 108 页。
③ 1953, Ralph F. Beals & Harry Hoijer, An Introduction to Anthropology, Chap. 14, Marriage, 8. "group marriage", pp. 430—432.
④ 郭沫若：《中国古代社会研究》，第 259 页。

这可见纵是亚血族群婚社会也不就是母系社会！更不论社会之为父系或母系系视世系的传承、权财的继承及配偶的从夫或妻住而定，而初无与于婚制。

最后，郭氏二头酋长制云云，也属一偏之见。因为就郭氏所引伊洛奎之例而言，军事酋长既为临时性，遇有战役时始另行推举，则与尧与舜的情形绝不相同；舜的摄政绝非临时性的职务。不然的话，伊尹与周公的摄政，甚至汉代王莽的摄政，又岂非都是二头酋长之治？

总之，郭氏对于禅让传说本身的解释及据其解释而做的一切推测要都出诸于套用不可靠的材料及学理，益以主观和偏见，因而也都是难以成立的。其实，不只是郭氏，下文拟加检讨的一些学者对于主题传说的解释和推论，在态度和方法上，也多半是几乎如出一辙。

翦伯赞氏同样根据莫尔干母系社会先于父系社会的社会演化说和我国古帝感生传说论称：禅让的"真实历史素地乃是母系氏族中二头军务的相缵系统。他们来自不同的氏族，并没有什么血统的关系，而只有先后的次序。所谓荐于天，所谓禅让，都是选举的意思。"①

显然的，翦氏的解释只是郭说的修正说；否定了郭氏亚血族群婚的母系说，而简单地代之以"母系氏族"。此外，翦氏也否定了传说上五帝间的亲族关系。但翦氏除了藉莫尔干未成定论（事实也非定论，如现时台湾高山族中便兼有父系和母系姓族，一如郭氏所举的伊洛奎印第安族！）的学理强为此附以外，余者均出于主观的想法。如果说舜、禹的继承王权系出于选举，未非不可，因为传说本身就说尧、舜初荐之于天，继而得诸侯州牧的

---

① 1949年，见翦伯赞《中国史论集》，第85—90页。

拥举。但论者却不能以己意改变传说的事实。依传说，五帝既然系出一族，论者便不能轻易予以否定。如不然的话，论者尽可自己编造一项传说，或凭着人类学理论和资料，如莫氏一样，纂著一部古代社会猜测史（conjectural history），固不需就固有传说而删改之，而求其解释！当然，这种猜测史，虽可以戏，却不是科学研究。其实，正如郭氏说过：

> 我们中国古代的所谓国，其实，仅仅是一个大宗或小宗（按这也得看指哪些国说的；春秋时代的齐、秦、鲁、楚诸国便分属异姓，而非大小宗!），所以动辄称为万国、万邦。①

黄帝、颛顼、喾、尧和舜，依传说既均同出一族，却可说正是大小宗族。但正如周代姬姓的鲁、郑、晋、卫诸国一样，由于后来分封而异其邦国（即氏族）之号，因称之为轩辕、高辛、高阳、陶唐和有虞氏而已。诚然，我们这里也只是根据中国古史资料而为之说的，是耶非耶，却未易证明。但试问：我们究应否定五帝的族系关系，抑应就其原有传说而求其解呢？这是不难求得解答的。

又如缪凤林氏在讨论禅让一事时，曾认为中国古初分布着许多不同的氏族和部落，如神农氏、有熊氏之类的"所谓某氏某氏者，即所谓某某部落"；至如炎帝姜姓和黄帝姬姓之类的集团，则是"母系社会"②。而古所谓帝王，缪氏则认为：

> 各为天下共主……（不过）王朝之盛衰，率视中央政令之能及诸侯与否而断……唐虞间虽号禅让，而其关键，与

---

① 郭沫若：《中国古代社会研究》，第47页。
② 1946年，缪凤林：《中国通史要略》，第20—26页。

禹之传子，同在得失诸侯也。①

这里，缪氏对于禅让的解释，显然的，就是《孟子·万章》篇"唐、虞禅，夏后、殷、周继，其义一也"的说法，而孟子原意是说古者所以或禅让，或传子者无非旨在传贤；继位者果有才能且得诸侯的拥护，即可居其位，而初不论其究否为先帝之子或孙。至于缪氏对于古代氏姓的解释②，正如前文及后文所见某些学者对于古社会组织的推论一样，既与禅让传说无关，同时也无法根据这项传说而加以推论。

又徐炳昶氏在所著《中国古史的传说时代》一书曾对于传说时代中国境内的民族系属和社会组织提出详细的测论，要谓：夏代以前中国境内曾分布若干不同族系的民族的部落，每一部落则是由若干不相统摄的"氏族"组织而成，而黄帝、尧、舜、禹就是华夏民族中一些"氏族"的酋长。③ 以此推测为基础，徐氏继续推称：

> 某族有特殊的首长，讼狱讴歌可以暂时归到他那里，他就可以为一定时的宗主（原注：尊称之为帝。）……身没以后，他的宗主权也随着消失，更若干年而有他氏族的他帝出。

如此宗主或帝的迭出情形，徐氏认为即是所谓禅让。其实，这种解释仍然只是《孟子·万章》篇的译说；所不同的，徐氏不过根据自己对于传说时代社会组织的拟测，把传说上原来称之为帝者改说成宗主或酋长而已。宽泛地说，这样的译说也未非不可，

---

① 1946 年，缪凤林：《中国通史要略》，第 27 页。

② 缪氏谓古代姬姓、姜姓之类的同姓集团应为"母系社会"之说（第 20 页），非无见地，特不知其应就是与古代之氏（即氏族）有别的姓族。所以然者，实以学者素称此类姓族为"氏族"的原故。

③ 1943 年，徐炳昶：《中国古史的传说时代》，第 26—94 页。

但严格的说来，则不无蛇足之嫌，因为传说既是研究的原始资料，便不能以己意而加以修改；传说既是帝尧、帝舜，便不必以部落或氏族的酋长或宗主而改称之为酋长或宗主，甚至再加附注。徐氏所著《中国古史的传说时代》一书原意是在抗衡疑史派的抹杀古代传说，意在申说古代传说中非无信史[①]。就某方面说，徐氏的这种态度是可以同意的，但就徐氏这里有关禅让的解释以及他处对于古民族集团的系属和组织的推测而言，却嫌主观意见多于具体史证；与疑史派学者的议论相较，直五十与百步之异而已。例如传说时代何以是氏族组织，氏族又是什么样的结构，徐氏便未举出史证，只是套用人类学理论而已。

又黎东方先生在论及禅让传说时要认为：在三皇时代有许多"（母系）姓族及其后来（由父系姓族演变成的）氏族互结为同盟"，"愈结愈大，便成为若干部族，中原的若干部族结为一大同盟"；五帝就是"担任大同盟的盟长"，而"尧禅位给舜，就是把中原大同盟的盟长地位让给他"。至于舜与尧二女的婚姻，黎氏则认为是"母系社会时代"习见的招赘婚[②]。

正如上述几位学者一样，黎氏也根据人类学的理论，改编了五帝传说，把传说上的帝解释为大同盟的盟长，而这样的编译是以其拟测的五帝及三皇时代的社会组织为其基础的。如果黎氏是在创作黎明历史时代的历史小说，这样的编译工作自无可非议，但如果是根据古代传说而研究其内容和所涉及的史实背景，这样的拟测便可以商榷了。例如何以母系便称姓族，而父系姓族却又称之为氏族？姬姓的轩辕氏黄帝和姜姓神农氏炎帝之类的集团又

---

① 见徐炳昶《中国古史的传说时代》序论，第1—23页。
② 1944年，黎东方：《先秦史》，第8—20页；1974年，《细说史前中国》，第288—292页。

究是姓族抑氏族，又究是母系抑父系，抑母系而兼父系？显然都陷于混淆而难以说清楚了。更不说，缪凤林氏认为古代的氏却是部落。而且，凡此又都是与禅让传说本身无关，在此可不深论。至于舜与尧二女的婚姻，如果不是先假定传说时就是母系从妻居的社会，则母系社会招赘婚的解释也不尽然，因为春秋时代的姊妹共嫁一夫显然都不是招赘婚。更不说，纵是母系社会，婚姻也非全属从妻居的招赘婚。这并非说，尧、舜时代非无母系从妻居的母系姓族社会，只是说史料不足，难以确论。因此，只谈舜与二女之婚姻是姊妹共夫婚，便够了，似可不必深论。

又姜蕴刚氏于所著《中国古代社会史》一书中论称，自夏代迄于周代系属父系家长制的氏族组织，而"在夏、殷之时，诸侯之来不来属于自愿，其存在并不属于天子所立，完全是一个氏族联盟的状态"；至于"尧舜禅让，为争豪之方式"[1]。

关于夏、殷之际的社会结构问题，在此可以不谈。至于禅让为争豪之说，则有可论。就前文所知，丹朱与商均或其初未非不与舜、禹相争，甚至有共工谏阻而遭诛杀的传说，但依传说，则仍是举贤。尤其就整个五帝时代而言，纵有争权之事，也显然仍有其传子或孙之制存在，而非只是争为豪长。讨论到这里，我们终不免觉得，上述学者大抵过分依恃人类学说，出之于比附，因而创出许多不尽然的解释。其实，不仅是史学研究必须以史料为基础，就是人类学、民族学也是一样，而后者唯一要件就是靠调查所得的资料。巧妇难为无米之炊，纵然有坚强的理论可以援引，若果无研究对象本身的材料，也是不足以发为议论的。

最后，要提到的，就是法国葛兰奈氏（Marcel Granet）在所

---

[1] 1947年，姜蕴刚：《中国古代社会史》，第7—20页。

著《中国文明》一书内的意见①。在父系王朝一章内，葛氏根据中国古代阴阳颉颃而更迭消长之说和他自己提出的母系与父系家族制先后演变的一套理论，对于禅让传说提出了变相二头酋长制的解释。首先，他说中国古初的某一时代是由两个具天地之德而互相抗衡的集团酋长，应着季节的更易，而轮流执掌政权；两者中之具天德者为帝，另一具地德者为宰②，二人协同治事，但同时又是竞争者；为帝者年老德衰，便须让位于他的对手宰辅，甚至为其所放逐。尧和舜的让位及舜囚尧而偃塞丹朱的传说，正是因尧德衰之故。其次，葛氏认为，尧、舜所以不传位于子者，也由于父与子是互相抗衡的两代；父为圣君，子便是邪恶，因此颛顼为帝，鲧则凶恶而被诛，至其孙禹而又为圣帝。正因为如此，葛氏说，在王权的传承上，孙才可以继祖，而子则被牺牲；丹朱和商均所以不得继位，其故即在此。再次，葛氏认为，政权之所以由祖传孙或婿，如尧之与舜，也与家族制度的演变有关——在母系社会，父子异姓，而祖孙同族，再加两姻族间累世姑舅交表婚俗的结果，同姓同族的祖和孙便同时是舅祖父和外甥孙，因此政权也就由祖传于孙，而不传位于异姓之子；黄帝所以传孙而不传子，其故即在于此。但舜以尧之婿和甥（据孟子帝馆甥之说）何以能继帝尧呢？葛氏认为，在盛行交表婚的社会，无论是母系或父系的，女婿常就是自己的外甥，故帝尧为舜的舅父，也是他的岳父；舜是尧的外甥，也是他女婿。母系社会政权虽不传异姓之子，却可由舅父传给外甥（按因为同姓同族，应该说是中国古代所谓的内姓），也即女婿。社会由母系演变为父系后，舅岳与甥婿成为异姓异族的亲属，但据葛氏说，由于仍保持了母系社

---

① Marcel Granet, Chinese Civilization, 1958, p. 205, 214.
② 《吕氏春秋》卷二十有此说。

会的传统亲情，而致同姓父子仍存在互相抗衡的情势，儿子仍在牺牲之列，因此外甥女婿便仍然是合理的权利继承人。就是这样，葛氏说，"尧的长子丹朱便被牺牲，而以舜作为他的继承人"，且舜"也正是第一个有资格担任尧的宰辅的人"。总之，葛氏认为："（古初的）帝王与宰辅（即天德与地德）固然是互相抗衡而又协和的两位神圣，同时因联姻而结合的两个家族也是既匹敌而又团结的两个集团。正是这样，政治上的二酋现象也就跟家族制度的两系现象紧密地结合在一起了。"这就是说，禅让是由于天地阴阳颉颃思想和母系社会交表婚影响下而产生的一种王权继承制。

显然的，从各方面说，葛氏的解释似乎都比上述各家的解释更周详、更巧妙，不能不说是构思精致，且煞费苦心的。因为阴阳思想固然是战国道家及其后阴阳五行家所依傍的主流思想，同时证诸《鲁语》子贡云：

商闻之，古之嫁者不及舅姑，谓之不幸。

也可知交表婚也至迟应是春秋时代的流行婚制哩。虽然，葛氏的解释不只是变相的二头酋长制说，是大拼盘式的一种饰说，而且拼凑的中看并不中吃。首先，就禅让而言，在五帝的王权传承中固然仅属少数两人之事，并非常制；同时就颛顼传于喾和喾传位于挚的父死子继之例而言，也可知五帝时代王权的传承实非父不传子。实际上，除了问题中的舜一例以外，余者四人也并无二人是舅传位于甥的！其次，阴阳思想和交表婚制虽见于战国和春秋时代，葛氏却没有提出任何史料，证明同样存在五帝时代！显然的，举凡葛氏天地阴阳颉颃、父凶子贤、母系社会传孙、传甥而不传子之类的解释，在此均已失其依据！

如是，我们在此从葛氏的解释上对于中国古史研究的方法又获得一点新的认识，就是在中国古史的研究上，我们固不能仅仅套用其他学科，尤其人类学的材料或理论，对于中国史料不足的问题做无中生有的推测，甚至于再进一步的推测；就是中国本身的材料也不能任意援引而强求其不可知之说！不然的话，非徒无助于古史问题的解决，且为后来的学者平添许多无谓的麻烦。

讨论到这儿，著者总算结束了这一繁重的检讨工作，很吃力，也相当厌烦。但无论如何，在此总可说明一项事实，就是：近代史学家在禅让传说的基本看法、解释和推测上真可说是议论纷歧——疑之者认为传说系出于儒或墨学之徒的伪造，或源于印度或西亚文化的影响；信之者则以为禅让事涉部族联盟，或氏族联盟或临时宗主或共主的选举、让位，或争豪！尤其对于传说时代而初与禅让传说无关的社会组织问题，学者间的臆说愈是纷歧——或认为是亚血族群婚的母系氏族、母系或父系氏族社会；或认为是氏族联盟，或认为是部族联盟；或认为中国古所谓氏应是部落组织，而大多数学者氏族云云却都意指西文"clan"；或认为古所谓姬姓、姜姓之类的族属集团应相当西文所谓"clan"而应译称为"姓族"而非氏族，却又把演变自母系姓族的父系姓族易称为氏族！最可怪异的，即禅让既非五帝时代的常制，也非不见于后世的美举，然而论者却或以此而否定禅让传说，或据此非常之制而推论其他制度！这无论如何都是令人百思不解的。

已故沈刚伯先生在去世不久前的一次中研院学术讲论会上曾做专题演讲，呼吁发展古史研究，空谷足音，及今思之，实有其必需呢！

六　结论

（一）尧舜禅让传说应至迟是春秋时代以来就已经流传的古老传说之一；纵不认为传说均为史实，但传说上的父死子继、兄终弟及和禅让的王权继承现象与舜娶尧二女的婚制实迄存在春秋时代，而殊无不同。

（二）禅让传说普见于《论语》及战国以来儒、墨、道、法各学派的论著；绝非出于某一学派的伪托。

（三）禅让传说是战国诸子学派共同援引以论证先朝治道的题材之一；由于基本思想的不同，各学派对于禅让传说虽有深信而推崇之或怀疑而贬抑之之分，但其认为尧、舜系古代贤君，则殆无二致。

（四）五帝传说要见于《左传》、《国语》、《管子》、《礼记》诸书；自西周穆王时代以来，即为王室及诸侯卿大夫或史官所引述，甚且是与其祖先世系有关的传说；与尧舜传说应同为古老的传说。

（五）近代学者对于禅让传说的解释均失其实，尤其是治学方法有欠正确；或失之于疏忽，未能详考史料，而以偏概全；或失之于套用其他学科理论，任意比附，而致主观的臆测多于本位史料的证明。

（六）中国古代史，尤其社会组织史的研究，亟待发展，尤其在研究方法上似有改弦易张的必要。

1977年9月写于南港中研院史语所
（原载1977年台湾《食货月刊》复刊第7卷，
第7期第1—11页，第9期第12—38页）

中国古代的神秘数字论稿

一 序言

俗语有云:"见人,说人话;见鬼,说鬼话;见神,说神话。"此言人之巧言诡诈。实际上,人类应着生活上的需要,也确是使用着两种语言,且可说就是"人话"和"鬼神的话"。

所谓人话就是人类在现实社会中用于人与人交往的,即用于世俗生活的语言,故可称之为世俗语言(worldly language)。世俗语言是自喻性的语言(self-explanatory),也即可以直接了解的语言。例如我们说"十"或写出一个"十"的数字,听话的人就会了解这是用于计算而表示数量的一个符号,同时晓得它就是"十",既不是八或九,也不是别的数量。

所谓鬼神的话却是人类在超现实社会中用于与鬼神打交道的,即用于宗教生活的语言,故可称之为神秘语言(sacred language)。神秘语言常是非自喻性的,也即隐寓性或象征性的(metaphorical or symbolistical)语言。这种语言另有其神秘性的意义,而非可就世俗语言的观点而直接求其了解的①。例如同一个"十"字,就基督教徒而言,就显然有不同的,甚至非一语可以道尽的复杂神秘意义。

本文拟要讨论的神秘数字就是中国古社会,尤其是古神权社会使用的一种神秘语言或鬼神的语言。

神秘数字同见于其他民族,在西方学者有关宗教的著作上颇不乏有讨论②。虽然有关中国古代的神秘数字的问题,就国人论著而言,却似乎仍未见有系统的研究。就著者所知,三十年前,闻一多、季镇淮和何善周三氏曾合撰《七十二》一文,指出七十二是与阴阳五行有关而泛表多数之意的一种虚数③。虽然,究与阴阳五行有何种关系?又何以如此,七十二即为泛表多数的虚数?闻氏等却未能说明。其后七年,同仁周法高先生在《上古语法札记》一文内④,指出前人曾论及十二、三十六、七十二之类的数字"都有表示虚数的可能";此外,藏语中的"九",跟汉语中的"九"一样,也可以是虚数或神秘数,两者究源于同一母语或由于文化关系,颇可注意。虽然,法高先生也并未提到藏语"九"的数字的究竟神秘意义。

---

① 其实人类在现实生活上,各行各业也有不同的特殊行话,或专门术语,非内行人也是不太了解的。

② 以上参考下列各书:
    1923. M. H. Farbridge: Studies in Biblical and Semitic Symbolism, Chap. Ⅳ. pp. 81—156, Symbolism of Numbers.
    1926. D. A. Mackanze: Migration of symbols and their relations to the beliefs and customs.
    1930. E. A. W. Budge: Amulets and superstitions, Chapter 26, pp. 427—444, Theories about numbers and their mythic and sacred characters.
    1966. G. Ferguson: Signs and symbols in Christian art, Section Ⅺ. pp. 148—149, Radiances, letters, colors and numbers.

③ 1943年,西南联合大学师范学院《国文月刊》卷22,第8—12页。

④ 1950年,《中央研究院历史语言研究所集刊》卷22,第203—205页。

十年前，即 1962 年，著者在苏雪林先生《天问研究评介》一文内①，简略的提出一项推测，即七十二和四两数字在中国古代或均为神秘数字，而且"四"应即大地的象征符号。此外，在同文中，著者就神秘数字的信仰，更进一步的推测古籍的句数或因此而采取某种固定的型式，藉以示其神秘性。虽然，在该篇论文内，著者既没有说明何以七十二和四为神秘数字，也不曾举出某种古籍的编撰型式确属神秘性。因此，在去年春，著者又撰写了一篇短文，略证七十二数字应是象征天地的两个数字（即八九两数）的积数，从而也就是象征至大无极且具天地交泰与至善至美的意义的一个神秘极数。此外，著者并据东汉王充驳斥古籍或具神秘编撰型式的议论，而反证著者前此认为古籍编撰型式或具神秘性的推测实为东汉以前的旧说②。虽然，就神秘数字而言，著者前此的讨论却显均失之简略，且缺乏系统的分析。

最近，著者因奉李亦园先生函，嘱撰稿为凌公纯声先生寿，而适发觉神秘数字在古代既远为广泛复杂，且有关这方面的史料也至为宏富，尤其就学术研究的发展史而言，数字或宗教符号学（numerical symbolics or symbology）的研究也可说是最早而成就超著的一门学科，值得为之整理而发扬光大的。因此，不揣浅陋，提出本文，拟就秦汉学者的论点，对于中国古代神秘数字的起源、意义，及其与古社会的思想和生活的关系，试加以分析，既所以补前文之缺，也所以就正于纯声先生及读者同道。

---

① 1962 年，《大陆杂志特刊》第 2 辑，第 413—442 页。
② 1971 年，《再论古代某些数字和古籍编撰的神秘性》，《大陆杂志》卷 42，No. 5，第 1—3 页。

二　易卦与神秘数字

（一）古所谓天数地数或阳数阴数

通常用于计算的数字分为两类，即奇数和偶数。但证诸下列的史料：

　　天一、地二、天三、地四、天五、地六、天七、地八、天九、地十。

　　天数五、地数五。五位相得，而各有合。天数二十有五（1＋3＋5＋7＋9＝25），地数三十（2＋4＋6＋8＋10＝30）；凡天地之数五十有五。此所以成变化，而行鬼神也。（《易·系辞》上）

　　初为阳，二为阴，三为阳，四为阴，五为阳，六为阴（七为阳，八为阴，九为阳，十为阴）。一、三、五、七、九，阳之数。二、四、六、八、十，阴之数。（《京房易传》卷下）

事实说明在古代，或至迟东周以来，从一至十的十个自然数字中的五个奇数却被称为天数，而余者五个偶数则被称为地数，且此所谓天数和地数在后来又或称为阳数和阴数。又由于古人或泛称天地大自然为天，故就下文讨论所知，也就或泛称天地之数为天数。

（二）天地数是与《易》卦有关的神秘数字

天地之数，据上引《易·系辞》云，既是"所以成变化而行鬼神也"，而鬼神事涉宗教信仰，则这类数字应是与鬼神信仰有关的神秘性数字，显然是无可置疑的。实际上，《易·系辞》和《京房易传》两书均属诠释《易》卦之作，而《易》卦主要是借用一组准象天地的符号（八卦）以占卜人事吉凶的一部占星学的著作，则天地之数非仅为神秘数字，且无疑是与占星学的《易》卦有关的。兹试就《易·系辞》和《京房易传》申论之。

按，《易·系辞》云：

> 阳卦奇，阴卦偶。

又《京房易传》云：

> 故《易》卦六十四，分上下，象阴阳也。奇偶之数取之于乾坤，乾坤阴阳之根本。

是证阳卦原就是奇数的符号，阴卦原是偶数的符号。又由于乾坤分为阳阴卦的首卦，依京房之说，奇偶之数系取象于乾坤，所以奇偶之数也就又称为阳阴之数，换句话说，也就成为阳阴的象征符号了。然则何以阳卦为奇，而阴卦为偶？这就得从八卦的符号来加以说明，按，八卦分为下列阳阴两组：

阳卦：乾☰　坎☵　艮☶　震☳

阴卦：坤☷　离☲　兑☱　巽☴

在阳卦组中，乾为首卦，属纯阳，其卦符是由三条阳爻，即三条连贯的长画组成，故俗或云"乾三连"。相反的坤，则为阴卦之首，属纯阴，其卦符是由三条阴爻而实际上是六条断开的短画组成，故俗又云"坤六断"。三连为奇数，六断为偶数。著者以为这应该就是《易·系辞》所谓"阳卦奇，阴卦偶"的意思。

阳阴卦不仅只乾坤二卦，自然也就不仅乾坤二卦为奇偶之数。试更比较上列余者六卦的阳阴爻画，则事实显又说明阳卦组中的坎、艮、震三卦均为一连四断的线画，即奇数五的组合，而阴卦组中的离、兑、巽三卦则均为二连二断的线画，即偶数四的组合。

显然的，就阳阴爻画的数目而言，所谓阳阴八卦原来只是奇偶之数的符号。实际上，甚至象征太极与两仪的基本阳阴爻画，即—和--，也可说就是奇偶之数的一和二两数而已①。总之，我们可以认为阳阴卦之别正是基于奇偶之数的观念；奇偶之数即天地之数，因此也就是基于天地之数的观念。实际上，又据《易·系辞》云：

> 乾阳物也，坤阴物也。阴阳合德，而刚柔有体；以体天地之撰，以通神明之德。

这里所谓天地之撰，据韩康伯注，就是天地之数。是证《易·系辞》作者正是说八卦的组合原就是体象天地即奇偶之数；天地之数即阳阴之数，因此才分为阳阴两组。又就上文所知，天地奇偶之数是所以行鬼神的，而这里同样说明八卦也是所以通神明之德的。显然的，八卦与天地奇偶之数正是互为表里的。

至如京房"奇偶之数取之于乾坤"之说，虽指出天地奇偶之数与阳阴卦的关系，但在解说上则似乎不无倒果为因之失。因为我们果非认为八卦原是最早的数字符号②，又果非认为先有阴阳而后始有单双即奇偶的观念，则勿宁说"乾坤取之于奇偶，奇偶为阴阳之根本"。总之，《易》卦，不仅如《易·系辞》说的，原是体象天地之数，而且如《说卦》说的：

> 参天两地以倚数，观变化于阴阳以立卦。

也原不过是以奇偶之数为基本原则的一种数字魔术而已。

然则奇数之数又何以称为天地之数呢？这由于正如京房说的，"积阳为天，积阴为地"。古人盖认为天地为阳阴之精，也

---

① 据《易·系辞》又云："乾阳物也，坤阴物也"、"（乾）动也直"、"（坤）静也翕"的话来说，阳阴爻初始也非不是两性生殖器官的象征符号，且符合"近取诸身"的创制原则。

② 就八卦爻教而言，八卦符号究否非原始数字，也虽断言；果然是的话，则八卦也仍可认为是从"数字"衍化出来的，易言之，就是把原来计数的符号用为占卜的符号。

即为纯阳纯阴之物。因此，同样正如《说卦》说的：

> 坤也者，地也。
>
> 乾天也……坤地也。
>
> 乾为天，为圜，为君，为父……
>
> 坤为地，为母，为布……

纯阳的乾和纯阴的坤也就分别成为天地的象征符号。而乾坤由于是奇偶之数的符号，所以奇偶之数也就有天地阳阴之数之称，从而同样的成为天地阳阴的象征符号了。

于是，十个天地之数，个别而言，虽非必狭义的均指言天地，却要可泛指天象地理。例如，一可指太一、太极，或天帝，二指两仪即天地阳阴，三指三才、三辰，四指四方、四极即大地，五指五行、五星，六指六合即宇宙，七指七宿，八指八极、八表、八风，九指九天、九野，十指十日、十干。

综上所论，我们或可得到这样的结论，即：就物而言，是谓天地；就道而言，是谓阳阴；就卦而言，是谓乾坤；就数而言，是谓奇偶；就占星学而言，天地、阳阴、乾坤、奇偶，其实一也。而八卦与天地之数的为用，正如《易·系辞》说的：

> 《易》与天地准，故能弥纶天地之道……知幽明之故……定吉凶，生大业，是故法象莫大乎天地。

两者显然都是藉着法象天地之道，以达到人类与天地鬼神交通，就统治神权社会的帝王人主而言，也即达成永生和长治久安的目的。至于古人究如何藉神秘数字以达其法象天地的目的，这类数字又究与古社会具有何种关系，则在下文再加讨论。

（三）阳三阴四为真正的天地之数

天地之数，据上文所知，虽有十个数字，但是就奇偶观念而言，尤其就《易》卦而言，则基本上似应只有两数。而且这两个数字果然不是象征天地的乾三和坤六，也该是象征太极和两仪

的阴爻和阳爻,易言之,该是一和二两数。但是事实上却非如此。因为据《京房易传》和《易纬乾凿度》云:

> 孔子曰:阳三阴四位之正也。

位之正即正位,也即真正的位数。这就是说,真正的天地之数实是三和四!

何以阳三阴四独为天地数之正?京房紧接着提出了下列的解释:

> 三者东方之数……又圆者径一而开三也。四者西方之数……又方者径一而取四也。

是知京房认为三四两数由于(1)原是东西方的方位数,(2)与计算圆方形的方法有关,才成为真正的阳阴天地之数。虽然,由于京房语焉而不详,显需再加解释,也才可以了解他的命意所在。

首先,关于天地数与五行方位的关系,据郑玄《易经》注的解释,知有如下的配合关系:

> 天一生水于北,地二生火于南,天三生木于东,地四生金于西,天五生土于中。

这就是说,北东两方都属阳位,所以都配合天数即阳数,而西南都属阴位,所以都配合地数即阴数。但是由于东西方是日出入之所,属真正的阳明阴暗之位,所以只有三四两数为真正的天地之数。换句话说,北南两方由于非日出入之所,非真正的阳阴之位,所以配合的天一地二也就不是真正的阳阴之数了。

然则何以一二三四之类的天地数又与北南东西的方位有如此配合的关系?著者歉仍不能举出直接的史料以资说明,著者虽可就《说卦》所说的坎震离兑分为北南东西四方的卦位和五行之说加以推测,但由于基本上就不详《说卦》的卦位分配原则,终难窥其究竟,因此也就不拟赘论了。事实上我们也究不知天地数与方位的配合是否即与卦位有关。

其次，著者认为与其说阳三阴四由于是东西方位数，从而才是真正的天地数，或勿宁说这两个数字由于原是真正的天地数，也才配属于东西方位。然则阳三阴四何以原是真正的天地数？著者以为不仅如京房说的，这两个数字与求算圆方的方法有关，而且涉及着古代所谓圆方的观念。首先，就下列史料证之：

> 圆属天，方属地；天圆，地方。（《周髀算经》首节）
> 爰有大圆在上，大矩在下，汝能法之，为民父母。盖闻古之清世，是法天地。（《吕氏春秋·序意》）
> 能戴大圆者体乎大方。（《管子·心术》）
> 是故能戴大圆者履大方。（《淮南子·俶真训》）
> 天道曰圆，地道曰方。……天圆地方。（同上《天文训》）

知古人盖认为天圆地方，因此也就或称天为圆或大圆，而或称地为方、矩、大方或大矩。天地既可以或称为圆方，因此，正如京房说的，天地之数也就与圆方之形的计算发生了关系。

其次，除《京房易传》天地数与圆方有关之说以外，《周髀算经》也载有"数之法出于圆方"的类似说法。其文云：

> 昔者周公问于商高曰，窃闻乎大夫善数也，请问古者包牺立周天历度。夫天不可阶而升，地不可将尺寸而度，请问数从安出？商高曰，数之法出于圆方；圆出于方，方出于矩……故禹之所以治天下者，此数之所生也。周公曰，大哉言数！请问用矩之道。商高曰，平矩以正绳，偃矩以望高，覆矩以测深，卧矩以知远。环矩以为圆，合矩以为方。方属地，圆属天；天圆，地方。（卷上首章）

显然的，这段故事主要是说：周公以为天高地广，难以测度，不知周天历度之数究如何计算而得出，因以就教于商高。于是商高告诉周公如何用矩测知高深远近、如何制作圆方,并总结一句的说,凡有关天象地理的数字都可就圆方求之。此外,商高也谈到天圆地方的问题,而言外之意也许是说,正由于天圆地方,所以有关大地的数字才出于圆方。至于商高究否认为阴阳天地之数也同出于圆方,则不得而知。

然而在《算经》"数之法出于圆方"下,汉赵君卿却注云:

> 圆,径一而周三。方,径一而匝四。……故曰数之法出于圆方。圆方者天地之形、阴阳之数,然则周公之所问者天地也。是以商高陈圆方之形以见其象,因奇偶之数以制其法。

显然的,这说明赵君卿认为周公所问的"数从安出"和商高所谓"数之法出于圆方"的"数",应该就是"阴阳之数"、"奇偶之数"、"天地之数"。而赵氏所谓的天地即阴阳奇偶之数,也显然是指求算圆方即天地之形的公式中的两个奇偶之数。这两个奇偶之数,就公式中的数字而言,自不外乎是一四或三四两数,但如果就京房之说而论,则无疑应是三四两数。周公所问的数究否就是三四这两个天地之数,不容确论,但所断言的,就是赵君卿正如京房一样,显认为阳三阴四与求算圆方的方法有关,甚至于就称三四两数为圆方之数了。虽然,赵氏却同样未说明何以求算圆方公式中的三四两数就是天地之数!

然则何以京、赵二氏又都把天地和求算圆方的方法扯在一起来谈,而阳三阴四与圆方又究有关系?由于本文写作的匆促,著者歉不能更举出直接的说明材料或近人的解释,而仅能提出如下的推测。主要的,著者以为至迟在汉代的历算研究上,三四两数可能就是圆方之形的象征数字,也就是说,三者圆也,四者方也。而其所以然者,则实由于当圆的直径与方的边径相等时,圆方的周径之比为三比四;易言之,就周径而言,圆是三,而方是四。三四两数既是圆方之数，也是天地之数，且由于圆天方地，也就更是天地之数。特别是由于圆方周径之比不是一与二、五与六、七与八，或九与十之比，所以在十个天地数中，也就唯独三四两数是真正的圆天方地之数。虽然，以上只是著者个人的一种推理，三四两数所以为真正的天地之数究否即经过这样的历史过程，则不得而知。

此外，撇开圆方之形不论，就十个天地数先后衍生的情形，也可说明三四两数实为关键数字。就八卦的爻画也可说明何以乾三是真正的天数，而坤六却非真正的地数，虽然坤六为大地的符号。但是由于这类解释不必就是古人的观念，也就无需在此赘论了。

最后，该指出的，就是也许正因为三四两数是真正的天地阳阴之数，所以在下列西汉董仲舒所著《春秋繁露》的《官制象天》篇找到强调三四天地数重要性的议论：

> 三起而成，四转而终。官制亦然者，此其仪与？三人为一选，仪于三月为一时也。四选而止，仪于四时而终也。……成数以为植，而四重之，其可以无失矣；备天数以参事治，谨于天道之意也。……三起而成日……三旬而成月……由此观之三而一成，天之大经也。以此为制，是故礼三让而成节，官三人而成一选……凡四选三臣，应天之制。

在这段话内，董氏所谓天数或天制自兼指三四天地之数或天地自然之道而言，同时他认为人类社会的事治须与天地之数相参，才可以无失，因此官制须四选三臣。不过，董氏显由于天尊地卑的观念，而尤认为"三而一成，天之大经也"——这就是说，圆天原来就是"径一而开三"，即由三径而合成一周的。

综合上文所论，我们应可这样结论，即：三四两数原是天地之数，但由于与圆天方地有关，或者竟是圆方的象征数字，所以在十个天地数字中也就是真正的天地之数。虽然，证诸下文所论，古代的神秘数字却又不仅限于十个天地之数。

（四）十数以上神秘数与立数法则

在序文中著者曾指出，近世学者或认为十二、三十六和七十二之类的数字都有表示虚数的可能，而著者则曾进一步的解释，这类所谓可能表示虚数的数字"就是天地数之积"；"八（即四）和九（即三）是象征天地的数字"，"七十二就是天地阴阳至极之数"。这就是说，著者认为，十数以上的某些数字在某种情形下也是神秘数字，且是十数以下的神秘数字的积数。虽然，著者的上述推论初只是根据《管子·五行》篇、《鹖冠子》和《三余偶笔》的三几条材料，而当时对于古代神秘数字的问题既没有系统的了解，也更不晓然《易·系辞》早就载有关于天地数之称和其他理论方面的材料！

侥幸的，著者当初的推论，经由本文前节的分析，已经大部分得到更进一步的解释，只除是十数以上的神秘数字问题仍需加以补充。兹更就《易经》材料，试为检讨如下。

按，《易·系辞》在记述天地数的下文，载有下列一段话：

乾之策二百一十六，坤之策百四十四，凡三百有六十，当期之日。二篇之策万有一千五百二十，当万物之数也。

在这段话里，与乾坤二卦和《易经》上下两篇六十四卦爻策有关的四个数字，姑不论其如何来源，不仅显然都是九八两天地数的积数，即七十二的倍数数字（$216 = 3 \times 72$、$144 = 2 \times 72$、$360 = 5 \times 72$、$11520 = 160 \times 720$），且显然都该是神秘性数字，因为八卦原就是"以行鬼神"的神秘符号。著者在前节曾推证十数以下的神秘数字与八卦有关，同样的，这里说明十数以上的某些数字由于与《易》卦有关，也才成为神秘数字。而七十二之数在这类神秘数字中则似乎尤具神秘性。实际上，就著者所见，十数以上的神秘数字非仅与《易》卦有关，更可能是与揲蓍立数以定卦象的立数原则相涉。以下，试就乾坤两卦和《易经》上下两篇六十四卦爻策之数的来源以申其说。

按，定卦之先，需经过十八次揲数四十九策蓍梗的繁复操作和六次计算的手续，以求出六个或同或异的天地数，而后根据这六个天地数所代表的阴阳爻（即天地符号）才可以决定六条阴阳爻，而布成所需的卦象。

揲蓍成卦的法则见载于《易·系辞》叙述天地数一节的下文，主要包括四项手续，即二分、挂一、揲四、归奇。但由于本文记载简略，后儒也就有一些大同小异的说法。不过基本上说，都无非是把四十九策蓍梗先任意分为两组，使之必成为奇偶之数（二分）。继于其中一组抽取一策，放置一侧（挂一），而视所用计算方法，则用或不用。继之，四策一揲的，分数已分为两组的蓍梗策数（揲四），其两组最末的一揲（不论是否为四策）即是"奇"，也即分揲余下的蓍策。最后，合并两组的揲余蓍策，而得出一个和数，从而也才算完成了一次揲蓍的手续。如此，先后揲蓍三次，得出三个和数，而始完成全部揲蓍的程序。然后，根据三个和数的总和及不同的计算方式，求出一个天或地数，而用以决定一条阳或阴爻。卦象由六条爻画组成，所以需算出六个天地之数；换句话说，也即揲蓍十八次。

揲数的蓍梗说是四十九策，而实际上就下文所列公式而言，却可用四十八策。四十八策任意分为两组，则两组或恰均为二十四策，因而最后一揲各为四策，合之而为八策；如两组非等分，则其最后一揲或均为二策，或其一揲为三策而另一揲为一策，合之而均为四策。如是，三次揲余策数之和，由于或为三个八、三个四、两个八和一个四，或两个四和一个八，而是二十四、十二、二十，或十六的四种可能。如是，根据这四个不同的和数分，就下列公式，即可求出决定一条阴或阳爻的天或地数：

$[48 - (3 \times 8)] \div 4 = 24 \div 4 = 6$

$[48 - (3 \times 4)] \div 4 = 36 \div 4 = 9$

$[48 - (2 \times 4 + 8)] \div 4 = 32 \div 4 = 8$

$[48 - (2 \times 8 + 4)] \div 4 = 28 \div 4 = 7$

求出的九、六、七、八之数，大概从东汉或至迟战国以来（就《易·系辞》卦爻策数而言），或称之为老阳、老阴、少阳和少阴之数，而实际上，就计算式而言，则为揲蓍所需策数而以揲数表示的揲数。如老阳的天六，即四揲之的六揲；余者类推。求出的天地数虽有四种，但就奇偶、天地、阴阳而言，则仅两组，因此只能决定两种爻画；两天数均决定阳爻，两地数均决定阴爻。这就是说，阴阳爻虽只两种，但就其天地数而言，却实有四种，而有类于遗传的显隐因子。"隐性"的少阳和少阴（或说是小天地）之数，在决定爻画上，虽与老阳和老阴的天九地六功用相同，但在卦象性质上说，则其用不同；因为前者决定的卦象固定不变，而后者决定的则是所谓变卦。其变异的法则因与本节所论无关，兹故不论。

上文已经说明揲蓍、立数、成卦的程序和计算法则。如是，可进一步求解乾坤卦和六十四卦爻策数字的由来。按，乾卦为六条阳爻组成。《易·系辞》既说乾之策二百十六，则其一阳爻相当三十六策，就揲数而言，也即九揲。换句话说，乾卦的六阳爻是由六个老阳即天九之数决定的。同理，坤之策既是一百四十四，则其一爻相当二十四策，也即六揲之数，因而其六条阴爻也就是由六个老阴即地六之数决定的。又六十四卦共计三百八十四爻，阴阳爻画各为一百九十二。两者策数既为一万一千五百二十，则决定爻画的天地数应为老阳与老阴之数，即天九与地六；因老阳一爻三十六策，老阴一爻二十四策，分乘一百九十二，其和即为《易·系辞》之数（192×36+192×24=6912+4608=11520）。据此，如果《易》卦当初就是据天地数而决定爻画，则显然应仅用天九地六两数，而不用天七地八，也就是说，当初卦象较为简单，而无所谓变卦，其后始演进而增加天七地八之数。如其不然，则或许是决定卦爻虽用九、六、七、八之数，但在计算卦爻策数时，却仅依天九地六所当之策数而求算之。究竟如何？前儒又曾否论及？因溢出本文讨论范围，兹姑不赘。

讨论至此，事实应可充分说明：八卦符号，如著者前文指出的，固然与天地数互为表里，而且就整个立卦的程序和立数而言，也显然无不是意在象征奇偶即天地之数，而实际上也正是求立天地之数。如分四十九策为两组奇偶之数，挂一以象三、揲之以四，无不是象征天地。至于归奇所立的数均为天地数或其积数，则更无论了。总之，就立数而言，其意当指天地阴阳之数。

实际上，据《说卦》云：

参天两地而倚数，观变于阴阳而立卦。

这就是说，立卦之先，原有一倚数即立数的原则，"参天两地"的原则，且此一原则显然是应与天地数有关的。虽然，所谓"参天两地"一语，在旧解上却颇多异说，迄今似仍没有一定的解释，甚至于这一立数的原则，其意究否立九六七八之数，即初与卦爻的决定究否有关，也似乎不无可疑。兹试分论如下。

首先，据旧解所知，"参天两地"或认为意指参合五天五地之数，成为五个十，合而为大衍之数，易言之，此一立数原则意指立大衍之数（郑玄《易经注》）；或认为"参、两"意指奇偶即天地之数，而立数意指立决定卦爻的九六七八之数（韩康伯注、孔颖达《正义》）；或既认为"参、两"意指奇偶即九七六八之数，却又似乎认为不无"错综"即参合之意，因解"参天两地而倚数"为"错综天地参两之数"（如长孙无忌《要义》）。

但显然的,这类解释非失之语意含混或模棱两可,则或是与立卦无关。尤其这类的解释并没有指出这一立数原则的究竟意义所在。此外,或许更有其他异说,著者未能一一遍检,也就不在此备举。

虽然,魏关朗《易传》就卦爻策数而提出的"三天两地"说,就著者所见的旧解而言,却似乎是最早而最合乎易卦立数原则及其意义的一种解释,纵或非唯一的解释。他说:

阳六爻,一爻三十六策。阴六爻,一爻二十四策。三天两地。举生成而六之也。三六而又二之,故三十六策($3 \times 6 \times 2$)为乾。二六而又二之,故二十四策($2 \times 6 \times 2$)为坤。三其二十四,与二其三十六,皆得七十二焉。三其七十二,则二百一十六,乾之策也。二其七十二,则百四十四,坤之策也。阴阳三五;每一五而变七十二候,二五而变三十六旬,三五而变二十四气。凡三百六十(五),周而复始。……三百六十者岁功之用也。……夫生于一,成于六。一六相虚,三五为用;自然之道也。

张彝问曰,"二篇之策万有一千五百二十,当万物之数。岂亦三天两地乎?"子曰:"何谓不然!"爻所以著象,策所以推数。象六数五,三天两地。先三十而六之,一百八十。又二而六之,一十有二,合百九十二。故二篇共三百八十四爻。阳爻六,一爻三十六策;六爻二百一十六策。先三十之,百八十爻,得六千四百八十。又二之,十二爻,得四百三十策。共六千九百一十二策〔($30 \times 6 + 2 \times 6$)$\times 36 = 6912$〕。阴爻六,一爻二十四策;六爻百四十四策。先三十之……又二之……共四千六百有八策〔($30 \times 6 + 2 \times 6$)$\times 24 = 4608$〕。是二篇合之一万一千五百二十。盖举盈数而溢之也。

显然的，从上述关朗的解释上，我们可以了解：

1. 关氏认为凡乾坤和二篇的卦策之数都是天三地二两数之积的倍数 [24 = 4（3×2）、36 =（2×3）^{2}、72 = 2（2×3）^{2}、144 = 4（2×3）^{2}、216 =（2×3）^{3}、360 = 10（2×3）^{2}、192 = 10（3×6）+（2×6）……]。这就是说，关氏认为《说卦》所谓"参天两地"意即"三天两地"，也即天三地二两数；以天三地二之积配合成数就是《易》卦的立数基本原则。

2. 乾坤策数和期之日数也可说是都衍生自七十二的数字。而七十二，就乾坤一爻的策数而言，也正是三其二十四，或二其三十二的积数，即天地数的积数，（虽然实际上却不是三天两地，而是三地两天的积数！）这就是说，在关氏看来，七十二是由天地数组成而尤具神秘性的一个十以上的神秘数字。事实上，关氏在同书《盈虚义》篇，除认为七十二与七十二候、二十四气，和期年日数都有成数上的关系以外，也认为与历法的数字有关。他说：

> 当期之数，过者谓之气盈，不及者谓之朔虚。故七十二为经，五之以为期……七百二十为起法，七千二百为统法，七十二万为通法……七千二百万为大率，谓之元。

总之，关氏的"三天两地"说非仅立论坚实，几乎无可疵议，且无论就《说卦》"参天两地而倚数"一语的解释、卦爻的策数，或《易》卦所象征的天地阴阳之道而言，也都显然是吻合无间的。

虽然如此，但著者仍不认为，关朗"三天两地"说就是《说卦》"参天两地"立数原则的唯一可能的解释，且问题的关键，就是果然立数是为了立卦，且依关朗的解释所立的数是天地两数之积，则此天地两数该是天三地四，而不该是天三地二。因为天三地四是真正的天圆地方之数，而地二则与地方无关。换句话说，依著者所见，"参天两地"的立数原则仍可加以如下，甚至是不仅一种的解释，且都应以天三地四之积为立数的基数。

首先，著者认为，"参天两地"的参两二字当可能为动词，而参即参备，两即偶合之意。这就是说，参天两地而立数者意指参备即配合天地之数而另成他数，而且此一成数果不是天地两数的和数，当然就是积数。著者以为这一成数，如关朗的立数法，该是积数，且该是天三地四的积数。

其次，著者认为，"参天两地"也应可解为"三天两地"，而其意则是"三其天，两其地"，也就是说，以三倍天数和二倍地数之积配合成数。而此所谓天数和地数，则指类似天地爻画（即两仪）的一二两数。如是，此一成数即为（3×1×2×2），也即天三地四之积；同样是真正天地数配合成的积数。

再次，"参天两地"虽同样解为三倍天数与二倍地数的积数。但是此所谓天地之数则不是天一地二，而是天三地四两数。这就是说，在立数原则上，大于七十二的数字应以天九地八两数之积为基数，且基本上说，也仍是以天三地四之积为基数的大型基数 [72 = 9×8 = (3×3) (2×4) = (3×2) (3×4)] = n (72)。因此，这种立数法可称为广式或复式"参天两地"立数法。相对的，以天三地四之积为基数的立数法则可称为基式或简式立数法，从而所立的数字，也就可以分别称为基式和广式神秘数字。至于十数以下的十个数字，则可称为天地数字。总之，如果依关朗的解释，"参天两地而倚数"该合理的解为"三天两地"立数法，则这一法则显更合理的解为著者所谓"广式参天两地"立数法，这一立数法不但可以衍生真正天地数的积数，而且实兼括关氏"三天两地"的立数法！

然则著者所谓基式和广式神秘数立数法又究否一如关朗"三天两地"立数法的适用？这可以同样就关氏所举的乾坤卦和

六十四卦爻策之数加以说明。首先，就下列数字而言：

12 =（3×4） 　　24 = 2（3×4） 　　36 = 3（3×4）
72 = 6（3×4） 　　144 =（3×4）^{2} 　　216 = 18（3×4）
360 = 30（3×4） 　　11520 = 80（3×4）^{2}

显然的，凡关氏认为是"三天两地"之积的倍数在此都已化为"天三地四"之积的倍数了。如果用简单的基本公式来表示，则用基式参天两地立数法来求算基式神秘数字的公式应是：

$$x = n(3 \times 4) = 2n(3 \times 2)$$

此外，成卦立数所用的四十八根蓍策［4（3×4）］，和立数程序中所谓的四揲三变之余数，也显然是天三地四的象征数次或两数之积。唯有与少阳和少阴（即七八两数）有关的少数数字，如二十、二十八、三十二各数，虽仍是天地数之积衍生的数字，仍可说是神秘数字，但既非衍生自天三地四的，也非衍生自天三地二的神秘数字。前文提到过，这几个数字仅与占卜时变卦有关，而无涉于卦爻的决定。如果原无所谓变卦，则可根本不需七八两数，而同样可以立数成卦的。因此，著者在此仍怀疑，易卦原来或无变卦，因而四揲三变之余必须相同，即非三八即三四，而不容有两八一四或两四一八之余出现。如此，所立的数则非九即六。易言之，三次揲蓍中的第二或第三次的余数与第一次的不同，就须重新揲布。果然如此，则也无怪乎少阳、少阴及有关的数字不合乎参天两地的立数原则了。

其次，再就下列与卦爻策数有关的数字来看：

144 = 2 × 72 =（3×4）^{2} = 2（3×4）（3×2）
216 = 3 × 72 = 18（3×4） = 3（3×4）（3×2）
360 = 5 × 72 = 30（3×4） = 5（3×4）（3×2）
11520 = 160 × 72 = 80（3×4）^{2} = 160（3×4）（3×2）

这说明，凡关氏认为是"三天两地"之积的倍数数字，也都可以作为"天九地八"之积衍生的广式神秘数字，且其求算法可用下列公式来表示：

大于七十二的神秘数字

$(x) = n(9 \times 8) = n \times 72 = 6n(3 \times 4) = 12n(3 \times 2)$

总之，无论是就理论或就卦爻的实际策数的衍生来说，著者自信，上述的基式和广式参天两地立数法都显然是可以成立的；纵不就是《说卦》参天两地的立数法则，也应是比关朗三天两地立数法更合理的一种立数法则，因为关氏的理论是基于非真正的天地之数！

如是，我们可以晓然，关氏所以"三其二十四，二其三十六"的凑算七十二之数，所以提到历算上以七十二为经，且举出所谓起法、统法、通法和大率之类的数字，即七百二十以至于七千二百万的巨大数字，其意无非认为这些数字都是与七十二有关的神秘数字，即基于三天两地之积而立的数字，虽然却不知应是广式参天两地之积所衍生的广式神秘数字。

此外，我们也可以了解，何以古书上常以七十二称数而实非七十二数的事物；何以《三余偶笔》认为七十二是"天地阴阳五行之成数"；何以在现行的辞典上却只说，七十二"仅是指大数而言"的"市语"，并认为"盖旧俗向以此为计数之关键"的数字！虽然，证诸上文所论，七十二之数既不是市语，也并非仅指大数；仅与天地有关，而至少与五行无涉。

其实，七十二所以为神秘数，也并不仅由于是广式的神秘数字，而由于本身可说就是象征无与伦比的一个天地至极之数。因为在十数以下的十个天地数中，九八两数分为天数组和地数组的极数；七十二是这两个极数之积，自然就是至极之数了。所以就象征的意义来说，七十二与七千二百万两数实际上并无差异，且如前文所说的，也就都具有天地交泰、繁兴众多、至善至美，以至无上神秘的象征意义。

至于天地数中的地十所以不是地数组的极数，则由于十既非真正的地数，也不是单纯的地数，而实是天五地二两数的积数；甚至可说是与天地无关，而既非天数，也非地数。

再次，著者想指出的，就是著者所谓参天两地的立数法则，在宋代朱子的《周易本义》上似已经略见其义。他在注解"参天两地而倚数"一语下，说：

> 天圆，地方。圆者一而围三；三各一奇，故参天而为三。方者一而围四；四合二偶，故两地为二。数皆倚此而起。故揲蓍三变之末，其余三奇，则三三而九；三偶，则三二而六；两二一三，则为七；两三一二，则为八。

就文章表面来看，朱子似仍只是发挥关朗"三天两地"的旧解。但如细加推敲，则勿宁说是置疑关说。因为就前文所知，圆方周径之比原是与天三地四两数有关系的，而朱子却于此用以解释"参天两地"的立数本义！这多少说明，朱子果非引证不论，就可能是别有心意。依著者的推想，朱子原意或认为，天三地四既是真正的天圆地方之数，则"参天两地"的立数法自应意指以天三地四之积为基数，所以就援引圆方之数，以释其说。但是他显然狃于关朗"三天两地"的旧解，同时或认为"两地"仅可解为"耦地"，即"二地"，也即地二之数，因此不得不曲为其说，而终未能获致原可就圆方之数而导演出的更佳立数法则。

至于朱子所谓"揲蓍三变之末"所余的"奇"和"偶"，即"三、二"之数，实际上，既非奇偶，也非三二，而原来却是八四两数；是为了求算九六七八之数，经由一种曲折且不合理的手续，而换算出的。依朱子的想法，因为八大于四，所以假设大为"奇"（即三），而小为"偶"（即二）。如是，这两个"奇偶"之数既符合"参天两地"的立数法则，且实际上也可以分就"三奇"、"三偶"、"二奇一偶"或"二偶一奇",即三变的余数,而凑合为九六七八之数!构想非不巧妙,但是把原是两偶的八四两数硬化为一奇一偶,固不免失之牵强,且证诸本文上节所列的简捷公式,这样的换算也实是不需要的。总之,朱子似乎已经触到问题的重点,却终未竟其功,这是很可惜的。

再次,著者认为需要略加检讨的,就是古人行鬼神、通幽明,何以要用象征天地的数字和八卦符号?其动机安在?又基于什么思想背景?以下,试仍就与神秘数字和八卦有关的《易经》材料,寻求其可能的解答。按,《易经》云:

天地交,泰。后以财成。(《泰》卦《象传》)

天地交,而万物通也。上下交而其志同也。(同上《彖辞》)

天地不交,而万物不兴。(《归妹》卦《彖辞》)

天地不交,而万物不通也;上下不交而天下无邦也。(《否》卦《彖辞》)

天地相遇,品物咸章也。(《姤》卦《彖辞》)

天地变化,草木蕃;天地闭,贤人隐。(《坤》卦《文言》)

据此,可知古人显认为天地必须交泰、相遇,也就是说,天地大自然界须恒常保持着平衡状态,而没有天象地理上的骤变,万物才可以欣欣向荣,君后才可以阜物成财。

但是,成之者在天,为之者在人,为君后者果真期望民阜政平、祚国久远,却又显不能完全依赖天地自然,而须反求诸己。然则又如何求之?据《乾卦文言》云:

夫大人者与天地合德。

而这两句话,则可借用下列《吕氏春秋·序意》的话来解释:

文信侯曰:"尝学得黄帝所以诲颛顼矣,爰有大圆在上，大矩在下，汝能法之，为民父母，盖闻古之清世，是法天地。"

这就是说，为人主者，当然包括他所代表的整个社会，其生活规范一切必须取法乎天地，与天地同德，务使其生活之道一如大自然天地交泰相遇之道，就符号学的话来说，也即配合成天地协和的模式（pattern）。诚能如此，则人主始可以为民之父母，与天地同化不朽，克享太平清世之乐。显然的，就是基于这种思想背景和与天地同化的祈求，古人就创用了象征天地的八卦符号，经由参天两地的揲蓍求算天地数以立卦的手续，而用这类符号来占断古人的生活模式究否合乎天地之道，究否可以弥纶天地之德。而且就后文分析所知，除了八卦符号以外，古人更尽量的利用神秘数字来配合与生活有关的一切事物，而使得整个古社会犹如一个神秘数字组成的复合体。就是这样，神秘数字与八卦符号也就相辅而行的成为表达古人类的思想，并以此而与天地鬼神交通的一种媒介物，也即宗教语言。

然则作为宗教语言的符号又究创用于某一时代？就史料而言，至迟该始于《易·系辞》撰著的时代，或者更早，因为除非天地数就是《易·系辞》著者所创，否则就会在当时已流行了一段期间了。虽然，如就立卦须先立数而言，神秘数字的起源也许是更久远以前的事，尤其是如果不否认八卦符号至少是代表一、二、三、四、五、六之数且六爻之和可以衍生七至十二（3×4）之数。——十个天地数和基式的参天两地之数！至于神秘数字使用时代的下限，就史料而言，则不仅仍盛行于汉魏，且迄今也似乎遗绪犹存，而至少仍见有以八卦占卜为职业者。

讨论至此，著者已经大致对于过去曾经提出有关神秘数字的基本论点，分别加以补充说明，同时对于神秘数字的功能、起源、及其与易卦的关系等问题，也都分别的加以分析，并提出可能的解释。以下，再让我们就古社会生活与神秘数字结合的有关史料，试说明两者的密切关系。

三 神秘数字与古代社会生活

19 世纪英国史家 Thomas Carlyle（1795—1881）曾说过这样的话：人类有意无意的生活在符号中，藉着符号工作，也因此而为人类[①]。这就是说，人类社会与符号具不可或分的密切关系，而人类可说是使用符号的动物。

实际上，远在 Carlyle 氏约两千年前的汉儒董仲舒在所著《春秋繁露》一书，就前文所知，不但曾强调人类社会应该"备天数以参事治"，从而说明中国古社会与神秘性数字符号已同样具某种密切关系，而且董氏或可说是中国甚或全世界学术史上最早从事宗教符号学研究，并最先使用现代所谓"符号"一词的一位符号学家。据《史记》、《汉书》所载，董氏历仕景武两朝，为著名经学家兼政论家，凡著述百数十篇，而现存《繁露》即为其治学思想的代表作。其书计十七卷八十二篇，仅极少数或云非属该书，或云为后儒依托。论者一般认为该书要本公羊，发挥《春秋》之旨，而多以灾异之变，推理阴阳，以错行治国。虽然，著者却认为该书未尝不可以说是一部古代符号学的论著，至少其中不少篇该是属于这方面的研究。以下，就《繁露》有关神秘数字的理论，以为讨论的基础，并参合其他先秦材料，试说明中国古社会究否与神秘数字相关，且如何相关的问题。

首先，董仲舒认为人本身就是研究神秘数字的最佳证据。他说：

[①] 见本书第 389 页注②，Farbridge 同著序言。

求天数之征，莫若于人。人之身有四肢，每肢有三节；三四十二，十二节而形体立矣……人之与天多此类者，而皆微忽，不可不察也。（《官制象天》24）

　　唯人能偶天地。有三百六十节，偶天之数也；形体骨肉，偶地之厚也……观人之体一何高物之甚，而类于天也！（《人副天数》56）

　　是故人之身首妢员，象天容也……足布四方，地形之象也……天地之符号、阴阳之副，常设于身。身犹天也，数与之相参……故小节三百六十六，副日数；大节十二，副月数也。（同上）

显然的，依董氏所见，人的躯体肢节几无一非天地之数，不但可以说是集天地数之大成，竟可说是衍化自天地数的天地数复合体了。所以他认为，"唯人能偶天地"，"求天数之征，莫若于人"。而董氏所谓"天数"也显然就是他所说的"天地之符号"，且主要是天三地四之类的神秘数字。

何以唯人能偶天地？何以天地符号集于人之一身？董氏继续加以如下的解释：

　　人之生本于天，天亦人之曾祖父也，此人之所以乃类天也。人之形体化天数而成……血气化天志而仁……德行化天理而义……天之副在于人。（《为人者天》41）

　　天亦有喜怒之气、哀乐之心，与人相副。以类合之，天人一也。（《阴阳义》49）

　　阴阳之气在上天，亦在人……在人者亦在天地……此所以顺天地、体阴阳……是故意志随天地，缓急仿阴阳，而人事之宜行者无所郁滞……天者，其道长物，而王者长人；人主之大，天地之参也。（《如天之为》80）

　　以此见人之超然万物之上，而最为天下贵也。人下长万物，上参天地……不顺天道，谓之不义……王者参天地矣；苟参天地，则是化矣。岂独天地之精哉！（《天地阴阳》81）此外，类似的议论仍见于他篇，于此可不烦引。总之，从董氏上述的议论上，我们当可了解，他要认为：

1. 人（其实即指长万物的人主王者）的身心整体，由于正是化天数而成，所以类于天，而能副天地之数。万物皆天地所生，原都类于天，但因为人超然万物之上而下长之，最为天下贵，为天地之精，所以唯人能偶天地。

2. 人既与天地相副，天因也与人相副；在天者在人，在人者因也在天。这就是说，天即人，人即天；天人同体，其实一也。

3. 天人既同体，则人性也即天性。天人既同体同性，所以人须顺天地、体阴阳，而意志行为都须类于天地，从而须"备天数以参事治"。换句话说，人主及其统治的整个社会的一切施为都得配合成天地交泰的结构；纵不能真的化人世为大自然的天地，也至少须以数字来配合，以象征天地。如此，则人乃可与天地同参同化，而跻于永恒不朽的境界。

总之，就上文引述的《繁露》各篇材料而言，董仲舒的理论应代表着他所谓"天人一也"，即典型的所谓"天人合一论"（symbological theory of the harmony in universe and man）的思想。这种理论，与前文所见《易经》的"天地交泰"、"夫大人者与天地合德"和"准天地，故能弥纶天地之德"的理论，不唯是脉络相关，若合符节，且两者都可说就是"大小宇宙论"（the macromicrocosmism）的思想[1]。这就是说，视大自然天地为一大

---

[1] 1969, Eliade, M.: Image and Symbols (Studies in Religious Symbolism), Chapter I, pp. 27—56, Symbolism of the "Centre".

宇宙而为人类社会小天地的母体即原型（archetype），人类社会的小天地则为一小宇宙，为大宇宙的子体即其雏形，故母子一体，大小相参。又大宇宙的主宰为一全能天帝，小宇宙的主宰则为天子；天子为天帝的代表或化身，奉行天命，掌理小宇宙，故一切须符合大宇宙的准则。这显然就是天人合一论了。此外，如就符号学的观点而言，董仲舒的理论又可称为泛神秘数字论（pan numerical symbolism）或泛宗教符号学（pan numerical symbology）的理论，因为他认为人与事都是"副天地之符号"的。虽然，证诸下文所引见的先秦文献，甚或就是《易经》的材料，事实说明董氏的理论既非其一家之言，也显然源远流长的。

但是，我们仍需进一步的检讨，董仲舒的泛神秘数字论的理论究是如何证成的，又究否可以证成，而古代社会又究否曾由于企图弥纶天地之道，就确然弥漫着神秘数字？

首先，就董氏而言，他的理论的证成自然是毫无问题的，因为就前文所知，他在《官制象天》篇内，除指出三让之体和四选三臣之制都属备天数以参事治的例证以外，曾更就其与人体四肢三节的比较，而总结一句的说：

以此，见天之数、人之形、官之制（与礼之仪）相参相得也。

此外，在同书他篇里，类似之论仍所在多有，不烦枚举。

其次，我们从其他同时代和先秦载籍上，也可以找到类似董氏的理论，如：

天地合，生之大经也……天有九野，地有九州，土有九山，山有九塞，泽有九薮，风有八等，水有六川。（《吕氏春秋·有始览》）

故先王以土与金木水火杂物，以成百物。是以和五味……刚四支……和六律……正七体……平八索以成人，建

九纪以立纯德,合十数以训百体。(《郑语》)

物生有两,有三,有五,有倍二。故天有三辰,地有五行,体有左右;各有妃偶。(《左传》昭卅二年)

天道以九制,地理以八制,人道以六制。以天为父,以地为母,以开乎万物,以总一统。通乎九制六府三充,而为明天子。……故通乎阳气,所以事天也……通乎阴气,所以事地也……人与天调,然后天地之美生。日至,睹甲子,木行御……七十二日而毕,睹丙子,火行御……七十二日而毕。(《管子·五行》)

三三而九,九九八十一,主日,日数十,故人十月而生。八九七十二,偶以承奇……辰主月……故马十二月而生。七九六十三,三主升,升主狗,故狗三月而生……其余名以其类也。鸟鱼皆生于阴,而属于阳,故鸟鱼皆卵生……故曰,有羽之虫三百六十……有毛之虫三百六十……有鳞之虫三百六十……倮之虫三百六十,而圣人为之长。此乾坤之美类禽兽万物之数也。(《大戴礼记·易本命》)

古之为路车也,盖圆以象天,二十八橑以象列星,轸方以象地,三十辐以象月。故仰则观天文,俯则察地理……此巾车教之道也。(同上《保传》。又《礼记·乐记》云:"所谓大辂者,天子之车也。龙旗九旒,天子之旌也"。)

明堂者,古有之也。凡九室,一室而有四户八牖;三十六户七十二牖。以茅盖屋,上圆下方……外水,曰辟雍……堂高三丈,东西九筵。(同上《明堂》)

太古男五十而室,女三十而嫁;备于三五,合于八也。八者维纲也,天地之发明,故圣人以合阴阳之数也。……礼经三百,威仪三千……礼之象五行也,其义四时也。(同上《本命》)

阴阳合，而万物生。故曰，一生二，二生三。三生万物天地，三月为一时。故祭祀三饭以为礼，表祭三踊以为节，兵草三军以为制。以三参物，三三而九。故黄钟之律九寸，而宫音调。因而九之，九九八十一。故黄钟之数立焉……律之数六，分为雌雄，故曰十二钟，以副十二月。十二各以三成，故置一，而十一，三之为积，分十七万七千一百四十七 [$177147 = (11)^3 = (3)^{11}$]，黄钟大数立焉……物以三成，音以五立……故音以八声。黄钟为宫……其数八十一……下生林钟……数五十四……上生太簇……数七十二……南吕之数四十八……古之度量轻重生乎大道。黄钟之律，修九寸……幅度二尺七寸，古之制也……天有四时……故十六两为一斤……三十斤为一钧，……四钧为一石。一律生五音，十二律生六十音，因而六之……教三百六十音，以当一岁三日。故律历之数，天地之道也。（《淮南子·天文训》）

天地以设……阴阳相错，四维乃通……万物乃成。跂行喙息，莫贵于人，孔窍肢体皆通于天。天有九重，人亦有九窍。天有四时，以制十二月，人亦有四肢，以使十二节。天有十二月，以制三百六十日，人亦有十二肢，以使三百六十节。故举事而不顺天者，逆其道者也。（同上）

地形之所载，六合之间，四极之内……天地之间，九州八极。土有九山，山有九塞，泽有九薮，风有八等，水有六品……九州之外，乃有八殥……八泽之云，实而九州。八殥之外，有八纮……凡八纮之气，是出寒暑，以合八正……八门之风，是节寒暑……土地各以其类生，皆象其气，皆应其类……凡人民禽兽万物贞虫各有以生，或奇或偶，或飞或走……唯知道者能原本之。天一地二人三，三三而九，九九八十一。一日主……故人十月而生……（同上《地形训》）

鼎俎奇，而笾豆偶，阴阳之义也。（《礼记·郊特牲》）

祭之日，王被衮以象天；戴冕璪十有二旒，则天数也。乘素车……旗十有二旒，龙章而设日月，以象天也。天垂象，圣人则之。（同上）

乡饮酒之义，立宾以象天，立主以象天，设介僎以象日月，立三宾以象三光。古之制礼也，经之以天地，纪之以日月，参之以三光，政教之本也……让之三也，象日月之三日而成魄也。四面而坐，象四时也……入，三揖，而后至阶，三让，而后升。（同上《乡饮酒》）

古者天子后，立六宫，三夫人、九嫔、二十七世妇、八十一御妻……故天下内和而家理。天子立六宫，三公、九卿、二十七大夫、八十一元士……故外和而国治。（同上《昏义》）

正声感人，而顺气应之。顺气成象，而和乐与焉。偶合有应……而万物之理各以类相动也……是故清明象天，广大象地，终始象四时，周还象风雨。五色成文而不乱，八风从律而不奸，百度得数而有常。小大相成，终始相生，偶合浊清，迭相为经……移风易俗，天下安宁。（同上《乐记》）

大乐与天地同和，大礼与天地同节。和，故百物不失；节，故祀天祭地。明，则有礼乐；幽，则有鬼神。如此，则四海之内合敬同爱矣。……乐者天地之和也；礼者天地之序也……乐者敦和，率神，而从天；礼者别宜，居鬼，而从地。（同上）

是故，夫礼必本于大一，分而为天地，转而为阴阳，变而为四时，列而为鬼神……夫礼必本于天，动而之地，列而之事……故圣人作则，必以天地为本，以阴阳为端，以四时为柄，以日星为纪……以天地为本，故物可举也……故圣人参于天地，并于鬼神，以治政也……是故，夫礼必本天，教于地，列于鬼神，达于表祭射御冠昏朝聘。故圣人以礼示之，故天下国家可得而正也。（同上《礼运》）

显然的，我们再次的看到与《易经》和《繁露》完全相同，但描述的更详明具体的思想理论，归纳起来，不外乎是：

1. "天地合，生之大经也"；"阴阳合，而万物生"；"阴阳相错，万物乃成"。

2. "物生有两"，"各有妃偶"，"或奇或偶"，"皆应其类（数）"，"合阴阳（天地）之数也"；"偶合相应"，"万物之理，各以其类相动也"。

3. "故圣人作则，必以天地为本"；"以天为父，以地为母"，"必参于天地，并于鬼神，以治政也"。"是故，夫礼必本于天，殽于地，列于鬼神，达于丧祭射御冠昏朝聘"。"大乐与天地同和，大礼与天地同节"；"乐者天地之和也，礼者天地之序也"。"人与天调，而后天地之美生"；"举事而不顺天者，逆其道也"。

4. （故先王）"平八索以成人，建九纪以立纯德，合十数（天地数）以训百礼"，"百度得数而有常，小大相成，终始相生，偶合浊清，迭相为经"。

5. 至于羽毛鳞倮之虫所以各为三百六十，十二律所以生三百六十音，则由于其数或为"乾坤之美类禽兽万物之数"或为"律历之数"，而与"天地之道"有关。

总之，我们从这些材料上既可充分的了解"人与天同调、与天地同和、同节"的"天人合一论"，即"小大相成"的"大小宇宙论"的思想体系，同时可以清楚的看到"百度得数而常"，即董仲舒的泛神秘数字论的更早的理论基础。至于整个这一思想体系，正如前文曾指出的，应与"率神而从天，居鬼而从地"，即祀天祭地的宗教信仰深具密切关系，也是绝无可疑的。这就是说，董仲舒的泛神秘数字论显然是可以证成的，且显有其更久远的历史背景。此外，类似之论仍多见于他书，不烦举述。实际上，仅如此，也已不无堆积材料之嫌了。虽然，果不如此的话，简略的综括概念又究否可以具体的说明泛神秘数字论的来源和其所代表的天人合一论，又究否确切的说明古社会与神秘数字不可分的密切关系；就显然不无可疑了。

但是，说者或许仍认为，著者上举诸书主要是关于制度和思想理论的著作，正如董氏的泛神秘数字的理论，本身就原不无主观夸张之嫌，既不足据以证成董说，盖也非古社会生活的实际情况。这种看法不能说不是中肯的，可能的。但古社会的生活实况，如泛神秘数字论者的见解，又究否是"百度得数而常"？这可以更就下列先秦社会的生活史例，来求其更进一步的解答：

考仲子之宫。将万焉，公问羽数于众仲。对曰，"天子用八，诸侯用六……夫舞所以节八音，而行八风，故自八以下。"公从之。（《左》隐五年）

夏四月，取郜大鼎于宋……臧哀伯谏曰，"君人者将昭德塞违，……藻率、鞞鞛、鞶厉、游缨昭其数也……三辰旂旗，昭其明也。夫俭而有度，登降有数……百官于是乎戒惧，而不敢易纪律"。（《左》桓二年）

郑伯治与于雍纠之乱者……公父定叔出奔卫。三年，而复之。曰，"不可使共叔无后于郑"。使以十月入。曰："良月也，就盈数焉"。（《左》庄十六年）

初穆子之生也，庄周以周易筮之，遇明夷䷣之谦䷎……明夷日也。日之数十，故有十时，亦当十位。自王以下，其二为公，其三为卿……（《左》昭五年）

天有十日，人有十等（《左》昭七年）

火出。于夏,为三月;于商,为四月;于周,为五月。夏数得天。(《左》昭十八年)

吉也,闻诸先大夫子产曰,夫礼,天之经也,地之义也,民之行也。天地之经,而民实则之。则天之明,因地之性,……以象天明……以从四时……是故审则宜类,以制久制……乃能协于天地之性,是以久长……是以先王尚之。(《左》昭二十五年)

周之王也,制礼上物不过十二,以为天之大数也。今弃周礼,而必曰百牢,亦唯执事!……景伯曰,"吴将亡矣!弃天,而背本"。(《左》哀七年)

若国亡,不过十年,数之纪也。夫天之所弃,不过其纪"。是岁也,三川竭,岐山崩。(《周语》上)

晋文公既定襄王……请隧焉。王不许,曰,"昔我先王有天下也……内官不过九御,外官不过九品,足以供神祇而已"。(《周语》中)

襄公有疾,召顷公,而告之,曰,"必善晋周……其行也文;能文,则得天地……此十一者,夫子皆有焉。天六地五数之常也。经之以天,纬之以地。经纬不爽,文之象也。文王质文,故天祚之以天下。夫子被文矣。"(《周语》下)

其后,伯禹念前之非度,厘改制度,象物天地,比类百则,仪之于民……对崇九山,决汨九川,陂障九泽……九薮……九原……九隩。……四海。故天无伏阴,地无散阳……时无逆数……夫亡者岂繄无宠?皆黄炎之后也。唯不帅天地之度……是以殄灭无宠,至于今不祀。(《周语》下)

王亦无鉴于黎苗之王,下及夏商之季?上不象天,而下不仪地,中不和民……是以人夷其宗庙……王其图之。夫事,大不从象,小不从父,上非天刑,下非地德……而作之

者，必不节矣。(《周语》下)

显然的，在这些古社会生活的实例上，我们再次看到"天地之度，而民实之"、"协于天地之性"、"象物天地"、"则天之明，因地之性"的思想、"三辰"、"八音"、"天六地五"、"良月"之十、"得天"之五、与"天之大数"即十二（3×4）之类的神秘数字，以及这些数字与生活相结合而呈现的"登降有数"的实际情况。这些史证同样是够令人烦厌的了，但果然还有更须提到的什么例证的话，则至少仍该是《易》卦和爻辞卦辞之类的解释。这是包括古人利用象征天地的符号（就某种意义说，也许是最早而原始的天地数字符号）而来测断人类生活方式究否与天地参合的一部综合的记录，因此也自然就是足资说明古代社会与神秘数字密切相关的最早史证之一。

如是，我们似可肯定地说，泛神秘数字的理论既不是一家之言，也不是主观夸张的思想体系，而是从久远以来，或至迟东周迄于秦汉之际，自古社会生活的情状归纳出来的一种思想实录；换句话说，这种思想理论是有着深远的历史背景的。如伽雷洛说的，果然我们承认人类生活在符号中的话，则中国古社会的人类可说是生活在一个无往而非神秘数字的天地中，甚或与之融合而成为一个神秘数字的复合体了。

四　结论

（一）至迟自战国中季或更早以来迄于汉代，中国古社会曾同时盛行着两种密切相关的神秘性符号，就是《易》卦和本文所论的神秘数字。

（二）中国古代神秘数字，细别之，可分为三类，即(1)基本天地数，(2)真正天地数，(3)十数以上神秘数。第(3)类又可分为两类，即（A）"参天两地"小衍神秘数，（B）"参天两地"大衍神秘数。这几类神秘数字的来源似与《易》卦符号、揲蓍立数法则，和天象地理有关。

（三）基本天地数即从一至十的十个奇偶数字。其中的五个奇数称为天数或阳数，另外的五个偶数称为地数或阴数。数字既称为天地阴阳之数，自然就是象征天地或天文地理现象的神秘象征符号。因此，其来源应与天地或天文地理有关，但也或与组成《易》卦符号的阴阳爻数有关。

（四）真正天地数即天三地四两数，其来源与古代天圆地方的观念和数算几何学上圆方周径的比数（三比四）有关。

（五）天九地八两数分为天地数中最大的天地数，即阳极和阴极之数①，且由于是天三的三倍数和地四的二倍数，所以就性质上说，也就是真正天地数的极数，从而象征任何巨大数值。地十因为是天五的二倍数，或天地两数的积数，原非单纯的阴数，所以不认为是阴极之数。

（六）凡由天地数衍生的十数以上的数字，理论上说，都得是神秘数字。但是由于真正天地数和《易经》所谓"天地交泰，而万物兴"、"阴阳合德，以体天地之撰，以通神明之德"，即"一阴一阳谓之道"的观念，所以十数以上的神秘数字也就在原则上须是以天三地四或天九地八两数之积，即以十二或七十二为基数的数字。如以算式表示，则十数以上神秘数字的立数算式该是：

（1）$x = n（3 \times 4）$……"参天两地"小衍神秘数立数式

---

① 地十所以不认为是阴极之数，不只是由于十原为天五地二之积，而非纯阴纯地之数，同时就十日十干而言，勿宁说是更偏乎阳性的神秘数。实际上，就数值而言，天五也是大于地二，而阳盛于阴的。

（2）$x=n(8\times9)$……"参天两地"大衍神秘数立数式

由这两项算式所立的数字也就含有天地交泰、阴阳合德、至善至美和至极之数的象征神秘意义。尤其七十二数字，在古籍上也就成为最常见的、与诸种事物关联的、但不一定实指七十二之数、因而最为学者困扰的一个神秘数字；即今一般所谓的"成数"。大衍和小衍神秘数所以原则上须以天三地四或天九地八的积数为基数，除上述因素外，也与《易经》揲蓍立数以成卦的"参天两地"立数原则有密切关系。

（七）"参天两地而倚数"是指成卦之先，分揲用四十九策蓍茎做的筹码，以求算决定阴阳爻的两组天地数（即老阳、老阴和少阳、少阴之数，也即九、六和七、八之数）的一种立数法则。而所谓"参天两地"者，在旧解上虽颇多纷歧的解释，但实际上其意显应指立数须以真正的天地两数之积，即天三地四 $[=(3\times1)(2\times2)=3\times4=12]$ 或天九地八 $[=(3\times3)(2\times4)=6(3\times4)=8\times9]$ 两数之积为基数。这就是说，"参天两地"除广义的指配合天地数为积数以外，其本意指（1）应以三倍的天一（$=3\times1$）和二倍的地二（$=2\times2$）之积，即天三地四之积为基数；或（2）应以三倍的天三（$=3\times3$）和二倍的地四（$=2\times4$），即天九地八之积为基数。如果以算式表示，则"参天两地而倚数"的立数法应如下列两式：

（1）$x=n(3\times4)$　　（2）$x=n(8\times9)=6n(3\times4)$

著者上文所谓"参天两地"小衍和大衍神秘数字也正是基于这种立数的基本观念或法则，或是说，由于这种观念或法则的影响，而立的十数以上的神秘数字（也因此而分类和命名的）。至于所以分为两式，原因固然与所立神秘数字的数值大小有关。但主要仍由于（2）式的基数为阴阳两极数之积，原为至大至极的象征数字。这一至极之数虽可积为更大，甚或无限大的数字，但其基本的象征意义则实无不同。此外，如上所见，（2）式的立数法也实际上仍是以天三地四之积为基数的立数法，与（1）式所不同的，只是（2）式的基数为（1）式的基数的六倍而已。

（八）上述参天两地的立数式也可以改写为下列型式：

(3) $x = 2n\,(3 \times 2) = n\,(3 \times 4)$

(4) $x = 12n\,(3 \times 2) = n\,(8 \times 9)$

换句话说，"参天两地"立数法也可以说是以天三地二之积为基数的立数法，而这样的立数法与旧解上比较可取的一种"参天两地"立数法即魏关朗所谓"三天两地"——以天三地二之积为基数的立数法也显然有观念上的符合性。虽然，关氏却不曾系统的说明他的方法，不曾提出立数的算式，且他所谓"两地"之数，即地二，也实际不是真正的地数。易言之，如果"参天两地"，解为"三天两地"的话，该是著者算式上那样的"三天两地"且须以那样的算式来求算，才是真正的"参天两地"的神秘数。

（九）《易》卦揲蓍的程序虽然目的在最后就揲余的蓍策之数来求算九、六、七、八的天地数，但自二分以象两仪、挂一以象三，迄于四揲三变，整个程序也显然都不无象征天地的意义。尤其就下列求算九、六、七、八各数的算式，及有乾坤爻策和六十四卦爻策之数而言：

(1) $[48 - (3 \times 8)] \div 4 = 26 \div 4 = 6$（决定阴爻的老阴之数）

(2) $[48 - (3 \times 4)] \div 4 = 36 \div 4 = 9$（决定阳爻的老阳之数）

(3) $[48 - (2 \times 8 + 4)] \div 4 = 28 \div 4 = 7$（决定阳爻的少阳之数）

(4) $[48 - (2 \times 4 + 8)] \div 4 = 32 \div 4 = 8$（决定阴爻的少阴

之数）

坤一爻策数 = 24 = 2（3×4）
坤六爻策数 = 144 =（3×4)² = 2（9×8）
乾一爻策数 = 36 = 3（3×4）
乾六爻策数 = 216 = 18（3×4）= 3（9×8）
六十四卦一百九十二阳爻策数 = 192×36 = 6912
　　　　　　　　　　　　　 = 4（3×4)³ = 96（9×8）
六十四卦一百九十二阴爻策数 = 192×24 = 4608
　　　　　　　　　　　　　 = 32（3×4)² = 64（9×8）
六十四卦三百八十四爻策数 = 11520
　　　　　　　　　　　　 = 80（3×4)² = 160（8×9）

事实也显然说明所有这些数字，除少阳和少阴的策数（即28和32两数）以外，都无不是"参天两地"的小衍或大衍的数字，即象征天地交泰的神秘数字。易言之，神秘数字何以为神秘数字？何以与《易》卦有关？又如何有关？著者解释下的"参天两地"立数法的理论又究否合于事实？凡此，都可就上列的算式和数字而得到解答了。

（十）证诸《易经》各传、《左传》、《国语》、《吕氏春秋》、《淮南子》、《春秋繁露》诸书，古人盖不仅认为天地交泰而万物始兴，且认为圣王大人必须揆法天地、与天地合德，始可以行鬼神、通幽明，而与天地同参同化，跻于不朽之境。这种思想体系应即典型的天人合一论，或大小宇宙论的思想；就史料而言，其起源至迟或在东周之初，或更早，且应与郊天祭地的宗教信仰有密切关系。

（十一）基于天地交泰和天人合一的思想，古社会人类因多方利用神秘数字，以参合事治，而务期其整个社会和生活模式一如大自然天地的结构，从而整个古社会成为一无往而非神秘数字的世界，无异为一神秘数字的复合体。

（十二）《易》卦与神秘数字相辅而用。后者是古人类祈求与天地同化、与鬼神交通的一种媒介物。前者则是用以占断人类社会行为究否合于天地交泰之道，从而究否可以与天地同化的一种工具。两者都是宗教性语言，也都主要是象征天地的符号。

（十三）神秘数字的研究是宗教符号学研究的一部分。在中国学术思想史的研究上神秘数字的研究有其久远的源流，且自战国迄于秦汉时代，发展而为一门显学。《易经》的《辞》、《传》，《吕氏春秋》，《淮南子》，《大、小戴礼记》，与董仲舒《春秋繁露》均属这方面研究的重要论著。尤其《繁露》一书，可说是集先秦以来有关宗教符号学理论研究的大成。其中心理论要认为，人类化自天地之数，躯体形态悉副天地之数，与天地相参，故备天地之数以参事治，从而人类社会无往而非天地符号。就符号学观点而言，这种理论或可称为泛神秘数字论，或符号学的天人合一论。就本文所举史料而言，这种理论既非主观虚夸之说，非董氏一家之言，而为先秦，或至迟东周以来思想体系的主流，同时是该一时代社会生活习俗下的产物。这方面的研究久以来已趋于衰落，有待于继续的发展，因为这可以有助于具体的了解古社会的思想信仰及其与人类生活的密切关系。

1972年3月23日写于南港中研院史语所
（原载1972年台湾《中央研究院民族学研究所集刊》
第33卷，第89—118页）

略论中西民族的神秘数字[*]

周法高教授在有关中国上古语法的一篇札记中,除论及"九、十二、三十六、七十二等数字,都有表示虚数的可能",以外,且指出西藏中的"九"也可用为虚数即神秘数。此外,法高先生谈到汉、藏语中同以"九"为神秘数字的现象,即文化的类同现象,究源于共同的母语,抑与历史的接触有关,应是值得进一步加以研讨的问题。虽然,法高先生却不曾提出对于这一问题的意见。

1962年,著者在初次涉及神秘数字的一篇论文内,曾提到其他民族不但同样存在着一些象征天地的神秘数字,而且"七十二"和"七十"两数字也每有互言的现象——这与中国古代的神秘数字几乎是如出一辙。不过,在那篇和以后发表的几篇有关神秘数字的论文内,著者对于中国和其他民族的神秘数字的类似现象也迄无进一步的探讨,因此在这里拟再略为补充。

西方学者有关神秘数字的研究论著颇多,于此不能博引,兹主要据英国东方学权威之一,E. A. Wallis Budge 爵士所撰《符咒

---

[*] 原载《国立编译馆馆刊》第3卷第2期(1974年)。

和迷信》一书及《旧约》等书，试介绍西方神秘数字于下，以资比较。

一 关于"七十二"数字

（1）埃及王托勒密二世（Ptolemy Ⅱ，285—247 B. C.），时代的第一次希腊文译本《旧约》，即世称"七十贤士译本"（Septuagint），据传说原是出于七十二人之手，而且这七十二人分属于以色列的十二部族，每族六人。又传说，译经时，七十二人分居七十二室，各别进行译述，经七十二日，而译毕，结果完全相同！实际上，初译仅限于《摩西五书》（The Five Books of Moses, Pentatench），而全部《旧约》的译述则先后约历一百五十余年。

（2）据犹太人秘教（Cabala, Kabbalah）说，上帝耶和华的一个"大名"是由七十二字母组成的，因而极具神秘性和威力。又说，上帝就是借了这个"大名"（但另说，这个"大名"是由七十个名字组成的），而从埃及救出了以色列人。

耶和华的七十二字名或始创于中世纪，但也可能是源于早期希伯来神学家所订的名字，甚或与摩西五书有关。此外，在纪元六世纪顷的秘教经典中，载有关于数字排列的讨论（The Permutations of Numbers）。

（3）据《新约·路加福音》（Luke）第十章第一节记载，耶稣曾在十二门徒以外，更派了七十人到各城市去。但据教会学者的说法，则应为七十二人。

（4）据《旧约·创世纪》云，古初"天下人的口音语言都是一样"，后因建造巴别塔（Babel tower），以通天，触怒天主，而"变乱天下人的语言"。但据明代意大利教士艾儒略（Aleni,

Giuleo）所著《职方外纪》，则云"遂变其语言为七十二种"。显然的，艾氏以"七十二"象征多数，如果不是另有所本，就是受西方或中国神秘数字信仰的影响，姑不论艾氏究认为该数字是一种神秘数或只是一个成数。

二 关于其他神秘数字

著者另文指出，中国古社会几乎是一个无往非神秘数字的世界。实际上，不仅中国古社会，其他民族也是如此。所以毕达哥拉斯（Pythagoras, C. 582—507 B. C.）说，古代民族多认为"凡物皆数字"，且认为"数字之精即物之精"。换句话说，许多民族不仅如中国古社会一样的对于神秘数字有着浓重信仰，而且神秘数字也不止是"七十二"一数——从一至九及其不同的乘积数字，都同样可用为神秘数字。最早使用神秘数字的是巴比伦人、苏末人和埃及人。其后，希腊人和其他许多民族也就受到两河和埃及文化的影响，而大抵以三、四、五、七、十、十二、四十、七〇、一〇〇等数为常见的神秘数。兹试略加说明于下，以示其意。

数字"一"在西方多代表上帝。如古埃及人称天神 Rā（或 Amen 或 Amen-Rā）为"独一"（the One One/only One）。耶教和回教徒也称天主为"一"（One/one God）此与中国称数字为"天一"，和称天神或星辰为"太一"之俗显无二致。

数字"二"代表完美数字，为双重或匹偶的象征符号。埃及人有两手指状护符；耶教教士祈祷时伸出两指。中国所谓"二分以象两"，其意虽象天地两仪，也显有匹偶之意。但巴比伦人却认为数字"一"和"二"为凶数。

数字"三"在许多民族中均为一重要神秘数字，象征生育、生命和死亡，象征"三位一体"（Trinity）和完美，因此与许多事物关联在一起。如《新约》、《旧约》所见，上帝召唤撒姆尔（Samuel）三次；问了彼得三次爱不爱她；大卫膜拜于上帝前三次；耶稣在往哥洛哥塔（Golgotha）的路上跌了三次。此外，在古典神话上，载有地府的三头狗、司命运的三女神、复仇的三女神等等。显然的，这与中国与数字三相关的事物，如三天、三正、三元、三皇、三山、三纲、三拜、三叩首之类，不仅同具有神秘意义，且同样是举不胜举的。更重要的一点，就是数字三和二两数，在西方也是象征男女，即中国所谓阴阳的，但不同的，是"二"代表男性，而"三"则代表女性或女阴（Muliebris Pudenta）。真可说是阴阳颠倒，而异趣同功了。

数字"四"在埃及和巴比伦都用为象征大地和完美的符号，因为大地有四隅四极，因此许多事物也就常与"四"结合。例如埃及太阳神 HORUS 的四子，天堂的四鸽、四风和四神；圣经所见，天堂的四河、四面四异兽和耶和华的四字名。此外，在希波克拉底（Hippocrates C. 460—377 B. C.）的著作里，也谈到地水火风四元素——照中国学者的说法，也就是"四行"。于是，我们不免想到中国古籍上所见的四岳、四渎、四维、四凶、四合、四阿、四灵、四大之类。

数字"五"在西方民族也是象征完美的一个最神秘数字。因此，埃及的工人五人为一班；希伯来以五人为一户；"所罗门王之印"（Soloman's Seal, Pentacle of the Templars）为五芒星状，而认为是一种重大威力的护符。同样，中国古代除了"五人为伍"、"五家为轨"之类的集团组织以外；五行、五味、五色、五典、五正、五官、五老之类，也不胜枚举。

数字"六"也为完整数字。这由于天地万物的创造是在第六天完成的；同时，由于是第一个偶数和奇数，也即象征男女的二和三两数的积数。因此，埃及人有"六"的庆典：《旧约》载有耶和华晓论摩西给利未人的城邑中当有"六座避难城"（6 Cities of Refuge）（民数记第三十五章第六节）；人卫的侄儿约拿单（Yonathan）在迦特杀死的巨人的手脚各有六指（撒母耳记下，第十七章第二十节）。至于中国载籍所见，如六宗、六府、六律、六合之类固不胜枚举，而且"三天两地"之数和管子轻重戊篇所载"虙戏造六峜以迎阴阳"之说，与西方数字"六"所以神秘之说，在观念上也显然不无符合之处。

数字"七"在印度、波斯、苏末、巴比伦、亚述、埃及、条顿、塞尔特诸族都用为神秘数字，因其为不可约数，故用为象征上帝的数字。

数字"八"在埃及和希伯来经典上也属神秘数。如埃及最古老的神群（Company of Gods），包括八位神；大地之舟载着八位神；闪悌蟒蛇（the Shemti Serpent）生有八个头。胡尔姆（F. E. Hulme）称"八"为"再生数字"（Number of Regeneration），因为大多数的古老浸礼池（Baptistery）和圣水盆（Font）都是八角形的。在这儿，我们不免会想到，中国载籍上的八风、八纮、八表、八元、八凯和昆仑八柱的说法。

数字"九"也是古今许多民族认为跟"三"一样重要的神秘数字。如埃及的天、地和下界各有三神；Osiris 有九个护卫和九个哀丧者；地狱有九条恶虫；希腊神话中有九女神，恶魔有九等；地狱有九门；耶稣死后，九次现身于门。此外，见于古典及中世纪文学的，如九地、九天、九天球（九辰）和地狱的九河（九泉）等等。又在中世纪文学上，还见有下列的一种"九九"数字游戏：

$$9\times2=18 \quad 9\times3=27 \quad 9\times4=36$$
$$9\times5=45 \quad 9\times6=54 \quad 9\times7=63$$
$$9\times8=72 \quad 9\times9=81$$

在这里，我们也不免想到《管子轻重戊》提到的虙戏"作九九之数以合天道"的传说，且此"九九之数"纵非指同一数字游戏，也显然是与九数的乘积有关的。至于与九数有关的事物，则尤不胜枚举，如九族、九德、九畴、九州、九山、九河、九江、九川、九泽、九皋、九有、九围之类已见于尚书尧典、皋陶谟、禹贡和诗经鹤鸣、玄鸟、长发各篇。

最后，再让我们仅就《旧约》，试说明一些与中国象征天地和天地之道的神秘数字（即三、四、十二、三十、四十之类）相似的数字。

（1）"他（比撒列）用精金作一个灯台……两旁又出六个枝子；这旁三个，那旁三个……每枝上有三个杯……灯台上有四个杯……每两个枝以下有球"。（《出埃及记》第三十七章）

按，这里描述的灯台显然是象征着一棵圣树（Sacred tree），即象征整个宇宙的宇宙树（Cosmic tree）。但每一枝上的三个和各枝下方的四个杯子究否也寓有"三天两地"即"天三地四"的意义，却不得而知。不过，另一方面，著者愿指出的，就是在东汉的石刻上也见有生长着十六个花苞状物或分生十二枝条的圣树。

（2）"他们到了以琳，在那里有十二股水泉、七十棵棕树。"（同上第十五章）

（3）"以色列的众首领为行献坛之礼，所献的是银盘子十二个、银碗十二个、金盂十二个……一切器具的银，按圣所的平，共有二千四百舍客勒。十二个金盂……共一百二十舍客勒。作燔祭的，共有公牛十二只、公羊十二只、一岁的公羊羔十二只……赎罪祭的公山羊十二只。作平安祭的共有公牛二十四只、公绵羊六十只、公山羊六十只、一岁的公羊羔六十只。"(《民数记》第七章)

按，中国方面的例证也不胜枚举，这里仅举出《周礼·天官》的下列一节话，以资比较：

凡王之馈，食用六谷，膳用六牲，饮用六清，羞用百二十品；珍用八物，酱用百二十品，王日一举，鼎十有二物。(《膳夫》)

(4)"你从民中拣选十二个人……从约旦河奈司脚站定的地方，取十二块石头带去。"(《约书亚纪》第四章)

(5)"其余利未支派的人……所得的共十二座城。利未人在以色列人的地业中所得的城共四十八座城。"(同上第二十一章)

(6)"用刀将妾的尸身切成十二块。"(《士师记》第十九章)

(7)"让少年人起来，在我们面前戏耍罢……属扫罗儿子伊施波设的便雅悯人过去十二名，大卫的仆人也过去十二名，彼此揪头。"(《撒母耳记》下第二章)

(8)"于是以利沙……遇见沙法的儿子以利沙耕地，在他前领有十二对牛。"(《列王纪》上第十九章)

(9)"(所罗门)王用象牙制造了一个宝座……六层台阶……上有十二个狮子站立。"(同上第十一章)

(10)"善于歌唱的共有二百八十八人……一同制签，分了班次……(第一)是亚萨的儿子约瑟。第二是基大利，他和他的弟兄并儿子共十二人(以下第三至第二十四班都是'他和他儿子并兄弟共十二人。')"(《历代志》上第二

十五章）

（11）"他又制造一座铜坛……又铸一铜海……有十二只铜牛驮海。三只向北，三只向西，三只向南，三只向东。"（《历代志》下第四章）

（12）睚珥兴起，作以色列士师……"有三十个儿子，骑着三十匹驴驹，他们有五十座城。"（《士师记》第十章）

（13）以比读作以色列士师，他有三十个儿子，三十个女儿……"押顿作以色列的士师。他有四十个儿子，三十个孙子，骑七十匹驴驹。"（同上第十二章）

（14）耶和华的四字大名与以色列的十二族、黄道十二宫、一年的十二个月互相配合——大名的每一字母各配合三族、三宫和三月。

显然的，上举的十几条材料应已足够说明：数字三、四（或三十、四十）、六、十二、四十八和七十不但在西方许多民族中也常用为神秘数字，而且除了"七十"以外，这类数字也可说要属衍生于三和二或三和四两数之积的数字。换句话说，几可认为是"三天两地"的神秘数了！至于七十，在西方也认为是一个概数或约数（round and general number）。

此外，伯吉（E. A. W. Budge）在他的书内另举了许多例证，其中有两个较大的神秘数字是该特别提到的，因为这两个数字正跟八卦阴阳爻策之数具基本的类同性。

其一，据《新约启示录》（the Revelation）第十四章云：

我又观看……同他又有十四万四千人，都有他的名字……在四活物和众长老前唱歌……除了从地上买来的那十四万四千人以外，没有人能学这歌。

伯吉指出，十四万四千是十二的倍数，所以也是神秘数字。如是，我们自不免会想到，坤卦六爻的一百四十四策之数正是衍生自十二的"三天两地"之数 $144 = 12^2 = (3 \times 4)^2$！

其二，要提到的就是西方神秘数字的最大的数字，一千二百九十六万之数。这个数字既是巴比伦人历算上的周期数，也是后来所谓"大柏拉图周期"（the great Platonic Year）年数，即三六〇〇〇年，所包含的日数（12960000 = 36000 × 360），因此也有"柏拉图数"之称（the number of Plato）。又这个数字，在巴比伦人认为，关系着婴儿的生育，而象征"出生优劣之主"（the Lord of better and worse birth），因为这个数字正是婴儿优生之期，也即二一六或二七〇日孕期的倍数 [12960000 = 216 × 60000 = 270 × 48000 = 30000 $(3 \times 2)^2 (3 \times 4)$ = 30000 (3 × 2) (8 × 9)]。总之 12960000 主要是与天文学和占星学有关的一个神秘数字……这个数字"治理着宇宙（即大宇宙 Macro-Cosm）和人类的生活（即小宇宙 Micro-Cosm）。人类从生到死的生活中的每一事物都受着这个数字和其约数的支配"。所以学者或认为这个数字代表着一条控制宇宙（Controlling the Universe）的重要律则，也即"合一律"（Law of uniformity or harmony）。显然的，这个巴比伦的周期神秘数或"柏拉图数字"跟中国乾卦六爻的策数，即二一六，可说是如出一辙的！而且所谓"合一律"也无疑是指数字所象征的大小宇宙即天人合一的思想。这跟著者认为"三天两地"的立数程式也可说正代表着中国古代的思想或文化模式（Cultural pattern），也正是同一的想法。此外，据汉书律历志载，有所谓"太阳大周"岁数，即 13824（= 64 × 216）和"五星会终"的"大成"之数，即 138240（= 640 × 216），也同样证明二一六在中国天文和历算之学上也是一个重要的数字，且与多种周期数字有关的。

西方民族的神秘数字的内涵显然相当的繁复，同时有关这方面的研究论著也是相当宏富的。著者于此既不能多所引述，也不能详予分析。虽然,综括上文的讨论,大体上已可多少说明一项事实,就是:西亚和欧、非古代的许多民族,正如古代中国民族一样,也存在着深重而广泛的神秘数字信仰,且尤可注意的,就是无论就神秘数字的范畴,其象征的意义,或与天文及占星学上的关系上说,其情形几可说是与中国殆无二致,至少中西民族表现于神秘数字上的信仰具有相当显著的类同性(Similarity)。

然则中西神秘数字所表现的类同现象又何由而产生的?这是涉及文化起源和演化的一个重大问题,但显然不是本文这里可以详加讨论的一个问题。不过,著者愿意简略地提出几点意见。

首先,著者要指出的,就是文化类同现象(the parallelism of culture),是人类文化演化史研究上常遭遇到的,但也是很难仅就现象本身而遽加论断的一项复杂问题。如周法高先生在论及汉族和藏族同以三和九两数为虚数或神秘数一事时,就不曾提出肯定的解释,而仅指出这一类同现象或是由于两民族的独立平行发展,或由于两族的语言原同出于一个母语,或由于藏族模仿汉族文化的结果。其所以难以遽加论断者,不只是问题涉及着文化的起源和传播(the origin and diffusion of culture)的理论,同时涉及着地理环境、族群的移徙和交通以及文化现象存在的先后时代等等因素。加以学者所持重的基本观点或有不同,在解释上也就因之而异。不过,一般而言,学者要认为:地理上毗邻的各民族间既难免互有接触,如货物的交易、族属的交往之类,也就不免有习俗或思想的交流,即文化的传播,从而也就会促生文化的类同现象;反之,如果文化类同现象发生在地理上隔绝的民族间,则这种现象或可能是由于人类心理的同一性(the psychic unity)和环境的共同需要,而分别独立发展出来的结果了。实际上,历史上完全陷于隔绝的族群殊不多见,且学习模仿毕竟是比创造为容易,因此文化类同现象源于文化传播作用者,在人类文化史上，也就较之源于独立发明者为常见，且特别是以复杂的文化现象为然。甚至现在看来是地理上隔绝的一些民族，就现代考古学的发掘和研究所知，在久远以前的历史上也常是有过接触的。佛莱明氏（Thomas Fleming）在一篇有关近年来美洲考古学的综合性报导中，除提到许多"证明在历史启蒙时代，旧世界（包括欧、亚、非洲）与新世界间便已有频繁的海道交通"的考古证据，且指出这种意见"不是科学小说，而是毫不夸张的科学事实"以外，在文章的结尾更"得到一个或者是最重要的结论"，即："我们一直以为，人类分处于各大洲和岛屿，一定彼此不相往来，可是事实上并非如此。似乎数千年前这个地球早已是四海一家了。"海路交通如此，陆路交通也不例外，至少欧亚两洲间（其实该是一洲，即 Eurasia）的交通，从古至今，就似乎不曾由于峻拔的乌拉尔山水的天然阻隔而中断过。如果想到，今日美洲的印第安人原是从西伯利亚移植来的这一事实，则欧亚民族间的交通就更不足怪异了。

因此，其二，著者认为，古代中国与西亚民族的类同的神秘数信仰很可能是由于文化的交流，或是说，这一类同的文化现象似乎反映着东西民族历史上的接触。因为中国和西亚民族的神秘数字在内涵和象征的思想上固然显示广泛的类似性，而且在地理上也显然不能认为是隔绝的。实际上，就现代考古学研究所知，中国与西亚古代文化的关系也仍不只见于神秘数字一事，而几乎是多方面性的。关于这方面的问题，中外学者讨论的极为广泛，著者于此不拟繁为引述，仅愿举出几十年来一直从事殷商文化的发掘和研究工作的我国权威考古学家李济之博士对于一般的文化和殷代文化演化的意见，来说明本文这里的问题和著者的看法。李先生在中国文明的开始一书内首先指出：

> 个人说，我认为于今日或过去所有伟大文明的发生都是

由于文化接触的结果，但在应用此种理论于某一特殊文明之前，我们必须不惜余力，搜集资料，来详细观察文化实际成长中的每一细节。

显然的，李先生不认为任何伟大的文明都是孤立地演化而成的。因此在谈到殷商文化的问题时，他又说：

商朝的文化是不是均一的、土生的、完全独立发展而未受外界影响的呢？我对这个问题的答案是绝对否定的。现在让我详细的加以解说。

于是李先生次第地举出了一些例证。其中之一就是殷墟侯家庄王墓 HPKM 1001 号椁顶的一种交体状的"肥遗"怪兽图案。李先生说：

但是这最早在殷代帝王墓葬中出现的图形，业已于中东和近东出现了一千多年。所以它的原始可以追溯到美索不达米亚地区，非常可能和埃及的盖伯尔塔里夫（Gebelel Tarif）包金手把上交缠的蛇形有关。亨利·法兰克福（Heri Frankfort）以为这种蛇形起源于苏美人（Sumerians）。商朝的"肥遗"也和它同源，不过曾经过了若干修正，以适合中国的传统。

其二是"在木雕残片中发现的母题（motif），是一对老虎的图形"。李先生说：

这个图形也是起源于美索不达米亚，后来又传到埃及的"英雄与野兽"母题的一种变形。

虽然，又正如李先生说的：

中国在纪元前二千年前或更早的时期和西方文明接触的最有趣的证据，是从陶器的形制上得到的……是一件陶罐的盖子……同样的也在杰德·纳利（Jemedt Nasr）和莫汗达鲁（Monhenjodaro）地方发现过。将商代陶器和近东中东的形制加以比较，可以发现很多甚为相似的例子，我以为这是一个说明文化接触无可置疑的范例。在相隔这样遥远而且互异世界的两端，能独自发生结构如此相似的器盖，是无法想像的。显然的，这几个例证应已足够说明：至迟在殷商时代，也即纪元前一千五百年，中国与远在两河流域的西方民族间就已经有着文化上的接触了。因此，在殷商时代以后约一千年顷的春秋战国之际，中国跟两河流域的巴比伦人有着类同的神秘数字信仰，自不是怪异的事；这只不过是为东西民族历史文化的接触再添加一条例证，一条有关习俗信仰方面的例证而已。而且，这条例证果不足证明东西方民族的文化关系，从殷代迄于春秋战国之际，曾始终维持不堕，则应可证此一文化关系曾是时断时续的。

著者再要指出的一点，就是我们从文化现象存在关系的早晚固然可以推论文化的源流，但是源流却显然非永远是单向的，而该是可逆性的，易言之，由于情势的不同，文化的源流可以时而异其方向的。更明白地说，此一族此一时的文化虽可影响另一族的文化，但另一时期后者也非不可影响前者。而最明显的例证就是中国的指南针、火药、印刷术和造纸术——中国曾予西方民族以重大的影响，但无可否认的，现代中国却承受着西方民族的重大影响，纵是指南针、火药、印刷和造纸术也远非原来的情状。因此中国古代的神秘数字信仰究否就是受巴比伦等西方民族的影响，自不容轻易论定。不过，一般而论，中国古代的神秘数字似乎更为系统化，应用的更为广泛，而且有关神秘数字的研究和理论的发挥，无论就《易·系辞、说卦》或《春秋繁露》而言，中国也显然是比西方早的多（最古的希伯来文秘教经典 Sêfer Yĕsîrâ，载有关于数字排列 Permutation of numbers 的讨论，约写于纪元 6 世纪）。

原载 1974 年《国立编译馆馆刊》第 3 卷第 2 期

当代语言哲学与人类文化史的研究

如果我们认为自然科学发展的现阶段已属太空学研究的时代，那么在人文科学的发展上，我们认为现在应该是人类及其文化史，也即广义的人类学研究的时代。尤其是在后一课题的研究上，由于必需从语言学、考古学、史学、狭义的人类学以及种种学科，去搜集有关作为自然的兼社会的动物（即人类）演化的一切史料，如何解释并整理这些史料的学理，这固然表示了现代人文科学研究的广阔、联索及整合的特性，同时在问题的处理上，由于采用了严正的比较及综合的方法，现代人文科学研究也显然有挣脱旧的、主观空泛的、臆测的蛹壳而逐变为准实验性的或准自然科学的趋向了。

本文的目的，是要说明当代社会科学与语言哲学及人类文化史的关系。这一研究所表现的现代人文科学研究的特质、趋向，是今后我国史学，尤其是古史研究所应采取的途径。

一 语言哲学与人类文化史的研究

人之所以异于禽兽者，诚如孟子说的，固然几希，而且所谓文化也似乎并非人类的专利品。例如南非洲洪积期地质时代的古生"南方猿类"，它们不仅大致具备了人类的特殊体质——两足直立而行的步履、自由灵巧的手臂，和相对大的脑量，而且据说已经能够像人类一样的会狩猎，使用器具，甚至用火；所差事的就是还不会"说话"。如果我们不否认狩猎、用器具、用火是人类的文化素质的话，那么姑无论南方猿究是人猿抑是猿人（有的学者已把它们列入人科），文化的起源看来都似与语言文字无关了。换句话说，文化是先于语言文字而存在的某些动物生活的产物。实际上，现世界仍有不少虽会说话而却没有文字的原始民族，而且他们都有着并不十分简单的文化。人类社会有文明的与原始的分别，而没有"没文化的"社会。

但人类的文化，正如人类自己似的，是动的而非静止的；随着人类的演化而演化。一旦人类的体质，特别是发声器官发达足以创造出语言——表达意识而多少有着固定型式的变化的一套声音符号，且更进一步设计出来文字——表示语言的一套有形的书写符号以后，人类的文化于是趋向于急剧的发展。那些开化较早的民族的生活资料也就因此被记录、累积，并或多或少地传留下来，成为我们所谓的文献。

通常所谓的"历史时代"就是指有文献以来的那个时代。语言哲学自然要以历史时代人类的语言文字为其研究对象。

语言哲学大别有两个分科。其一，可称之为文献的语言学，或即文献学。这门学科大致相当我国素所谓的文字学、训诂学、校雠学等；要以文献的搜求、注释与校勘，版本的异同及其年代的考订、文字的起源和流变，以及其他有关语文的问题为其研究的对象。这一学科的发展在东西方虽都可溯到很早的时代，但真正走向系统的科学研究途径似是十七世纪以后的事。根据这一学科的研究，许多古代文明民族的文献被搜寻、注解出来；使我们知道各民族使用着种种不同的文字,而埃及、巴比伦、中国的文字早在纪元四千至两千年前就已经先后问世。特别是上述三种文字,它们不但曾分别的予后来东西方很多民族的语文演变以深远的影响,而在发展上也至少都经过两个演变的阶段,即初期的表示形意的象形文和进一步的象形兼象声的简约、混合,或过渡的文字。所不同的,就是自纪元前两千年顷的腓尼基文开始,西方民族的文字已更进一步地演变成了纯音缀的文字了。

语言哲学的另一分科或即语言的语文学,或即语言学。这门学科大致虽相当于我国素所谓的音韵学,但其范围则远为广阔,而目标也不同。它是以全人类的古今各民族的语言构造,即语音、语法的研究为对象;从同一语言与不同的语言的古今变异上加以研究比较,从而订其类别,溯其系统。因此,这样的语言学又或名之为比较语文学;它是十九世纪以来由西方学者的惨淡经营而建立起来的。语言是语言,而不是文字;两者决然有别。在问题的讨论上,应该分别清楚;虽然有的人常是把这两者夹缠在一块儿。现在我们比较明了的语言不下于五十个语族,而每一个语族则又包括多少不等的语支。如果就使用的人数来说,汉语和印欧语应是最重要的两个语族。近几十年来,比较语言学在中国也逐渐发展中,而中央研究院历史语言研究所在古代汉语的音韵和语法、现代汉语的各省方言以及边远省份的非汉语的研究则尤有不可忽视的贡献。

语言哲学与人类文化史研究的关系是显然的,而且是多方面的。首先,语言本身就是人类文化的一部分素质。人类文化史没有语文演化史,便不是完整的文化史。其次,对于任何一个民族文化史的研究,该族语文的研究显属必要的基础;不确晓该族的语文,该族文化的研究必不能深入。第三,文献经语文学家整理、诠释、考订以后,即成为文化研究史上的可靠史料。如殷代的卜辞、周金铭文、居延汉简之类，分属于殷周汉代的重要原始史料。第四，人类由于迁播和接触，而促成民族间语文及文化上的可能的融合，从而从某些语文的分布及借用的情形上，就可以溯求毗邻的民族间的文化演变关系。第五，语文的意义可因时间的不同而演变，而这种演变则可反映了文化的演变，因此我们可以从语文上去推论古今某些民族的文化如思意信仰及其他文化素质的流变。刘知几《史通》曾论史家写近事不宜用古语，或改夷言为汉语，以求文字语言之真。这正说明语文与文化史的研究的密切关系。

二 考古学与人类文化史的研究

人类出现于地球固不始于有文字的历史时代，因此人类的文化也不仅限于历史时代。在历史时代以前，不但更有一个漫长悠远的先史（或史前）时代，而且正是从这一个先史时代的文化才蕴育出来后此历史时代的文化。例如古生人类的北京人，其生存时代距殷商青铜器时代当在五十万年左右，而这一期间的文化显与中国民族，甚或全人类的文化有着密切关系；在先史考古学研究上便成为一个重要的课题。

但先史时代的人类既还没有文字，除了一些洞穴岩壁的雕绘艺术以外不曾把他们的生活片断记录下来，文献的史学和语文学的研究便于此裹足不前了。实际上，就以历史时代文献上的史料来说，那也并不就是过去人类社会的全部或完整的史实。因此为了重建先史时代的，并扩建历史时代的人类文化史，因有所谓考古学；而通常所谓考古学则要指先史考古学说的。

考古学初源于古物的偶然发现，与欣赏家的癖好。继而演变为有意的搜求。终而成为以种种技术进行的大规模的、计划性的发掘与研究，也就是科学的考古学。

考古学是以曾经存在的，但却已经毁弃或埋覆在地面下的过去人类生活的遗迹，也即文化遗址及其中残存的遗物为调查、发掘、研究的对象；从遗物的形制与功用、遗址的环境，以及遗物分布的层次的比较研究上，溯求遗址所属人类社会生活的演变情况。且进一步地跟其他区域的文化遗址加以比较，以推知相同或相异的人种文化间的可能系统关系。此外，由于遗址的地层构造、伴联的生物遗骸以及年代学等问题，先史考古学也就分别地跟地质学、古生物学、气象学等学科发生了密切的联系。尤其近年来，由于核子物理学的进步，考古学研究上更分别的从生物的活性炭素、岩石中的铀与铅的比量以及遗骸中氟的含量的测定上，来解决年代学上的问题。显然的，现在科学的考古学与过去"玩古董"的人在目的上固然大异其趣，而现代考古学研究所涉及的基础知识的广阔，也更非过去古董家所可企及的。

自19世纪中叶以来，欧洲大陆的旧石器时代文化，地中海爱琴区的先史时代文化，非洲、近东与美洲各区的先史与历史时代早期的人类文化遗址便陆续地从考古学家的锄头下掀露出来。即令是一柄石斧、一块陶片、一根骨针、一抹壁画也无不成为人类文化史研究上的珍贵材料。如以北京人的文化来说，这已证明人类的文化竟可远溯到至少四五十万年前的洪积统或更早的地质时代了。从这个时代以来，根据发掘的器物的质料及其反映的生产技术，考古学家把人类的文化大致分成了几个阶段。首先即所谓石器时代文化，且由于石器的制作技术及其形制的不同，而更分为旧石器时代与新石器时代；两者间或更有一中石器时代。旧石器时代的人类大抵过着采集和狩猎的生活，而大约一万年前后的新石器时代的人类则多营农耕兼牧畜的生活，并知使用陶器。新石器时代以后，即大约纪元前两三千年的时候，又进入所谓青铜器文化时代（其前或更有一个黄铜器或金石混用的时代）；而此后则更进入铁器时代、汽机、电机，甚或原子动力机等等历史时代的文化。不过，就各民族文化的演进来说，上述各文化阶段却并不是以同一速度演进的；易言之，就是有较早或较迟的先后之别。同时，所谓历史时代与青铜和铁器时代也没有绝对的先后次序。例如埃及历史时代先于青铜与铁器时代，而欧洲的后两个时代则较历史时代为早。又如埃及已经进入历史时代的时候，欧洲却仍在新石器文化的阶段。此外，从石器时代以来，我们知道人类不仅有物质生活上的享受，同时也知道从绘画、雕刻、祭祀信仰各方面来满足精神上的需求。

远东，尤其是中国方面，它是世界古老的文明民族之一，因此同样有着古老的，类似的文化演进史。近三十年来，在我国科学的考古学家的努力下，特别是历史语言研究所与北平地质调查所的发掘与研究下，历史时代早期的殷墟青铜器与甲骨文字的文化；山东先史新石器时代的龙山黑陶文化、河南仰韶的彩陶文化、林西与龙江的细石器文化；周口店山顶洞与河套及周口店北京人的旧石器文化；以及浙江良渚的黑陶、河南辉县的战国墓葬、居延汉简等等的文化遗址都相继的重见于世人。于是中国的历史时代的文化为之扩大，殷商的文化从甲骨学研究上获得了可靠的年代学的基础，而且特别是在历史时代以前，建立起来了一个久远的先史文化的基础，与世界其他地区的文化逐渐打成了一片。就历史与青铜文化的时代程序上说，我国与埃及的情形虽则相似，但却比较晚一些的。

考古学虽大有助于先史和早期历史时代文化的重建，但由于它主要基于遗址与遗物的研究，因此正如文献的史学研究似的，便显然同样无法确切的推知任何遗址与遗物所属人类的全部文化史，特别是关于社会生活方面的史实。于是在语文学、考古学以外，更有所谓人类学的研究；这三者自其取材和技术上说，虽各有其多少限定的领域，但就人类学论著的内容与各国大学的人类学或考古人类学系讲授的课程来说，前两科可说就是人类学的两个分科，只不过各有其发展的历史而已。

三 人类学与人类及其文化史的研究

人类学，简单地说，就是"研究人类的一门学科"；具体地说，就是把人类一方面视为一种自然的生物，另一方面视为一种社会的或有文化的生物，而据地面上下可能得到的任何有关人类及其社会生活的史料，以重建人类及其文化的演进史，以及所以如此演化的一些法则的一门学科。

照现在一般趋势来说，人类学主要分为两科，即体质人类学及文化人类学。前一分科可说是蕴育自 16 世纪以来的比较解剖学及人体解剖学的研究；而后一分科，则伴着 18 世纪以来，欧洲政治势力的扩展及传教士旅行家的游踪而发展自传记和报导文学。

体质人类学是从生物学的观点上研究人类与动物（特别是灵长类动物）、现生人类与古生人类的演化关系，以及所以促成人类演化过程中种种变异的机构。这就是说，体质人类学目的在描绘出一幅关于整个人类自己的起源与演化的史画。而在这一学科下，它也就包括了灵长类学、古生或化石人类学、现在人种的系统，以及人种遗传学与优先学各方面的研究。

关于人类起源与演化的史画，现在已经多少描绘出了一个可观的轮廓。首先，我们晓然现在非人类的灵长类分布在世界比较限定的几个区域里：最原始的拟猴类，即狐猴与跗猴类，见于非洲、马达加斯加岛，及东南亚一带；大抵卷尾的阔鼻猴类见于中南美洲；而不大卷尾的狭鼻猴类与高等无尾的猿类则见于非亚两洲及近东一带。其次，伴着旧石器时代的文化，我们晓然欧亚非三洲在两万至五十万年前的洪积统地质时代，已经老早地就分化出来了许多与现在人的形态或同或异的古生人类与新生人类。而其中为我们最熟悉的古生人类就是欧洲与近东出现的内安德塔尔人、海德尔堡人、非洲的罗德西亚人、亚洲的华南步氏巨人、古爪哇巨人、北京人、爪哇直立猿人与粗壮猿人、爪哇梭罗人与瓦德加克人等等。这些古人类，据已故古生人类学权威魏敦瑞博士的研究，不但分别代表着欧洲的一支与亚洲一支的南北两系统，同时至少亚洲的这一支可能即源于类乎印缅古生林猿的某种祖先。再次，我们知道在大约七千五百万至二千万年前的悠久地质时代中，几乎就是伴着哺乳类的诞生与繁荣，大型爬行类恐龙的繁荣与绝减，而存在很多古生的猴、猿与人猿或猿人类。其中最值得注意的，即欧美两洲的狐猴与跗猴类，东非洲原上新世猿、拟猿占总督猿，欧洲与印度的林猿和湿婆猿，欧洲的山猿，以及南非的南方猿类。尤其南方猿类，由于形态与现在人类的多方面类似性，由于可能已知用火、用器具和狩猎，因此学者或称之为人猿或猿人；而一般几乎承认它就是从达尔文以来所要找寻的猿与人类演化过程中的那个失去中的环链了。至于古生人类与现在人类的确切系关系，现在虽不能加以肯定地说明，但所知者即类乎现生人类的新生人类的出现也相当远早，甚或有的如英国的司凡司空人，比欧洲的某些古人类还出现在先。至于现生人类，由于遗传与地理环境等等条件的影响，在体质上虽有身体高矮、肤发异色之类的差异，但却显然没有什么天赋智慧上的悬殊，至少从体质上还找不出确切的根据。

人类学的另一分科，即文化人类学，是以人类社会遗传、学习而累积起来的，大家有份的全部社会生活史即社会文化史，为其研究的对象。

这一分科,由于广阔的研究领域与研究者持重点的不同,虽每每再分为若干不同的分科,但一般说来,可至少分为所谓民族志、民族学与社会人类学。

民族志以各民族的文化素质为其描述的对象。民族学旨在重建各民族间可能的文化史的关系,从而溯求文化的起源与流变。社会人类学(英国或直称之为人类学,美国则把社会人类学以外的分科统称之为文化人类学,而有时又把这里所谓社会人类学和文化人类学合称之为民族学)则以人类的社会及文化现象为其研究的对象,并希望从中求得某些文化所以如此存在的可能的通则;而不大重视历史的因素(至少过去的功能派人类学家是如此)。

如果我们把先史时代文化史主要归诸考古学的研究,且撇开语文学不谈,那么这里所谓文化人类学的研究便显然是偏于历史的,尤其是现在原始民族的文化史的研究;这一趋势与它的发展史固然有关,同时更有它必需如此的重要的理由。首先,全人类文化史并非只是文明民族的文化史,原始民族的文化应同样属于它的一部分。这是不待赘言的。其次,在现世界民族的广泛接触下,原始民族的文化不但已在急剧的变化,使人对它们有稍纵即逝之感,而且大多数原始民族也是没有文字的。因此迅速调查并记录下全人类文化史的这一部分材料,便是文化人类学家的责任。否则,任其发展下去,我们固无法完成全人类的文化史,而且对于文明民族文化的研究也将是无可补偿的损失。

因为原始民族文化的研究的另一种大企图,即在于补救文明民族史料的缺欠,即为了更进一步地了解文明民族的史实。文明民族较早的许多文化现象随着时代的演进而消失或隐晦,但这一类的文化现象却可能仍遗存在原始民族的社会;文化人类学偏于民族文化的研究，正是基于"礼失而求诸野"的原则。因此无论是原始民族的任何一种社会制度、物质文化或宗教信仰，便都成为重要的研究材料。

于是，我们从文化人类学的研究上晓然同一民族由于时代的演进而有其不同的社会遗产，也即有其文化的变异；而不同的民族文化间，不论其是否属于同一时代，也每呈现出差异或类同的现象。例如我们古代有钻木取火和架木为巢的传说，而这种文化素质则同见于现代的原始民族，且关系着种种不同的工具和技术。我们古代有"结绳"与"刳木为舟"的传说，而现在的原始民族，如高山族吧，就仍有结绳记日和刳造独木舟的文化，给予了我们的传说以具体的说明。我们有"厥初生民，时维姜嫄"与神农或凡蓬之世"民知母而不知其父"的传说，而现代的原始民族中却很多仍存在着远比我们的传说更为复杂的母系社会制度。台湾高山族的阿美与卑南族就是眼前的例子。又如我们古代有"诸侯一娶九女"、"妻之以媓、媵之以英"，"嫁者不及舅姑，谓之不幸"。以及子淫父妃之类的婚俗，而现代原始民族则有多夫多妻、一妻一夫、一夫多妻、妻姊妹、妻嫂、收继后母、交表婚以及其他种种奇异的婚制。我们古代有以所居的国地、自然物类以及祖先的德业或名字为姓氏的制度，而现代的原始民族与其他文明民族的古代也有这种类似的文化素质；甚至在台湾的高山族就可以看出几个不同的演化阶段。又如我们古代有郊禘烝尝、耕耤或杀人衅鼓与祭社之类的祭祀仪式及关联的种种信仰，而原始民族也有祭天地鬼神祖先、猎头祈福、播种、收获与狩猎等等的祭典。我们古代有家族、宗族、姓族、氏族、邦族与同盟之类的种种社会集团组织，原始民族也有大小家族、姓族、半部族、分部族、部族与部族联盟之类的组织。

人类各民族的文化间有其类似性，同时更有其差异性；即同一民族的文化在不同的时代中亦然。凡此之类，非仅不胜枚举，如果我们在这里要想对于古今文明与原始民族文化的起源与演化的系统，即所有人类社会的整个创作，加以概述和解说的话，那么就正如美文化人类学大师劳威说的，这显然是不可能的。这由于人类的文化史比起他的自然史固然远为广泛、复杂，同时无论是考古学、语文学或所谓文化人类学中包括的三个分科，都显然仍在研究的过程中而远未完成它们的最后课题。例如若干原始民族的社会可能迄今还没被人类学家的足履踏过，若干文明民族文化史上的问题也显然还没有经过处理或解决，而社会人类学家也似乎还没有找到任何一条足以说明文化现象或社会行为的通则。因此，关于人类的文化史，在某些近代的著作中虽不乏概括的叙述，但在很多人类学方面的著作中却只是提出几个范畴而分别地加以论述。特别是由于所谓演化论、传播论、功能论学派与心理学派的基本观点的不同，对于文化现象的解释也就有着纷歧不同的意见。虽然就文化的复杂性来说，任何一派的学说纵然都各有其适用的场合，但却显然不能独用于整个文化史的再造及其解释。

四　史学及中国史学今后研究的途径

姑撇开宇宙、地球或生物之类的自然历史的研究不论，如果我们狭义的把史学就看成有文字时代的人类史实的研究，一种异时代的，断面的史实或个人传记式的帝王政治史之类的研究，且以年代关系为其研究上的特征的话，那么史学与人类学便显然呈现着绝大的差异。

同样，如果我们就英国马林诺夫斯基与瑞德克利夫－布朗领导的功能论派的社会人类学的观点，认为人类学是视人类社会为一种自然的体系，以其互为倚恃的组织及其功能为研究的对象，且以简化一切社会生活为一些定律或通则为其研究的目的。换句话说，在对于某一社会的了解上是无需求助于它过去历史的话，那么这种人类学、功能论派的社会人类学，便与上面说的狭义的史学研究更不相同，而这种社会人类学也就自然不能说是史学的研究了。

但是，如果我们承认史学的研究非仅在于史实次序的叙述，而同样的在求解文化的特质，并想建立起来史实间的可能联系关系，特别是像古朗日、威诺古莱道夫、麦特兰德与鲍威克之类的史家那样去求解某一社会或文化的潜在形态，或由不同社会的比较上去求解社会组织，那么这种史学的研究便可说就是人类学的研究了。

实际上，已故美国人类学大师鲍亚斯固然认为人类学就是研究人类社会的历史的；其与狭义的历史研究的区别仅在于人类学不限于有文字记载的时代与民族。同时他的得意门生、当代美国人类学权威克屡伯也同样指出人类学是兼从生物科学与有时所谓历史的也即通常所谓的社会科学两方面去研究人类的。这就是说，人类的文化与社会的研究，即我们这里所谓文化人类学的研究，是属于史学研究的。不仅美国历史派的人类学家对于人类学持有这样的看法，就是英国的社会人类学家对于人类学应即史学研究的这一事实也更有明确的说明。例如牛津大学的社会人类学教授伊温斯-普瑞察德就说过，无论在研究的目的、方法和取材上，人类学与史学都是几无差异可言的。甚至是素来持重于社会发展法则的功能派社会人类学家，如上文提到过的英国瑞德克利夫-布朗与美国的埃干，也似乎改变了过去忽视历史的观点，而认为"人类学的研究上"，也已不能再离开历史一方面的研究了。

其次，人类学或史学的研究素来认为是属社会科学或人文科学的领域；换句话说，不属于自然科学。但是，最近故去的澳洲大学的人类学家奈德洛氏，在其著的《社会人类学原理》一书中曾指出：社会人类学虽不能像其他自然科学似的从事实验工作，但是就其根据种种不同的现象的观察来代替人为的差异推理这一点来说，社会人类学的比较方法却可说就是实验。"我们研究那些从观察的材料上所得到的差变，把它们相联起来，且进而自其获得一般的规律。"虽然，比较的方法仍需进一步的改进为有计划的选择、严正的核对，与控制的形式，始可成近乎真正的实验方法，但是"人类学已经几乎成为社会现象的实验研究的研究室，则是毫不足惊奇的事情了"。这就是说，人类学现在纵然不能说是自然科学，但是它却朝着这一方向前进，希望有一天，我们能藉着发达的人类学而把所谓自然科学与人文科学打成一片，都成为可控制、实验的，至少是近似控制和实验性的科学研究。实际上，不只是人类学，即通常所谓的史学研究应该只是技术而非本质上有什么差异。作为科学的哲学创导人之一的美国哥伦比亚大学纳格尔哲学教授近著《历史解析的逻辑》一文，即是正针对这一事实而提出的说明。

总之，事实说明语言哲学、考古学、人类学、史学与人类文化史的重建固有不可分的密切关系，它们只是广义的人类学的几个重要的分科；同时说明广义的人类学的研究应正代表着现代人文科学研究的特色和趋势。在这一现代学术研究上，我们看到工作者分从文献、语文、地层、遗址，以至古今文明及原始民族社会在搜求着他们需要的材料；看到他们从种种有关的学科上在选取用以解释材料的理论和处理的技术；看到他们从各种不同的角度上去观察和分析他们的问题，并最后加以比较与综合。工作者务希他们的研究能尽量符合客观的事实，俾进而趋向于类似自然科学的研究。因此仅就广义的人类学这一学科的研究来说，它便远超出了我们素所谓的"考据"和"义理"之学。因为它考据的既不再限于短短的历史时代中的一人、一族或一事之史，而是要追溯五十万甚或百万年来全人类整个的生活演变史；同时它寻求的也不再限于范围人之行为的法则的"义理"，而是要寻求整个人类及其文化所以产生出来种种不同模式的"义理"。尤其是这样的考据与义理的寻求正因为需要种种基础知识，所以它的本质及所研求的都是知识的，而非非知识的；换句话说，它是根据人类的经验、丰富人类的经验，而不是玄想、玄学。

最后，我们该郑重指出的就是，纵然现代的人文科学已在朝向自然科学方面走，但是正如自然科学家似的，人文科学家并不认为他们对于任一问题的解答就是终极的、最后的解答；果然他们有所解答的话，他们不过认为那些只是根据现有的材料和技术而得到的一些暂时的"中用假说"。随着知识的进步，假说可以被证明更中用，也可被推翻。科学家不固执且不可能固执他们的假说，甚至推翻他们的假说的就是他们自己。这是现代科学的态度，也是现代科学的精神。

（原载《中国社会科学院研究生院学报》1985年第6期）

作者主要论译著目

1948 年

边疆行政与应用人类学 《边疆公论》第 7 卷第 3 期（1948 年）。

1950 年

［英］W. E. Le Gross Clark 著：北京猿人 《大陆》（半月刊）第 1 卷第 1 期（1950 年）。

W. C. Osman Hill 著：人类与类人猿的关系 《大陆杂志》第 4 卷第 5 期（1950 年）。

1951 年

姓字古义析证 《中央研究院历史语言研究所集刊》第 23 本（1951 年）；又载所著《先秦文化史论集》，中国社会科学出版社 1995 年出版。

1954 年

《左传》"因生以赐姓"解与"无骇卒"故事的分析（先秦赐姓制度考上篇） 《中央研究院院刊》第 1 辑（1954 年）；又载《先秦文化史论集》，中国社会科学出版社 1995 年出版。

［英］E. E. Evans Pritchard 著：社会人类学的过去、现在及其未来 《大陆杂志》第 8 卷第 2 期（1954 年）。

1955 年

先秦赐姓制度理论的商榷 《中央研究院历史语言研究所集刊》第 26 本（1955 年）；又载《先秦文化史论集》，中国社会科学出版社 1995 年出版。

《论语·子罕》章句问题评断 《民主评论》第 6 卷第 24 期（1955 年）；又载《先秦文化史论

集》，中国社会科学出版社 1995 年出版。

［美］克劳克曼著：侦探家福尔摩斯与人类学之应用　《科学月刊》1955 年 3 月。

A. R. Radcliffe Brown 著：道在阴阳　《大陆杂志》第 10 卷第 6 期（1955 年）。

1956 年

台湾赛夏族的个人命名制　《中央研究院院刊》第三辑（1956 年）。

先秦诸侯受降、献捷、遣俘制度考　《中央研究院历史语言研究所集刊》第 27 本（1956 年）；又载《先秦文化史论集》，中国社会科学出版社 1995 年出版。

1957 年

汉族的姓氏与"孙以王父字为氏"的制度　《大陆杂志》第 14 卷第 10 期（1957 年）。

联名与姓氏制度的研究　《中央研究院历史语言研究所集刊》第 28 本（1957 年）；又载《先秦文化史论集》，中国社会科学出版社 1995 年出版。

1958 年

论泰雅赛夏排湾等族人名的所谓敬称变化　《中央研究院历史语言研究所集刊》第 29 本：《庆祝赵元任先生六十五岁论文集》（1958 年）。

1960 年

语文学、考古学、人类学、史学与人类及其文化史的研究　《大陆杂志》第 21 卷第 1、2 期合刊（创刊十周年特号）（1960 年）；又载《先秦文化史论集》，中国社会科学出版社 1995 年出版。

［美］Helmutde Terra 著：人类起源的新线索　《教学与文化》（双周刊）第 228 期（1960 年）。

1961 年

从名制与亲子联名制的演变关系　《中央研究院历史语言研究所集刊》外编第 4 种：《庆祝董作宾先生六十五岁论文集》（1961 年）。

西洋近代的东方学及其有关中国古史的研究　《大陆杂志》第 24 卷第 4 期（1961 年）；又载《先秦文化史论集》，中国社会科学出版社 1995 年出版。

1962 年

苏雪林先生《天问研究》评介　《大陆杂志》特刊第二辑：《庆祝朱家骅先生七十岁论文集》（1962 年）；又载《先秦文化史论集》，中国社会科学出版社 1995 年出版。

论晋语黄帝传说与秦晋联姻故事 《大陆杂志》第 26 卷第 6 期（1962 年）。

1963 年

《国语》黄帝二十五子得姓传说的分析（上） 《中央研究院历史语言研究所集刊》第 34 本：《故院长胡适先生纪念论文集》下册（1963 年）；又载《先秦文化史论集》，中国社会科学出版社 1995 年出版。

云南昆明墓葬中的锁骨测量 《中国民族学报》第 3 期（1963 年）。

1965 年

从七出谈到三归——有关古代婚姻和经济制度的一些史料的讨论 《大陆杂志》第 30 卷第 2 期（1965 年）；又载《先秦文化史论集》，中国社会科学出版社 1995 年出版。

春秋鲁公矢鱼于棠问题的商榷 《公论报·史地》1965 年第七、八期。

1966 年

联名制与卜辞商王庙号问题 《中央研究院民族学研究所集刊》第 21 期（1966 年）；又载《先秦文化史论集》，中国社会科学出版社 1995 年出版。

《安阳殷墟头骨的测量和形态观察》（英文），《中国东亚学术研究计划委员会年报》第 5 期，1966 年台湾（1966，"A preliminary Report of Human Crania Excavated From hou-chachuang and other Shang Dynasty Sites. at An-Yang, Honan, North China", The Annual Bulletin of the China Council For East Asian Studies, No. 5)。

释饕餮纹与饕餮——《图腾在中国古代文化之艺术表现》一文读后 台北中国民族学会发行：《中国民族学通讯》第 5 期（1966 年）。

1967 年

《国语》黄帝二十五子得姓传说的分析（下）——兼论中国传说时代的母系社会 《清华学报》：《纪念李济先生七十岁诞辰论文集》（1967 年）；又载《先秦文化史论集》，中国社会科学出版社 1995 年出版。

古饕餮民族考（3 万字） 《中央研究院民族学研究所集刊》第 24 卷（1967 年）；又载《先秦文化史论集》，中国社会科学出版社 1995 年出版。

论殷周时代的高层建筑之

"京"、昆仑与西亚的 Zikkurat　《大陆杂志》第 34 卷第 5、6 期(1967 年)。

1969 年

德效骞著《古中国境内一个罗马人的城市》——兼论所谓罗马人的几种文化成分　《书目季刊》第 3 卷第 4 期(1969 年);又载《先秦文化史论集》,中国社会科学出版社 1995 年出版。

论北海、儋耳地望和月氏、匈奴、晋人劙面之俗——有关古饕餮民族考的一些补证　《大陆杂志》第 38 卷第 1 期(1969 年);又载《先秦文化史论集》,中国社会科学出版社 1995 年出版。

论汉简及其他汉文献所载的黑色人问题　《中央研究院历史语言研究所集刊》第 39 本;《庆祝李方桂先生六十五岁论文集》上册(1969 年);又载《先秦文化史论集》,中国社会科学出版社 1995 年出版。

1970 年

河南安阳殷墟墓葬中人体骨骼的整理和研究(附:整理殷墟人体骨骼之经过)　《中央研究院历史语言研究所集刊》第 42 本第 2 册(1970 年);又载《安阳殷墟头骨研究》,文物出版社 1985 年出版。

评 Andreao Lomnels "Shamnism: The Beguming of Arts"(英文), 1970, Current Anthropology, Vol. 11:1, p. 47.

1971 年

《孟子·滕文公》篇三年丧故事的分析　《食货月刊》第 1 卷第 3 期(1971 年);又载《先秦文化史论集》,中国社会科学出版社 1995 年出版。

再论中国古代某些神秘数字和古籍编撰的神秘性　《大陆杂志》第 42 卷第 5 期(1971 年)。

1972 年

略论中国古代神秘数字　《大陆杂志》第 44 卷第 5 期(1972 年)。

中国古代的神秘数字论稿　《中央研究院民族学研究所集刊》第 33 期;《庆祝凌纯声先生七十岁论文集》之四(1972 年);又载《先秦文化史论集》,中国社会科学出版社 1995 年出版。

古籍神秘性编撰型式补证　台湾《国立编译馆馆刊》第一卷第三期;又载《先秦文化史论集》,中国社会科学出版社 1995 年出版。

1973 年

再论《论语·子罕》章句问

题——治学方法论例之一 《食货月刊》第 3 卷第 9 期（1973 年）；又载《先秦文化史论集》，中国社会科学出版社 1995 年出版。

1974 年

论神秘数字七十二 台湾大学《考古人类学集刊》第 35、36 卷合刊（1974 年）；又载《先秦文化史论集》，中国社会科学出版社 1995 年出版。

略论中西民族的神秘数字 《国立编译馆馆刊》第 3 卷第 2 期（1974 年）。

1976 年

论今文《尚书·太誓》、《尚书大传·太誓》及《史记》的白鱼赤乌神话——汉代书史的增窜、帝德说及纬书神话的综合研究 《中央研究院历史语言研究所集刊》："蒋公（介石）逝世周年纪念论文集"（1976 年）；又载《先秦文化史论集》，中国社会科学出版社 1995 年出版。

1977 年

再论尧舜禅让传说——古史研究方法论例之一 《食货月刊》复刊第 7 卷第七、八、九期（1977 年）；又载《先秦文化史论集》，中国社会科学出版社 1995 年出版。

1978 年

论尧舜禅让传说 《赵铁寒教授纪念论文集》（台北）文海出版社有限公司 1978 年出版。

1983 年

卅年来关于殷墟头骨及殷代民族种系的研究 《中国古史论丛》总第 8 期（1983 年）；又载《安阳殷墟头骨研究》，文物出版社 1985 年出版；又载《先秦文化史论集》，中国社会科学出版社 1995 年出版。

1984 年

论先秦所谓姓及其相关问题 《中国史研究》1984 年第 3 期；又载《先秦文化史论集》，中国社会科学出版社 1995 年出版。

1985 年

安阳殷墟头骨研究（主编。48.7 万字，图版八十八版） 文物出版社 1985 年出版。

[美] E. A. Hoebel 著：文化演化及其研究方法 《中国社会科学院研究生院学报》1985 年第 3 期。

当代语言哲学与人类文化史的研究 《中国社会科学院研究生院学报》1985 年第 6 期。

中国神话研究的一项大胆新尝试——《诸神的起源·序言》《人民日报》（海外版）1985 年 12

月 21 日第 2 版。

1986 年

春秋隐公射鱼于棠说驳议——兼论春秋搜狩、治兵与祭牲之制 《文史》第 26 辑，中华书局 1986 年出版；又载《先秦文化史论集》，中国社会科学出版社 1995 年出版。

1987 年

从讳名制祖孙同名制看商王庙号问题——张光直著《中国青铜时代》读后（摘要） 《先秦史动态》1987 年第 1 期。

《论语·子罕》章句辨 中国孔子基金会主办《孔子研究》1987 年第 4 期。

1988 年

论周初诸王之生称谥 《殷都学刊》1988 年第 3 期；又载《先秦文化史论集》，中国社会科学出版社 1995 年出版。

中国古代太阳崇拜研究（语文篇） 《民间文学论坛》1988 年第 2 期，1989 年第 2 期；又载《先秦文化史论集》，中国社会科学出版社 1995 年出版。

1989 年

论商王庙号问题兼论同名和异名制及商周卜俗 《殷墟博物苑苑刊》创刊号，中国社会科学出版社 1989 年出版；又载《先秦文化史论集》，中国社会科学出版社，1995 年出版。

论中国古代太阳崇拜——四季五时五方上帝及传说的五帝 《先秦史论文集·徐中舒教授九十诞辰纪念论文集》，中州古籍出版社 1989 年出版。

1993 年

论先秦姓族和氏族 《中国史研究》1993 年第 1 期；又载《先秦文化史论集》，中国社会科学出版社 1995 年出版。

1995 年

先秦文化史论集（75.3 万字） 中国社会科学出版社 1995 年出版。

中国古代太阳崇拜研究（生活篇） 载《先秦文化史论集》，中国社会科学出版社 1995 年出版（此文为 1991 年 8 月洛阳"夏商文化国际学术研讨会"论文）。

语言与文明 在"汉字研究座谈会"上的发言。

分 类 目 录

一　姓氏制度研究

姓字古义析证（1951年）

论晋语黄帝传说与秦晋联姻的故事（1962年）

《国语》黄帝二十五子得姓传说的分析（上）（1963年）

《国语》黄帝二十五子得姓传说的分析（下）——兼论中国传说时代的母系社会（1967年）

论先秦所谓姓及其相关问题（1984年）

论先秦姓族和氏族（1993年）

二　先秦赐姓制度研究

《左传》"因生以赐姓"解与"无骇卒"故事的分析（先秦赐姓制度考上篇）（1954年）

先秦赐姓制度理论的商榷（1955年）

三　联名制、名与姓的起源关系研究

台湾赛夏族的个人命名制（1956年）

汉族的姓氏与"孙以王父字为氏"的制度（1957年）

联名制与姓氏制度研究（1957年）

论泰雅赛夏排湾等族人名的所谓敬称变化（1958年）

从名制与亲子联名制的演变关系（1961年）

联名制与卜辞商王庙号问题（1966年）

再论商王庙号问题（1987年）

论久被忽略的《左传》诸侯以字为谥之制（1987年）

论周初诸王之生称谥（1988年）

论商王庙号问题兼论同名和异名制及商周卜俗（1989年）

四　人种学、民族学

边疆行政与应用人类学（1948年）

云南昆明墓葬中的锁骨测量（1963年）

《安阳殷墟头骨的测量和形态观察》（英文）（1966年）

古饕餮民族考（1967年）

论北海、儋耳地望和月氏、匈奴、晋人剺面之俗——有关古饕餮民族考的一些补证（1969年）

论汉简及其他汉文献所载的黑色人问题（1969年）

河南安阳殷墟墓葬中人体骨骼的整理和研究（附：整理殷墟人体骨骼之经过）（1970年）

卅年来关于殷墟头骨及殷代民族种系的研究（1983年）

五　古史考辨

《论语·子罕》章句问题评断（1955年）

先秦诸侯受降、献捷、遣俘制度考（1956年）

从七出谈到三归——有关古代婚姻和经济制度的一些史料的讨论（1965年）

春秋鲁公矢鱼于棠问题的商榷（1965年）

论殷周时代的高层建筑之"京"、昆仑与西亚的Zikkurat（1967年）

论今文《尚书·太誓》、《尚书大传·太誓》及《史记》的白鱼赤乌神话——汉代书史的增窜、帝德说及纬书神话的综合研究（1967年）

《孟子·滕文公》篇三年丧故事的分析（1971年）

再论《论语·子罕》章句问题——治学方法论例之一（1973年）

再论尧舜禅让传说——古史研究方法论例之一（1977年）

尧舜禅让传说（1978年）

春秋隐公射鱼于棠说驳议——兼论春秋搜狩、治兵与祭牲之制（1986年）

《论语·子罕》章句辨（1987年）

中国古代太阳崇拜研究（语文篇）（1988年）

论中国古代太阳崇拜——四季五时五方上帝及传说的五帝（1989年）

中国古代太阳崇拜研究（生活篇）（1991年）

六　神秘数字研究

再论中国古代某些神秘数字和古籍编撰的神秘性（1971年）

略论中国古代神秘数字——中国古代神秘数字研究序（1972年）

中国古代的神秘数字论稿（1972年）

古籍神秘性编撰型式补证（1972年）

论神秘数字七十二（1974年）

略论中西民族的神秘数字（1974年）

七　研究方法论

语文学、考古学、人类学、史学与人类及其文化史的研究（1960年）

西洋近代的东方学及其有关中国古史的研究（1961年）

当代语言哲学与人类文化史的研究（1985年）

八 书评

苏雪林先生《天问研究》评介（1962年）

释饕餮纹与饕餮——《图腾在中国古代文化之艺术表现》一文读后（1966年）

德效骞著《古中国境内一个罗马人的城市》（1969年）

评 Andreao Lomnels "Shamnism: The Beguming of Arts"（英文）（1970年）

从讳名制祖孙同名制看商王庙号问题——张光直著《中国青铜时代》读后（摘要）（1987年）

九 翻译

［英］W. E. Le Gross Clark 著：北京猿人（1950年）

W. C. Osman Hill 著：人类与类人猿的关系（1950年）

［英］E. E. Evans Pritchard 著：社会人类学的过去、现在及其未来（1954年）

［美］克劳克曼著：侦探家福尔摩斯与人类学之应用（1955年）

A. R. Radcliffe Brown 著：道在阴阳（1955年）

［美］Helmutde Terra 著：人类起源的新线索（1960年）

［美］E. A. Hoebel 著：文化演变及其研究方法（1985年）

作者生平年表

1916 年 2 月 10 日 出生于北平（今名北京）市宣武门牛街。父杨同璞，教师。母毛淑洁，家庭妇女。

1930—1935 年 7 月 在北平牛街西北中学读高中。

1935 年 就读于北平辅仁大学生物系。

1936—1937 年 就读于北平中法大学法文预备班。

1937—1938 年 就读于北平中法大学生物系。

1939—1942 年 就读于武汉大学（乐山）生物系，获理学士学位。

1942—1943 年 任昆明中法大学生物系助教。

1943 年 任中央研究院历史语言研究所助理研究员，从事体质人类学、民族学、古代历史研究。

1949 年 随中央研究院历史语言研究所迁往台湾，继续任助理研究员。

1950—1955 年 任中央研究院历史语言研究所助理研究员。

1956—1961 年 任中央研究院历史语言研究所副研究员。

1962—1979 年 任中央研究院历史语言研究所研究员，兼任台湾史学会、民族学会理事。

1953—1969 年 兼任台湾大学考古人类学系副教授、教授，讲授体质人类学。

1958—1959 年、1969—1970 年 得哈佛燕京学社资助，为哈佛大学访问学者。

1963 年 为美国史密逊学院（Smithsonian Instution）访问学者，

进修体质人类学

1962—1968 年 主持安阳殷墟头骨测量、研究工作。

1964 年 列入第五版《国际人类学家人名录》。

1968—1979 年 为美国现代人类学会助理会员。

1973 年 列入英文版《台湾年鉴名人录》。

1980 年 到美国探亲并移居。

1981 年 从美国回中国大陆，在中国社会科学院历史研究所工作，任研究员、学术委员会委员。

1983 年 任中国先秦史学会理事、副理事长；中国民族学研究会顾问、理事。

1984—1987 年 任第六届全国政协委员。

1987 年 任中国殷商文化学会顾问；兼任河南大学历史系教授；列入《中华文化名人辞典》。

1988—1992 年 任第七届全国政协委员。

1993 年 3 月 8 日 病逝于北京协和医院。享年 77 岁。

后　记

　　杨希枚先生是我国著名的老一代学者，20世纪末被中国社会科学院历史研究所同仁尊称为"五老"之一。中国社会科学院决定编辑出版我院老专家文集，2005年秋历史研究所科研处委托我负责编辑"杨希枚文集"之事。希枚先生是我十分尊敬的前辈学者，他研究的范围主要是我国先秦时期的历史、文化，与我所从事研究的范围相同，故在他返回大陆定居，来中国社会科学院历史研究所工作后，受先生的指教良多。在他的《先秦文化史论集》的编辑出版过程中，我也曾帮助他做过一些事。因此，虽然我在1999年大病后，身体还没有得到完全的恢复，我还是愉快地接受了这一对学术事业十分有意义的工作，并以此表示对先生的怀念之情。

　　先生已发表论文约有六十余篇一百多万字，且以长篇为多，有的文章长达六万余字，而中国社会科学院"关于编辑出版《中国社会科学院学者文集》几个问题的说明"文件中规定，每位学者所选文集，字数约在30万左右。为了多选几篇论文入"文集"，五六万字的长篇论文只得割爱。好在那些长篇论文都收在1995年由中国社会科学出版社出版的《先秦文化史论集》

里，收入本文集的是同类性质而文字略短的文章，故本文集不影响对先生研究成果的全面了解。

先生工作的主要时间在我国的台湾省，由于两岸隔绝，先生发表在台湾报纸、刊物上的文章，因编辑时间紧迫，未能搜集齐全，故书后的"论译著目录"只能是主要的，故加"主要"二字，以后若有可能当作补充，务使齐全。为使读者了解先生在各专题研究方面的论著情况，故编辑了按年和分类两套目录。

希枚先生不但是师长也是朋友，待人十分热情、真诚。大约是1990年夏天，香港中文大学饶宗颐教授要拜访希枚先生，我陪同饶先生到希枚先生家。因开车的是我所司机小杨，有三位姓杨的聚集他家，先生十分高兴，提议同我和司机小杨合影。小杨进屋后坐在门旁，不好意思，杨先生硬将他拉在沙发上就座，同他和我一起合了影，并笑称为"三阳（杨）开泰"。

希枚先生学识渊博，以满腔热情提携后学。他或将自己为准备研究的课题而多年搜集的资料，提供给从事相同课题研究的年轻学人；或对向他问学的后学热情地解答、指导；或给后学的著作撰写序言，加以推荐。他生活俭朴，收入并不高，却先后向北京回民学校和中国先秦史学会捐款，以支持教育及科学研究活动事业。他在病重期间，向家人交代，将他多年积蓄的一万美元存入银行作为基金，以每年的利息捐赠给北京回民学校，支持对回民子弟的教育事业。希枚先生去世后，他的家属一直在忠实地履行着先生的遗愿。前几年银行利息降低，先生的子女们就商定轮流补足至此笔款初存年的利息数捐出，以告慰先生的在天之灵。

希枚先生不但学问好，而且人品也好，是十分受人尊敬而值得永远怀念的一位学者。

参加本《文集》编辑工作的还有朱玲玲研究员。

杨升南
2005 年 12 月 19 日
于北京西郊永乐寓所